西方思想家评传丛书

黑格尔

Hegel

Frederick Beiser

〔美〕弗雷德里克·拜塞尔　著　｜　王志宏　姜佑福　译

华夏出版社
HUAXIA PUBLISHING HOUSE

Routledge
Taylor & Francis Group

译者前言

无论是写作还是翻译一本关于黑格尔哲学的导论性著作，都是一件费力不讨好的事情。这几乎是一个不言自明的道理。黑格尔哲学特有的复杂与深刻，在绝大多数研究黑格尔哲学的学者中造成了一种奇怪的现象：要么他变成了它的某一部分的专家，比如，虽然可以对黑格尔哲学中的"现象学"部分推崇备至，但是对于它的"逻辑学"部分却不屑一顾，或者把黑格尔的政治哲学看作人类有史以来最深刻的政治思考，却把黑格尔的自然哲学贬得一无是处；要么他站在某一种意识形态的立场上，以一种僵化甚至偏执的眼光来评判它，誉之者将黑格尔视为全部西方思想史上最深刻的哲学家，毁之者则满怀厌恶地将他看作江湖骗子、专制政府的极力支持者、谢林哲学的剽窃者等等，不一而足。在对黑格尔的研究与评价上产生如此巨大的分歧，黑格尔的效果史如此具有戏剧性，这本身就是一件值得深思的事情，最起码，它意味着，我们对于黑格尔的理解还极为欠缺，我们对于黑格尔的真实意义仍旧处于一种猜度之中。但是也正是因为如此，我们需要一本黑格尔的导论性著作，它既能广泛而充分地介绍黑格尔哲学的基本轮廓，又能够揭示出它的主要思想的真实意义，而不是停留在外在的绍述上。在这个意义上，我们可以说，弗雷德里克·拜塞尔的《黑格尔》一书作为一种尝试应运而生。

一本导论性著作首先要在内容上大体上再现它的研究对象的完整性与内在逻辑。虽然黑格尔生前仅出版了四本书，其中有两本还不是严格意义上的著作，而只是讲义，所以在书名上都还保留了"纲要"的字样（即《哲学百科全书纲要》和《法哲学纲要》），但是黑格尔哲学却无所不包。黑格尔是西方哲学史最后一个写作哲学百科全书的人，也就是说，他是最后一个试图把人类世界—历史的全部内容哲学化的哲学家。黑格尔思想的这种复杂性与广阔性就要求它的研究者具有相应的广博学识，并且能够理解他的思想内容之间的本质关联。与此相应，一本黑格尔的导论就不能像柯耶夫的《黑格尔导读》或者彼得·辛格的《黑格尔》那样，只是重点讨论黑格尔的某一方面的思想，虽然在他们所讨论的那一点上不无创见，但是这种攻其一点不及其余的做法最容易导致对于黑格尔的歪曲，因为没有谁比黑格尔更强调"真理是全体"这一命题。

在这一点上，拜塞尔深知"导论性著作"必须加以剪裁，既不能从心所欲，写起来恣肆汪洋而在篇幅上过于庞大，又不能任意挑拣，只在几个题目上大做文章，而让人见木不见林。从横的角度上，他把黑格尔的哲学体系分为四个部分——形而上学、认识论基础、社会和政治哲学，以及文化哲学——加以讨论，几乎涵括了黑格尔哲学的所有内容;从纵的角度上,他不仅讨论了成熟时期的黑格尔的哲学体系,而且并不因此就遗忘了黑格尔早期思想这一重要的阶段与其身后的重大影响和迅速衰落。从狄尔泰和卢卡奇关注青年黑格尔的思想以来,早期黑格尔思想的发展历程成为黑格尔研究的一个重要组成部分,在这一方面,拜塞尔比任何人都更加强调黑格尔早期和浪漫派的关系,在他看来,唯有了解了这一点,我们才能理解,一方面,黑格尔哲学有在沉思之外的实践目的,"他之成为一个哲学家,是服务于道德、政治和宗教的目的的"(38 页),另一方面,"黑格尔的绝对观念论、他的有机自然概念、他对自由主义的批判、他提倡社群主义的理想、他对斯宾诺莎主义的重新激活、他的辩证法概念、他综合社群主义和自由主义的努力——所有这些理念有时被视为黑格尔独具的;但它们其实是浪漫主义的共同遗产的一部分"(40 页)。在解释黑格尔哲学很快就衰落下去的时候,拜塞尔强调了黑格尔哲学的实践特征和历史特征所带来的致命一击,历史形势的变化需要新的意识形态为之进行证明,由于黑格尔哲学被断定和普鲁士政府之间存在某种本质的关联,它之被抛弃就不可避免了。但是,在笔者看来,究根结底,无论是黑格尔生前被钦定为"官方哲学家",还是死后被当作死狗对待,都只能证明,尽管黑格尔比任何人都更深刻地认识到"哲学是被把握在它的思想中的时代",但是,黑格尔哲学是一种在任何时代都不合时宜的思想。因为黑格尔到底是一个"沉思世界"的哲学家还是"改造世界"的哲学家,这并不是一个已经一劳永逸地解决了的问题。

当然,一本导论性的著作不仅要给初学者指明研究对象的大致内容,更为重要的是让他们获得一把理解研究对象的钥匙,换言之,真正的导论提供的是洞见。这种洞见是在双重意义上来理解的:一方面,它能够比较精当而又不加歪曲地叙述研究对象的真实面目;另一方面,它能够比较公正地对它的研究对象加以判断,理解并表彰它的真实意义。黑格尔应该是哲学史上被污名化最多的思想家了吧!在侮辱和歪曲黑格尔这一点上,叔本华和女性主义者、自由主义和实证主义能够以一种非常奇怪的方式结成统一战线。拜塞尔的《黑格尔》在引导我们走向真正的黑格尔这方面堪称典范。他独树一帜地在正式讨论黑格尔哲学的主要内容之前先讨论"方法问题"。我们在面对黑格尔时到底是在把他当作一个历史人物,还是我们的同时代人,这是我们无法回避的问题。在他看来,我们研究黑格尔既不是由于我们好古成癖,以求原汁原味地重构黑格尔的思想框架,也不是由于我们需要从黑格尔那里引经据典,以应对我们在现实中所遇到的困境;毋宁说,"展示黑格尔的独特性,确定他和他的同时代人之间的精确联系,是今天黑格尔学学者最紧迫的需要"(6页)。

拜塞尔此举一个非常重要的靶子是近几十年来在英美学术界出现的对于黑格尔哲学的非形而上学的阐释。这种阐释的根本错误在于,他们把黑格尔的形而上学视为完全过时的东西,"事实上,黑格尔已然被解读为形而上学之外的任何东西:作为一种范畴理论、作为社会认识论、作为新康德主义的观念论、作为文化史学,以及作为最初的解释学。所有这些研究的共同之处在于,相信黑格尔哲学就其根本的主旨或精神而言是非形而上学的"(7页)。拜塞尔强调,"在黑格尔看来,形而上学是哲学的基础,是他体系的每一部分的根基。为了在其个体性和整全性中理解黑格尔,首先和首要的是恢复形而上学在他的思想中的核心作用。出于这一原因,实际上本书的每个章节都将强调形而上学对于黑格尔体系的各个部分是多么根本。"(同上)

拜塞尔没有花太多篇幅叙述黑格尔逻辑学的基本内容,一本以黑格尔思想整体为对象的导论性著作恐怕难堪此任,但是他力求讲清楚黑格尔形而上学的主要特征。黑格尔是在最古老、最纯正的亚里士多德的意义上使用形而上学一词的,他把形而上学看作自己哲学的基础,有些令人费解的是,黑格尔认为逻辑学本质上就是一门形而上学的学科,它的任务就是要规定自在的存在的本性,而不仅仅是各种推理形式的法则。黑格尔认为康德对于无条件者的认识甚至还不如旧理性主义,因为他把无条件者和特殊物彻底区隔开来了,而实际上,作为普遍物的目的或理性,并不在特殊物之外存在,而是仅仅通过事物,亦即,通过事物的完整而充分的发展来将自己具体化。拜塞尔认为,黑格尔的绝对观念论学说是这样一种学说,任何事物都是"普遍而神圣的理念"的显现,黑格尔的理念概念带有根本的亚里士多德式的目的论意味,也就是说,每一个事物都在努力实现绝对理念,或者说,每一个事物都趋向于作为绝对理念的目的。

这种观念论的目的论维度既体现在黑格尔的历史哲学中,也体现在他的自然哲学中。"理性统治世界"是黑格尔历史哲学中最基本的命题,但是它的意思并不是说,理念是某种心灵的内容或意图,某种具有自我意识的主体或精神统治世界,统治世界的目的只是世界的形式或者结构,它并不必然意味着某些行动者的意图。黑格尔的自然哲学一向受到最大的奚落，尤其在我们习惯了以自然科学的方式理解自然的时代。卡尔·波普就说过，他在黑格尔自然哲学中看到的只是"夸夸其谈的、迷惑人的黑话"，刘创馥也认为，"无可否认，自然哲学是黑格尔哲学系统中最弱和最被轻视的部分，因为当中包括的不少论述，从今天的科学知识看来非常可笑，这点笔者没有异议"（《黑格尔新释》，27 页）。实际上，黑格尔并不否认现代科学中的机械主义，而只是认为，主张自然只有依据机械发展的自然主义对于理解自然的本性来说是不够的。黑格尔的自然观来自他的形而上学，亦即他的逻辑学中所确立的一种理解生命的基本方式，把生命理解为自我生成和自我组织的一个不可分割的整体。黑格尔据此拒斥了主观—客观、实在论—观念论的简单对立，它们本质上来源于同一个东西。

在"社会和政治哲学"部分，拜塞尔说"尽管《法哲学》的建筑术结构——它按部就班地划分为普遍性、特殊性和个体性的辩证法环节——反映了黑格尔的思辨逻辑，但是这种结构总有些说不清道不明的矫揉造作与专横武断，这与其说源自它的题材，不如说是强加于其上的。的确在黑格尔把他的形而上学放置于一旁而仅仅探讨它的题材时，他总是处于最佳状态"（228页），但是，他还是不得不加上一句说，"无论现象学方法的精神是什么，事实仍旧是，黑格尔政治哲学的某些核心概念预设了他的形而上学，而且只有在他的形而上学的语境中才是完全可理解的"。不把黑格尔的社会政治学说奠立在他的形而上学的基础之上，必然导致对于黑格尔政治哲学的误解，甚至轻率地把它看作国家社会主义的先驱。有时甚至连黑格尔思想的辩护者也持这种观点,例如阿伦·伍德在《黑格尔的伦理思想》中专列一节"思辨逻辑已死,但是黑格尔的思想不死"以表明他的立场,并说,"那个仍然活着并且对我们说话的黑格尔不是一位思辨逻辑学家或者观念论的形而上学家,而是一位哲学历史学家,一位政治和社会理论家,一位研究我们的伦理关切和文化身份危机的哲学家"(Hegel's Ethical Thought, p. 5 - 6.)。如此理解黑格尔已经形成了一个长长的传统,拜塞尔的正本清源工作有利于澄清这种误解的根源。

和霍尔盖特一样,拜塞尔突出了自由概念在黑格尔政治哲学中的核心地位。但是他并不是借此向自由主义投降,而是——尤其是通过比较康德和黑格尔的自由概念——要说明黑格尔自由概念的复杂性和深刻性,其核心要点有四:1,黑格尔的自由是质料性的和具体的,它首先关涉特定共同体的伦理(ethos)和生活方式,而非形式的和抽象的自我;2,自由的主体是精神,是主体间的自我,而非独立的自我;3,自我是理性与感性的结合,而非纯粹的理性,也包括人的欲望与情感;4,康德所设想的自我的独立性是一种幻相,自由的自我必须依照自己的本性和作为整体的宇宙的必然性而行动。

在拜塞尔看来,如果不能理解形而上学对于黑格尔哲学的基础意义,我们甚至不能正确地理解黑格尔最为生动最为流行的美学思想。只有从艺术的概念出发,我们才能理解为什么黑格尔认为艺术尽管低于宗教和哲学,但是艺术作品不应该服务于任何外在的目的,每一种艺术的形式或者媒介有它自身的特质,艺术属于一种独立的认识形式,艺术作品"意味着精神之自我意识的一个阶段;不仅艺术家通过其作品意识到自己,而且全部历史和自然的精神也通过他意识到自己"(349页)。黑格尔之所以强调哲学高于艺术,可以从两个方面得到解释。首先,他反对浪漫派把艺术置于哲学之上的做法,因为虽然浪漫派正确认识到感性的作用和现象的地位,但是他们犯了一个致命的错误,把哲学认识局限于知性的抽象概念之内。其次,黑格尔认为,我们身处其中的反思文化,不利于艺术,因为艺术表达了我们的感性,而我们现代人更想要用抽象的形式来表达真理。

由于强调黑格尔哲学中逻辑学或形而上学的基础性地位,它渗透在全部黑格尔的哲学思考中,所以拜塞尔为我们呈现出来的黑格尔形象令人耳目一新,不仅和那些只从某种意识形态出发的黑格尔研究者提出的形象不同,也和那些据守一方只从部门哲学的角度出发的黑格尔研究者提出的形象不同。这尤其表现在本书第四第五部分之中。比如,在拜塞尔看来,黑格尔不仅不是自由的背叛者,或者只是积极自由的支持者,而且简直就是消极自由的最早发现者之一,"重要的是承认,黑格尔对消极自由的辩护并非他晚期思想的发展,而是他思想生涯中一以贯之的事,是所有他的政治著述的始终如一的标志"(238页);黑格尔根本不是如梅涅克等人指责的马基雅维利主义者,实在政治的拥护者,黑格尔既说过"人应该把他的存在归功于国家,他只有在国家中才拥有他的生命。无论他拥有什么样的价值和精神实在,都是他单单凭借国家取得的",又说过"对于政府而言,真正神圣不可侵犯之事应该是像保证和保护公民的自由行动这样的事情,而非这一点(组织和维持权威机构)",必须从概念出发,把这二者有机地联系在一起,才能理解黑格尔的国家观;拜塞尔还让人大跌眼镜,提出黑格尔根本不是一个历史主义者,"黑格尔不是一个历史主义者,事实上,他是反对这个学派的中坚人物。黑格尔哲学的一个核心目标是支持理性的权威,以反对历史主义的相对主义。因此,他的认识论想方设法要恢复理性的批判,而他的法哲学则是面临历史主义时再次尝试自然法的重新建构"(307 – 308 页)。这些提法绝非拜塞尔刻意标新立异,故作惊人之语,而是他深入而细致地解读黑格尔的著作文本,并且坚持形而上学的基础地位得出的真实结论。据笔者所知,在国内学术界已经有学者注意到这个问题,在 2019 年"欧亚首届国际黑格尔论坛:黑格尔实践哲学中的行动与正义"学术会议中,张汝伦教授以"黑格尔是一个实践哲学家么?"为题对非逻辑化的、非形而上学化的黑格尔提出了强烈的质疑。

在某种意义上,写一本黑格尔哲学的导论意味着首先必须对于黑格尔学术史谙熟于胸,对于学术史上关于黑格尔的最重要的论争了如指掌。从黑格尔去世之日起,他的思想就成了学术争论的渊薮,越往后,这种争论就越深入、盛大,阅读和思考黑格尔的著作不得不面对那些歧义纷呈的讨论,唯有"上穷碧落下黄泉",把它们搜罗殆尽并"自作主张"才可能真正进入黑格尔的思想世界。我们不得不佩服拜塞尔学识之渊博,裁断之精审,从他对每一个问题的讨论可以看出,无论是黑格尔本人思想之来龙去脉,还是学术史上关于黑格尔的诸种争论,他都不仅知其然而且知其所以然。以第四章"有机自然观"为例说明这一点。

在这一章中,拜塞尔不仅从逻辑学的角度阐述了黑格尔自然哲学的本性,而且结合了近代自然科学的发展说明黑格尔重提它的重要意义,不仅追溯了黑格尔这一观点和亚里士多德的关联,也指出了黑格尔有机自然概念和黑格尔基督教研究之间的直接关系;不仅探讨了有机世界观的一元论基础是如何通过斯宾诺莎中经谢林的媒介,最终在黑格尔的《差异论文》中通过生命的概念表现出来,而且考察了黑格尔如何受惠于康德第三批判与谢林《自然哲学》中的自然观,最后还极力讲清楚,黑格尔并不是无视现代自然科学的自然观,而是要从根本上重建人可以在其中生活并通过它而获得对于自己本性的真正理解的自然。

由于上述理由,我们认为,把拜塞尔的《黑格尔》介绍到汉语学界,虽然有些费力不讨好,但仍有必要。据笔者所知,近十余年来黑格尔研究在国内逐渐成了显学,两套黑格尔著作集的编译工作正在稳步进行之中。也许这本书在"要康德,还是要黑格尔?"早已不是问题的年代算是一个小小的窗口,既可以作为学生的入门书,让他们大致了解黑格尔哲学的粗糙轮廓,也可以作为研究指南,让汉语学人管中窥豹,从中瞥见英语学界黑格尔研究状况之一斑。

本书译事本来是姜佑福君承接下来的,但是由于他诸事缠身,遂在译了一部分之后,邀我加盟,约定各译一半,后来,他职务变动,更是日不暇给,无心眷顾翻译一事,又和我商定,接下来由我单独负责译完。具体地说,本书导论、第一部分和第二部分第三章前二节由姜佑福翻译,经我校订,剩下所有部分都由我翻译。感谢我的学生姜超,通读了译稿,并在行文上提出许多有益的意见。尤其感谢本书责任编辑罗庆兄,他的敬业精神和耐心,让我在翻译、出版过程中感觉非常愉快!由于我们对于黑格尔的理解、我们的外语能力以及翻译过程颇多曲折,译文容有错误,还请方家、读者不吝赐教!

王志宏

2019/3/10

目 录

第一部分 早期观念与语境

前　言

　　本书的主要目的是对黑格尔哲学提供一个综合性的导论，尽可能在有限的篇幅内覆盖其思想的每个主要方面。尽管我希望它对于研究黑格尔的学者来说也能开卷有益，但在写作过程中我的重心主要是初学者。因此，我没有考虑黑格尔学术研究中的某些老问题，比如辩证法的各个过渡的细节或者体系不同部分之间的相互联系等。尽管这些都是重要的议题，但它们在基本目标是提供一个关于黑格尔哲学概观的导论中并非首要之事。

　　由于我的主要目的是导引性的，所以我的焦点是论题性而非文本性的。我想让学生了解的是黑格尔哲学的主要论题，而非具体文本的内容。除了第七章之外，我不曾致力于持续的解释或评注。关于黑格尔的《现象学》《逻辑学》和《法哲学》，有一些很好的评注本，读者可以在参考文献中找到它们。第七章突然出现了解经式的讨论，其主要原因对于每一位黑格尔的研究者和学生来说将是显而易见的。《精神现象学》中"主人与奴隶"的章节是黑格尔整个规划的核心,然而它的含义也引起了广泛的争论。有可能每一个学生迟早都必须阅读这个著名的章节。因此即便是对于一个导论来说,细读它也是必要的。科耶夫将他关于这个章节的著名评论命名为《黑格尔释读导论》,是完全恰当的。

尽管我力争达到全面覆盖,但篇幅的限制使我不可能处理黑格尔哲学的某些重要方面。关于黑格尔的《逻辑学》必需要多说几句,不仅仅是因为它在黑格尔体系中的基础性作用。我不接受现在流行的对于黑格尔逻辑学的批评,而认为应当恢复它在黑格尔体系中的核心地位;但是,由于篇幅的原因,我不得不让自己仅限于驳斥一些误解和概述它的辩证方法(第163—169页[1])。我对黑格尔《自然哲学》的处理也有失公允。《自然哲学》对于黑格尔的整个哲学,尤其是对于他证成一种有机的世界概念的努力,是至关重要的。最后,黑格尔的认识论值得更多的关注;然而,这个导论已经够长了,而如果要做到完全公正,将会使这个导论过于冗赘。由于这个原因,前面本有一章论述黑格尔对18世纪90年代基础批判(Grundsatzkritik)和元批判(meta-critical)之争所作的反应,现在也只好割爱了。

本书是笔者三十年来反思黑格尔及其同时代人的产物。20世纪70年代早期,我在牛津开始研究黑格尔,正值英语世界黑格尔复兴的黎明。我的黑格尔研究最早来自一种对于马克思主义思想渊源的兴趣,但逐渐演变为对德国古典哲学的极度痴迷。我在查尔斯·泰勒(Charles Taylor)的指导下撰写我的牛津大学哲学博士论文,论述黑格尔《精神现象学》的起源。查尔斯·泰勒是博士生导师的典范，我从他那里受益良多。我曾计划写作一部详尽的《现象学》评注，当我首次了解到亨利·哈里斯（Henry Harris）同样的规划时，我将这计划束之高阁；而在《黑格尔的阶梯》（*Hegel's Ladder*）一书中，哈里斯的规划最终结出了丰硕的成果。

本书中的所有材料都是新的，特别为这个系列而准备的。第七章的一个早期版本曾经是我 1980 年的博士论文《现象学的精神》（*The Spirit of the Phenomenology*）中的一部分，但自那以后已经做了极大的改写。第一章和第三章的某些材料曾经出现在我的《浪漫的规则：德国早期浪漫主义的概念》（*The Romantic Imperative*：*The Concept of Early German Romanticism*；Cambridge，MA：Harvard University Press，2003）一书中。第八和第九章以及结语的部分工作，开始是作为一篇论述黑格尔政治哲学的文章，预定 1994 年刊载于《剑桥十九世纪政治思想史》（*Cambridge History of Nineteenth-Century Political Thought*）中，但是该书至今仍未出版。本书的大部分材料是 2002 年春季在哈佛开设的黑格尔讲座课程的内容。

目前我已经在六所大学讲授过黑格尔——锡拉丘兹（Syracuse）、印第安纳（Indiana）、哈佛（Harvard）、耶鲁（Yale）、宾夕法尼亚（Penn）和威斯康辛（Wisconsin），仍然在与教学上令人畏惧的挑战作斗争。我的学生，包括研究生和本科生，作为登山伙伴，一直带着经久不衰的热情、勤勉和坚韧，试图去征服黑格尔哲学的马特洪峰（Matterhorn）[2]。多年来，我从他们的异议、建议、怀疑和质疑中获益良多。因此，这本书是献给他们的。

最后,我要特别感谢罗伯特·斯特恩(Robert Stern),他详细阅读了整部手稿。

弗雷德里克·拜塞尔

纽约,锡拉丘兹

2003 年 7 月 10 日

缩 略 语

黑格尔之外的哲学家

哈登贝格(Hardenburg)

HKA　批评考证版《诺瓦利斯文集》【*Novalis Schriften, Kritische Ausgabe*, ed. Richard Samuel, Hans Joachim Mahl and Gerhard Schulz (Stuttgart：Kohl Hammer, 1960 – 1988), 5 vols. 】。

康德(Kant)

除非另有说明,康德的所有引文均出自科学院版的全集【the Akademie edition, *Gesammelte Schriften*, ed. Preuβischen Akademie der Wissenschaften (Berlin： de Gruyter, 1902 et seq.) 】。这一版本的页码在大多数英文译本中作为边码出现。

GMS　《道德形而上学基础》【*Foundations of the Metaphysics of Morals (Grundlegung zur Metaphysik der Sitten).* 】

KpV　《实践理性批判》【*Critique of Practical Reason (Kritik*

der praktischen Vernunft）.】

KrV 《纯粹理性批判》【*Critique of Pure Reason*（*Kritik der reinen Vernunft*）.】引用时分别以"A"和"B"标示第一版和第二版。

KU 《判断力批判》【*Critique of Judgment*（*Kritik der Urteilskraft*）.】

TP 《论一个常见的说法：这在理论上或许是真实的但不能运用于实践中》【'On the Common Saying: This May Be True in Theory but It Does Not Apply in Practice'（'*Ueber den Gemeinspruch: Das mag in der Theorie richtig sein, taugt aber nicht für die Praxis*'）.】

马克思、恩格斯（Marx - Engels）

MEGA 《马克思恩格斯全集》【*Marx - Engels Gesamtausgabe*, ed. Institut für Marxismus - Leninismus（Berlin: Dietz, 1982）.】

席勒（Schiller）

NA 国家版《著作集》【*Werke, Nationalausgabe*, ed. Benno von Wiese et al.（Weimar: Böhlau, 1943）.】

施莱格尔（Schlegel）

KA 批评考证版《弗里德里希·施莱格尔著作集》【*Kritische Friedrich Schlegel Ausgabe*, ed. E. Behler（Paderborn:

Schöningh, 1958 et seq.). 】

施莱尔马赫(Schleiermacher)

KGA　批评考证版《全集》【*Kritische Gesamtausgabe*, ed. H. Birkner et al. (Berlin: de Gruyter, 1980 et seq.). 】

黑格尔(Hegel)

BF　《伯尔尼残篇》【*Berner Fragmente*, in Werke I, pp. 9 – 104. The Berne Fragments in Three Essays 1793 – 1795, ed. and trans. Peter Fuss and John Dobbins (Notre Dame, IN: University of Notre Dame Press, 1984), pp. 59 – 103. 】引用时依照诺尔分页边码(the marginal Nohl pagination)标明。

Briefe　《黑格尔往来书信》【*Briefe von und an Hegel*, ed. Johannes Hoffmeister (Hamburg: Meiner, 1969), 5 vols. 】

BS　《黑格尔书信集》【*Hegel: The Letters*, trans. Clark Butler and Christiane Seiler (Bloomington: Indiana University Press, 1984). 】

D　《费希特与谢林哲学体系的差别》【*Differenzschrift*, or *Differenz des Fichteschen und Schellingschen Systems der Philosophie*, in Werke II, pp. 9 – 140. The Difference between Fichte's and Schelling's System of Philosophy, trans. H. S. Harris and Walter Cerf (Albany: SUNY Press, 1977). 】

EPW　《哲学科学百科全书》【*Enzyklopädie der philosophischen Wissenschaften in Werke* (1830), vols 8 – 10. 】引用时标明节

数(§),附释以"A"标示,评论以"R"标示。对应的英译本分别
为:*The Encyclopedia Logic*, *Part I of the Encyclopedia of Philosophi-cal Sciences*, trans. T. F. Geraets, W. A. Suchting and H. S. Harris
(Indianapolis: Hackett, 1991).

Hegel's Philosophy of Nature, *Part Two of the Encyclopedia of Philosophical xvi Sciences* (1830), trans. A. V. Miller (Oxford: Oxford University Press, 1970).

Hegel's Philosophy of Mind, *Part Three of the Encyclopedia of Philosophical Sciences* (1830), trans. A. V. Miller (Oxford: Oxford University Press, 1971).

ER 《论英国改革法案》【*Über die englische Reformbill*, in *Werkausgabe* XI, 83 – 130. 'The English Reform Bill', in *Hegel's Political Writings*, ed. Z. A. Pelczynski, trans. T. M. Knox (Oxford: Clarendon Press,1964), pp. 295 – 330.】

GC 《基督教的精神及其命运》【*Der Geist des Christentums und sein Schicksal*, in *Werke* I, 274 – 418. *The Spirit of Christianity and its Fate*, trans. T. M. Knox, in *Hegel's Early Theological Writings* (Philadelphia: University of Pennsylvania Press, 1948).】引用时依照诺尔分页标明。

GP 《哲学史讲演录》【*Vorlesungen über die Geschichte der Philosophie*, in *Werke* XVIII, XIX and XX. *Lectures on the History of Philosophy*, trans. E. S. Haldane (Lincoln: University of Nebraska Press, 1995), 3 vols.】

GuW 《信仰与知识》【*Glauben und Wissen oder Reflexionsphi-*

losophie der Subjektivität in der Vollständigkeit ihrer Formen als Kantische, *Jacobische und Fichtesche Philosophie*, in Werke II, 287 – 434. *Faith and Knowledge*, trans. Walter Cerf and H. S. Harris（Albany: SUNY Press, 1977）.】

GW 《著作全集》【*Gesammelte Werke*, ed. Rheinisch – Westfälischen Akademie der Wissenschaften（Hamburg: Meiner, 1989 et seq.）.】

H 《法哲学》【*Philosophie des Rechts. Die Vorlesung von 1819/20 in einer Nachschrift*, ed. Dieter Henrich（Frankfurt: Suhrkamp, 1983）. Cited by page number.】

N 《黑格尔早期神学著作集》【*Hegels theologische Jugendschriften*, ed. Herman Nohl（Tübingen: Mohr, 1907）.】

P 《基督教的实证性》【*Die Positivität der christlichen Religion*（1795/1796）, in Werke I, 190 – 229. The Positivity of the Christian Religion, in Early Theological Writings（Philadelphia: University of Pennsylvania Press, xvii 1971）, trans. T. M. Knox. 】引用时依照诺尔分页标明。

PG 《精神现象学》【*Phänomenologie des Geistes*, ed. Johannes Hoffmeister（Hamburg: Meiner, 1952）. Phenomenology of Spirit, trans. A. V. Miller（Oxford: Oxford University Press, 1977）. 】引文时以"¶"标明节数。

PR 《法哲学纲要》【*Grundlinien der Philosophie des Rechts*（1821）, in Werke VII. 引用时标明节数（§）, 附释以"A"标示, 评论以"R"标示 Elements of the Philosophy of Right, ed. Allen

Wood, trans. H. B. Nisbet (Cambridge: Cambridge University Press, 1992). 引用时标明节数(§)。】

TE 《宗教是……》【'Religion ist eine……', in *Werke* I, 9 – 44. *The Tübingen Essay in Three Essays* 1793 – 1795, ed. and trans. Peter Fuss and John Dobbins (Notre Dame: University of Notre Dame Press, 1984), pp. 30 – 59. 】引用时依照诺尔分页标明。

VBG 《上帝存在证明讲演录》【*Vorlesungen über die Beweise vom Dasein Gottes*, ed. Georg Lasson (Hamburg: Meiner, 1966). 】

VG 《历史中的理性》【*Die Vernunft in der Geschichte*, ed. J. Hoffmeister (Hamburg: Meiner, 1955). *Lectures on the Philosophy of World History: Introduction*, trans. H. B. Nisbet (Cambridge: Cambridge University Press, 1975). 】

VD 《德国宪法》【*Die Verfassung Deutschlands*, in Werke I. 'The German Constitution', in Hegel's Political Writings, trans. T. M. Knox (Oxford: Clarendon Press, 1964). 】

VNS 《自然法和国家学讲演录》【*Vorlesungen über Naturrecht und Staatswissenschaft. Heidelberg* 1817/18. *Nachgeschrieben von P. Wannenmann*, ed. C. Becker et al. (Hamburg: Meiner, 1983). 】引用时标明节数(§)。

VPR 《宗教哲学讲演录》【*Vorlesungen über die Philosophie der Religion*, ed. Walter Jaeschke (Hamburg: Meiner, 1983). Volumes 3 – 5 of Ausgewählte Nachschriften und Manuskripte. 引用时标明卷数和页码。Lectures on the Philosophy of Religion, ed. Pe-

ter C. Hodgson（Berkeley：University of California Press，1984 –
5），3 vols.】

VRP　《法哲学讲演录》【*Vorlesungen über Rechtsphilosophie*，
ed. K. – H. Ilting（Stuttgart：Frommann，1974），3 vols. Student
lecture notes from Hegel's lectures 1818 – 19（C. G. Homeyer），
1821 – 2，1822 – 3（K. G. von Griesheim），1831（D. F.
Strauss）.】引用时标明卷数和页码。

VSP　《怀疑论与哲学的关系》【*Verhaltnis des Skeptizismus zur
Philosophie* in W II，pp. 213 – 72. 'Relation of Skepticism to Phi-
losophy'，in Between Kant and Hegel，ed. George di Giovanni and
H. S. Harris（Albany：SUNY Press，1985）.】

VVL　《评 1815 年和 1816 年符腾堡王国邦等级议会的讨论》
【*Verhandlungen in der Versammlung der Landstände des Königsreichs
Württemberg im Jahr* 1815 *und* 1816. W IV，pp. 462 – 597. Pro-
ceedings of the Estates Assembly in the Kingdom of Württemberg，in
Hegel's Political Writings，ed. Z. A. Pelczynski，trans. T. M. Knox
（Oxford：Clarendon Press，1964），pp. 246 – 94.】

W　二十卷本《著作集》【*Werke in zwanzig Bänden. Werkaus-
gabe*，ed. Eva Moldenhauer and Karl Michel（Frankfurt：Suhrka-
mp，1970）.】

WBN　《自然法的科学探讨方式》【*Wissenschaftliche Behand-
lungsarten des Naturrechts*，in Werke II，pp. 434 – 532.】

WL　《逻辑学》【*Wissenschaft der Logik*，ed. Georg Lasson
（Hamburg：Meiner，1971）.】

年　表

1770　黑格尔于 8 月 27 日出生于斯图加特(Stuttgart)。3 月 20 日荷尔德林(Hölderlin)出生于内卡河畔(Neckar)的劳芬(Lauffen)。

1775　谢林于 1 月 27 日出生于符腾堡(Württemberg)。

1776　黑格尔开始进入斯图加特文科学校(the Stuttgart Gymnasium)。

1781　康德《纯粹理性批判》出版。

1785　康德《道德形而上学基础》出版。黑格尔开始写日记。

1788　黑格尔于 9 月离开文科中学。10 月,黑格尔开始在图宾根神学院(Tübinger Stift)学习,并与谢林、荷尔德林成为室友。

1789　7 月 14 日,法国人民攻占巴黎巴士底狱。

1790　黑格尔取得硕士学位。康德《判断力批判》出版。

1793　黑格尔在伯尔尼做家庭教师。路易十六被推上断头台。黑格尔撰写《图宾根论文》(Tübingen Essay)。

1794　费希特《知识学的基础》出版。

1795　黑格尔开始写作《基督教的实证性》。

1797　黑格尔转到美因河畔的法兰克福,在葡萄酒商戈格尔(Gogal)家做家庭教师。开始与荷尔德林进行讨论。撰写《论宗教与爱的残篇》。

1799　黑格尔撰写《基督教的精神及其命运》。

1800　黑格尔撰写《体系残篇》。

1801　黑格尔于 1 月去往耶拿。成为编外讲师(Privatdo-zent)。出版第一部重要的哲学著作《费希特与谢林哲学体系的差别》。

1802 – 03　黑格尔与谢林合作出版《哲学评论杂志》。黑格尔撰写《信仰与知识》《怀疑论与哲学的关系》《论自然法》等论文。

1805　黑格尔担任编外教授(Extraordinary Professor)。

1806　黑格尔完成《精神现象学》。拿破仑在耶拿战役中击败普鲁士军队。

1807　黑格尔迁居班堡(Bamberg),担任地方报纸的编辑。

1808　黑格尔迁居纽伦堡(Nuremberg),任文科中学校长。

1811　黑格尔与玛丽·冯·图赫尔(Marie von Tucher)结婚。

1812　《逻辑学》第一卷出版。

1813　《逻辑学》第二卷出版。

1815　拿破仑战败于滑铁卢。

1816 《逻辑学》第三卷出版。黑格尔成为海德堡(Heidelberg)大学哲学教授。

1817 《哲学科学百科全书》第一版出版。

1818 黑格尔成为柏林大学哲学教授。

1819 卡尔斯巴德法令(Karlsbad Decrees)颁布,加强了对大学的审查和监视。

1820 《法哲学》出版。

1821 黑格尔首次开设《宗教哲学》讲座。

1822 黑格尔去莱茵省(Rhineland)和低地国家(the Low Countries)旅行。

1824 黑格尔去布拉格(Prague)和维也纳(Vienna)旅行。

1827 黑格尔去巴黎旅行。在回家途中拜访了歌德(Goethe)。《哲学科学百科全书》第二版出版。

1830 担任柏林大学校长。《哲学科学百科全书》第三版出版。

1831 12 月 24 日,黑格尔因霍乱逝世于柏林。

导　论

相关性问题

为什么要读黑格尔？这是一个好问题，一个所有黑格尔学者都不应逃避的问题。毕竟，证明的担子沉重地压在他的肩上，因为黑格尔的文本恰好并不令人兴奋或令人着迷。众所周知，它们是以哲学史上某些最糟糕的散文写就的，其语言文约义丰、含混不清、令人费解。阅读黑格尔通常是一种令人厌烦和精疲力竭的经验，类同于在思想中咀嚼碎石。"那为什么要读它呢？"将来的学生可能会这样问。为了避免这种煎熬，每当对一本令人厌倦的书籍失去耐心时，他可能会被诱惑去援引黑格尔一位宿敌的箴言："生命是短暂的！"[1]

当我们问在后现代的今天黑格尔对我们有什么可说时，这个问题会变得更加紧迫。上个世纪初，弗朗兹·罗森茨威格，最伟大的黑格尔学者之一，宣称他生活在后黑格尔尸骸的（post Hegel mortuum）时代。[2] 今天看来，罗森茨威格的说法和那时同样真实。看起来黑格尔已经不适用于我们的时代了，我们已经丧失那种宗教感，"对绝对的体味"——而这正是黑格尔形而上学的灵感之所在。经历过两次世界大战，经历过古拉格群岛事件和种族大屠杀（the gulags and the Holocaust），我们已经丧失了对进步的信仰，然而这一信仰正是黑格尔历史哲学的奠基石。我们生活在一个如此专业化和多元性的时代，以至于没人期望看到整全的复位，以及我们、他人和自然的统一性的恢复；但这些恰恰是黑格尔哲学背后的宏伟理想。如果考虑到所有这些要素，我们似乎别无选择，只能同意罗森茨威格的判断。看起来，黑格尔对于我们的时代所说甚少，时代已经超越了他。因此，愈益迫切的问题是：为什么要读黑格尔？

当然，问题的答案部分在于，虽然黑格尔已经过世，但是他仍然有着巨大影响，以至于今天他与我们的文化深深缠绕在一起。如果要理解这种文化，我们必须了解它的各个源头，这意味着，我们最终不可避免地要与黑格尔取得和解。一个引人注目的事实是，20 世纪每一种主要的哲学运动——存在主义、马克思主义、实用主义、现象学和分析哲学——实际上都脱胎于对黑格尔理论的反动。对我们来说，这些运动中的概念、论证和问题将始终是外在和神秘的，直到我们理解它们脱胎于什么和对什么作出回应。因此，我们至少有了一个很好的理由去阅读黑格尔：为了理解我们自己文化的根基。

然而，我们也完全可以问，黑格尔究竟是否真的死去了。从某些方面来说,他比过去任何时候都更加鲜活。自从 20 世纪 70 年代黑格尔复兴以来,他已经成为哲学史上一位地位稳固的人物。自那以后,关于黑格尔哲学各个方面的博士论文、著作和论文成倍地增长。一个惊人的事实是,正当他的最直言不讳的批评者之星(如波普尔和罗素)地位不断下沉的时候,黑格尔这颗星星似乎在冉冉上升。在某种程度上,黑格尔复兴的原因在于对黑格尔历史重要性的姗姗来迟的承认。许多黑格尔研究者这么做是为了揭示马克思主义的根源,这种做法在 20 世纪 60 年代繁盛一时。但是,对黑格尔的复兴来说,那时和今天一样,有更多的哲学上的原因。20 世纪 70 和 80 年代,至少在英语世界,黑格尔成为一个反拨分析哲学的号召性人物。研究黑格尔就是抗议分析哲学狭隘的经院主义和拥抱“大陆哲学”。具有讽刺意味的是,黑格尔对于 20 世纪 70 和 80 年代的哲学反文化,和对 19 世纪晚期英美的文化主流一样重要。

　　如今,大陆哲学和分析哲学之间文化战争的许多原初意义已经丧失殆尽。但引人注目的是,对黑格尔的兴趣依然强劲。黑格尔现在也为分析哲学传统中一些杰出的哲学家所吸收,他们出于哲学而非历史的原因研究黑格尔。[3] 他们意识到自己和黑格尔分享同样一些问题,并且黑格尔就这些问题有一些有趣的论述。是否可能避免认识论上传统主义和基础主义的极端? 是否可能将实在论和社会认识论结合起来? 是否可能把自由主义的自由和共同体的理想综合起来? 是否可能吸收历史主义的洞见而又不陷入相对主义? 是否可能避免心灵哲学中的二元论和唯物主义? 所有这些问题都和当代议程极为相关,而它们对黑格尔来说也是至关重要的议题。绝非偶然的是,现在许多哲学家都把黑格尔视为很多陈腐的和成问题的立场的首要解毒剂与替代物,这些立场包括笛卡尔主观主义、朴素实在论、极端自由主义和身心二元论,或者还原论的唯物主义等。因此,在这里,有了阅读黑格尔的另一个理由:撇开他该死的晦涩难懂,黑格尔对当代哲学讨论而言仍然是一个有趣的对话伙伴。

方法问题

假定我们应当阅读黑格尔,那么剩下的问题是我们应当如何去阅读。这里存在两种可能的路径。我们可以把他当作一个虚拟的同时代人、一个当前对话的参与者来对待。在这种情况下,我们能够分析他的论证和澄清他的观念,以表明它们如何与我们的当代关切相关联。或者,我们可以把他当作一个历史人物、一个过去对话的贡献者来对待。在这种情况下,我们在其历史语境中研究他,追踪他的学说的发展,并努力在其历史的完整性和个体性方面重构他。最近许多对黑格尔的分析性阐释带有第一条路径的特点;更早的许多解释学的研究,特别是鲁道夫·海谋(Rudolf Haym)、威廉·狄尔泰(Wilhelm Dilthey)和西奥多·海林(Theodor Haering)等人的著作,带有第二条路径的特点。

两种路径都有得有失。分析的路径的危险是时代错置(anachronism)。我们让黑格尔变得鲜活和有相关性,变成一个对我们的关切有益的贡献者；但那仅仅是因为我们借他之口说出了我们自己的观点。因而，我们从黑格尔那学到的仅仅是我们读进其中去的东西。这种路径已经被人以充分的理由漫画化为"腹语者的哲学史思想"（the ventriloquist's conception of the history of philosophy）表现出来。[4]另一方面，解释学路径的困难是好古成癖（antiquarianism）。尽管更有可能的是，我们关心的是作为一种真正的历史存在的哲学，但是我们对它兴味索然，而它与我们的相关性也程度更低，因为他的观念和问题是如此特殊，只属于他的时代。看起来我们能够得到的，就像是博物馆里的一幅历史肖像画。

那么，我们如何能既避免时代错置又避免好古成癖呢？这是所有哲学史的永恒困境。我们可以尝试一种折衷的策略。我们可以采用分析的路径，而小心不要将我们的当代重构与历史实在混淆起来；或者，我们可以采用解释学的路径，而选取历史的黑格尔中那些与我们的当代关切相关的方面。但是，无论如何，我们似乎承诺了每一种路径都有其价值。因为很遗憾，在真正历史的黑格尔和与当代相关的黑格尔之间有差异。我们越是让黑格尔与我们的当代关切有相关性，他与真正历史的思想家的距离就越远；我们越是在其历史的个体性中重建黑格尔，他与我们的当代关切的相关性就越少。不管怎样，折衷的路径是想想容易做起来难。由于分析的阐释者对黑格尔具有精确的历史知识，因此他知道如何避免时代错置？而解释学的阐释者对当代哲学有很好的了解，因此他能够避免好古癖？唉，其实我们对黑格尔的所知不过是我们方法的结果；而并非好像我们可以在已有知识的基础上选择正确的方法似的。

面对这一困境，哲学史家必须做出他的选择。可能会有一些供做决定的实用理由，但当每一种方法都各有长短时就无所谓对错。与流行的对分析路径的偏好不同，当前的研究采取更早的解释学的方法。这么做有两个理由。首先，最近对黑格尔的许多分析性研究已经失足于时代错置，并且确实到了非常过分的程度，以至于他们重构的相关的黑格尔实际上已经与历史上真实的黑格尔毫无相似之处。事实上，他们把这两种黑格尔混淆在一起，而不肯坦率承认二者之间的差距，仿佛真正的黑格尔本来就是他们理想中的分析的思想家。其次，当代的黑格尔学者，尤其是英语传统中的那些人，已经无法将黑格尔个性化。他们假定某些观念是黑格尔特有的，而实际上不过是整个时代的老生常谈。他们告诉我们，绝对唯心主义是黑格尔的原创和独一无二之处，他试图嫁接社群主义和自由主义，试图综合斯宾诺莎的自然主义和费希特的唯心主义；但这些规划实际上是早期浪漫主义遗产的一部分。然而，如果我们不能个性化黑格尔——如果我们不能精确地陈述他的观点如何不同于他主要的同时代人——我们能称得上理解他了吗？尤其是当这些不同对他来说通常是如此至关重要之时？

个性化黑格尔，确定他和他的同时代人之间的精确联系，是今天黑格尔学者最紧迫的需要。如果学者们认识到晚近有关早期浪漫主义研究的充分意义，这种需要会变得更为明显。迪特·亨利希（Dieter Henrich）、曼弗雷德·弗兰克（Manfred Frank）、维奥莱塔·魏贝尔（Violetta Waibel）、米夏埃尔·弗朗兹

（Michael Franz）、马塞洛·斯塔姆（Marcelo Stamm）以及其他许多德国人承担的这一研究，已经极大地阐明了早期浪漫主义的哲学道路。直到我们能够在这一运动中定位黑格尔——精确地展示他从中继承了什么，以及在什么地方又持有异议——我们才能宣称对他的哲学有一种充分的理解。

分析的研究的时代错置，特别明显地体现在最近许多对黑格尔的非形而上学的阐释中。这些研究试图改造黑格尔——依据当代关切使他变得切实可行——通过将形而上学读出他的哲学。这些学者主张，如果黑格尔是个形而上学家，那么他的哲学就注定是过时的。因此，事实上，黑格尔哲学已然被解读为形而上学之外的任何东西：作为一种范畴理论、作为社会认识论、作为新康德主义的观念论、作为文化史学，以及作为最初的解释学。所有这些研究的共同之处在于，相信黑格尔哲学就其根本的主旨或精神而言是非形而上学的。这可能意味着两种情况中的一种：或者，黑格尔的形而上学是不可化约但不重要的，因此撇开它，黑格尔哲学的其他方面可以得到充分的理解；或者，黑格尔的形而上学在得到恰当的理解时，可以被化约为一种范畴理论、社会认识论、新康德主义的观念论，如此等等。然而，没有人会比黑格尔自己更尖声地抗议这种阐释。在黑格尔看来，形而上学是哲学的基础，是他体系的每一部分的地基。为了在其个体性和整全性中理解黑格尔，首先和首要的是恢复形而上学在他的思想中的核心作用。出于这一原因，实际上本书的每个章节都将强调形而上学对黑格尔体系的各个部分是多么根本。我们将发现，形而上学在黑格尔的社会和政治哲学、在他的历史哲学和美学中发挥着中枢性的作用。

倡导非形而上学阐释的人们可能会抗议说,将形而上学读回进黑格尔就是使他对我们自己的非形而上学时代来说变得过时。然而,正是在这里,黑格尔对我们提出了重新思考我们自己的哲学预设和价值的挑战。必须要说的是,黑格尔形而上学的大多数当代反对者,仅仅是想当然地从黑格尔已经质疑过的视角来反对他。在黑格尔看来,关于形而上学的任何形式的实证主义绝对是坏哲学,因为它牵涉一种关于自身的形而上学却无能对之加以反思。当代的黑格尔学术不是帮助和这种实证主义作战,而简直是向它卑躬屈膝,背叛了黑格尔遗产中最有价值的方面之一。

略　传

卡尔·罗森克兰茨(Karl Rosenkranz),黑格尔第一个传记作家,在1844年写道:"哲学家的历史就是他的思想的历史,就是其体系形成的历史。"[5] 罗森克兰茨宣称这一格言尤其适合于黑格尔。他的生平就是他学术生涯的故事。黑格尔没有阿伯拉尔(Abelard)式的恋爱事件,没有培根(Bacon)式的政治阴谋,没有斯宾诺莎(Spinoza)式的宗教戏剧。有些传记作家大概会质疑罗森克兰茨的格言,它似乎是彻底还原论的。对黑格尔生活的进一步考察表明,黑格尔也有自己的私人戏剧和丑闻,诸如忧郁的侵袭、与女佣(Putzfrau)的私生子,以及为赚取生活费所做的绝望斗争等等。然而,罗森克兰茨还是有道理的。因为黑格尔本人很少看重他自己的个体性,而是通过对哲学的献身来定义自己。毋庸置疑,他的激情和困扰也能填满卢梭《忏悔录》那样大小的一卷。但问题是黑格尔本人认为它们不值一提。忠实于罗森克兰茨的格言,除了少数失误和畸变之外,黑格尔的生活可以相当整齐地划分为整个学术生涯的各个阶段。

1　斯图加特(1770 年 8 月至 1788 年九月)

1770 年 8 月 27 日,黑格尔出生于斯图加特,是一个中产阶级的长子。父亲是符腾堡公国的一位小公务员。这个公国是被天主教领土包围着的一块新教飞地。黑格尔家几代人都做过新教教堂的牧师,黑格尔的母亲——在他年仅 11 岁时过世——可能也设想过他儿子担任神职人员。黑格尔早年就产生了一种强烈的宗教认同感。尽管他在信仰和习性上没有成为正统的路德教徒,但他所承继的新教遗产仍旧是理解他思想的基础。他拥抱新教的某些基本价值,并从其知识传统中吸取养料。[6]

从他母亲那里接受了最初的拉丁文教育之后,黑格尔在 5 到 7 岁时进入了一所拉丁语学校。然后,他被送到著名的斯图加特文科学校,在那里接受了十一年(1777 – 1788)的教育。罗森克兰茨以下面的话机敏地概括了黑格尔的这段教育经历:它"就原则而言完全属于启蒙,就课程设置而言完全属于古典"。[7]黑格尔的老师们灌输给他启蒙的价值观;而课程设置主要包括希腊文和拉丁文的经典。他所受的教育是在这样一种信念的支配下展开的:古希腊和罗马是文明的最高典范。[8]这一信念有时可能与黑格尔的新教教育相冲突,使他像他之前的许多人一样,面对长期以来在基督教与古代异教信仰之间取得和解的问题。

2 图宾根(1788 年 10 至 1793 年 10 月)

从文科中学毕业之后,黑格尔进入了图宾根神学院,一个为符腾堡公国培养新教牧师的神学院。通常认为黑格尔在神学院接受的训练使他偏向于宗教并成为一个潜在的神学家;但上述看法缺乏证据支持:黑格尔从来没有打算成为一名牧师,并且对学习正统神学怀有很深的厌恶。[9]他进入神学院很可能仅仅是因为可以让他接受公费的教育。和他的许多同学一样,黑格尔十分反感神学院的基本价值观,它似乎代表了旧制度(the ancien régime)的所有罪恶:宗教正统、王权专制,贵族裙带关系。[10]他尖锐批判了他的某些教授的反动神学,他们试图运用康德关于实践信仰的学说来支持传统信条。

尽管黑格尔在神学院并不开心,但在那里他与两个人结下了友谊。这一点对他自己,并且实际上对德国哲学史都极为重要。1788 年秋,他遇见了弗里德里希·荷尔德林(Friedrich Hölderlin),此人日后成为德国最伟大的抒情诗人之一;1790 年秋,他遇见了谢林,此人日后成为德国最杰出的哲学家之一,后来成了黑格尔的竞争对手。在神学院,他们三个人成为密友,有段时间甚至共处一室。谢林和荷尔德林在哲学教育方面领先于黑格尔,很快对他产生了重要影响。

在神学院的头两年,黑格尔攻读硕士(Magister)学位。所修学位课程主要是哲学的,其中包括逻辑学、形而上学、道德哲学、自然法、存在论和宇宙论等。[11]在第二学期,亦即 1789 年夏季学期,黑格尔选了一门经验心理学的课程,从中首次学习了康德的《纯粹理性批判》。[12]接下来的三年,黑格尔必须取得担任牧师的资格,因此他的课程安排变成以神学为核心了。他必须选择一些有关教会史、教义学、道德神学和福音书的课程。[13]除了正式的课程之外,黑格尔独自或与朋友一道阅读了一些最新的哲学文献。他读过柏拉图、席勒、F. H. 耶可比、卢梭和伏尔泰。他最喜欢的作家是卢梭。尽管黑格尔已经读过康德,但值得一提的是,他并没有参加任何一个讨论康德思想的读书会。他后来充分理解康德哲学的重要,或许是由于谢林和荷尔德林的影响。[14]

在图宾根时期,发生的最重要的事件是法国革命。这一事件传到莱茵,黑格尔、谢林和荷尔德林把它当作新时代的曙光来庆贺。他们读法文报纸,唱马赛曲(the Marseillaise),还组织了一个政治俱乐部讨论这一事件和阅读革命文献。据传 1790 年一个晴朗的星期天早晨,黑格尔、谢林和荷尔德林来到图宾根城外草地种下了一颗自由树。尽管这个故事可能是杜撰的,但它至少反映出这三个人本来愿意去做的事情。黑格尔作为自由、和平等理想最为热烈的代言人之一而闻名于神学院。[15]对革命的同情贯穿了黑格尔整个一生。甚至在晚年,他还为攻占巴士底狱纪念日干杯,尊崇拿破仑,而谴责复辟。

黑格尔图宾根时期幸存下来的著作,仅仅是四份布道文和若干简短的残篇。[16]残篇中篇幅最大和最重要的是所谓《图宾根论文》(Tübingen Essay),亦即残篇《宗教是头等大事……》。[17]这份残篇为黑格尔早期发展的许多方面设定了范围。黑格尔忠实于其共和政治理想,主要关心的是勾勒出公民宗教的轮廓。从马基雅维里、孟德斯鸠与卢梭的共和政治传统出发,黑格尔相信共和政体的美德与爱国精神的首要源泉来自宗教。

3 伯尔尼(1793 年 10 月至 1796 年 12 月)

1793 年 9 月通过教会考试(Konsistorialexamen)之后,黑格尔在伯尔尼找到一份工作——在霍普特曼·弗里德里希·冯·施泰格尔(Hauptmann Friedrich von Steiger)这个贵族家庭当私人教师(Hofmeister)。尽管这份工作给了他从事自己的研究的空余时间,但黑格尔在伯尔尼感到孤独和寂寞。他希望与荷尔德林和谢林待在一起,离正在发生令人兴奋的思想活动的魏玛和耶拿更近一些。

在伯尔尼,黑格尔勤于阅读,勤于写作,但什么著作也没出版。他还对文学生涯充满期待。像 18 世纪 90 年代许多怀抱文学雄心的青年一样,黑格尔依照德国的启蒙(Aufklärung)传统把自己看作是"人民导师"(Volkslehrer)。他的目标是启迪民众,与迷信、压迫和专制作斗争。民众教育背后的政治目标是:为建立一个共和国的远大公民理想准备民众基础。忠实于"人民教师"的理想,黑格尔明确和自觉地放弃了在大学里成为一位职业哲学家、一位世界智慧博士(Doktor der Weltweisheit)的目标。他想推广和运用康德哲学的各种原则,而不是去审查它们的基础。

忠实于他的理想,黑格尔继续投身于他公民宗教的规划。这一关切最明显地表现在以《伯尔尼残篇》闻名的系列草稿中。[18]这些残篇之所以引人注目,是因为其中包含对正统基督教的许多尖锐批评。黑格尔对公民宗教的探寻,最终引导他写下了早年一部较为完整的残篇,1795 年的《耶稣传》。

　　黑格尔在伯尔尼时期的主要著作是他的所谓《实证性论文》(Positivity Essay)[19],一部不断改写却从未完成的著作。这篇论文的主要目的是,说明其福音存在于道德自律之中的基督教,如何堕落为一种实证性的宗教——亦即一种由民间权威所掌控的宗教。为了回答这个问题,黑格尔深入研究了异化这一基础性论题,研究人们为什么会放弃他们自己的自由。黑格尔关于异化的分析,预见了费尔巴哈和马克思,也预见了他后来在《现象学》中关于"苦恼意识"的叙述。

　　伯尔尼时期对黑格尔政治思想的形成有特殊的意义。他阅读了苏格兰政治经济学家的著作;对伯尔尼贵族政治的事务进行了近距离的第一手研究,贵族之间的裙带关系让他大吃一惊。黑格尔忠诚于他的共和信念以及他作为"人民导师"的使命,他决定通过翻译卡特(J. J. Cart)的小册子《密信》(Lettres confidentielles)来揭露伯尔尼的专制。这本小册子攻击伯尔尼贵族政治剥夺了瓦特州地区(pays de Vaud)人民的天赋自由,并附以黑格尔的注释和导论匿名出版,是他的第一份公开出版物。[20]伯尔尼时期的黑格尔政治观点更重要的发展,是《实证性论文》某些章节中关于一种自由主义政治哲学的草图。在这里,黑格尔主张国家有责任保护个人的权利,其中既包括个人与财产的安全,也包括言论和内心的自由。这种自由主义和黑格尔公民宗教的理想并不完全一致。这一张力引发了一个对黑格尔成熟的政治哲学具有核心重要性的更为广泛的论题:如何可能实现社群主义理想与自由主义原则的和解?[21]

4 法兰克福(1797 年 1 月至 1800 年 1 月)

1796 年底,由于荷尔德林的努力,黑格尔在法兰克福获得了一个职位,给富裕的葡萄酒商约翰·戈格尔家做家庭教师。1796 初,荷尔德林就已经来到法兰克福。黑格尔想到可以和他待在一起,内心就充满喜悦。在法兰克福,黑格尔的精神状态得到恢复,对自己的环境也更加满意。他变得与他的世界更协调一致,不再试图作为人民教师(Volkserzieher)去拯救人类。他融入社会生活,参加舞会、听音乐会和看歌剧。由于和荷尔德林住得很近,他们经常讨论哲学、政治和诗歌。

法兰克福期间,黑格尔的宗教和政治思想经历了一个戏剧性的逆转。在伯尔尼时期,黑格尔从启蒙的立场阐释和批判宗教;然而,在法兰克福时期,他对抗这种批判而为宗教辩护,并通过一些更神秘的字眼来重新阐释宗教。在伯尔尼时,黑格尔相信他能够按照理性的原则改造世界;在法兰克福时,他批评这种唯心主义,并鼓吹与历史的和解。

法兰克福时期的第一份手稿《论宗教和爱的草稿》,可能是黑格尔在 1797 年夏天写下的,揭示了黑格尔思想的根本变革。这些草稿试图定义宗教区别于形而上学和道德的独特性质。不再像伯尔尼时期那样把宗教等同于道德,黑格尔现在发现宗教的本质在于爱的神秘经验,在这种经验中主体和客体完美融合在一起。法兰克福时期主要的著作是黑格尔的大部头手稿《基督教的精神及其命运》。从许多方面来说,这部手稿是黑格尔成

熟哲学的诞生地。简单来说(In nuce)，正是在这里，黑格尔首次
制订了他的精神观念、他的辩证法概念、他的和解主题，以及他
的有机世界观。

　　在法兰克福时期的逆转在很大程度上是黑格尔挪用早期耶
拿浪漫主义的结果，荷尔德林是这一浪漫主义的重要参与者和
贡献者。黑格尔的思想在许多基础性的方面吸取了早期浪漫主
义的实质内容：有机的自然概念，爱的伦理学，对宗教神秘主义
的激赏。最重要的是，他甚至驳斥了理性统治的启蒙原则，质疑
了理性批判宗教信仰的权力。黑格尔将永不背离浪漫主义遗产
的内容或实质；他主要的背离将仅仅是形式，就如何证明这一实
质而言的。

5　耶拿(1801 年 1 月至 1807 年 3 月)

　　由于父亲过世而获得一份微薄的遗产之后，黑格尔决定去
尝试实现他过学院生活的愿望。1801 年 1 月，他去耶拿加入了
他的朋友谢林的行列。当黑格尔到来时，耶拿的"文学热"已经
平息，大多数领军人物(莱因霍尔德，费希特)多年前就已经离
开。黑格尔成为一名编外讲师，其收入完全依靠学生的学费。
在那里，他从未实现成为一名带薪教授的抱负。

　　黑格尔决心成为一名大学教授，这标志着他智识抱负上的
一个重要转变。他不再把自己视为可以简单地将哲学原则运用
于世界的"人民教师"；他现在视哲学为自己的本职工作，专心致
志于发展他自己的体系。导致这一转变的原因似乎是双重的。
首先，作为政治发展的结果，黑格尔已经失去了他早年的理想主

义（参见第 214 至 216 页[22]）。其次，他也认识到他打算应用的康德哲学的原则是成问题或可疑的。

黑格尔在耶拿的首次亮相是他第一份哲学出版物，亦即他所谓的《差异论文》（Differenzschrift）。诚如标题所示，这份小册子对费希特与谢林体系之间的基本差别进行解说；它也为这一论点做了辩护，即谢林的哲学优越于费希特。通过这一论断，黑格尔立刻终止了费希特与谢林之间的旧联盟，而锻造了一个他与谢林之间的新联盟。《差别》是黑格尔绝对唯心主义或"客观唯心主义"的宣言，是对康德和费希特"主观唯心主义"的批判。

谢林—黑格尔联盟的形成，引导他们共同编辑了一份同仁刊物——《哲学评论杂志》。黑格尔最重要的一些早期著作都是刊载于这份杂志上的论文，其中包括《信仰与知识》《自然法的科学探讨方式》，以及《怀疑论与哲学的关系》等。自 1802 年 1 月开始到 1803 年春末，杂志仅仅维持了为数不多的几期。到了 1803 年春天谢林离开耶拿时，谢林—黑格尔联盟就解体了。有一种误解，认为黑格尔仅仅是谢林的信徒，是他"勇敢的先锋"或"跑龙套的人"。这种观点忽视了太多的基本事实：黑格尔在到达耶拿之前已经发展出了他的形而上学的纲要；由于黑格尔的影响，谢林自己的形而上学从 1801 年到 1803 年经历了至关重要的变化；甚至在《差别》和《评论杂志》中，黑格尔已经毫不犹豫地表达了与谢林不一致的观点。

整个耶拿时期，黑格尔都在为制订他自己的哲学体系而奋斗，但并不成功。他的讲演经常是对其体系中某些部分的初步叙述。[23]这些讲演包括逻辑学和形而上学、自然哲学，以及精神哲

学。这些讲演的草稿有许多幸存下来,亦即所谓的 1803/4,
1804/5 和 1805/6《体系草稿》(Systementwürfe)。[24]

在谢林离开耶拿以后,黑格尔对他的旧同事变得更具批判
性了。在 1804/5 冬季学期的讲演中,他开始公开批评谢林的观
点,并重新思考他的形而上学的基础。他拒绝谢林把绝对唯心
主义奠基于理智直观(an intellectual intuition)之上的尝试,而替
代性地发展了一种引导日常意识上升到哲学立场的科学观念。
这一思想路线最终在《精神现象学》(黑格尔自称其为"自我发
现的旅程"、黑格尔成熟哲学的开端)中达到其顶峰。

6　班堡(1807 年 3 月至 1808 年 11 月)

在耶拿寻找一份带薪的教授职位失败之后,1807 年 3 月黑
格尔成为了一份小城报纸《班堡日报》的编辑。黑格尔的工作做
得十分出色,这使他薪金丰厚,社会地位大大提高。他的报纸支
持拿破仑对巴伐利亚政府的改革,随后支持与法国的结盟。尽
管这一工作不能满足黑格尔的学术志向,但更符合他的政治理
想。黑格尔认为,只要在人民中间找到基础广泛的支持,拿破仑
的改革便能够成功——报纸就是创造这一支持的完美手段。

7　纽伦堡(1808 年 11 月至 1816 年 10 月)

1808 年 11 月,通过朋友尼特哈默尔(I. H. Nietham-
mer)——巴伐利亚文教大臣的中介,黑格尔成了纽伦堡阿吉迪
恩文科中学(Ägidien – Gymnasium)的校长。在这里,无论是作为
管理者,还是作为教师,黑格尔获得了巨大的成功。然而,值得

注意的是,他判定把哲学引入文科中学的尝试是一种失败。1811 年 9 月,黑格尔娶了玛丽·冯·图赫尔,纽伦堡一个贵族家庭的女儿。尽管担任校长很忙碌,黑格尔还是设法挤出时间完成了他在耶拿时期已经动笔的《逻辑学》:第一卷出版于 1812 年,第二卷出版于 1813 年,第三卷出版于 1816 年。

8 海德堡(1816 年 10 月至 1818 年 10 月)

1816 年 10 月,黑格尔终于实现了他的学术理想,成为海德堡大学的一名哲学教授。然而,就像在耶拿发生的情况那样,当黑格尔到达海德堡时,文坛已经消失;一些教授对哲学的敌视,以及学生对待学问的纯粹职业态度,让他感到失望。在海德堡,黑格尔首次讲授了美学;而他 1817/18 年度的政治哲学讲演则成为后来《法哲学》的基础。海德堡时期,黑格尔最重要的出版物是《哲学科学百科全书》,一部三卷本的著作,首次阐明了一个完整的体系。

9 柏林(1818 年 10 月至 1831 年 11 月)

1817 年 12 月,普鲁士文教大臣,卡尔·阿尔滕施泰因(Karl Altenstein)写信给黑格尔,在新柏林大学,提供给他一个费希特曾经执教过的哲学教授席位。阿尔滕施泰因想要黑格尔,主要是因为他知道黑格尔同情普鲁士改革运动的目标,这一运动是在冯·斯坦男爵(Baron von Stein)的领导下于 1807 年开始的。该运动希望通过自上而下的渐进式改革,来实现法国大革命的理想,亦即通过一部新的宪法来确保所有公民的基本权利、贸易自由、废除封建特权，以及更进一步的地方自治。柏林对黑格尔的巨大吸引力主要在于他分享着这一改革运动的理想。普鲁士对它的新大学在更新普鲁士文化生活方面寄以厚望。黑格尔知道，在柏林，他终将进入鲜活文化舞台的中心，并赢得一个可以对普鲁士的文化和政治事务产生一定影响的位置。

然而，在黑格尔抵达柏林后不久，改革运动遭受到严重的挫折。1819 年，弗里德里希·威廉三世（Friedrich Wilhelm III）领导下的普鲁士政府，出于对激进阴谋的恐惧，撤销了采用一部新宪法的计划。随后，政府签署了镇压性的卡尔斯巴德法令，该法令针对"煽动者"引入了审查制度和各种严厉措施。黑格尔的一些学生由于被怀疑参与颠覆性活动，而遭到流放或监禁；黑格尔自己有一段时间也处于警察的监视之下。尽管黑格尔赞同改革运动的目标，尽管他在普鲁士的法庭上被反动阶层所轻视，许多自由主义的同时代人依然怀疑他和反动政府沆瀣一气。在很多人看来，黑格尔似乎赞同反动政治，因为他很乐于得到阿尔滕施泰因的支持，也因为他支持解雇两名持自由主义思想的教授，并曾在《法哲学》序言中恶意地攻击过他们。这是关于黑格尔的一个老掉牙的传说的开端：黑格尔是普鲁士复辟的代言人。

正是在柏林，黑格尔获得了知名度和影响力。尽管据大家所说，黑格尔是一位拙劣的大学讲演者——他说话结巴，举止生硬，气喘吁吁，不厌其烦地重复"因此"（Also）——但是，他的许多讲演赢得了广泛的追随者。他的美学、哲学史、宗教哲学和历史哲学讲演，都举办过好多次。尽管黑格尔自己从未出版过这些讲演稿，但是他的学生把讲演内容记录下来，并收进了黑格尔著作集的第一版中。

由于他的地位和成功,黑格尔终于有了时间和条件去旅行。作为一个狂热的旅行者,他去了布拉格、维也纳、布鲁塞尔和巴黎。尽管黑格尔做了许多讲演,但在柏林期间他出版的著作很少。1826 年黑格尔创办了一份居领衔地位的杂志《科学批评年鉴》(*Jahrbücher für wissenschaftliche Kritik*),为它写了几篇评论文章;出版了《百科全书》的两个新版本(1827,1830);并开始重写他的《逻辑学》,其第一卷出版于 1832 年。

1831 年 11 月 14 日,黑格尔突然逝世于柏林,据说是由于霍乱,但可能是由于胃病或胃肠道疾病。葬礼上,柏林的知名人士和他的学生排成长龙。依据他的遗愿,黑格尔被安葬在柏林多罗特娅(Dorothea)公墓,紧挨着费希特。

第一部分

早期观念与语境

第一章　文化语境

启蒙的黄昏

德国的 18 世纪 90 年代是一个思想上超乎寻常的动荡和发酵的时期。在这十年间，黑格尔与浪漫的一代成年了。这已经是多数历史学家的共识了，但即便是同时代人也有同样的观感。于此，莱因霍尔德（K. L. Reinhold）———一位杰出的哲人和时代精神（Zeitgeist）的敏锐观察者，在 1790 年写道：

> 我们时代最显著和最独特的特征是：迄今为止所有熟悉的体系、理论和思维方式发生了动荡，动荡的广度和深度在人类精神史上是史无前例的。[1]

这一文化巨变的主要源头是德国启蒙运动（Aufklärung）的

危机。18世纪的大部分时间里,启蒙运动支配着德国的智识生活;但现在它的时日屈指可数了。世纪之初看来如此确定的东西,如今,在世纪末看起来疑窦丛生。危机不可能不影响到黑格尔和年轻的浪漫主义者,他们是在德国启蒙运动的监护下成长的。尽管他们后来将反抗它,但还是深受其惠。可以说,他们都是德国启蒙运动的孩子。

德国启蒙运动的危机对黑格尔的影响比任何人都深。因为将黑格尔和浪漫的一代其他思想家如此深刻地区分开来的,是他始于耶拿中期(1803－1806)的、对抗同时代其他批评者以保护德国启蒙运动遗产的尝试。黑格尔对启蒙运动也是极力批判的,在其《精神现象学》的一个著名章节中对它进行了几乎是轻蔑的处理。[2] 然而,有一些启蒙运动的遗产是他决不会抛弃的,它们越是陷入危险,他对它们的激赏就越是增长。其中首要的,是启蒙运动对理性权威的信仰。在经历过18世纪90年代对德国启蒙运动的所有批判之后,黑格尔的成熟哲学首先和主要是一种营救和修复理性权威的尝试。其目标是既容纳又超越这些批判,既保存它们的正当要求,又取消它们的过度自负。黑格尔的重大成就是把德国启蒙运动和一些浪漫主义的潮流综合起来,创造了一种浪漫化的理性主义或理性化的浪漫主义。

因此,为了理解黑格尔哲学,我们首先需要对18世纪90年代德国启蒙运动的危机有所了解。正是这一危机——德国启蒙运动的批评者对理性权威施加的攻击——为黑格尔哲学设置了基础性的挑战。

我们如何精简地来描述启蒙运动的特征呢?启蒙运动过去

经常被恰当地称为"理性的时代"或"批判的时代",不仅历史学家如是说,启蒙运动的同时代人也同样如此。下面是康德在其《纯粹理性批判》第一版序言中给他的时代所下的定义:

> 我们的时代作为一个批判的时代达到了如此突出的程度,一切都必须服从于批判。宗教凭借其神圣性,而国家凭借其威严,或许会寻求免除批判。但这样一来,它们就激起了对它们自身的怀疑,而不能要求诚挚的敬意,理性仅仅会把这种敬意给予那经受住自由而公开的检验所测试过的事物。(A xii)[29]

启蒙运动是理性的时代,因为它在所有的智识问题上,赋予理性以最高的权威,将理性作为上诉的终审法庭。其核心和特有的原则,我们或许可以称之为理性的统治(sovereignty of reason)。这一原则意味着没有比理性更高的智识权威的来源。《圣经》经文也好,神圣的灵感也罢,抑或是基督教会和民间的传统,都不具有理性的权威。当理性对所有这些权威性来源的合法性做出裁决时,它们没有谁能够经受得起这种裁决。

吊诡的是,启蒙运动的危机是从内部产生的,事实上来自它最珍视的原则。问题在于这个原则是自反性的。如果理性必须把所有的信念都列为批判的对象,那么它也必须把自己的法庭列为批判的对象。让它自己的法庭免于仔细审查就将是不折不扣的"独断论",亦即接受对权威的信仰,这恰恰是理性的对立面。因此,理性的批判必然变成理性的元批判(meta-criticism)。如果启蒙运动是批判的时代,18 世纪 90 年代则是元批判的时代。所有关于理性自身权威的怀疑,这一经常被称之为我们"后现代"时代特征的东西,在 18 世纪晚期的德国已经出现。

当德国启蒙运动的危机开始考查理性自身的法庭时,他们发现理性的合法性是以几个成问题的假设为根据的。所有这些假设在 18 世纪 90 年代都被置于严格的审查之下。反基础主义、泛神论论争、虚无主义、历史主义的兴起,以及理论—实践之争——这些都是破坏理性信仰和激起启蒙运动危机的至关重要的进展。黑格尔的哲学直接从对这些进展的回应中成长起来。因此,每一个方面都值得做更进一步的考查。

反基础主义

启蒙运动对理性权威的信仰首先和主要地建基于为知识提供坚实基础的可能性之上。坚实基础的替代物似乎是怀疑主义的深渊。基础的寻求同时出现在启蒙运动的经验论和唯理论传统中。当经验论传统在经验的简单观念中发现这一基础时,唯理论传统则在自明的第一原理中寻找这一基础。且不论它们的观点在关于基础应该放在何处上的对立,二者都分享对某种基础的可能性及其必要性的信念。

发端于 18 世纪 90 年代早期的耶拿,一大群年轻的思想家开始批判基础主义,更确切地说是批判莱茵霍尔德(Reinhold)和费希特将康德的批判哲学奠基于自明性的第一原理之上的努力。因为基础主义聚焦于这些第一原理(Grundsätze)的可能性,所以,他们对基础主义的批判有时也被称为公理批判(Grundsatzkritik)。处于这一批判前沿的是莱茵霍尔德与费希特的一些领头的学生,其中包括约翰·本杰明·艾哈德(Johann Benjamin Erhard)、伊曼纽尔·尼特哈默尔(Immanuel Niethammer)、卡尔·伊曼纽尔·狄兹(Carl Immanuel Diez)、弗里德里希·卡尔·弗尔贝格(Friedrich Carl Forberg)、卡尔·克里斯汀·施密德(Carl Christian Schmid)、雷伯格(A. W. Rehberg)、弗里德里希·亨利希·魏斯休恩(Friedrich Heinrich Weiβhuhn),以及保罗·约翰·费尔巴哈(Paul Johann Feuerbach)。对这一批判来说同样重要的,是一些年轻的浪漫主义者,荷尔德林、弗里德里希·施莱格尔和诺瓦利斯(Novalis)。[30]

尽管黑格尔 1800 年才到耶拿,在公理批判(Grundsatzkritik)偃旗息鼓之后,但他很清楚它的核心原则和基本的批评,这些对黑格尔自己方法论的发展具有重要而没有得到足够重视的影响。[31]黑格尔对第一原理的拒斥、对系统性的强调,以及对哲学中运用数学方法的不信任,只不过是公理批判的一些更为明显的效果。然而,黑格尔受到公理批判的挑战和受到它的影响一样多。他不能接受它的根本的反基础主义的结论:第一哲学仅仅是一个理想,一个可供无限努力探寻的目标。

公理批判的发展进程持续了近十年,包括了许多思想家在内,要概述出它的丰富性和复杂性洵非易事。这里我们只能提示这一批判的某些主线,它质疑哲学以自明的第一原理开端的某些基本理由。(1)第一原理必将是分析的(其形式为"A 是 A")或者综合的(其形式为"A 是 B")。如果是分析的,它将是琐碎而无结果的;如果是综合的,它将是可拒绝的,因而易受怀疑论的质疑。(2)不可能通过诉诸直接经验、某些自明的智性直观来证明第一原理,因为对另一些人而言,总是可能诉诸相反的直观。(3)第一原理不能仅仅是形式的,逻辑的法则,因为那不足以确定质料的真理性(material truth);但如果它包含某些内容,它就必须十分普遍(general)以容纳许许多多从属于它的真理;而这种普遍性(generality)是不足以推导出经验的具体真理的。(4)甚至即使第一原理足以推导出整个体系,也并不等于说它是真的;我们只能通过向经验自身求教以确定其质料的真理性。但经验也不是最后的权威:我们能够以互不相容的方式概念化、系统化或解释相同的事实。(5)莱茵霍尔德和费希特混淆了康德对数学方法和哲学方法的区分。数学方法是综合的,它从自明的原理出发并在直观中建构其对象;哲学的方法是分析的,它从日常会话提供的概念出发,并只有这样才能达到它的普遍原理(general principles)。

作为这些批判的结果,尼特哈默尔、诺瓦利斯、施密德、施莱格尔和费尔巴哈等思想家试图返回更为康德化的立场。他们坚持认为,第一原理和理性的体系,必将仅仅被构想为调节性的理想,被构想为我们能够接近但决不能通过无限的努力来达到的目标。因此之故,公理批判的主要结果被称为认识论的"再康德化"。[32]

泛神论论争

对启蒙运动的理性权威信仰至关重要的,是它关于自然宗教和道德的信念。启蒙者和哲学家认为,自然理性单独——不依赖于启示——就有能力证明我们所有基本的道德和宗教信念。自然宗教或道德将仅仅依据理性而建立,因此它为每一个单纯作为智力存在者的人所同样享有。只有当理性具有这种能力的时候,它才可能排除与其他形式的理智权威(例如《圣经》、教会传统和灵感等)之间的竞争。18世纪80年代晚期,启蒙运动对自然宗教和道德的信仰,在耶可比(F. H. Jacobi)和门德尔松(Mendelssohn)之间著名的"泛神论论争"中,以一种最富戏剧性和壮观的方式遭到抨击。[33]耶可比在他1786年的《关于斯宾诺莎学说的书信》(Letters on the Doctrine of Spinoza)中认为,理性如果真正彻底、诚实和一贯的话,非但不能支撑反而会暗中破坏道德和宗教。公正地说,耶可比对理性的耸人听闻的攻击,比起康德在"第一批判"中有节制的批评,对他的时代发挥了更强有力的影响。

耶可比对理性的抨击,其核心在于将理性主义等同于一种彻底的科学自然主义,更确切地说,等同于一种机械论的解释范式。耶可比将斯宾诺莎视为这种新兴科学的自然主义的典范,因为斯宾诺莎废黜了终极原因,并认为自然万物都是按照机械法则发生的。耶可比认为,斯宾诺莎哲学的根本原则就是充足理由的原则。斯宾诺莎值得称赞,是因为他和莱布尼茨与沃尔夫不同,他有勇气将这个原则贯彻到底:一种彻底的科学的自然主义。这一原则意味着每一事件的发生一定有充足理由,因此,有了这一原因,事件必然发生,否则不能发生。耶可比推论说,如果这一原则没有例外,那么(1)不可能有宇宙的第一因,亦即自由地创造宇宙的上帝,(2)不可能有自由,亦即以其他方式行动的能力。对耶可比来说,第一个结果意味着斯宾诺莎主义导向了无神论,第二个结果意味着它终止于宿命论。通过将斯宾诺莎的理性主义等同于他的自然主义而不是他的几何学方法,耶可比立刻成功地恢复了斯宾诺莎主义的相关性及其危险。如果说斯宾诺莎的几何学方法已经沦为康德批判的牺牲品,他的自然主义看起来却被自然科学的进展证实了。

耶可比的抨击所造成的根本效果,是对启蒙运动提出了一个戏剧性的两难困境的挑战:或者是理性的无神论和宿命论,或者是信仰的非理性跳跃、致命的跳跃(a salto mortale)。没有这样一条中间道路:理性地证明我们最重要的道德和宗教信念。总之,耶可比的意思是说,对自然道德和宗教的探索是徒劳无益的。

像许多同时代的思想家一样,黑格尔也由于耶可比对启蒙运动的挑战而深感不安。在好些场合,他投入了许多篇幅和精力来讨论耶可比对理性的批判。[34]事实上,黑格尔认为耶可比的批判比康德的批判更重要(EPW §62R)。黑格尔哲学的主要目的是在耶可比左右为难的处境之间寻找中间道路。黑格尔想要重建理性主义,并以之为手段来证明我们最重要的道德和宗教信念;但他希望这样做的同时,不会滑入过去那种成问题的理性主义,无论是斯宾诺莎的自然主义,康德—费希特的唯心主义,还是旧的莱布尼茨—沃尔夫的独断论。

虚无主义的诞生

当虚无主义这个"最可怕的客人"[35]前来敲门时,时间已经是 19 世纪初期。而这一幽灵首次抬起它丑陋的头颅,是在 18 世纪 80 年代后期关于康德哲学的讨论中。1787 年,费希特、歌德和谢林的朋友,神秘隐士奥伯赖特(J. H. Obereit)在一系列挑衅性的著作中,含沙射影地说康德哲学以及事实上所有的理性主义都犯了"虚无主义"的罪过。[36]奥伯赖特认为,康德哲学是理性主义的化身,因为它把批判发挥到了极限;然而它又将所有的知识限制于现象,事实上这些现象仅仅是我们的表象。奥伯赖特用"虚无主义"这个术语指这样一种学说:超出意识之外,我们不能对任何事物有知识,因此,我们的终极价值和信念并没有理性的基础。对虚无主义的憎恶,没有什么地方比《守夜人——波拿文图拉所作》(1804)这部非凡的匿名著作表达得更有力和更富激情的了。它的主角,一位精神病院的患者,传播"虚无"的"福音",把他阴郁的情绪和精神病的狂言奠基于最近的哲学教义之上:"万物只存在于我们之中,在我们之外无物实在。"[37]他的绝望在其如下的信念中达到顶峰:所有的价值和信念最终都崩溃为虚无的深渊。

正是耶可比首次把虚无主义变成了一个对 1800 年代德国哲学来说十分头疼的问题。于 1780 年代晚期对理性进行首次攻击之后，耶可比在 1790 年代以康德和费希特的哲学作为主要目标，把他的攻击发挥到了极致。在其 1799 年的《致费希特的信》中，他认为理性主义必然终结于完全的"自我主义"(egoism)或者唯我论(solipsism)，或者他所说的"虚无主义"(Nihilismus)。按照耶可比的理解，虚无主义者怀疑一切存在：外部世界，他者之心，神，甚至怀疑者自己。虚无主义者放任他的理性去追逐痛苦的怀疑论的目标，质疑除了他自己心灵的直接内容之外任何事物的存在。耶可比认为，康德和费希特的先验唯心主义就终结于这一深渊之中，因为这种唯心主义的知识范式就是：我们认识的仅仅是根据我们自己的活动法则所创造或制作的。由此我们被迫承认：要么是认识自己，要么是一无所知。

再者，结果表明，耶可比的论辩在困扰他的同时代人方面是极为成功的。他使得虚无主义成为康德哲学不可避免的结果，并且实际上成为现代哲学整个的"思想方式"。在耶可比的用法中，"虚无主义"已经包含着后来在 19 世纪才与这个词关联起来的内涵：基督徒的绝望——生活是无意义的，因为没有了上帝、天意和不朽。但耶可比为这个问题提供了一个更深的维度，通过把它同怀疑主义的经典挑战，同怀疑论的如下论题连接起来：我们没有理由相信超乎我们自己不断消逝的印象之外的任何事物的存在。他把休谟《人性论》第一卷的结语读作是虚无主义者的自白。于是，对耶可比来说，虚无主义的问题就不仅是一个基督徒信仰缺失的道德危机，它还包含着对我们所有信念的基础

性的怀疑论挑战。黑格尔正是在这一形式中遭遇虚无主义问题
的。我们将在第六章中看到,《现象学》关于"主奴关系"的著名
篇章是如何处理它的。

历史主义的兴起

对理性之普遍性和公正性的启蒙信仰,被18世纪70年代
后期和80年代兴起的历史主义严重动摇了。德国历史主义成
长背后的领衔思想家,是 J. G. 哈曼(J. G. Hamann)、尤斯图
斯·莫泽(Justus Möser)和 J. G. 赫尔德(J. G. Herder)。[38]他们
关于历史的见解,脱胎于对启蒙运动史料编纂学的反动,更具体
地说,脱胎于对启蒙者以其当代道德标准评判过去这一趋向的
反动。他们对这种历史编纂学提出了两种主要批评:首先,它脱
离语境进行抽象;其次,它以自己为标准评判过去的文化。

更精确地说,什么是历史主义呢?尽管"历史主义"一词已
经具有多种不同的含义,但我们这里需要关注的仅仅是它在18
世纪90年代后期和19世纪初的含义。我们可以把这一含义最
好地概括为三种具有方法论意义的要点:(1)历史。社会政治世
界的所有事物都有一部历史。所有的法律、制度、信念和惯例既
易于变化,又都是特殊的历史发展的结果。(2)背景。我们应当
在其历史背景中检查所有人类信念、惯例和制度,展示它们是如
何兴起于它们特殊的经济、社会、法律、文化和地理等条件的必
然性。我们应当把它们视为更大整体的部分和产物。(3)机

体论。社会是一个有机体、一个不可分割的整体,其政治、宗教、道德和法律体系密不可分地交织在一起。像所有的有机体一样,它经历着一个包括出生、纪年期、成熟和衰老在内的发展过程。

为了体会历史主义的这一挑战,我们只需考虑一下这些方法论原则之于启蒙理性信仰的后果。哲学家和启蒙者认为理性的原则是普遍和公正的,是所有时间和地点的、作为智性存在者的人所共同具有的。但历史主义者警告我们说,这些原则仅仅表面上是普遍而永恒的。一旦我们把它们放到它们的背景中来看它们是如何在历史上兴起的,它们就将表明自身是特殊时期特殊文化的产物;它们仅仅表达它们时代的自我意识。由于对某些原则之普遍性的信仰,哲学家和启蒙者患上了健忘症。他们看不到这些原则的起源,以及它们兴起背后的条件,并由此将他们时代的观念一般化,仿佛它们是全人类的观念一样。

因此,对于启蒙运动来说,历史主义的危险来自它所隐含的相对主义。历史主义者平等看待所有价值的正当性,认为它们都是某个民族对特殊环境的必要回应。由于回应是必要的,我们就不应当擅自以为可以对此作出评判,因为这种判断恰恰错误地预设了"我们能够在相同的环境下把事情做得更好"这一前提。所有推定的普遍价值归根到底都是种族中心的、超越于我们自己特殊时空的无效的一般化。没有什么适合一切民族和对所有时空都有效的、理想的法律体系;对某个民族来说,合适的宪法取决于它特殊的环境和历史。

黑格尔既受到历史主义影响,也面临着历史主义的挑战。

部分早期著作表明他是如何吸收历史主义的基础原则的。将历史主义引入哲学,使之成为认识论不可或缺的一部分,这一点经常被归功于黑格尔。[39]然而,非常重要的是,要看到不管黑格尔有多么"历史主义",但他拒绝接受其相对主义的后果。正如我们即将看到的那样,黑格尔政治哲学的主要目标之一,是在公正对待历史主义的同时,重建自然法传统(第208 – 209页)。

"理论—实践"之争

没有什么比1789年7月14日发生的那场巨大的灾难性事件及其余波——法国大革命——更能撼动启蒙对理性的信仰了。对很多人来说,法国大革命似乎就是启蒙运动的典范。社会和国家的一切都要根据理性的原则进行改造,一切历史制度和法律如果不能经受理性的考验都要被废黜。启蒙的伟大承诺是,如果我们在社会和政治生活中遵循理性,那么就会出现地上的天国。

出现的并非天堂,而是地狱。哲学家(the philosophes)越是试图把理性的宪法强加给法国,它就越是陷入流血、混乱和恐怖之中。理性宪法与指券(assignats)是如此相似:其价值只在纸面上。到底出什么错了呢?有些批评家认为,理性内在地是无政府主义的。如果每个人遵循自己的理性,总是质疑他们的上司,就根本不会有什么权威存在。每个个体将做出不同的判断。社会和国家将处于类似法国大革命初始时期军队的状况,其时现役军人有权质疑他们长官的命令。另一些批评家强调在理论与实践之间存在不可逾越的鸿沟。即便理性可以决定国家的根本原则，人们也仍然不能遵照执行。他们过于受激情（九月大屠杀）、私利（投机者）和传统（旺代叛乱）的影响。

关于启蒙运动的这些批评中的部分观点，是在德国 18 世纪 90 年代发生那场著名的"理论—实践"之争中表达出来的，争论的焦点是康德的道德和政治哲学。这一哲学惹恼了保守的批评家们，因为它似乎为法国雅各宾派的政策提供了基本原理。康德似乎同雅各宾派一样对理性的实践能力抱有无限的信任。康德在《实践理性批判》中论证说，理性在两种意义上是实践的：首先，它为我们的行为原则提供充足的理由；其次，它为道德行为提供充分的动力或动机。在其著名的有关"理论—实践"的文章中，康德进一步推进了他的论证，主张理性在政治领域也是实践的。他认为理性不仅有能力确定道德的一般原则，而且有能力确定国家的特殊原则。从他的"绝对命令"，康德推衍出一部由自由和平等原则构成的宪法，很像在革命中的法国建立起来的那些东西。同霍布斯和马基雅维利相反，康德认为这些道德原则和政治也是绑定在一起的。

有几种针对康德文章的回应，其中最重要的是 Justus Möser – Friedrich Gentz 以及 A. W. Rehberg 等人的观点。[40]他们论证了三个要点：（1）即使理性是我们道德义务的充分根据，它也仍然不能为国家提供一个基础。道德的原则简直是太过一般化了，能够和各种不同的社会和政治安排相容。确定一个国家的特殊原则，确定特定民族的恰当宪法，其唯一途径是去深入思考它的历史和传统。(2)即使理性能够提供国家的特殊原则,它也仍然不能提供行动的充足动机或动力。人类行为的主要动力不是理性,而是传统、想象力和激情。(3)如果一位政治家一直掌权并且维护法律和秩序,那么对他而言,按照理性原则去行动就是不可能的;因为当他这么做的时候,只会使其自身易于受到其他那些不循规蹈矩的人的伤害。

围绕理性在政治中的作用,"理论—实践"之争揭示了两个正相反对的立场。康德和费希特站在左派理性主义一边。他们主张,在政治领域,实践应当追随理论,因为由纯粹理性确定的道德原则,也是和政治绑定在一起的。他们的批评家代表了一种右翼经验主义。他们坚持认为在政治领域,理论应该追随实践,因为理性的原则太过形式而不能对宪法或政策施加影响,并且认为,为了确定在政治中去做什么,我们需要求教的是经验,"祖祖辈辈世代相传的智慧"。

后面我们将看到,黑格尔自己的政治哲学,是如何从他试图在"理论—实践"之争的理性主义者和经验主义者之间寻找一条中间道路的努力中生长出来的。

第二章　早期理想

浪漫主义的遗产

对介绍黑格尔而言，仅仅考虑他所面对的那些问题是不够的；还必须了解他想要去达成的那些理想。黑格尔的基本价值有哪些？他是如何设想哲学能够帮助我们实现这些价值的？这些是我们可以询问任何哲学家的最重要的问题，尤其是黑格尔。如果我们仅仅从术语的角度去解释黑格尔哲学，是不能理解它的，好像它仅仅是一套论证，一系列推论，或者一个体系性的结构；我们还需要问一些更基本的问题：所有这些论证、推论和体系究竟是为了什么？尽管黑格尔有时候写道，仿佛哲学就是目的本身，不再服务于比沉思更高的目标，但细想一下他的思想发展历程就可以显示，他之成为一个哲学家，是服务于道德、政治和宗教目的的。

黑格尔的早期理想产生于早期德国浪漫主义,这个阶段有时候被称作 Frühromantik(早期浪漫派)。[1]这场思想运动自 1797年到 1802 年在耶拿与柏林蓬勃发展。它的中流砥柱(leading lights)有弗里德里希·施莱格尔、弗里德里希·冯·哈登贝格(诺瓦利斯)、弗里德里希·威廉·约瑟夫·谢林、弗里德里希·丹尼尔·施莱尔马赫、路德维希·蒂克,以及虽然有些边缘的荷尔德林。浪漫派的圈子会在柏林拉赫尔·莱温(Rahel Levin)和亨列特·赫茨(Henriette Herz)的文学沙龙,以及在耶拿 A. W.施莱格尔家里举行集会。尽管黑格尔从未出席此类集会,并且尽管他只是在其"文学狂飙突进运动"消退之后才去的耶拿,但他还是受到了浪漫主义者的极大影响。影响他的至关重要的通道,是他最亲近的朋友——谢林和荷尔德林。黑格尔法兰克福时期的部分著作,尤其是 1797~1798 年的《论宗教与爱的残篇》和 1797~1799 年的《基督教精神》,都充满了典型的浪漫主义精神。

尽管浪漫主义遗产的重要性看起来是显而易见的,但是,甚至是将黑格尔和浪漫主义联系起来不久前也变得不流行了。举例来说,瓦尔特·考夫曼、所罗门·阿维内里和乔治·卢卡奇,已经强烈反对任何把黑格尔和浪漫主义者糅合在一起的做法,即便是黑格尔早期也是如此。[2]就这一点而言,有一些重要的真理要素。黑格尔仅仅是在他的耶拿晚期(1804 – 1807),反叛了浪漫派圈子的某些核心理念之后,才成为他自己的。《精神现象学》序言就是他的分手信(Abschiedsbrief),是他和浪漫派之间的清理账户。甚至是在早期残篇中,我们也能看到这些批判的某些倾向,因此,即便把法兰克福时期的黑格尔视为纯正的浪漫派,也会是一个错误。

然而,把黑格尔当作一个孤立的人物,好像我们可以离开浪漫派来理解他,或者仿佛他和浪漫派在根本是相互对立的,这也是一个错误。这对早期黑格尔来说将是一个时代错误;它对于后期黑格尔来说也是不准确的,他从未完全摆脱浪漫主义的影响。他的独特特征也还是在一个共同的种属之内的。看起来是质上的差异,经常不过是一种量的差异或侧重点上的不同。把那些事实上是整个浪漫主义的一代人共同具有的理想认作黑格尔独有的,这的确是黑格尔的研究者一个非常常见的错误。黑格尔的绝对唯心主义、他的有机自然概念、他对自由主义的批判、他提倡社群主义的理想、他对斯宾诺莎主义的重新激活、他的辩证法概念、他综合社群主义和自由主义的努力——所有这些理念有时被视为黑格尔独具的;但它们其实是浪漫主义共同遗产的一部分。

黑格尔的研究者经常被黑格尔自己的论战所误导。他们接受这些论战,认为它们是绝对可靠的,仿佛黑格尔就他和浪漫主义者的区别所言必定是真的——很简单,因为黑格尔最了解他自己。但有时候,论战使黑格尔与浪漫主义者拉开的距离,不过是以模糊或掩饰他自己与他们的亲缘性为代价的。比如,当黑格尔在《精神现象学》序言中陈述他自己的观点"绝对不仅是实体而且是主体"时,黑格尔的研究者把这当作是黑格尔哲学超越了谢林哲学和浪漫主义者的一个显著特征。但是,黑格尔宣称的他自己的规划——尝试着把实体与主体、斯宾诺莎与费希特连接在一起——也是浪漫主义那代人共同的事业。[3]

　　许多学者将黑格尔和浪漫主义那代人分开来的原因，是他们对早期浪漫派（Frühromantik）抱有一种时代错误的观念，实际上将它同后来更具保守倾向的晚期浪漫派（Spätromantik）等同起来了。他们关于黑格尔思想背景的观念，是建立在对于早期浪漫主义的哲学著作的忽略的基础之上的，施莱尔马赫、诺瓦利斯、弗里德里希·施莱格尔和荷尔德林等人的未出版的残篇，大多数只是在近五十年间才因为收入了历史考证版而可以利用。对这些残篇进行细致的分析，是黑格尔研究中一项根本性的迫切需要；唯有这样，我们才能在历史上给黑格尔定位并确定他的个体性。

至　善

　　为了了解黑格尔有哪些基础性的价值，有必要回到伦理学的一个经典但为人忽略的问题：什么是至善？这个问题关注的是生命的终极价值，实际上关注的是生活本身的目的。亚里士多德在《尼各马可伦理学》第一卷中对这个概念下过明确的定义。[4]他认为至善有两个基本成份：终极和完满。就其总是目的而从不是手段的意义而言，至善是终极的；就其不能经由任何其它善的添加而得到改进的意义而言，至善是完满的。尽管亚里士多德的问题在古代和中世纪的伦理学里居于中心地位，但在现代早期，它的重要性已经极大丧失了。洛克和霍布斯轻视它，声称"什么是善"仅仅与行为者的欲望（the desires of the agent）相关。[5] 但这一问题从未在德国哲学中消失。它一直以"何为人的规定 [die Bestimmung des Menschen]"这一问题形式暗含在新教传统当中。随着古典学术在十八世纪德国的复兴，这一问题完全重获新生。对于早期浪漫派，尤其是对于弗里德里希·施莱格尔、施莱尔马赫和黑格尔本人来说，这是一个重要的问题。[6]

我们可以用一个短语，一个他们经常使用或不断暗示的短语，来明确概括黑格尔和青年浪漫派的至善观点：生活的统一性（Einheit des Lebens）。至善、生活的目的，在于统一性、整体性，或者我们存在的所有方面的和谐一致。这种统一性一以贯之地体现在三个层面：与自己、与他人，以及与自然。对这种统一性的主要威胁在于二元分裂（Entzweiung）和异化（Entfremdung）。尽管自我应当生活在与自我、他人和自然的统一中，但它又常常发现自己被迫同自己、他人和自然分裂开来。它的目标就是克服这些分裂以达成统一，由此重新获得"在世界中就是在家"（in die Welt zu Hause）的状态。

这种有关生活统一性的理想，其最终渊源是古典时代，尤其是柏拉图和亚里士多德的著作。[7] 有关黑格尔、荷尔德林、谢林、弗里德里希·施莱格尔和施莱尔马赫的一个至关重要的事实是，从很早的时候开始，他们就是热衷于古希腊经典的学生，所有这些著作他们都是用原文阅读的。在图宾根神学院，黑格尔、荷尔德林和谢林组织了一个读书会，经常阅读柏拉图。罗森克兰茨告诉我们，黑格尔 18 岁的时候对亚里士多德的《尼各马可伦理学》已经精熟到何种程度。[8]

统一性的理想,在柏拉图和亚里士多德的著作中有多种呈现方式。首先,柏拉图和亚里士多德关于卓越人性的理想,要求自我是一个整体,是理性与激情的和谐一致。其次,柏拉图和亚里士多德主张,城邦(polis)是一个有机体。在城邦中,整体关心每一个部分,而每一部分为整体而活着。尽管关于国家中应当在多大程度上保留多样性的问题,他们发生了众所周知的分歧,但是他们都认为,理想的国家应当是一个有机整体,所有公民有着唯一的宗教、艺术、道德、教育和语言。再次,柏拉图和亚里士多德以有机的方式,把自然理解为"一个单一的、可见的活物"[9]。在所有这些方面,柏拉图和亚里士多德与现代世界观之间形成鲜明的对照:现代世界观的自我被划分为灵魂和肉体,其国家是各个自私自利的政党之间的契约关系,而其自然的概念是机械论的。重新肯定古典的统一性理想以反对现代的世界观,是黑格尔和浪漫一代的伟大成就。

青年黑格尔和浪漫主义者,对古代希腊的生活持有一种十分理想主义的观念。他们关于生活统一性的范型,是公元前五世纪的雅典。关于古代希腊人,他们有着自己的一套理论,认为他生活在与自己、与他人,以及与自然的和谐一致中。我们几乎用不着去操心这种想象出来的理论的历史准确性:它是一种神话——这种神话的价值,全在于他们向我们讲述的有关德国人而非古希腊人的那些东西。关于希腊生活的浪漫主义概念,有几个来源:卢梭、维兰德(Wieland)、赫尔德和席勒。但它的最终根源是讲述德国神话的"荷马"——"圣"温克尔曼(J. J. Winckelmann)。正是温克尔曼教导德国人说,希腊文化是一个审美的整体。温克尔曼反复吟诵的是,希腊人的生活是从其政治确信中"自然"产生的:他们确信希腊人是一个能够表达他们人性的自由民族。温克尔曼古典主义背后的政治信息是,决不要迷失在一种对专制主义的社会厌倦中:只要我们是自由的,我们都能成为希腊人。

只有当我们考虑到黑格尔至善观念的各个方面时——与自己、他人和自然的统一,我们才能对黑格尔的早期理想有一种更加确定的观念。这需要我们对浪漫主义的伦理、政治和宗教观念有基本的了解。

伦理理想

浪漫派的伦理学,在自我实现或卓越这一古典理想中有其渊源。浪漫主义的理想是由弗里德里希·施莱格尔、诺瓦利斯、施莱尔马赫和荷尔德林等人系统阐述出来的。但在他们之前,这一理想有一段很长的历史,是德国人文主义遗产的一部分。在席勒、赫尔德、维兰德、歌德和威廉·冯·洪堡那里,我们也可以发现它。

浪漫主义关于卓越、关于与自我相统一的理想,包含三个基本的方面:(1)总体性(totality),也就是说,一个人应当发展他所有的独具特色的人类能力;(2)统一性(unity),也就是说,这些能力组成一个整体或统一体;(3)个体性(individuality),也就是说,能力的整体或统一体,应当是个体性的或独一无二的,是这个人所单独特有的。

总体性的要求意味着,我们应当克服所有的片面性,我们应当不忽视我们存在的任何方面,因为我们既是凭借感性也是凭借理性而作为人存在的。统一性的要求意味着,我们应当将所有这些能力塑造成一个有机的整体。浪漫主义者有时以美学的方式来明确表达这种统一性的要求。他们坚称,我们应当把我们自己的生活变成小说。像所有的艺术作品一样,生活应当展示出一种多样性的统一,此处的统一性必须是自发的,源生于内而非从外部强加于其上的。个体性的要求意味着,每一个人不仅应当发展人性一般所特有的那些能力,而且应当发展那些使他的个体性得以彰显的那些能力;每一件艺术品都应当是独一无二的,是独特个体的表达。

浪漫主义自我实现的伦理,应当放到与它的两个主要替代选项的对照中来加以理解:一个是边沁(Bentham)和爱尔维修(Helvetius)的功利主义,他们以幸福定义至善,又根据快乐来理解幸福;另一个是康德和费希特的义务伦理学,他们把履行道德义务作为人生的最高目的。浪漫主义者拒绝功利主义,因为它把人类视为快乐的被动消费者,而忽略人所独具的能力之积极发展。他们反对康德—费希特主义的伦理学,因为它将人的存在区分为理性和感性,并以牺牲感性为代价来发展理性。

为了实现与自我的统一,浪漫主义者名副其实地赋予了爱的经验以最大的重要性。他们受到柏拉图《斐德若篇》(Phaedrus)和《会饮篇》(Symposium)的极大启发,在这些篇章中,爱把灵魂的两个方面——理性与需要——结合在一起。他们认为爱的伦理学比义务伦理学的确要稍胜一筹。爱取代了责任，因为在以爱为取向的行为中，我们在履行我们的义务之时，是顺从而不是违逆我们的天性。尽管在爱中，我们是按照一己的利益而行动，但这个自我不再把它的根本利益与其他人区分开来；相反，这个自我在其他人中发现他自己；唯有通过那些他视为平等和独立于自己的那些他者，他才能成为它自己。

这种爱的伦理，在弗里德里希·施莱格尔、施莱尔马赫、诺瓦利斯和荷尔德林那里都出现过。它的父亲是席勒，席勒在他的《哲学书简》(*Philosophical Letters*)与《秀美与尊严》(*Grace and Dignity*)中都提及过。[10]或许，这一伦理最激情满怀的阐释者是黑格尔本人。在《基督教精神》中，黑格尔论证了，爱应当是伦理学的基础性原则，并且唯有爱才可能克服康德伦理学的二元论。在某些早期的法兰克福残篇中，黑格尔发展了一整套爱的形而上学，断言唯有通过爱的经验，才能达到主客之间的统一，达到自我与宇宙的同一。

尽管黑格尔极大地受惠于浪漫派伦理学，但他本人后来在两个方面与它保持了距离。首先，黑格尔不再赋予个体性以同样高的价值。对黑格尔来说，成为一个个体，就意味着在社会和国家中占据一个特殊的位置或扮演一个特殊的角色。[11]黑格尔后来对弗里德里希·施莱格尔的"神圣利己主义"(divine egoism)提出了批评，因为它刚愎自用，自以为是，将个体与社会世界分离开来。其次，尽管他早先满腔热情，黑格尔后来放弃了爱的伦理。他开始意识到，爱的情感和天性，不足以充当道德和政治生活的普遍基础。我爱我父母、我的兄弟姐妹，以及我的朋友，但是我爱的不是我的同胞（同国人），更不用说一般意义上的人了。在法兰克福时期，黑格尔已经认识到这一点；但只是到耶拿时期，他才从中推断出整个的后果；到了写作《法哲学》的时候，他已经把爱限定在家庭伦理生活的范围之中了。[12]

政治理想

体现浪漫主义与他者合一的理想的，是他们的有机国家概念。他们的有机国家的模型，是希腊和罗马的古代共和国。浪漫主义的共和国有这样一些内涵：（1）参与公共事务、选举统治者和决定公共政策的权利；（2）共和国个体成员的自由，亦即平等保护他们财产的权利、言论和出版的自由；（3）关心国家对公民的教育与培养。

在某种程度上，浪漫主义的共和国是对启蒙专制主义"机械国家"的一种反拨；在"机械国家"中，君主的命令让所有的车轮转动起来。如果说在启蒙专制主义中所有的事情都是"为"人民而做的，那么，它从来都不是"由"人民来做的。与机械国家相反，有机国家将通过它的公民们的参与而得到发展。浪漫主义的共和国，也是对自由主义原子主义国家的一种反拨；这种原子主义国家，是通过自私自利的个人彼此之间订立契约而联结起来的。浪漫主义者拒绝这种国家，因为它是一种圆凿方枘的尝试：如果行为主体总是依照他们自己的利益行事，那么只要能够避开惩罚他们就会不遵从法律。因此，作为唯一的补救之道，就将是全面的暴政。

18 世纪 90 年代末和 19 世纪初作为法国大革命进程的后果,浪漫主义的有机国家理想经历了一些变形。为了回应法国的无政府主义和长期的不稳定,黑格尔和浪漫主义者着手对他们初始的古典理想进行限制。他们强调历史连续性的重要性,强调国家内部独立团体的作用,强调混合宪政的价值,强调核心统治者(君主)的重要性。有机国家,变得更为历史化、更为多元化和更为中央集权化。在所有这些方面,它都丧失了其古典的灵感。因此,如果我们发现,19 世纪初黑格尔、施莱格尔和诺瓦利斯把眼光投向了中世纪而不是古典古代,这是毫不足怪的。然而,如果说有机国家从未丧失它的民主因素、它的立宪主义,及其对基本权利的信念,这倒是公正的。对诺瓦利斯、施莱格尔、施莱尔马赫来说,至少到 1801 年,这一点是真实的;而对黑格尔来说,终其一生都是如此。

尽管浪漫主义者的理想国家受到古典希腊罗马的启发,但这个理想自始就包含一个现代的方面。这便是浪漫主义者自始至终主张个体自由。浪漫主义者不仅想要民主参与意义上的古典自由,还想要人权意义上的现代自由。古典共和国并不认可宽容和个体自由的价值,对此他们实在太了解了。他们也意识到,开历史倒车,复兴古代的共和国或者中世纪的宪法,是绝无可能的。他们的理想,是实现古代共同体理想和现代自由之间的一种综合。这一点,不是黑格尔主义独有的雄心,而是所有浪漫主义政治思想的共同目标。

宗教理想

如果我们把浪漫主义的至善理想放到普遍历史的视野之下,那么下面这一点立即变得显而易见:它是完全内在的或此世的。浪漫主义者认为,应当在此生而非彼岸来达成至善。如果我们在此生实现了与我们自己、他人以及自然之间的统一,那么我们就实现了人生目的,而这种人生目的并不为一个超越此生的目标服务。因此,浪漫主义的至善概念是对古典基督教至善概念的一种否定,按照后者,至善在于永恒的救赎。奥古斯丁在《上帝之城》第十九卷中提出,亚里士多德主义的古典至善理想并不能在此生实现,此生不过是一条由死亡、疾病和不幸汇成的溪流。奥古斯丁有一个著名的见解,把地上的生活看作一场通向永恒终点的朝圣之旅和死亡之旅。黑格尔和浪漫主义者自觉地、坚定地和满怀激情地与奥古斯丁的传统决裂。十分值得注意的是,黑格尔沿着荷尔德林和施莱尔马赫的路子,明确否认了个人的不朽,严厉斥责了建基于这种不朽之上的一整套救赎伦理。从其早期的伯尔尼手稿到1831年的宗教哲学讲演,黑格尔都对救赎伦理进行了抨击,抨击它以自我为中心对灵魂命运的关切。[13]

忠实于其内在的至善理想,黑格尔相信,生活的意义能够并且应当只是在共同体中才能实现。他论证说,当我们像古代罗马和希腊人那样,为"共同善"作出贡献和创立其法则的时候,我们就在我们的生活中获得满足和发现了目的。古希腊人通过为城邦而活,建立他们的不朽和人生意义。城邦是比他们自己更伟大的整体,并且他们知道城邦比他们能存活得更长久;他们不关心他们自己的个体救赎,不关心他们死后灵魂的命运。在黑格尔看来,基督教个人救赎的伦理,不过是失去共同体之后的一种绝望的哭喊,一种微不足道的补偿(Ersatz)。这种伦理的兴起,首先仅只是因为古代共和国的没落。当人们失去了支配自己的自由时,他们就不再能够通过参与公共生活来发现意义;因此,出于绝望,他们在超世间中寻找意义的源泉。

黑格尔和浪漫主义者坚持不懈地反对的,不仅是基督教的至善理想,而且还有基督教神学的传统形式。他们既痛恨一神论,也痛恨自然神论。他们对一神论产生敌意的根源本质上是政治的:一神论曾经是"旧制度"(ancien régime)意识形态的一部分,是王座和祭坛之间古老联盟的支柱。由于启蒙运动批判的遗产,他们也几乎不信仰《圣经》这根一神论的中流砥柱。他们反感自然神论的根源更多地是文化的:自然神论曾经是造就自我与自然相异化的强大力量。因为自然神论者紧抱着"超自然的灵魂"这一古老教条不放,他把自我置于自然之外,而自然在他看来不过是一架黯淡无光的机械。既然上帝存在于超自然的王国,并且由于上帝创造自然之后就抛弃了它,自然王国也就因此失去了它神圣的意义。

尽管他们的至善理想是完全内在的,尽管他们反对神学的传统形式,但黑格尔和浪漫主义者的思想仍然是宗教性的。他们关于神圣的概念,如同他们关于至善的概念一样,是完全内在的。他们坚持传统的无限概念——最实在的存在者（ens realissimum），不能设想任何比它更伟大的事物——但他们按照内在的方式将它们解释成为一个整体的宇宙。他们相信，唯有这一内在的神圣概念，才能克服自我与自然之间的异化。唯有当自我是宇宙整体的一个部分，是那个唯一无限的实体的一种样式的时候，才能将自己与自然等同起来。

　　当然，这种内在的无限的思想最重要的先驱和典型是斯宾诺莎。作为泛神论论辩的结果，斯宾诺莎的学说在德国遭遇了一种戏剧性的复兴。18 世纪 90 年代成长起来的青年浪漫派，不可避免地卷入了这场争论的漩涡当中。他们的笔记充分表明，他们不仅研究斯宾诺莎，而且同情斯宾诺莎。对他们来说，斯宾诺莎是"der Gott betrunkene Mensch"（沉醉于上帝之中的人）。[14] 在留言册（Stammbücher）中写上"Hen kai pan"——"Eins und Alles"（一与一切）——成为了某种时尚。施莱尔马赫在他的《宗教演讲录》中，发出一个著名的号召，要求我们献祭于"一位圣洁的、被拒绝的斯宾诺莎"。[15]

　　黑格尔和青年浪漫派从斯宾诺莎那里获得了什么呢？他们在他身上看到的，首先和主要是他将宗教理性化的意图。斯宾诺莎的著名格言 deus sive natura（神即自然），将上帝等同于自然之无限性，似乎解决了那曾经倾注了整个启蒙运动时期所有哲学家和神学家心力的理性与信仰之间的矛盾。斯宾诺莎的格言，在将自然神圣化的同时也将神圣自然化，因而它似乎创造了一种出自科学的宗教和一种出自宗教的科学。如果上帝无异于"一与一切"——如果神圣者就是自然的创造性力量，就是它所有法则背后的动力——那么,就没有理由去把理性与信仰对立起来。取而代之的是,宗教和科学的对象将是同一回事。对于斯宾诺莎主义的支持仿佛仅仅是由于其传统对手(一神论与自然神论)的弱点而得到增强,而到了十八世纪末,一神论和自然神论已经到了崩溃的边缘。一神论不仅不能把它的基础建立在神迹之上,因为神迹已经很难与科学调和,并且它也遭到了新圣经批判的极大挑战。另一方面,在休谟和康德对上帝存在的传统证明毫不留情的密集炮轰的抨击之下,自然神论也彻底土崩瓦解。唯有斯宾诺莎的泛神论似乎可以免于这种陈旧过时的危险。斯宾诺莎的上帝的实在性,就像自然本身一样可感知。不是像传统一神论的上帝那样作为神秘的精神,也不是像自然神论的上帝那样作为一种不相干的抽象,斯宾诺莎的上帝是自然之整体,并且同样如此平等地呈现在每一个人之中。既然我们都是唯一无限实体的不同样式,那么我们只需反思我们自身就可以发现在我们之中的神圣者。

重要的是,我们要看到,斯宾诺莎对浪漫主义的吸引不仅限于宗教方面,也包括政治方面。为了理解这些政治的因素,我们有必要花一点时间来回顾一下亨利希·海涅一段著名的评论:泛神论一直以来就是德国的秘密宗教,是德国文化背景中的信仰。[16]海涅知道自己说的是怎么回事。在德国,自从17世纪末以来,斯宾诺莎就已经变成激进新教徒,以及那些心怀不满的改革者的保护神。他们控诉路德投靠了君主,背弃了他自己的两个伟大理想:宗教自由和所有信仰者都是神职人员。这些激进者出于各种原因拥抱斯宾诺莎,所有这些人全都是新教徒。他们视斯宾诺莎把教会和国家相分离为宗教自由的保障;他们拥抱他对圣经的批判,因为这一批判将路德主义从它的圣经主义、从麻木地强调福音书是信仰的规则中解放出来;他们喜欢斯宾诺莎的泛神论,还因为它似乎为平等和每一位信仰者的祭司身份提供了辩护。毕竟,如果上帝是同样无限地呈现在每一个人之中的,那么我们所有人就是平等的;因此,也就不需要一位牧师或者一个精神的权威来充当我们与上帝关联的中介。当然,斯宾诺莎是一位犹太人,至少从出身背景来说是如此;但是这些激进的新教徒是彻底普世化的,这就是拥抱他的最好的理由。还有什么东西(比斯宾诺莎的学说)能够更好地为他们的普救说提供凭证呢? 并且,不管怎样,斯宾诺莎不是和里津斯堡(Rijns-berg)的同胞们生活在一起吗? 难道教义上的亲缘关系只是一个意外?

尽管迫害不断,但德国宗教激进主义的火苗从未熄灭;《伦理学》(Ethica)和《神学政治论》(Tractatus)的秘密版本也从未停止过流通。这些激进理想鲜活地进入了 18 世纪,并在诸如戈特弗里德·阿诺德(Gottfried Arnold)、康拉德·迪佩尔(Conrad Dippel)、约翰·埃德尔曼(Johann Edelmann),以及最后在莱辛(Lessing)和赫尔德(Herder)等作家中间找到它们最重要的倡导者。当浪漫主义者在 18 世纪 90 年代末拥抱斯宾诺莎主义的时候,他们在某种意义上是不知不觉地继承了激进改革者的传统。斯宾诺莎在 18 世纪 90 年代的复活完全是激进改革的最后一场伟大的示威。它最出色的文学和哲学表达,就是施莱尔马赫的《讲演录》。

最后,黑格尔也被这股对斯宾诺莎的热情浪潮所感染。在伯尔尼时期(1793 – 1796)的作品中,黑格尔看起来对此还几乎完全免疫。他崇尚的是康德道德信仰的理念,按照这一理念,对超自然的上帝的信仰,可以在道德的地基上被证成。但在法兰克福时期,黑格尔放弃了这一学说,并发展了一种内在的上帝的思想。在1801年撰写的《费希特与谢林哲学体系的差别》中,黑格尔为谢林的斯宾诺莎主义做了辩护(参看第58 – 59页)。尽管黑格尔恰当地抵制了任何将他的绝对唯心主义和斯宾诺莎主义归并起来的做法,但他从未停止认为斯宾诺莎哲学是现代哲学与宗教的基础。在《哲学史讲演录》中,黑格尔这样来描写斯宾诺莎的实体:"谁要开始研究哲学,谁就必须首先做一个斯宾诺莎主义者。灵魂必须在唯一实体的以太中洗个澡,人们所珍视的一切都浸没在这唯一的实体之中。"[17]

分裂的挑战

尽管生活统一性这一浪漫派的理想是美好的,它似乎也是难以企及的。"浪漫派"一词就其通俗意义而言,似乎是一种不切实际的梦想。黑格尔和浪漫主义那一代人的古典理想与现代的实在之间形成了一种尖锐的冲突。在古典理想需求统一性的地方,现代社会似乎则在所有的层面上都创造分裂:自我之内的分裂、与他人的分裂和与自然的分裂。对黑格尔和青年浪漫派来说,基础性的挑战是,面对现代生活不断增长的分裂,如何使他们有关生活统一性的理想具有正当性。正如黑格尔的一句名言所指出的那样:对哲学的需求起源于分裂(Entzweiung)(D II 20/89)。

每一种统一性的理想,似乎都遭到了现代生活某些方面的暗中破坏。不断增长的劳动分工,每个个体将自身专门化以便献身于一个狭隘任务的需要,威胁着人与自身统一的理想。生产越是变得理性化和高效,人们也就越是不得不去培养专门的技艺和才能。并非人们的所有能力都得到实现,而是他们只能发展其中某些狭隘的方面。由于清醒地意识到这个问题,浪漫主义者赞同谢林著名的悲叹:

> 人由于总是被束缚在整体的一个小小片段上,于是也将他自己仅仅发展成为碎片;由于耳朵里总是他所转动的齿轮的单调声音,所以他从未发展出他的和谐的生命;他没有给他的自然盖上人性的图章,而是仅仅变成所从事的商业和科学的印记。[18](NA XX, 323)

当然,在古典文化中,劳动分工并不构成这种威胁。这不仅是因为技术的匮乏,而且是因为奴隶制的根深蒂固。由于从经济必然性的王国解放出来了,希腊罗马共和国的公民可以把更多的时间和精力放在公共事务上。但现代世界是不接受奴隶制的;因此,经济世界的各种要求就变得无法逃避了。黑格尔和青年浪漫派要面对的问题是,在没有古典奴隶制的情况下,如何达成"(人性)卓越"这一古典理想。当现代生产和交换的形式似乎不过是使每一个人都奴隶化时,这一理想看起来的确是高不可攀了。

与他人之间的统一性理想,在现代世界同样面临着重大危险。现代市民社会的根本趋势似乎朝向原子论和无序状态发展,社会与国家的分裂造就了大量只追求私利的分离的个体。这些个体被迫在市场中相互竞争,而不是为了共同善联合在一起。由于现代国家的绝对大小和规模,它的不断增长的集中化和科层化,共和国层面的共同体参与是无法指望的。现代个体视国家为敌对的和异化的存在,国家的目的是控制和支配他。在十八世纪末的德国,可以清楚地察觉到市民社会的原子化趋势。作家们抱怨农村公社和教区在不断增长的城市化进程中的衰落,他们为城市中的失业大众发出哀叹。[19]

最后,与自然之间的统一性理想看起来也是难以达到的。古人之所以会把他们和自然等同起来,是因为他们把自然看作是一个活生生的整体,而他们自己是其中的一个部分。但是,随着现代科学技术的成长,整个自然领域已经去魅了。技术专家不再把自然看作是一个沉思的对象,一个优美、神秘和魔幻的王国,相反,他们给予自然的仅仅是一种工具的价值。他卷入对抗自然的斗争之中,试图用机器控制和支配自然。既然自然仅仅是一架机器,它就可能被控制以用来为我们服务。

然而,如果现代社会创造的只是这些分裂,那么又如何可能获取生活的统一性呢?对黑格尔和青年浪漫派来说,这是至关重要的时代议题。仿佛浪漫主义的宏伟理想一经制定就被废弃了,而这些理想看起来不过是对不可避免的"进步力量"的一种抗议性的哭喊。尽管现代生活存在种种分裂,但是,显示这些理想的正当性,建立整全的可能性、实际上是必要性,这就是哲学的任务。首先必须向反思哲学(Reflexionsphilosophie)开战,这种哲学似乎赋予了所有现代生活的分裂以正当性。与笛卡尔、康德和费希特相反,必须表明世界不能分裂为主体与客体、心灵与肉体、自我与他人。青年黑格尔相信,向二元论开战和展现整全的可能性,是哲学的一个特殊门类亦即形而上学的任务。[20]我们即将要谈到的就是这种形而上学。

第二部分

形而上学

第三章　绝对观念论

形而上学问题

对黑格尔哲学的任何阐释,都必须从他的形而上学开始。黑格尔接受了把形而上学当作哲学基础学科的传统解释。像笛卡尔与亚里士多德一样,他把形而上学视为知识之树的树根,它的汁液滋养着每一枝叶。黑格尔认为,我们不能妄自给予诸具体学科以一种独立于形而上学的基础,因为它们预设了对形而上学基础性问题的各种回答。他警告说,如果我们试图避开这些问题,那么我们事实上就是回避了问题的实质。[1] 由此,黑格尔把形而上学作为他自己哲学的基础。他以逻辑学为开端展开其体系的成熟论述;不过,在他看来,逻辑学本质上是一门形而上学的学科,其任务是确定自在的存在的本性,而不仅是推理的诸形式法则(EPW §24)。

但是,如果说黑格尔的形而上学是重要的,它也是富有争议的。或许,在关于黑格尔的学术研究中,最具争议性的问题就和他的形而上学的身份有关。许多传统研究对黑格尔的思想提出了一种直截了当的形而上学的解释,强调宗教在其中扮演的核心角色。根据这种解释,黑格尔的哲学乃是一种通过理性来为某些基督教的基础性信条——诸如上帝存在、天意和三位一体等——做正当性辩护的努力。[2] 然而,近年来,许多学者倡导一种通达黑格尔哲学的非—形而上学的路径。他们把黑格尔哲学解读为一种范畴理论、一种新康德主义的认识论、一种原型诠释学、一种社会认识论,或者一种反基督教的人文主义。[3] 激发所有这些非形而上学解读的是这样一种信念:既然康德和其他许多人已经表明形而上学是一项破产了的事业,如果黑格尔哲学是一种形而上学的话,它也注定被废弃。

我们怎么来理解这一争论呢? 当然,一切都取决于“形而上学”这个多义词的确切含义。我们这里所讨论的含义,康德在《纯粹理性批判》中对其有过定义:形而上学是通过纯粹理性来获取关于无条件者的知识的努力(KrV B7, 378 – 388, 395)。康德把无条件者理解为任何意义上的条件系列的完成:终极原因、最后的分析单位、谓词的最终主词。他解释说,与无条件者的三个基本概念相对应,有三个基础性的形而上学理念:上帝、自由和不朽(B 395)。正是在这一意义上,康德已经在《纯粹理性批判》中对形而上学提出责难。他论证说,如果理性试图超越经验的限制去认识无条件者,它将必然陷入各种各样的谬误之中:先验辩证论中所无情暴露的“谬误推理”“模棱两可”和“二律背反"。康德由此宣称,形而上学如果被理解为通过纯粹理性来认识无条件者的尝试,是不可能的。

如果从这个意义上来理解形而上学,那么,我们可以从两个方面来看这场争论的真相。传统阐释的有力证据,来自黑格尔有关宗教目的和哲学主题的许多陈述。在《费希特与谢林哲学体系的差别》中,黑格尔说哲学的任务就是认识绝对(Ⅱ, 25/93)。在《百科全书》中,他宣称哲学的主题是上帝,并且只是上帝(Ⅷ, 41, §1)。在他的宗教哲学讲演中,黑格尔肯定了哲学和宗教分享同一个对象:绝对或上帝(VPR Ⅰ, 33/Ⅰ 116)。他甚至把哲学和神学等同起来,把哲学描绘成一种礼拜的方式,因为它致力于证明上帝的存在和规定上帝的性质(VPR Ⅰ, 3/Ⅰ, 84)。既然黑格尔认为哲学试图通过理性来认识上帝,并且既然他把上帝理解为无限者或无条件者,那么,可以推论出,他的哲学是形而上学,而且实际上大概就是在康德的意义上;因为它试图通过纯粹理性获取关于无条件者的知识。

然而,从这些陈述中得出结论,说黑格尔哲学恰好是在康德所禁止的意义上是形而上学,这可能是不正确的。康德把形而上学看作是对超验实体的思辨,看作是关于超出经验范围之外的对象的先天推理。在这种意义上,黑格尔根本不可能是一个形而上学家,一个很简单也很有力的理由是:黑格尔否认超验对象、纯粹本体或超自然对象的存在。如果形而上学就在于对这一超验领域的思辨,那么黑格尔可能会第一个谴责它是一种伪科学。必须强调的是,黑格尔自己的无限者或无条件者的概念全然是内在的:无限者并非存在于有限世界之外,而是恰恰在其内。

的确,各种非形而上学阐释的背后,也是有一定程度的真理。这些学者正确地强调了黑格尔对传统形而上学的拒斥,强调他对康德对莱布尼茨—沃尔夫理性主义所作批判的推崇,以及强调他纯粹内在的哲学观念。但另一方面,这些论点并不意味着黑格尔根本不是一个形而上学家。即便黑格尔发誓放弃作为一种关于超验者的科学的形而上学,他也仍然追求作为一种关于内在存在者的科学的形而上学。无论无条件者是超越这个世界还是超越作为一个整体的世界,它仍然是无条件者。对黑格尔而言,传统形而上学的问题不在于它试图认识无限者,而在于它对无限者做了错误的阐释,把它看作某种超越日常经验的有限世界之外的东西。值得注意的是,黑格尔大力表彰旧理性主义,恰恰是因为它假定,思想可以把握自在的实在;并且在这一方面,他甚至认为,旧理性主义站在一个比康德的批判哲学更高的水平上(EPW 第 28 节)。

非形而上学阐释的主要问题在于,它呈现给我们一个虚假的两难困境:黑格尔或者是一个独断论的形而上学家,或者实际上根本就不是一个形而上学家。这个两难困境背后的至关重要的假设,是一种十分狭隘的形而上学观念:它是关于超验实体的思辨。然而,最重要的是看到,黑格尔并不分享这种形而上学的观念,他想要避免的恰恰正是这种两难困境。在后康德时代,他敏锐地意识到需要为形而上学提供一种新的原理。为形而上学提供一个批判性的基础,将它建基于一种方法之上以满足康德的知识批判的要求,这是黑格尔哲学生涯中的核心挑战。这一方法就是他的著名的辩证法,我们将在后面的第六章中对之进行考察。

考虑到黑格尔形而上学的确切身份,有必要走出一条好的路线,一条介于膨胀的解读与紧缩的解读或者过高的解读与还原主义的解读之间的中间道路。膨胀的或过高的解读把绝对变成一种超实体(super – entity),而紧缩的或还原主义的解读又将它降低为只不过是关于某种特殊物的抽象的或伪善的谈论。然而,膨胀的解读将黑格尔变成了一个相信抽象实体存在的柏拉图主义者,紧缩式的解读则将黑格尔变成一个将所有普遍事物都还原为特殊物的唯名论者。显然,两种解读都是不正确的,这一点从黑格尔自己所强调的一个基本区分可以看出——一个对他的整个哲学来说是根本性的却常常为评注者所忽略的区分(VG 37, 81, 87/34, 69, 74)。这便是古老的亚里士多德主义在以下二者间所作的区分:一面是解释的次序上的首要者,一面是存在的次序上的首要者。[4] 在黑格尔看来,普遍是解释的次序上的首要者,特殊是存在的次序上的首要者。普遍之所以是解释的次序上的首要者,是因为,为了确定一物是什么,必须将一些普遍归属于它;我们通过属性来界定一个事物的本质或本性,而每一个属性都是普遍的。然而,特殊之所以是存在的次序上的首要者,是因为,实存就是有所规定,成为某种个体性的物。因此,说普遍先于特殊,并不意味着它是时间上先于特殊的原因(cause);毋宁说,这仅仅意味着它是事物的理性(reason)或目的。这种理性或目的,就其本身而言并不在事物之先存在,而是仅仅通过事物才存在,亦即通过事物的完整和充分的发展来将自身具体化。

　　这个至关重要的区分,在关于黑格尔形而上学的膨胀的和紧缩的解读之间,提供了一条中间道路。这两种解读都混淆了这一区分。膨胀的解读认为逻辑的优先性也包含存在论的优先性,因此它假设理念的实在性,仿佛它自在地存在着似的,先于它在物理的和历史的世界中的具体化。但是这等于是说,普遍能够离开和先于特殊而存在,而这种学说恰恰是黑格尔明确并着重地否定的(VG 85/72;EPW §24A, VIII, 82)。紧缩式的解读假定,黑格尔坚持存在论的优先性表明他对逻辑优先性的否认,仿佛理念不过是它在其中存在的特殊物的总和。第一种解读,将黑格尔变成一个认为普遍存在于历史的和自然的世界之外的柏拉图主义者;第二种解读将他变成一个认为普遍的意义完全可以根据它们所指的那些个别事物来加以解释的唯名论者。但是,黑格尔首先和主要是一个亚里士多德主义者:他认为普遍只能存在于事物之内,即使它们的意义并不能完全化约为它们。

　　在第六章,我们还将再次考察黑格尔的形而上学问题,最终涉及他思想中宗教的角色。

何谓绝对

　　人们经常以"绝对观念论"(absolute idealism)这个短语做为标签来概括黑格尔的形而上学。然而,引人注目的是,黑格尔本人很少使用它。这恰恰和他总体上对抽象口号与词句的嫌恶是完全一致的。很容易理解,黑格尔害怕他的哲学被简化为一个短语。他认为哲学术语仅只在系统的语境中才有其确切的含义,离开语境则会产生无数武断的联想。"绝对观念论"这个短语真正流行起来仅仅是 19 世纪下半叶的事情,当时这个词经常被用来描述英美观念论者的哲学。

然而,如果就此得出结论说,这个词是一种时代错置或者是不精确的,则也是错误的。在 18 世纪 90 年代后期,这个词是一种通货;第一个使用它的人似乎是弗里德里希·施莱格尔。[5] 后来谢林采用了它,在好几个场合中用这个词来定义他自己的立场。[6] 真正重要的是,谢林在他和黑格尔合写的著作中使用了这个词,用它来指认他和黑格尔在 19 世纪初所捍卫的那种哲学。尽管黑格尔嫌恶抽象的词句,但他自己也没有与之划清界限。从学生的讲演笔记可以看出,他至少三次使用这个词来描述自己的立场。[7] 在其公开出版的著作中,黑格尔有时用"观念论"一词完全是为了定义他自己的哲学。[8]

即便"绝对观念论"既非时代错置也非不精确,那么它究竟是什么意思呢? 我们必须先从它的形容词"绝对的"着手。绝对观念论首先且首要是一种关于绝对的观念论。但什么是绝对呢? 这一在整个 19 世纪引起巨大共鸣的术语,对我们而言几乎已经完全丧失了它的涵义。

"绝对"(das Absolute)是黑格尔用来表示哲学主题的专业术语。他在《费希特与谢林哲学体系的差别》中写道,哲学的任务就是认识绝对(II, 25/93)。他似乎把"上帝"看作是这同一个词("绝对")的同义语,或者说它的一种更大众化的宗教表达。[9] 例如,在宗教哲学讲演中,他解释说,哲学和宗教分享同样一个对象:绝对或上帝(VPR I, 33/I, 116)。尽管这很重要,但在说明他用"绝对"这个词究竟何所指方面,黑格尔对我们毫无帮助。虽然他说他的《逻辑学》不过是绝对的一系列定义(WL I, 59),但是关于这个词,他从未给出过一个简单有用的定义,也没有给出关于这些定义究竟是定义什么的基本说明。

幸运的是,黑格尔的某些前辈和同时代人提供了一些定义,这些定义设定了黑格尔对这个词的用法的一个背景。在康德看来,"绝对"一词是完全含混不清的(KrV B 380–381)。在一种意义上,它指的是某物"自在地来看因而内在地"有效的东西,因此也就除去了它与其他事物的联系;在另一种意义上,它表示某物在一切方面或一切关系上都是真实的东西。黑格尔的用法显然结合了这两种涵义:当完全从自在地或内在地来看时,他的绝对在自身之中包括所有的关系。

另一个定义,是黑格尔曾经的合作者谢林提供的。按照谢林的看法,绝对是"在自身之内和通过自身而存在之物",或者说是"其存在不受其他某物决定之物"。[10] 由此,谢林有时候把绝对称作"自在"(das An-sich)。谢林的措辞让人想起斯宾诺莎《伦理学》中的实体定义:"在自身之内,并且通过自身被设想之物;换句话说,能够独立于其他概念而构成其概念的事物"(Part I, def. 7)。谢林与斯宾诺莎的亲缘性并非偶然,因为在其耶拿时期,他实质上已经皈依于斯宾诺莎。当谢林把他的绝对称作"实体"(die Substanz)的时候,对斯宾诺莎实体定义的暗示再明显不过了。[11]

无可置疑的是,黑格尔分享了谢林的定义,而且他也以斯宾诺莎的术语来看待绝对。诚然,黑格尔尖锐批评了斯宾诺莎的绝对概念(参看第 91 – 95 页),并且即使是在耶拿时期,这些分歧也已经潜滋暗长了。尽管如此,黑格尔把斯宾诺莎的实体定义看作是所有哲学的基础或起点。因此,在《费希特与谢林哲学体系的差别》中,有时候他把绝对看作是实体(II, 10, 49/80, 116),并且在他的《哲学史讲演录》中说,人们在开始研究哲学之前,首先必须到斯宾诺莎实体的以太中洗个澡(XX 165; III, 257)。

在将实体当作形而上学的根本对象方面,同在他们之前的斯宾诺莎一样,谢林与黑格尔也是回溯到亚里士多德主义的传统。[12]亚里士多德在《形而上学》一书中已经把实体当作第一哲学的初始对象。他将"有关第一原理的科学"定义为对存在之为存在的研究,更具体地说,定义为对在初始意义上实存的那些事物的研究,这些事物是所有其他事物为了能够存在而必须依赖的。因为唯有实体是所有其他的存在者的基础,所以,第一哲学必须是关于实体的初始理论。[13]

尽管黑格尔说绝对或上帝是哲学的主题和目标,他并没有设想哲学应当以证明它的存在为开端,更遑论应当假定它的存在。他的著名主张是,绝对应当是哲学研究的结果而非起点(PG 21/? 20)。仅只是在完成了他的研究之后,哲学家才理解他的对象自始至终是绝对或上帝。在这一点上,黑格尔的形而上学不同于传统神学,后者从一开始就把上帝作为它的主题。

那么哲学应当以什么为开端呢? 以一个简单的问题、一个隐藏在所有形而上学背后的基础性问题为开端:什么是实在性本身? 撇开与其他事物的关系的事物自身是什么? 在《精神现象学》和《逻辑学》中,黑格尔都以这个问题为开端。《精神现象学》开始于意识问自己什么是它的对象,什么是对象本身(das An-sich or Ansichselbstsein)之时;意识发展的所有阶段,都可以被理解为是一种渐进的、对这个问题给出的更详细或更具体的回答。《逻辑学》也是始于纯存在(reines Seyn)的概念,去除我们归诸其上的任何规定之后的存在自身。对黑格尔而言,这是实体、实在本身、去除将它和其他事物联系在一起的各种特殊规定的实在的另外一种提法。实际上,在《哲学百科全书》版本的逻辑学中,他明确指出,纯存在是对斯宾诺莎实体概念的恰当描述(§86;VIII, 183)。

关于哲学方法的这一论述,首先是谢林和黑格尔在耶拿时期共同发展起来的。他们认为,理性的任务就是撇开某一事物与其他事物的联系,去认识事物自身。[14]理性必须这样来把握每一事物,仿佛它就是整个世界,仿佛在它之外无物存在。[15]这意味着,理性应当从事物中剥离掉它的属性或独特形式,以及它借以与其他事物区别开来的那些规定性,因为这些属性或规定性构成它和其他事物的联系。一旦我们移除了某一事物的所有独特属性,我们就可以从中看到整个宇宙,因为所有去除了独特属性的事物都是一样的。这种通过抽象掉其独特属性来思想事物自身的方法,谢林和黑格尔称之为建构(construction)。尽管黑格尔后来放弃了这一方法,但他还将坚持它的基本任务:把握事物本身。

主—客同一

　　既然已经考察过了绝对的含义,我们就能更好地理解了绝对观念论的主题了。但是我们对这一学说本身还一无所知。不幸的是,对此黑格尔于我们同样没多大帮助。关于这一短语,他没有提供有用的定义,也没有对其含义做初步的说明。不过,在黑格尔使用这个词的少数场合,已经预设了一些确定的一般含义。

　　谢林提供了一条重要的线索,在与黑格尔合作期间,他在两个场合对这个术语下过明确的定义。在谢林看来,绝对观念论是这样一种学说:在绝对中,观念与实在、主观与客观是同一回事。[16]换句话说,这种学说就是,绝对存在于主—客同一之中。事实上,考虑到在耶拿时期黑格尔在绝对的本性方面与谢林已经有实质性的差异,因此不能认为谢林关于绝对的定义就是黑格尔自己的。早在《费希特与谢林哲学体系的差别》中,黑格尔已经宣称绝对不仅是主—客同一,而且是主—客同一与主—客非同一的同一(II, 96/156)。然而,完全轻视谢林的定义也是错误的。因为,黑格尔完全同意谢林,认为主—客同一是绝对的一个重要环节;此外,在《费希特与谢林哲学体系的差别》的序言中,他明确告诉我们,主—客同一原则表达的正是"真正的观念论"的精神(II, 9 – 10/79 – 80)。捍卫谢林对这一原则所做的阐释以与康德和费希特的阐释相抗衡,的确是黑格尔写作《费希特与谢林哲学体系的差别》的目的。

因此，为了理解黑格尔绝对观念论的含义，我们必须确定谢林和黑格尔使用的"主—客同一原则"究竟意味着什么。但目前看来，我们仅仅是用一个标语代替了另一个标语，让本来晦暗不彰的事情变得更加晦暗而已，因为主—客同一原则是德国观念论所有问题当中最高深最困难的一个问题。这个原则没有唯一明确的含义，它的精确含义取决于各种特殊的语境。因此，我们必须特别仔细地将黑格尔对这一原则的理解与他的同时代人区别开来。

关于它的含义的一个明显暗示出自《费希特与谢林哲学体系的差别》的序言。黑格尔在那里声明，康德已经在他的范畴的先验演绎中表达了主—客同一的原则。[17]"在范畴演绎的原则中"，黑格尔写道，"康德哲学是真正的观念论……"（II, 9/79）。在这里，黑格尔指的是康德的统觉统一性原则，其含义是，只有在我能够意识到它们的时候，我才能具有各种表象。在《纯粹理性批判》中，康德将这一原则作为他的"先验演绎"的基础，也就是说，他试图表明范畴（我们借以理解世界的最基本的概念）必须应用于经验。这一原则在康德演绎中的确切作用，一直是一个争论不休的话题，而我们现在无需关心这些。至关重要的问题是，黑格尔的主—客同一概念是否应当按照康德的原则来理解。引人注目的是，费希特使用"主—客同一"来描述自我—认识的行动时，牵涉到康德的原则。既然黑格尔使用相同的术语，看来他对这一原则也抱有某种康德主义的解释。

然而，重要的是不要被这种用词的相似性所误导。尽管初看起来是合理的,但康德主义的阐释经不起更进一步的文本审查。在《费希特与谢林哲学体系的差别》中,黑格尔赞扬了康德的演绎之后,立刻明确指出,康德对主—客同一性的理解有不完善之处。他抱怨康德的解释:"……它只把握到了主—客同一性的一个次要的阶段"(Ⅱ,10/81)。黑格尔对康德"统觉的统一性"的批评贯穿《差异论文》全文,因为它仅仅是形式的和主观的:说它是形式的,因为它仅仅是诸表象的自我意识,而不管诸表象自身的内容;说它是主观的,因为同一仅仅发生于主体内部,从未超出自我意识自身。黑格尔指责康德持有一种主观的理性概念,按照这一概念,理性是主体的活动强加于世界之上的某种东西,而先于这种活动的世界是不可知的自在之物。

康德关于主—客同一原则的解读,也同样忽视了谢林和黑格尔在其耶拿时期著作中对此提出的明确批评。谢林和黑格尔认为,康德—费希特关于主—客同一原则的解读最终归结于唯我论,而唯我论意味着我仅仅认识我自己心灵中的直接内容。[18]由于先验主体仅只认识它的创造物,便落入了其自身意识的循环;并且由于它不能创造整个世界,外部实在势必作为不可知的物自身而存在。因此,在耶拿期间,谢林和黑格尔摒弃了而非拥抱康德关于主—客同一原则的阐释。

黑格尔关于主—客同一原则的解读,其原型并非来自康德—费希特传统,而恰恰来自它的对立面:斯宾诺莎主义。对1801年前后的谢林和黑格尔来说,主—客同一原则,本质上起到了作为他们一元论宣言的作用。它充当了反对一切形式二元论的声明,无论这种二元论是康德式的、费希特式的,还是笛卡尔式的。谢林和黑格尔极为赞赏斯宾诺莎的一元论,因为当康德、费希特和耶可比等人试图恢复二元论的时候,斯宾诺莎展示了如何能够克服它。他们的主—客同一原则忠实于斯宾诺莎,本质上意味着:主观与客观、思想与经验、观念与实在——无论人们如何阐释它们的对立——都不是独特的实体,而仅仅是同一实体的不同方面、性质和属性。这一原则直接从斯宾诺莎的如下命题得出:只有一个唯一的实体,其他所有一切,或者是它的样式,或者是它的属性。[19]如果事实如此,那么主观和客观就不能是两种事物,而必定只是同一事物的样式或属性。

斯宾诺莎自己已经发展出了某种类似于主—客同一原则的东西,尽管他从未使用过这个词。在《伦理学》的第二部分,斯宾诺莎论证了心理和物理不过是同一实体的不同属性。[20]斯宾诺莎写道:观念的秩序与联系,和事物的秩序与联系是同一的,因为心理和物理两者最终不过是同一事物的不同方面。黑格尔想要赋予他的主—客同一原则以斯宾诺莎主义的意义,这一点是毫无疑义的。在《差异》中,有两个场合,黑格尔赞许地提到斯宾诺莎的命题(II, 10, 106/80, 166)。

但是这里提供给我们的,似乎仍然是一种用晦涩的语言解释难懂的问题(obscurum per obscurius)式的说明。因为斯宾诺莎的学说,是其哲学中最令人费解的部分之一。困难主要来自斯宾诺莎关于"属性"的那个恶名昭彰而又含糊不清的定义:"理智将之视为构成实体的本质的东西"。[21]这一定义是模棱两可的杰作。"属性"本质上是主观的,仅仅是理智看待、解释和理解实体的不同方式?抑或它们是客观的,是实体不同的显现、表现或形式? 抑或是兼而有之?

幸运的是,我们无需详细阐述斯宾诺莎学说的确切含义。现在对我们而言,唯一的问题是,黑格尔是怎么理解它的,或者说黑格尔赋予它什么意义。在《差异论文》中,黑格尔说明了他想要赋予斯宾诺莎学说的确切意义。他主张,主观和客观之间的差异,必定不仅是观念的,也是实在的,也就是说,必定不仅是视角的差异,也是客体自身的差异。这意味着,主体和客体是"绝对"之不同的表现、体现和展示。在好几个场合,黑格尔强调说,哲学有必要解释日常经验中主观和客观之间的区分。主体明显不同于客体——客观是被给予的,并产生出独立于我们意志与想象的表象——这是日常经验的一个事实。黑格尔坚持认为,哲学不应当把这种现象当作幻象打发掉,而是应当解释它和显示其必然性。[22]

正是由于这些原因上,黑格尔与谢林分道扬镳了。他主张绝对不仅是同一,而且是同一与非同一的同一。如果哲学要去阐明日常经验中的主客观对立,那么它就必须以某种方法指出唯一的普遍实体——在其中主客观是同一的——是如何分离自身并产生主客观差别的。由此,哲学家面对着一个内在的艰巨任务:他必须既克服又解释主—客二元论的必然性。黑格尔认为,无法阐明有限性的起源,正是斯宾诺莎的失败之处。[23]下文我们将仔细考察,黑格尔是如何试图解释有限性的起源以及主—客同一之二元论的(参见第 92 – 95 页)。

"观念论"的含义

现在,我们已经看到,黑格尔的绝对观念论本质上是一元论的学说。然而,重要的是要看到,它包含着两种截然不同的含义。首先,在反二元论的意义上,它否认在主观与客观、观念与实在、心理与物理之间存在任何实体性的差别,并且断言,与此相反,它们是同一个实体的不同属性或表现。其次,在反多元论的意义上,它否认存在多种实体,相反,断言只有唯一的实体。反二元论的含义不必蕴含着反多元论的意义,因为即使主体和客体是单一实体的不同方面,也可能存在许多这样的实体。但谢林和黑格尔还肯定一种更强形式的一元论。他们推崇斯宾诺莎的如下论证:只有一个唯一的存在者,这个存在者具有独立的本质。如果有两种实体,那么它们就将被设想为是相互联系着的,至少在否定的意义上,即一方本质上不是对方;在这种情况下,两种实体都将具有独立的本质。

可是,这种激进的一元论学说和观念论有什么关系呢? 回答是,关系并不明显,因为表面看来(prima facie),无论是在古代的柏拉图主义还是现代的贝克莱主义的意义上,一元论与观念论都并不存在必然的联系。毕竟,有些一元论者不是观念论者;例如,斯宾诺莎和叔本华。

黑格尔写道,绝对观念论是这样一种学说,即事物都是"普遍和神圣的理念"的显现(EPW §24A)。把它解读为柏拉图式观念论的一种形式,这种做法极有诱惑力,仿佛这个理念是柏拉图的形式或原型。那样,绝对观念论将会是一种观念论的一元论或一元论的观念论。按照这种学说,所有事物都是唯一的绝对理念的显现。因此,当黑格尔与斯宾诺莎一道,说所有事物是唯一普遍实体的样式或属性的时候,他也和柏拉图一道,意味着它是唯一的普遍理念的显现或展示。

这种解读接近了黑格尔的含义,但接近得还不够。因为,黑格尔没有将理念并等同于柏拉图的原型,而是将之等同于亚里士多德的形式—目的因。黑格尔把亚里士多德而非柏拉图看作是绝对观念论的真正奠基者:"亚里士多德在思辨的深度上超越了柏拉图,因为他知道具有最坚实地基的思辨(或)观念论……"(XIX, 133/II, 119)。黑格尔跟随亚里士多德对柏拉图的批判,认为普遍物并不单独存在,而是存在于特殊事物当中(en re)。[24] 作为内在于事物的形式,作为具体的普遍,用亚里士多德的语言来说,普遍即是事物的形式—目的因。形式因是使某一事物成为其所是的本质或本性;目的因是客体试图实现的目的,是它发展的目标。在黑格尔这里,正像在亚里士多德那里一样,两种意义上的原因是联结在一起的,因为某一事物的目的,就是实现它的本质,或发展它的内在形式。像康德一样,黑格尔把形式—目的因称为"某一事物的概念(Begriff)"。[25]

如果我们牢记黑格尔的亚里士多德式的理念概念的话,那么,他的观念论就在根本上具有某种目的论的意味。声称每一事物都是理念的一种显现,现在意味着这个事物在努力实现绝对理念,或者说意味着每一事物在趋向于作为绝对理念的目的。

这便是黑格尔对斯宾诺莎一元论的亚里士多德式转换:唯一的普遍实体现在变成了唯一的绝对理念,亦即所有事物的形式——目的因。由于斯宾诺莎藐视目的论,他在坟墓里大概也会感到恶心吧。

黑格尔绝对观念论的目的论维度,十分明确地表现在他世界历史讲演录的导论中。在这里,黑格尔声称哲学的根本主题是理性统治世界;黑格尔将这个主题与阿那克萨哥拉的"努斯(nous)"支配世界这个古老的教诲等同起来(VG 28/27)。黑格尔进一步解释说,理性统治世界,意味着它有一个终极目的(VG 50/44)。这意味着,无论发生什么都是出自必然性,但这种必然性不仅是在这种意义上,即存在着在时间上在先的原因作用于它;而且是在这种意义上,即它们必须实现某种目的。我们在后文将确定这种目的的涵义(第 266 – 267 页)。

从他对于"主观的"和"客观的"观念论的含蓄区分来看,这一目的论的方面变得非常清楚了。[26]根据这一区分,主观的观念论者坚持认为,世界的合理性、它的遵从规律,在主体的创造性活动中有其根源;它的根本原则是康德的如下学说,即我们关于对象的先天认识,仅仅是我们在它们之中创造或生产的东西。因此,主观的观念论者认为,世界是合理的,仅仅是在我们创造或制造它所及的程度上;而在我们不能创造或制造它的程度上,世界是不可知的物自身,是一个非理性的无理数。然而,客观的观念论者坚持认为,世界的合理性不是某种主体强加于世界之上的东西,而是内在于对象本身,是它的概念或形式——目的因。因此,当黑格尔这样写道:"说理性在世界之中,也就是说出了

'客观思想'这一表达所包含的意义"（（EPW §24）之时，客观的观念论是他的理性统治世界学说的另一种表达，是一个明确证实了的方程式。

黑格尔的客观观念论的概念，以及他的亚里士多德式的理念概念，表明他并不将理念限制于主观性的领域，仿佛它是某种心灵的内容或意图似的。在他的世界历史讲演中，有好几个场合，黑格尔煞费苦心地强调，统治世界的理性不能被理解为一种具有自我意识的主体或精神（VG 29，37，81/28，34，69）。统治世界的目的仅仅是内在于世界的形式或结构，它并不必然暗含着某些行动者的意图。

在被理解为"每一事物都是理念的显现"这一论题时，绝对观念论就与实在论（realism）相容了。而按照实在论，对象在意识之外并且先于意识。理念的表象，可能是质料性客体，也可能是自我意识着的主体，并且实际上整个自然领域先于人类的发展。黑格尔在《自然哲学》中始终假定，自然外在于并先于人类意识而存在，人类的发展预设了有机的自然力量的先在发展，并且只能源出于这种发展。

黑格尔的绝对观念论也兼容自然主义（naturalism）。如果说自然主义是这样一种普泛的论点，即自然中所有事物的发生都合乎规律，那么绝对观念论赞同自然主义，因为它认为自然中所有事物的发生都出自必然性。它也与一种更特殊的论点相兼容，即自然界的每一事物都符合机械法则，亦即任何事件的原因乃是某一时间在先的事件。黑格尔并不否认自然的机械论，因为他认为自然的机械论运作乃是实现目的的必要手段。绝对观念论仅仅与下面这种自然主义不相容,这种自然主义主张任何事物唯有依据机械法则才是可解释的。因此,与绝对观念论正相反对的论点,既不是实在论也不是自然主义,而是一种激进的或狭隘的机械论,它要求成为唯一的解释范式。

那么,根据黑格尔的绝对观念论,唯物论和观念论之间的整个争论都遭到了误解。绝对理念既非主观的也非客观的,因为它是这两者同等固有的形式或结构。我们不能把主体还原为客体,仿佛它仅仅是质料的,同样我们也不能把客体还原为主体,仿佛它仅仅是观念的。主观和客观是同样实在的,二者之间的对立明显来自我们的日常经验;这种对立实际上是"绝对"自我实现的必要条件,即它将自身分裂为主观和客观(我们在第93－95页看到这一点)。然而,这一对立并没有削弱"绝对"的同一性或统一性,因为作为形式因和目的因,作为所有事物的可理解原则,它可以要么是主观的,要么是客观的。

尽管黑格尔强调绝对理念同时在主观性和客观性中实现自身,但是在某种意义上,他的绝对观念论仍然赋予主观性之于客观性更高的地位。黑格尔对斯宾诺莎的一个根本批评是,斯宾诺莎没有给予主观性以充分的荣耀,承认它高于自然的地位;斯宾诺莎将主观性当作实体的一个属性,一种与物质具有同等地位的属性,因而实际上仅仅是无限多样的属性之一种。然而,对黑格尔来说,主观性是"绝对"最高的展示、组织和发展。只是在历史领域,并且主要是在文化领域,亦即在艺术、宗教和哲学中,"绝对"才充分实现自身。黑格尔把存在巨链的理念———一种有关自然形式的等级制,恢复到了斯宾诺莎的一元论的水平,这种理念从物质开端,渐进地发展到矿物、植物和动物,最后在人类自身中达到顶峰。因此,相比于客观性领域,"绝对"在主观性领域更好地实现了自身。尽管"绝对"事实上能够外在于和先于主观性而存在,但是没有主观性,它就不能充分实现或发展它的本性。没有主观性的自然确实能够存在,但它就像是一棵从未成长为参天橡树的小树苗。

　　主观性在黑格尔观念论中的重要地位,同他关于"绝对"必须既被设想为主体也被设想为实体的陈述结合在一起,成为关于黑格尔绝对观念论的一种十分流行但根本上错误的解读的一个主要根源。根据这种解读,黑格尔的绝对观念论是某种形式的宇宙的主观主义或超级主观主义。它本质性是这种学说,即"绝对"是精神,是神圣普遍的主体,这一主体创造了整个世界。这种解读使得黑格尔的观念论变成某种形式的主观观念论,尽管是更高级的和更形而上学的类型。主体不再是有限的(亦即经验的和个体的),而是无限的(亦即理性的和普遍的)。这一无限的自我,将不仅仅是康德式的、纯形式的先验主体;相反,它将是去掉了所有限制的康德式的先验主体,亦即一种不再是个别化的、并且有能力既创造经验形式也创造经验内容的主体。尽管物质世界独立于有限主体而存在,但它不能独立于这一无限主体而存在,这一无限主体通过它的无限活动而设定了整个自然领域。

　　这种解读存在几个问题。首先,黑格尔认为,即使我们可以消除对先验主体的各种限制——即使我们移除物自身和被给与的经验内容——我们拥有的仍然是主观的观念论,因为思想的形式仅只对于主体而非世界自身而言是真实的(EPW §42A3，45A)。其次，黑格尔主张，在绝对理念内部，主观与客观之间的对立没有意义，因此不能用一种相互排斥的眼光来看待主观或客观(EPW §24A1)。第三，黑格尔主张，"绝对"的主观性仅仅是其组织和发展的最后阶段；这只是结果，而非开端。在开端处，在它自身中考察的话，绝对不是主体而是实体。

观念论与实在论、自由与必然的综合

现在应该很清楚了，黑格尔绝对观念论的一个目的，是扬弃观念论(idealism)与自然主义(naturalism)之间的僵硬对立。绝对观念论以某种方式保存这些有限立场的优点，否定其缺陷。二者都被设想为片面的抽象，就整体而言为假，但是就片面而言为真。但是，更为确切地说，这些立场究竟是什么？并且，更为具体地说，如何实现它们的综合？

对黑格尔和18世纪90年代整个浪漫主义的一代来说，实在论或"独断论"的立场以斯宾诺莎哲学为代表；观念论或"批判论"的立场以费希特哲学为代表。费希特曾经公开宣布，只有两种可能的立场，并且要求人们二者选一。但黑格尔和浪漫派的一代拒绝了费希特的最后结论，他们看到了两种立场中的长处。费希特观念论的伟大力量是它激进的自由概念，是"自我"创造自己以及整个世界的权利和能力。费希特"设定自我的自我"概念——自我仅仅是它从自身之中创造出来的东西——对

18 世纪 90 年代的那一代人来说,有着无法抵制的诱惑。他们想
要打破传统秩序的所有限制,开创一个新天地。斯宾诺莎自然
主义的优点是,它看到了自然中的神圣,而这种神圣并非存在于
自然彼岸的一种超自然的天堂。通过神圣者的自然化和自然的
神圣化,斯宾诺莎的自然主义似乎实现了科学与信仰这两种需
求的和解。考虑到两种立场的力量,整个浪漫的一代的理想,就
是综合费希特的自由与斯宾诺莎的自然。

但这个理想看起来仅仅是个梦,近乎要求一种方的圆。问
题在于,正如费希特所主张的那样,他的自由概念和斯宾诺莎的
自然概念完全是不可调和的。按照费希特的概念,自由在于"自
我以任意选择是其所是"的方式创造自己的权力;自我没有先于
其选择的本性。自我具有选择的力量,具有完全独立于先在的
原因而这样做或那样做的能力。费希特意识到,我们现在并没
有这种激进的自由,我们大多数品格都是由外部的自然原因决
定的;然而,他仍然主张这种自由应当是一个理想或行动的目
标。自我应当努力获取对自然的更多控制,以便它的整个品格
仅仅取决于它自己的自由活动而非其他。这种激进的自由概
念,在两个方面,被斯宾诺莎的自然主义侵蚀了基础。首先,斯
宾诺莎的自然主义是决定论的。按照斯宾诺莎,上帝仅根据他
自己本性的必然性而行动,并且不会越雷池一步,就像三角形的
内角和不会超过 180°一样;由于人类的所有思想和行为都仅仅
是神圣自然的样式,因此也都是必然的。我的所思所为只不过
是上帝通过我的思和为;一个人不能以别的方式行动,只能在外
部神圣自然能够变化的范围内行动。其次,斯宾诺莎的自然主

义也是寂静主义的,它侵蚀了任何试图改变世界的动机的基础。对斯宾诺莎来说,上帝的本质是完美的和永恒的:而由于每一事物都是上帝本质的表达或显示,因此每一事物都应当是完美的和永恒的。那么,为何要自寻烦恼改变事物呢?撇开斯宾诺莎自己的激进政治学不谈,他的形而上学看起来从根本上削弱了社会和政治变革的动机,或者至少是给那些无力变革的人提供了某种安慰。然而,对费希特来说,哲学应当终结于对行动的召唤:世界还不是理性的,我们应当为使之理性化而努力奋斗。独断论者只是假设自我与其世界的和谐一致,费希特则想把它变成行动的目标。

如果我们考虑到黑格尔对费希特的批判,那么,实现费希特的观念论和斯宾诺莎的自然主义联姻的无望,就变得越发明显了。像所有浪漫主义者一样,黑格尔已经对费希特的二元论、他关于本体或可知的自由王国与现象或可感的必然王国的区分,提出了尖锐的批评。这种二元论似乎将自我与自然之间的异化永恒化了,使得二者最终合一成为不可能的事。但是,在费希特的二元论背后,有一些好的理由。和康德一样,费希特被迫假设这种二元论以确保自由的可能性。他的推理似乎是无可避免的:由于自由包含着选择亦即以别样方式做某事的能力,并且由于自然中的每一事物都是被决定的,以至于它是必然的和不可能采取别样方式的。因此,唯有当被带到整个自然领域之外和放置于理智或本体的领域中,自由才是可能的。对黑格尔和浪漫主义者来说,二元论并不是解决问题的方案而正是问题本身。然而,这使得自由问题变得更加急迫。在斯宾诺莎一元论的和自然主义的世界中,自由如何可能呢?

黑格尔对这一问题的回答,部分在于他对斯宾诺莎的观念论的重新阐释。由于他的绝对观念论将主体性重置为自然的目的与顶峰,黑格尔恢复了费希特观念论的一个方面。毕竟在某种意义上费希特是对的:自我应当是第一原则。确实,费希特正确地把自我意识放在了所有事物的中心地位,当作解释自然的基础,因为自我意识是自然的目的,是自然全部活力的最高程度的组织和发展。然而,费希特走偏的地方在于,他把目的因解释成了第一因。他错误地假定,自我是自然的基础性的本体论原则,而它实际上仅仅是自然的目的或终点。第一因恰恰是斯宾诺莎的实体,而它确实只根据自然自身的必然性而行动。

黑格尔的绝对观念论也赋予了人类行为(human agency)以一种比斯宾诺莎想象的任何事物更重要的宇宙中的位置。斯宾诺莎曾经把人变成唯一神圣实体的样式。由于实体具有独立的本质与实存,并且由于样式具有依存的本质与实存,人依存于上帝而不是上帝依存于人。上帝具有永恒、完全和自足的实存,尽管有人的活动,它仍旧保持同一。然而,对黑格尔而言,正像人类依存于上帝一样,上帝也依存于人类。因为只有通过人类活动及其自我觉知,神圣者才能最终实现它自己。如果没有人的自我觉知和行为,神圣自然诚然还在,但它将保持为一种完美的、潜在的、未充分发展的和不确定的存在。那么,只有通过我们的活动,我们才能使神圣者完美、完全和实现,因此,人类活动自身就是神圣的。通过赋予人类行为以更重要的作用,黑格尔相信,他可以公正地对待费希特的行动主义。由于神圣者唯有通过我们的行动才能实现自身,我们因此有了好的行动理由,事实上是有了神圣的使命。在行动中,我们帮助上帝自身实现其本质。

绝对观念论的这些方面,虽然软化了斯宾诺莎决定论之刺,但并没有移除它。即使自我是创造的顶端,即使它的行动使神圣自然成为现实,事情的真相仍然是,神圣者依据其自身本性的必然性而行动,因此自我的所有行为也将是必然的。正是在这一点上,黑格尔在调和费希特与斯宾诺莎方面迈出了最重要的一步:重新阐释自由概念本身。在世界历史讲演录中,黑格尔经常使用费希特的语言来描述自由。他说自我是自我设定,并且它就是它的自我创造(VG 55. 58/48, 50)。然而,尽管存在语言上的表面相似,黑格尔的基础性概念是不同于费希特的。[27]与费希特相反,黑格尔认为自由与必然性相关,并且他接受了斯宾诺莎在《伦理学》中给"自由"下的定义:"凡是仅仅由自身本性的必然性而存在、其行为仅仅由它自身决定的东西叫作自由"(Part I, def. 7)[28]。费希特和黑格尔都根据自我规定来理解自由,但他们的概念不过是形名相似而已。在黑格尔这里,自我规定意味着:(1)我具有某种特殊的本质或本性;(2)它的实现是自然而必然的。费希特则完全否认这两点,因为,(1)他的"自我"仅仅是它的自我设定,没有任何预先存在的本质或本性;(2)它能够在不同的行动方案之间做选择。

然而,问题来了,任何有限的行动者或人能够在斯宾诺莎的意义上是自由的吗?斯宾诺莎的自由概念似乎仅仅适用于上帝,因为他只按照他自己本性的必然性而行动。唯一无限实体的所有有限样式,其行动都被其他有限样式所决定,如此循环往复以至无穷。最后,黑格尔对这个问题采取了与斯宾诺莎同样的解决方案:只要我和宇宙整体是真正同一的,我就是自由的;只有我通过哲学意识到这种同一性,我才是实现了自由,斯宾诺莎称之为对上帝的理智之爱。通过"和解"这一概念,"自由"在黑格尔这里获得一个新的面貌:它教导自我通过发现它在世界中的身份而接受世界的必然性。

显然,黑格尔的自由概念中暗含某种形式的相容论,亦即自由的要求和决定论的要求是能够相容的。黑格尔赞成所有相容论的一条基础性格言:说自我是自由的,并不意味着他的行动是不被其他事物决定;我想做某事并不排除,相反倒是暗含着,我是被决定地想要去做。通过采取这种意义上的相容论,黑格尔认为,他可以不必为了拯救自由而假定任何形式的二元论。即便我的所有行动都是自然秩序的一部分而别无选择,在做这些事情的时候,我仍然是自由的,只要这些事情是我想做的。后文(第263 – 266 页)我们还将对这一相容论的某些问题进行考察。

泛逻辑主义的神话?

黑格尔绝对观念论的一个基础性的问题,是对偶然性地位的关注。有些学者认为,黑格尔的立场犯了"泛逻辑主义"的错误,亦即每一事物都依照理性的必然性而发生。然而,另一些学者认为,黑格尔充分承认偶然性的实在性,实际上他是论证过偶然性的必然性的首批现代哲学家之一。[29]在这些学者看来,这种泛逻辑主义的解释最好作为一个关于黑格尔的神话和传奇扔到思想史的垃圾箱里去。[30]

两种阐释都有道理。泛逻辑主义者有一个很强的理由,是他们的批评者没有充分领会的。他们的阐释是从两个无可置疑的前提推断出来的:其一,黑格尔认为绝对是自因(causi sui),只依据其本性的必然性而存在;其二,黑格尔还主张,绝对即是全部实在,没有任何在它之外限制它的事物存在。这两个前提蕴含着,所有事物都依据神圣自然的必然性而存在。与之相反(per contra),如果我们将一些偶然的事物引进黑格尔体系,那么,它就会在绝对之外存在着,从而限制绝对,使之变得有限。因此,黑格尔看似犯了与斯宾诺莎泛逻辑主义同样的错误,后者认为所有事物出于唯一的无限实体的必然性而存在。

偶然性的支持者也有他们的道理。黑格尔主张哲学必须解释有限世界;他认为有限存在的核心特征之一就是偶然性,亦即这样一种事实:有些事物可能存在也可能不存在。因此,如果哲学要去解释有限世界,它就必须确立偶然性的必然性。确实,黑格尔认为,不能解释有限是斯宾诺莎体系的主要缺陷。然而,如果黑格尔不能解释偶然性自身的实在性,他也将对这种无能感到羞愧。

重要的是要看到,将偶然性限制于主观意义上的现象——亦即对有限知性显现且仅只就有限知性而言存在的东西——之上,是不能令黑格尔感到满意的。当黑格尔主张哲学要解释有限性时,他是指在更强的客观意义的现象。它指的是理念的展示、显现或体现,无论它是否为有限知性所知觉到。黑格尔对谢林的一个主要批评是,谢林将有限性限制于主观意义上的现象上;因为他不能在绝对的基础上对其加以解释,因此最终像斯宾诺莎一样将有限性谴责为幻象。

然而,问题还在于,黑格尔能否在一种更强的客观意义上解释偶然性的实在性。确切地说,绝对观念论在这里遇到了它最难以驾驭的问题。我们很快就会看到,黑格尔在有限世界的特殊性与差异的情况中是如何面临这一困难的(第94-95页)。他将指出,特殊性与差异必然起源于绝对生命的自我差异化。但是,偶然性并不能从这些术语中得到简单的说明。尽管生命的隐喻使得普遍如何变为特殊和一如何变为多能够得以理解,但它不能解释必然如何变为偶然。这里存在一种简单明了的矛盾:出于必然而发生的事物不可能是偶然的,但偶然发生的事物则可以是必然的。晚年谢林正是基于这些理由攻击黑格尔的体系,他认为黑格尔将本质的领域与存在的领域混为一谈。本质的领域是必然的,而存在的领域是一种无可化约的偶然性,是一切思想的无理数。[31]

然而,一旦我们探究偶然性的解释意味着什么时,问题就深化了。这样一种解释不得不显示出偶然性的必然性,而这可能意味着两种不同的东西。首先,偶然物的特定内容实际上是必然的,因此,只是偶然物的显现是必然的。其次,存在着偶然性这一点是必然的,因此偶然性的特定内容实际上不是必然的。第一种可能性赋予偶然性的只是主观的身份,因此不能真正解释它的客观显现。第二种可能性赋予了偶然物以客观的身份；但它也限制了绝对，因为有某物在它之外存在着。一般来说，如果我们主张绝对需要某种非它自身之物变为它自身的话，我们就必须再次承认绝对毕竟是有限的。

必须说，黑格尔的捍卫者并不承认这个问题的深度。有些人满足于指出黑格尔认识到了偶然性的必然性。但这只是表达了一个愿望。它既留下了偶然性如何来自必然性的问题，也留下了如果一旦承认偶然性领域，它如何不限制绝对的问题。另一些人指出，黑格尔认为，唯有实在的普遍特征才是必然的，同时承认其特殊的特征是偶然的。[32]但这种解释在黑格尔的体系中引入了形式与内容之间的二元论，并且它也接纳了绝对之外的实在。还有人指出，偶然性是辩证法的一个本质环节，因为人们经常发现，每一低级阶段的必然性都依赖于一个更高的阶段，而后者自身是偶然的。[33]虽然这是对辩证法的准确描述，但仍然没有给出一种客观的偶然性，因为偶然性只是对于意识或者经历辩证法的反思阶段有效。而从整体的视角来看待事物的哲学家应该认识到，一切都是出于必然而发生的。

泛逻辑主义"神话"的批评者经常认为，黑格尔从来没有试图演绎出偶然的领域。确实存在支持这一点的强有力的证据。众所周知，黑格尔曾经拒绝推论出克鲁格先生的笔[34]；在《自然哲学》中，他强调哲学无法解释自然的多样性和丰富性（第250节）。但这个证据并没有切中要害。黑格尔完全可能既是一个泛逻辑主义者，又承认哲学推论的限度。因为这些限制仅只与哲学家理解或重构绝对必然性的能力有关；这一绝对必然性一直存在,无论哲学家能否重构它。我们必须区分哲学家在原则上能做什么和在实践上能做些什么,前者假定他有无限智慧,后者则考虑到人类理智的诸种限制。

偶然性的各种困难,尤为明显地出现在黑格尔从自己的逻辑中派生出自然这一臭名昭著的困境中。在《哲学百科全书·逻辑学》的最后一部分,黑格尔论证说,理念"决定"(sich entschliesst)从自身中"释放"出(aus sich zu entlassen)自然(第244节)。这里有两个问题。首先,理念应该从其本性的必然性中揭示自然,不能"决定"或"决心"这样做。其次,逻辑的内容是形式的和抽象的,所以它不能派生出自然的具体内容。可以肯定的是,理念这一范畴,在《逻辑学》结束的地方要比在它的开端处,内容更加丰富;但理念还只是一个逻辑范畴,在自身之中只有其他逻辑范畴。因此,理念与自然的同一性,仅仅是思想中的同一性,仍然将自然这一偶然的领域留在了自身之外。如果理念在自身中有其它内容的话,这仅仅是因为它曾经非法地预设了它。

最后,偶然性问题使黑格尔陷入一种两难困境。偶然性领域必须在体系之内或者之外。如果是在体系之内,那么偶然性就只具有一种主观的地位,因此不可能有关于真正的偶然性的解释。然而,如果说偶然性是在体系之外,它就具有客观的地位;但是它因此限制了绝对,并引入了一种形式与内容的二元论。

第四章　有机世界观

有机的维度

黑格尔著作给读者留下的一个第一印象，是它们无处不在的有机体的隐喻。这的确是恰当理解黑格尔整个哲学的最重要线索之一。因为黑格尔的所有思想，本质上都是从一种有机的世界图景，一种把宇宙当作一个简单而巨大的、活的有机体的观点，扩展开去的。黑格尔视绝对为泛神论传统的"一和全"(Hen kai pan)。但是，像赫尔德、席勒、谢林和荷尔德林一样，他是从动力学的、实际上是有机的方式来理解这个结构的。"绝对"以与所有有生命物相同的方式发展着：它从初始阶段的统一性开始；然后将自己区分为彼此分离的各种功能；最后又以重新整合这些功能为一个单一整体的方式返回自身。

从还原论的或非形而上学的角度解读黑格尔，将会试图把他有机论的形而上学限定于其成熟体系的一个部分,亦即作为《哲学科学百科全书》第二部分的《自然哲学》。但这样做是错误的。因为在黑格尔的体系中,有机的世界观无处不在,在他的逻辑学、伦理学、政治学和美学中发挥着基础性的作用。黑格尔以本质上有机的方式理解这些领域。黑格尔体系中有机概念的支配性地位,绝大程度上(not least)源于他的自然主义:由于所有事物都是自然的一个组成部分,并且由于自然是一个有机体,所以所有事物都必须被表明是自然有机体的一个部分。

有机观点的重要性,在黑格尔一些核心的和典型的概念上是显而易见的,例如对立面的统一、辩证法和差异中的同一等。所有这些概念都直接脱胎于他的有机的自然概念,并预设了有机体发展的三元图式;根据这种三元图式,有机增长存在于三个环节之中:统一、差异和差异中的统一。这些概念的自相矛盾的方面,来源于这样一个论题——有机发展本质上是一种对立面之间的运动:统一与差异,潜能与现实,内在与外在,本质与现象等。

不仅是黑格尔的核心理念,而且他的基本词汇,都是有机的。"自在"(an sich)一词,不仅意味着某物除了与其他事物之间的关系之外的自立,而且意味着某物是潜在的、未经发展的和初始阶段的。"自为"(für sich)一词,不仅意味着某物的自我意识,而且意味着某物朝向目的而行动,以及已经成为有组织的和经过发展的。"概念"(Begriff)这一关键术语,意味着某一事物的目标和本质,它的形式的一终极的原因。

黑格尔的有机论在他的绝对唯心主义中也发挥着核心作

用。绝对唯心主义的两个基础性的方面——它的一元论和观念论——最终预设了有机论。一元论（在反二元论的意义上）建基于如下有机论的论题：身体与心灵、观念与实在，只是单一生命力的不同发展阶段或不同组织程度。观念论依赖于有机主义的学说，即自然和历史中的所有事物都遵照一个目标或一个目的。

黑格尔《逻辑学》的目的确实在于发展一种生命逻辑，一种理解生命的思想方式。对这种逻辑的主要挑战，是陈旧的关于自然的机械论范式，正是康德和耶可比将它提升为了理性的范式。有两个原因可以解释，为什么这种范式不可能理解生命。首先，生命是自我生成和自我组织的，但机械论只是通过另一物对之施加作用来解释一个事件。其次，生命是一个不可分割的统一体、一个整体优先于诸部分的整全（totum），但机械论解析性地理解一切事物，将其理解为一个部分优先于整体的复合物（compositum）。黑格尔逻辑学的任务，是提供一种将有生命物理解为自我生成和自我组织的方法，一种将有生命物设想为一个不可分割的整体的方法。

有机论的兴起

对于现代读者来说，黑格尔的有机论的世界概念必然会显得古雅和充满诗意。它似乎回到了一个更加拟人化的世界观，一种古希腊式的观念，即世界是一个巨人（macroanthropos）。这看起来也是非常思辨的和形而上学的，是超越经验证据之大胆类比和胡乱概括的结果。事实上,正是出于这个原因,一些学者对于黑格尔的有机论轻描淡写,甚至刻意否认,将之视为一种非法的形而上学。他们的理由是,如果黑格尔的哲学具有某些永久的价值的话,我们就必须从其神秘的躯壳中提取其理性的内核,这些躯壳就在于他的《自然哲学》和有机论。[1]

然而,重要的是要看到,对待黑格尔有机概念的这种态度是回避问题和时代错置的。它不仅忽略了 18 世纪末期的自然科学状况,而且还预设了哲学与科学之间的尖锐区分,而黑格尔和他的许多同时代人对这一点是会提出质疑的。18 世纪后期的思想家,在实证科学和思辨的自然哲学之间并未作出尖锐的区分。对他们而言,自然哲学的有机的自然概念似乎是最好的科学世界观,是解释事实的唯一理论。当时所有关于生物、电力、磁性和化学的最新实证研究,似乎都证实了这一点。到 19 世纪初为止,有机概念实际上已经成为"规范科学",在大多数自然哲学家中得到广泛认可。黑格尔自己的《自然哲学》就是一个典型,确切地说,是一个最新的进展。

有机的世界概念源于对机械论的反动,后者自 17 世纪初以来一直支配着物理学。从 17 世纪晚期开始,机械论受到的批评与日俱增,多到 18 世纪末,它已经陷入危机的程度。为了理解为什么有机论似乎对黑格尔和他的同时代人如此有吸引力,有必要研究其对立面亦即机械论的确切含义及其最终消亡的原因。

机械论的奠基人是笛卡尔,他在他的《哲学原理》(*Principia Philosophiae*,1644 年)中阐明了它的基本原则。这些原则背后的要点是,使自然可以借助精密的数学定律公式化。机械论可以化约为几条基本的原则,所有这些基本原则或多或少都服务于数学化的目标。

(1)物质的本质。物质的性质在于广延,亦即占据空间,或者具有一定的长度、宽度和深度。如果物质只是广延的事物(res extensa),那么它就是可测量和可计算的。

(2)惰性。因为物质只不过是占据空间,所以,它是惰性的或静态的,只有当某物作用于它时才改变它的位置。因此,物质遵守惯性定律,除非有其他事物作用于它,否则会一直处于静止或运动状态。

(3)影响。一个物体对另一个物体发生作用,就是对另一个物体产生了影响,推动了另一个事物。影响根据如下方式进行测量,即当其他物体撞击某一物体时,这一物体在被给定时间内发生多少位移。

(4)动力的因果关系(动力因)。机械论指出,因果解释的范式涉及产生效果的因果关系,亦即原因是时间上在先的事件,这些事件就在于一物体对另一物体的碰撞。换句话说,解释一个事件就是展示在先的事件如何影响于它。没有必要诉诸形式的或终极的原因,在这里,形式因意味着事物的本质结构,终极因是事物的目的。因此,物理学家考虑的是事情如何发生,而不是它们为什么发生;他驱逐了目的论,因为它似乎涉及神学,对天意的指涉,而这些东西落在他的视野之外。

(5)原子主义。机械论的解释范式与原子论齐头并进,相辅相成。根据原子论,物质由具有广延且不可分割的粒子组成,它们被空的空间隔开。所有基础性的力,如重力、电力和磁力,都可以从这些原子之间的相互关系中得到说明。根据机械论大师之一乔治－路易斯·萨奇(George－Louis Le Sage,1724 年～1803 年)的观点,化学上的亲和力源于原子在大小和形状之间的相容性;重力源于流体中原子的运动;而磁性源于原子之间的特殊亲和力。

尽管自 17 世纪起机械论是主导的解释范式,但这一范式从来就不是没有问题的。18 世纪末,当黑格尔和浪漫派那一代人登上历史舞台时,这些问题积累和加剧到使机械论面临危机的程度。危机的根源是多方面的:

(1)引力。机械论的解释模式总是在解释牛顿重力的引力时陷入困境,引力似乎暗含着隔着距离发生作用。如果一个物体隔着距离对另一个物体发展作用,那就没有影响,没有一物对另一物的碰撞。通过细微流体的存在来解释远距离行动的尝试,未能得到实验的确证。

(2)磁性和电力。18 世纪末期,磁力和电力方面的许多发现,似乎只是使这些问题与关于重力的解释混合在一起。想要通过精细的流体或媒介的作用来解释磁力和电力是困难的;它们的作用似乎就像重力一样存在于引力和斥力之中。因此,如果机械论无法解释重力的引力,也就同样不能解释电力和磁力。

(3)化学。新兴的化学似乎表明物体是由电力和磁力组成的。如果是这样的话,那么机械论既不能解释微观世界的力,也不能解释宏观世界的力。

(4)渐成论(Epigenesis)。在 18 世纪末,由于卡斯培·沃尔夫（Caspar Wolff）和布鲁门巴赫（Johann Friedrich Blumenbach）的实验，假定胚胎中存在预先形成的有机体的预成论理论已经受到人们的质疑。预成论曾经与机械论结盟，因为一旦是预成的，有机体的生长似乎就只需要外部的原因。预成论的衰落与渐成论理论的兴起紧密相连，根据后一种理论，有机体将经由自身的独立力量从未充分发展的状态发展到组织化的形态。与机械论相反，这似乎意味着有机体有能力独立于外部因素的作用而自行其事。

（5）人文科学。机械论在解释物理的和有机事物过程中遇到的所有这些困难，在涉及人的科学时变得更加错综复杂。在试图解释人的行为时，机械论遭遇到了不可逾越的困难。既然有必要通过碰撞来解释事件，既然碰撞是通过特定时间内的位移变化程度来加以衡量的，所以似乎是不可能解释身体和心灵的相互作用的。因为心理事件不能在空间中定位；他们没有可识别的位置，也不会发生位移。如果我们仅仅采用机械论的解释模式，那么在人文科学方面就只有两种选择：或者我们承认心灵外在于自然，因此它是无法解释的和神秘的；或者我们强调它在自然之内，因此它实际上不过证明是一种超复杂的机器。换句话说，我们要么是二元论者，要么是唯物主义者。但是，如果说二元论限制了自然主义，那么，唯物主义则似乎否认了心灵的独特（sui generis）特征。没有第三种选择：没有一种关于人类行为的自然主义解释，既能公正地对待其独特的性质，又能坚持自然的连续性和统一性。

作为这场危机的结果，有机世界观似乎在 18 世纪的尾声对一整代思想家极具吸引力。有机范式的巨大吸引力在于：它似乎可以根据唯一的范式来解释心与物，从而支持自然的统一性和连续性。它似乎实现了自 17 世纪以来所有科学长期追求的理想：对生命和心灵做一种非还原论的、然而又是自然主义的解释。有机的范式是非还原论的，因为它通过展示事件如何在整体中发挥必然的作用来整体论地解释它们。有机范式也是自然主义的，部分原因在于它没有假定超自然的力量，部分原因是它依据法则来理解所有事件——这些法则是整体论的而不是机械论的，它们规定了部分与整体的关系，而不仅仅是时间中不同事件之间的关系。

有机范式之整体论的核心，是与机械论相对立的物质的观念。根据有机的观念，物质的本质不在于僵死的广延，而在于力量或力，它把自我表达为运动。这些力的本质是发生作用或自我实现，以及由此而产生运动；如果它们不发生作用，那只是因为某些抵抗性的力反作用于它们。物质存在于相互作用的引力和斥力之中；各种各样的物质起源于这些力之间的不同比例。

这一替代性观念之父是莱布尼兹。18 世纪末，赫尔德与谢林明确地复活了他的物理学。根据莱布尼茨的说法，物质的本质不在于广延，而在于活力（vis viva）。莱布尼茨恢复了亚里士多德和经院主义传统的概念，认为活力是隐德来希（entelechy），某物实现其内在形式的力量。莱布尼茨强调，我们必须测量这种力量，但不是依据广延——运动的量（速度乘以对象的大小），而是依据动力学的术语——效果的量（它在多大程度上是由物体的运动产生的）。对其十八世纪后期的许多继承人来说，莱布尼茨的活力概念似乎提供了一种弥合主观与客观、心理和物理之间裂口的手段。活力没有任何可以还原为僵死的广延的涵义。主观或心理仅仅是活力的组织化和发展的最高水平，而客观或物理只是组织化和发展的最低水平。换句话说，心是活力的内在化，身是活力的外在化。虽然莱布尼茨本人很自豪他是预定和谐论的发明者，这似乎使他承认了二元论，但他的 18 世纪的继承人把握住了他的活力思想明显的反二元性蕴含。具有讽刺意味的是，莱布尼茨刚刚被康德当做极端教条主义者埋葬，又被当作自然哲学之父而复活。

古典的和基督教的起源

尽管黑格尔有机世界观的起源与自然哲学的发展深深缠绕在一起，但是它最初的灵感似乎是古典的，确切地说，是柏拉图主义的。在图宾根神学院早期，谢林、黑格尔和荷尔德林都是热衷于柏拉图的学生，他们最喜欢的文本之一是《蒂迈欧篇》。[2] 在这个文本中，他们发现了有机论背后的根喻（the root metaphor）：世界是"一个单一可视的活物"，"一个包含所有活物在自身之内的活物"（30d,33b）。按照这一观念，自然的一切都应当被设想为与人类相似，因此它也就是一个巨人（macroanthropos）。

黑格尔首先在他法兰克福时期的许多著作中草描了他的有机形而上学：1797 年关于爱的残篇、1798 年的《基督教的精神》，以及最后 1800 的《体系残篇》。[3] 在制定这一世界观时，黑格尔步

其他人之后尘。席勒在他 1786 年的《哲学通信》(NA XX, 107 -
129)中,对这种世界观给出了一个诗意的、实际上是狂想式的阐
述。赫尔德在他 1787 年的《上帝:会话集》(《全集》XVI, 403 -
572)中,以对话的形式阐明了这一点。1793 年,基尔迈尔(C. F.
Kielmeyer)在他《论有机力量的关系》这一影响深远的讲座中,对
这一理论表达了更加坚实的经验性的支持。[4] 同样的有机观点,
在 17 世纪 90 年代后期,出现在弗里德里希·施莱格尔、荷尔德
林和诺瓦利斯的残篇中。谢林在他 1799 年的《论世界灵魂》中,
对此作出了最为系统的解说。[5]

虽然所有这些来源在确定黑格尔的思考的语境上都是重要
的,但是他的有机概念的直接起源似乎更多地是宗教的而非哲
学的。当他在《基督教的精神》中引入他的概念之时,他就是在
讨论无限或神圣的生活这一语境中这么做的。他的灵感源泉似
乎是《约翰福音》,特别是他从约翰福音第 1 章 1 ~ 4 节引用的
话:"太初有道,道与上帝同在……生命在他里头,这生命就是人
的光。"[6] 至少由于两个原因,黑格尔似乎已经锁定了有机概念。
首先,有机概念为他提供了一种关于"三位一体"的解释:正如有
机体的一部分是有机体本身一样,三位一体中的每个位格都是
一个独特的位格。[7] 其次,有机概念克服了个体与自然之间的异
化:如果宇宙是一个有机体,个体是不可与之分离的,就像它与
个体不可分离一样。

当黑格尔首次表达自己的有机观点时,他强调了它的神秘
维度。他坚持认为,无限的有机整体不能用推论性术语来表达,
它的生命超越一切形式的构想和证明。[8] 在法兰克福的大部分时

间,黑格尔仍然受制于浪漫主义的共同学说,认为所有形式的推论思想都是有限的,因此对于无限来说是不适宜的。他认为,我们只有通过爱的经验才能意识到无限;在爱的经验中,我们感觉到我们与他人以及所有的生命物合而为一。黑格尔进一步论证说,无限,整个宇宙,只能是一个信仰的对象,但是信仰不仅仅是信条,而且是神圣生活渗透到一切事物中的那种情感。哲学唯一的作用,就是批判各种形式的有限以便为信仰腾出地盘。[9]

然而,到了1800年年底,黑格尔已经扭转了对概念式话语的态度。他曾经强调它的各种局限,而现在声称它是必要的。曾经是信仰的对象的东西,现在已成为理性的对象。神秘的经验必须被置入某种推论的形式。在1800年11月2日给谢林的信中,黑格尔注意到了他自己思想中的这个重要变化,写此信时已接近他在法兰克福岁月的尾声,不久之后他就动身去了耶拿:

> 在我从人的低层次需要发端的思想发展过程中,我被推向了科学(亦即哲学),我不得不将我青年时代的理想转变成反思的形式,转变为一个体系;我现在问自己……如何回过头来找到介入人的生活的方式。[10]

"他青年时代的理想"就是黑格尔的有机世界观,他的无限生命的概念,这一概念将实现个体与宇宙的和解。"反思的形式"是黑格尔用来描述推论思维和理性的概念、判断与三段论的术语。在这种情况中,反思的具体形式必须是一个体系,因为只有一个体系才能恰当地处理所有部分组成一个不可分割的整体的有机世界观。

　　黑格尔思想的这一转变，也可以从他 1800 年左右写就的另一个富有启发意义的残篇中明显地看出，这个残篇可能是他的宪法论文的导论的草稿[11]。这个残篇表明，黑格尔现在意识到，形而上学而不是神秘主义能更好地服务于他的整体论理想。因此，他描述了现时代对于哲学的需要，更具体地说，是对于形而上学的需要。这种形而上学的任务，是使得一个民族晦暗不明的和潜意识的理想变得昭然若揭，并被自觉意识到：渴望更加整体性的生活，它能克服当代文化的各种对立。这种形而上学将采取体系的形式，因为只有体系才适合生活的总体性。这样一个体系，将通过把各种旧的生活形式保留为整体的必要组成部分，而使每一种旧的生活形式各得其所；但是它也通过揭示它们的内在矛盾来摧毁它们对普遍性的虚假诉求。黑格尔已经三言两语地勾勒出了——即使只是简要勾勒——他后来的辩证法理念：通过对诸生活形式的内在批判来揭示它们之间的矛盾，以尝试着陈述整体的理念，但是它们仅仅作为整体之一部分而有效。

斯宾诺莎的遗产

　　黑格尔为他的有机世界观寻求理性的基础，这种寻求主要发生在这几个领域：形而上学、认识论和自然科学。在形而上学的领域，他把他的有机观点看作是解释一元论的基本难题——一与多的关系——的唯一手段。在认识论的领域，他认为，它也是解决康德和费希特的观念论中那触目惊心的二元论的唯一手段。而在自然科学的领域,他把它看作是克服一直存在着的机械论难题的唯一手段。现在,我们应该探讨黑格尔的形而上学对于有机主义的论证;在后面的部分,我们将要考察他的认识论的论证(第100-107页)。

黑格尔在形而上学的领域为了他的有机观点寻求一个理性的基础,这就最终迫使他和斯宾诺莎主义达成和解。黑格尔对斯宾诺莎的熟悉要回溯到他早年在图宾根神学院的岁月。也许正是在那时,他阅读了雅可比的《关于斯宾诺莎学说的讲座》[12]。但是令人瞩目的是,在伯尔尼和法兰克福时期黑格尔在多大程度上似乎遗忘了斯宾诺莎。那时,他把康德的实践信仰的学说视为理性宗教的本己形式。[13]只有到了法兰克福时期,他才抛弃了这种阴沉严厉而又摇摇晃晃的康德学说,转而拥抱《基督教的精神及其命运》中神秘的泛神论。但是,即使在这本著作中,也少有斯宾诺莎的痕迹。直到耶拿早期和谢林合作之时,黑格尔才完全转向斯宾诺莎,因为谢林尤其从斯宾诺莎那里获得灵感,甚至在他还处于费希特阶段之时,就宣称自己是一个斯宾诺莎主义者。但是黑格尔之转向斯宾诺莎并不仅仅是谢林的影响的结果。它和黑格尔本人要为他的有机观点发现某种理性的基础的意图相辅相成。毕竟,在斯宾诺莎的学说和黑格尔的神秘的泛神论之间存在着某种深刻的亲和力;黑格尔可能只是推崇斯宾诺莎的一元论、他的内在宗教以及对于上帝的理智之爱。实际上正是斯宾诺莎第一次尝试着为这种学说寻找理性的基础和专业的词汇。那么,绝非偶然,我们发现在黑格尔耶拿时期最早的形而上学著述中充斥着斯宾诺莎的语汇和提到斯宾诺莎时总是心有戚戚。

然而,尽管他对斯宾诺莎充满同情和与之具有亲缘性,在另外一些方面,黑格尔仍旧感觉与之格格不入,不得不要同他算账。黑格尔从来没有像谢林一度所作的那样声称,"我已经变成一个斯宾诺莎主义者了!"(Ich bin Spinazist geworden!)如果说斯宾诺莎的唯一的宇宙实体是哲学的出发点的话,那么,它就不能是它的目标或者结论。对黑格尔而言,斯宾诺莎主义存在着一些深刻的问题。试举一例,他的哲学中存在着几何学方法,这种方法始于公理和定义,然后是从这些公理和定义出发严格进行推论。作为康德《纯粹理性批判》的学生,黑格尔视这种几何学的方法为陈旧的理性主义再也不起作用的方法的残余,它的谬误在先验辩证法中被冷酷无情地暴露出来了。"没有哲学的开端看起来比从定义开始更糟糕的了,就像斯宾诺莎那样,"黑格尔在《差异论文》中写道(II,37/105)。这已经是对于谢林的一种不便言明的警告,因为谢林的《我的体系的表述》把斯宾诺莎的几何学方法当作它的楷模。试再举一例,斯宾诺莎是一个极端机械论者;他的解释的模型,以及他的物质概念,都是直接取自笛卡尔的。和笛卡尔一样,斯宾诺莎认为,物质的本质是广延;而且他把解释的模型看作是动力因,一个事件的原因是一个在先的事件。在《伦理学》第一部分的附录,斯宾诺莎明确地拒绝了古老的目的论模型,认为它是一种人类中心论。最终,斯宾诺莎的唯一的宇宙实体事实上无非是一个巨大的机器。那么,没有什么东西可以进一步从黑格尔的有机世界观中去除了。

　　因此斯宾诺莎的哲学对于黑格尔的有机形而上学来说,既是一个挑战,又是一种支持。斯宾诺莎的方法的失败,他的彻底的机械论,使得黑格尔有必要为他的有机世界观发展出一个新的基础。但是斯宾诺莎的体系不仅提出了一种挑战,而且提供了一个机遇。因为斯宾诺莎哲学中存在着基础性的缺点———一种严重的缺陷,黑格尔利用这一缺点来促进他自己的有机世界观。这就是古老的一与多的难题,或者说,这种充满差异性和多元性的世界曾经是如何源自最初的统一性的。斯宾诺莎没有解决这个古老的疑难,而只是重述了它,使得对于它的回答变得更加迫切。简单地回顾一下斯宾诺莎的《伦理学》,这一点会变得很清晰。

　　依照斯宾诺莎,所有个体的事物都存在于上帝之中(《伦理学》,第一部分,命题15),都只是上帝的属性的样式(第一部分,命题25)。但是从上帝的属性推断而来的一切事物都必定是无限的和永恒的(第一部分,命题21)。这就提出了一个问题:有限的和在时间之中的事物是如何存在的? 在斯宾诺莎尝试解释有限事物的行动之时,这个问题变得再也明显不过了。他强调,它们的原因不是上帝的属性,而是其他某种有限物的属性,因为它们是某种属性的样式。如果原因就是属性自身,而属性又是永恒的和无限的,那么,影响(effect)也将会是永恒的和无限的。因此,原因不可能是属性自身,而只能是其他某种有限物,它是属性的样式(第一部分,命题28)。但是这仍旧留下一个问题:属性的这些样式又是如何得来的? 如果所有事物都存在于上帝之中,如果上帝是无限的和永恒的,那么所有事物都应该是永恒的和无限的。但是为什么会存在着有限的世界？最终，斯宾诺莎能够做的无非就是把整个时间的世界贬低为想象的领域。[14]

斯宾诺莎哲学中无限与有限的关系问题，能够以更加整饬和简单的二难形式提出：有限与无限必须统一在一起，又不能统一在一起。一方面，有限与无限不可能统一，因为它们具有相互反对的特征。无限是永恒的、不可分的和无限制的；有限是暂时的、可分的和有限制的。因此，如果我们把它们结合在唯一的实体之中，这个实体将会自我矛盾；它将实际上不可能(per impossibile)既是永恒的又是暂时的、既是不可分的又是可分的、既是无条件的又是条件的。然而，另一方面，无限和有限必须统一，因为如果无限排斥有限，它就不能是完全的实在性；它失去了它的无限的身份，因为它受到在它自身之外的某物，亦即有限物的限制。无限的本性正是我们不可能设想什么比它更伟大的事物；但是，这就意味着无限在某种程度上必须在自身之中包含有限，因为如果有限被留在它自身之外，那么，它就会因为它而变成受限的，或者仅仅被设想为和它相对立的。

这种困境就是谢林在耶拿时期，也正是他和黑格尔亲密合作时期，所面临的一个基本问题。很清楚的是，他本人关于这个问题的反思大大受到黑格尔的鼓励，[15]尽管在他们之间也从来没有达成最终的一致。实际上谢林没有解决这个问题，而这也终于导致在他离开耶拿之后黑格尔与他分道扬镳。起初，在他的《我的体系的表述》中，谢林论证说，绝对是纯粹的同一、完全的毫无差异的同一，它在自身之中或者事物之中排除了任何差异或者对立(第16节、23节)。他认为，假定绝对"超出它自身"，就好像它在某种程度上设置了与它的无限的和永恒的自然相对立的有限的与时间性的世界，这是错误的（第14、30节）。然而，部分地是由于黑格尔的激励，谢林很快就从这样一种毫不妥协的立场中退缩了回来，在他1802年的《进一步表述》和《布鲁诺》中重新阐述了他的观点。在这里，他论证说，绝对应该在自身之中包括有限的事物；但是他的立场的调整与其说是实质上的，不如说是名义上的，因为他认为有限的事物之可能存在于绝对之中，仅仅是就它们相互等同而言，或者说，仅仅是就它们被剥夺了它们的独特的性质而言（《全集》，第四卷，第393/408页）。在他1804年的《哲学与宗教》一书中，谢林实际上已经抛弃了解释有限之起源的努力（《全集》第四卷，第42页）。无限包含的仅仅是有限的可能性；有限的实在性仅仅来自于无限的下降或者跳跃。绝对不是这种下降的根据，这种下降存在于原罪之中，并因此存在于有限自身的武断的行动之中。下降不能被解释；它只是一种公然反抗所有概念重构的武断的和自发的行动。

对黑格尔而言，谢林的下降理论只不过是对于失败的承认，对于同一哲学的崩溃的承认。[16]黑格尔对于这种困境的解答无非是他的有机世界观。如果绝对可以被设想为生命，那么，它一定在自身之中包含有限和差异。原因很简单，有机的发展就在于它自身的差异化。生命是这样一个过程，通过它，一个萌芽状态的统一性变得有规定、复杂和组织化；它就是从统一到差异的运动和在差异之中从差异到统一的运动。在《差异论文》中，黑格尔指出了个中要害：

　　取消固定的对立是理性的唯一兴趣之所在。但是这种
兴趣并不意味着，它是与对立和限制一般相对立的；因为必
要的对立是生命的一个要素，它通过永恒地与自身相对立
而形成自身，而在最高的活泼情态中，总体性只有通过从最
深刻的分裂中的回复才是可能的。(Ⅱ 第 21 ~ 22 页／第 91
页)

　　如果斯宾诺莎的唯一的宇宙实体现在被设想为一个有机
体，那么，它就不得不被理解为不是某种永恒静止的东西，而是
某种永恒地运动并且处在发展之中的东西。斯宾诺莎的实体只
能被当作真理的一个环节而保留，但也仅仅是一个环节而已。
它应该是唯一的宇宙有机体，就它是某种处于萌芽之中的、无形
式的和未发展的东西而言。当然，斯宾诺莎也许拒绝考虑这样
一个建议，因为对于他的唯一实体的这种转变无非意味着返回
到目的论的立场，而他曾经满怀激情并费了九牛二虎之力与之
搏斗。然而，在黑格尔看来，已经别无选择了，除了把斯宾诺莎
的实体转变为活生生的有机体，因为只有通过这种方式才有可
能回避有限的起源这个古老问题的陷阱。

康德的遗产与挑战

　　乍看起来，黑格尔的有机体概念仅仅是一个隐喻，某种完全

源自古典的和基督教的文学的东西。但至关重要的是要看到，这一概念具有远为精确和专门的含义。那种含义是康德在其《判断力批判》(V373–374)第64–65节通过分析"自然目的"这一概念而精心阐释的。黑格尔在《百科全书》第55节中对他自己在这方面受惠于康德慷慨致意。但黑格尔之受惠于康德既是积极的，也是消极的。如果说康德为有机这一概念提供了清晰而专门含义的话，他也通过把一些严格的调节性限制加诸这一概念之上而对黑格尔提出了挑战。

在《判断力批判》第64–65节中，康德认为"自然目的"有两个定义上的特征。首先，在整体先于部分这一理念的意义上，整体决定着每一部分的同一性。其次，部分之间彼此是互为因果的。康德主张，单单是第一个特征还不足以定义自然目的，因为人们也可以在艺术作品中发现这一点，艺术作品也是按照计划、按照一个整体的理念生产出来的。加上第二个特征是必要的，这意味着一个有机体与艺术作品不同，它是自我生成和自我组织的。两个方面合起来看，康德认为，有机体与物质不同。在物质中，部分优先于整体并使整体成为可能；并且物质也不是自我生成和自我组织的，因为它只是在某种外力对其产生作用的时候才运动。

为了理解有机的自然概念，第一重要的事情是不嫌辞费详尽阐述康德第一个前提的全幅意义。对康德而言，一个有机整体不仅仅不能还原为它的诸部分，就好像它仅仅是多余它们的某个东西；它还是它的诸部分的源泉和基础，因为整体的理念规定了它的每一个部分的身份。在《判断力批判》的第76节～第

78 节中,康德通过在分析的共相和综合的共相之间做出区分,详尽阐释了这一观点,这一区分对应于传统的经院主义在组成部分(compositium)和整体(totum)之间所作的区分。[17]在分析的共相或者组成部分(compositium)中,部分先于整体,而每一部分在整体之外还有自己的身份;在一个综合的普遍或者说整体(totum)之中,整体先于部分,并且使得每一个部分得以可能。就分析的普遍而言,在可能性与实在性之间存在着一个区别,因为普遍没有理由可以应用于任何事物之中;对于综合的普遍而言,不存在这样一种区分,因为普遍就是自我实现。在黑格尔和浪漫主义撰文讨论有机的自然概念之时,他们念兹在兹的是整体或者综合的普遍。康德的区分是黑格尔自己后来在抽象的普遍和具体的普遍之间所作区分的先驱。

单单康德的自然目的这一概念还不足以解释有机的自然概念。尽管它规定了每一个有机体的结构,但是它并没有迈出额外的——而且是大大的——步子,亦即整个宇宙是一个自然的目的。然而在这里,再一次,康德预见了黑格尔和浪漫主义者(的思想)。在《判断力批判》的第 67 节,康德已经指出,我们能够概括出一个有机体的理念,以至于把它应用到自然整体之中去。一旦我们设想事物拥有目的因,那么我们就能够更进一步,结果,每一个有机体都变成一个更广阔的有机体的一部分,并且属于"一个诸目的的体系"(V 第 378 页,第 380 页～第 381 页)。这个目的的体系包含了一个"普遍有机体"或者"目的的体系"的理念。

康德还给黑格尔和浪漫派设定了另一个先例,他在《判断力批判》中论证说,他的普遍有机体的理念是不可以还原为机械的原则的。非常著名的是,他宣称,根本不存在使得一根草茎得到理解的牛顿(Ⅴ第400页)。康德论证说,自然的明显的设计、它的秩序与和谐,如果从自然的法则来看的话,似乎是偶然的,因为我们不能看到它是如何纯粹通过机械的方式而出现的(第61节;Ⅴ第360页)。康德从两个基本的方面论证说,一个有机体的概念是超越于机械主义之外的。首先,有机体是自我生成和自我组织的;但是机械主义只能通过对它产生作用而解释一个事件。其次,有机体是不可分割的统一体,在这个整体(totum)之中,整体先于它的诸部分;但是机械主义以析解的方式理解所有事物,把它们看作是在其中部分先于整体的组成部分(compositium)。

通过在《判断力批判》中指出,普遍的有机体的理念可以在观念和实在、本体和现象之间的二元论架设桥梁,康德进一步把与他同时代的浪漫派吸引到这个理念上来,而这样一种二元论曾经是批判哲学的一块绊脚石。在《纯粹理性批判》(1781年)和《实践理性批判》(1788年)中,康德已经通过为自由与必然各自指派一个不同的本体论的区域而解决了自由与必然之间的冲突:自由属于本体或者可理解的领域,在这个领域,人们可以依照理性的法则而行动;必然是现象的或者经验的自然领域的标志,在这个领域,一切事物都依照原因和结果的机械法则而行动。一方面,这似乎通过赋予自由和必然以各自独特的管辖范围而拯救了它们的主张,另一方面,它也提出了一个问题,即如何解释这两个如此独特的领域的相互作用。如果本体是可理解的、积极的和非时间的，而且如果现象是可感知的、消极的和处于时间之中的，那么这些领域是如何相互作用的呢？在《判断力批判》中，康德悬设了普遍有机体的理念以解决这个二元论。如果整个的自然领域是依照神圣的知性的设计而被创造出来的，那么，在本体和现象之间就不存在什么神秘的和谐。一个自然的目的的概念似乎提供了一种观念和实在之间更为紧密的联系，因为有机体的目的、它的形式或观念的要素，都内在于它的质料的、物质的或实在的要素之中。目的不是外在于质料的，从外面强加于它之上的，就像一位艺术家揉捏一块黏土一样，而是内在于质料的，是所有它的行动的根源。

考虑到有机体的意义，它的不可还原为机械主义以及它在克服二元论中的重要性，那么，在康德和黑格尔之间就达成了最为紧密的协议。正是出于所有这些原因，黑格尔在《哲学科学百科全书》第 55 节附释中宣称，康德已经表达出了理念的所有定义性的特征。然而，尽管他们在所有这些方面达成一致，在他们之间仍然存在着最为根本的冲突点。也就是说，黑格尔肯定，而康德否定，我们有理由假定自然实际上是一个有机体。纵览《判断力批判》全书，康德一直论证说，有机体的理念仅仅具有调节性的身份，亦即，它仅仅在指导对于自然的探索时具有启发性的价值。因此，我们有权利继续说好像自然是一个有机体。然而，这条原则并没有建构性的身份，亦即，我们没有权利假定自然实际上是一个有机体。

为什么康德坚持把调节性的限制加诸于自然的目的的理念之上呢？为什么它坚持认为人的理解要限制在对于自然的机械

的理解之上呢？康德做出了三个论证。

康德的第一个论证主要出现在他早期关于目的论的论文中[18]，它本质上是怀疑论的。它说，我们没有手段知道自然中的对象，比如蔬菜和动物，是否实际上是有目的的；换言之，我们没有标准去决定，这些对象是否实际上是有机体，而不仅仅是复杂的机器。依照康德，只有在我们依照我们的意志创造出某物之时，我们只有从我们人的经验出发，把力量理解为出自目的而行动的，在这里，意志就存在于"依照一个理念而产生某物的力量"之中（VIII，第181页）。因此，如果某种东西不能依照理念而行动，我们就没有权利假定，它有力量为了某些目的而行动。因此，一个合目的而行动的存在者仍然没有意志的概念是"完全虚构的和空洞的"（voellig erdichtet und leer）（第181页）。在得出这样一个结论之时，康德不是说，这个概念是完全没有意义的——在这种情况下，它甚至几乎不能拥有一种调节性的身份——而是说它没有指称。他的要点不过是，我们只能在这些存在者带着意志和理解而行动时，才能认识合目的性（purposiveness），以及我们因此不能提出关于没有意志和理解的存在者的合目的性的可证实的主张。简而言之，康德的论证是，意向性——在有意识的目的或者目标定向的行动的意义上——是合目的性的标准。

康德的第二个论证出现在《判断力批判》的第68节，它存在于批判哲学的核心原则的一个简单运用之中，康德称之为"新的思维方法"背后的原则。[19]依照康德在第68节明确地重新阐述的这条原则，"我们可以完全看透的，只是那些我们能够按照概念制造和实现出来的东西"（V 第 384 页）。这条原则意味着，有机体对于我们来说是完全不可以理解的，康德论证说，因为我们在我们的工具之中没有用来创造或者产生这些有机体的东西。实际上我们能够创造某些物质的东西，正如自然能够产生它一样，而我们之做到这一点是通过动力因的某种组合。但是我们没有力量产生有着无限复杂的结构的有机体。因此，如果我们仅仅知道我们能够生产什么，如果我们不能生产有机体，那么，就可以推论出，我们不能认识有机体。

康德的第三个论证直接针对物活论（hylozoism）或者说生机唯物主义。这种学说认为，质料就拥有活力（vis viva）或者活生生的力量。康德反对物活论的论证是从他在《自然科学的形而上学基础》中对于物质的分析出发的。依照康德的第二条机械的法则——惰性的法则，物质的每一种变化都必须有一个外在的原因，亦即，物质保持静止或者在同一个方向或者以同一个速度保持运动，如果没有任何外在的原因使它改变它的方向和速度的话（IV 第 53 – 54 页）。因此，这条原则认为，物质的变化不可能是内在的，或者物质没有任何内在的规定性的根据。康德论争说，这就意味着，物质本质上是无生命的。因为生命就是实体出自内在的原则而运动的能力，它改变它自身的力量。康德情怀激越地认为，自然科学的真正可能性就是建立在完全认识到惰性法则的这些蕴含的基础之上的，这条原则谴责物活论不过是"所有自然哲学的死亡"（der Tod aller Naturphilosophie）。

在所有这些论证的基础之上，康德推断说，一个有机体的概念或者自然目的的概念仅仅具有调节性的身份。为了避免某些常见的误解,重要的是要看到这一学说的确切内涵是什么。除了生机唯物主义的某些最为激进的版本,康德不是说这个概念只是一个虚构,就好像自然中存在着有机体是错误的。相反,康德说的是,这一概念仅仅有一个颇成问题的身份。换言之,我们没有任何证据或者理由假定有机体的存在或者不存在;尽管事实上有可能存在着有机体或者自然的目的,但是也有可能它们根本不存在,或者它们实际上不过是极其复杂的机器。重要的是要看到,作为一个批判哲学家,康德的目标是确定我们的认识能力的限度,他既不想肯定也不想否定机械主义的不可能性。他在第三批判的第 71 节明申:"我们绝没有能力证明,有机的自然产物绝不可能通过自然的机械作用而产生出来。"(V 第 388 页)如果说康德否定了对于有机体做完全机械解释的可能性,如果说他曾广为人知地声称过,从来不会有一个牛顿能够解释一根草茎的生长,那么,他之这样做,不是因为他认为有机体是超出机械作用之外的,因为这种看法也将成为对于知识的独断论的主张;而是因为他认为,我们不可能完全以机械主义的方式理解一个有机体,为了使有机体得以理解必须求助于目的论,这是人类知性的必要的限制。

回应康德

正是康德的这些论证对于黑格尔和 1790 年代的自然哲学家(Naturphilosophen)的一代人提出了那样一种挑战。为了维护他们的有机的自然概念——以便建立起它的构成性的有效性——他们将不得不指出有必要克服康德的调节性的限制。那么,黑格尔和自然哲学家又是如何回应康德的论证的呢?

他们的第一个策略是使他们自己和传统的基督教的目的论保持距离,因为后者带有全部无法捍卫的形而上学假定。他们认为,他们不想保留或者复兴古老的外在目的论,依照这种目的论,自然的目的是上帝在创造世界时加诸于世界之上的。这种古老的目的论本质上是人类中心论的,它认为,上帝创造自然的事物以用来服务于人类的诸种目的。例如,上帝创造了栓皮栎(cork trees),以便它们的树皮能够充当酒瓶的瓶塞。黑格尔和自然哲学家们强调说,他们的目的论完全是内在的,限定在可以在自然自身之中观察到的目的之内。依照他们的这种观点,自然自在地就是一个目的,它不需要在它自身之外拥有更高的目的。

尽管这种策略清除了目的论中某些值得质疑的形而上学,但是它仍然不能确保与康德的主要论证相抗衡。尽管康德有时写起来似乎自然的客观合目的性这个概念不可避免地导致心理—目的论(physico-theology)(第75节;V的第398-389页),但是它的论证的要旨是直接针对自然目的的概念(Naturzweck)的,这个理念认为自然独自就是自我生成和自我组织的。因此,他的靶子实际上就是黑格尔和自然哲学家们的核心学说:内在目的论。

黑格尔和自然哲学家们把问题限制在自然领域自身之内,他们进一步反驳说,自然目的的概念不会牵涉任何康德将其归属于它的那些值得质疑的假定。首先,黑格尔认为,这个概念不牵涉意向性,把意志或者自我意识的动力归因于有生命物。说一个自然的客体服务于某个目的并不就是坚持在它的创造背后存在着某种意图,更不用说,在客体本身之中存在着某种被掩盖的意图。相反,它的全部蕴含是,客体服务于某种功能,这项功能在有机体的结构中起到某种本质的作用。其次,黑格尔和自然哲学家们还争辩说,活物质的理念势必主张,在物质自身之中存在着某种灵魂或者精神,它指导和组织它的生长。重要的是要看到,和康德一样,他们也和万物有灵论与生机论势不两立,这种学说把某种超自然的力量或者动因归之于有机生长。他们也想避免唯物主义和生机主义相对立这种困境。一方面,唯物主义太过于倾向还原论了,否认有机体的自我生成的结构;另一方面,生机主义太过于倾向蒙昧主义了,诉诸某种神秘的力量或者超自然的动因。[20]

所有这些使得似乎实际上压根儿就不存在着什么争论。康德所否定的是在非常强的意义上把合目的性归因于自然客体,这种做法蕴含了意向性或者精神的力量在自然中的存在;而黑格尔和自然哲学家们在较弱的意义上肯定了这一点,这种做法没有那种蕴含。通过否定自然目的的理念蕴含着天意、意向性或者精神的力量,有些自然哲学家断定他们能够把目的论的主张带入经验自身的领域。对他们而言,对一个有生命物的自我生成和自我组织进行观察似乎是可能的。为了理解他们在有机构成的经验证明方面的信心,最根本的是要考察 18 世纪末期自然之学(physiology)的状况。[21]

到 18 世纪末期为止,预成论——这种理论认为,有机体在胚胎之中就已经预先形成了——已经丧失了名誉,因为它不能解释某些基本的事实,比如杂交和再生。J. F. 布鲁姆巴赫和卡斯佩·沃尔夫论证说,他们有很强的经验证据支持渐成论,依照这种理论,有机体是从早期的团块开始生长,并逐渐自我组织起来的。因此,似乎有很多的观察数据可以证明,有生命的物质是自我组织的。由此,在他同阿尔布莱希特·哈勒之间进行争论时,沃尔夫争辩说,他的渐成论不是建立在这样一个推论的基础之上的,即不可观察的东西(也就是说,一个预成的胚胎)不可能存在,而是建立在对于实际存在着的事物的观察的基础之上的。沃尔夫认为,他只能在显微镜下才能观察发展中的胚胎的结构,而那些否认它的渐成的人只是简单地拒绝对它仔细检查。[22]对那些把康德和自然科学的原因联系在一起的人来说,重要的是要牢记,他的调节性学说在 18 世纪末期和 19 世纪早期的自然学家那里几乎或者根本找不到什么支持。他们不是把有机的概念看作调节性的虚构,而是把它当作构成性的真理,它指的是自然中的积极力量。[23]在沃尔夫和布鲁姆巴赫声称观察到预成的时候,他们只不过是表达这种至关重要的假设。

然而,绝无可能的是,康德曾经被这些对于观察和实验的求助所打动。黑格尔和自然哲学家们认为,支持有机统一和自我组织这两者的经验证据足以把合目的性归之于自然。但是康德否认的正是这一点。他坚持强调,即使我们经验中有某物既显示了有机统一,又显示了自我组织,那仍然不保证可以推论出自然目的的存在。为什么不能呢? 因为,我们都知道,事物仍然有可能严格地出自机械的原因而行动。此外，康德对于这一点洞若观火，而且再三强调："我们绝没有能力证明，有机的自然产物绝不可能通过自然的机械作用而产生出来"（第 71 节；V 第 388 页）。把目的归之于自然蕴含着存在着绝对不可还原为机械论的某种形式的因果关系；但是再多的证据也不足以证明它的存在。那么，最终，康德太像一个怀疑论者，而不会轻易地被有利于有机体的经验证据所说服。

然而，重要的是看到，康德的怀疑论不是决定性的。因为黑格尔和自然哲学家们不是在经验的层面上去试图迎接康德的挑战。更为重要的战斗发生在认识论这块更为粗糙的地面上。

为《自然哲学》辩护

在 1800 年左右黑格尔关心的是捍卫他的有机世界观，这使他求助于谢林的《自然哲学》。和谢林结成统一战线有利于黑格尔自己的事业，因为谢林在 1798 年的论文《论世界灵魂》中已经为有机的自然概念做了辩护。尽管黑格尔锻造了独立于谢林的他自己的有机的自然概念，但是从图宾根神学院开始他就从他的老朋友那里受益良多。对所有最近的自然科学的发展谙熟在心的是谢林，正是他已经形成了对于证明有机体来说必不可少的某些专门的论证。但是，在 1800 年前后，谢林急切需要有人帮助捍卫他的《自然哲学》。他正濒于与他的老盟友费希特割袍断义的边缘，费希特尖锐地批评《自然哲学》的可能性。因此，作为谢林的同盟,黑格尔最初的一个动作是在他的《差异论文》中捍卫《自然哲学》的必要性。

　　黑格尔在《差异论文》中代表《自然哲学》的论证本质上是一种对于它的有机的自然概念的辩护。他的核心论题是,只有有机的概念才能克服长期以来盛行的主客之间的二元论,这种二元论会继续削弱康德和费希特的观念论的基础。依照黑格尔的观点,康德和费希特没有克服笛卡尔遗留下来的二元论,而不过是以新的术语重新申述了它。康德和费希特的观念论仍然深陷先验与经验的二元论的泥沼之中,而这是笛卡尔的思想的事物(res cogitans)和广延的事物(res extansa)的二元论的类似物。康德的先验自我是经验的形式的根源,而它的经验的内容却仍然是被给与的。一方面,经验的形式来自于主动的先验的自我,而先验自我又超越于时空之外;另一方面,它的内容只能是在时空之内被给与的和被动接受的。黑格尔承认,费希特已经迈出了朝向克服康德二元论的重要的一步,因为他坚持"主客同一"的原则。依照这个原则,先验自我会创造出它的经验的全部内容。尽管如此,费希特仍然没有成功地去除二元论。黑格尔论证说,因为他的主客同一的原则仅仅是一个目标,一个调节性的理想,在无限奋进的过程中,自我永远在接近,但却从来不能达到这个理想。主客同一的目标和日常经验中主客二元论的实在性尖锐对立。黑格尔坚决认为,只有我们接受了一个有机的自然概念。依据这个概念,主观和客观只是唯一的一个活生生的力量不同程度的组织和发展而已,这些二元论才能得到克服。这就意味着重新阐释主客同一的原则,以至于它不是指认识着的主体的行为,而是指自然自身中的活生生的力量。这种力量既是主观的,也是客观的,因为物质的领域和自我意识的领域只是它的发展历程中的不同阶段。

如果我们更多地把它放到它原本的语境之中,黑格尔在《差异论文》中浓缩而晦涩的论证在目标、意义和说服力等方面就会赢获更多。在这篇非常具有黑格尔特色的臃肿乏味的散文中,他捍卫并且阐发了谢林的早期的论证,那个论证以最为引人入胜的形式发表在他 1797 年《关于自然哲学的理念》的导论之中。谢林的论证的核心是,只有有机的自然概念才能解决先验哲学那触目惊心的困境(aporia)。谢林是从"自然哲学必须解决什么疑难"这一基本问题开始他的论证的。令人印象深刻的是,他通过提到先验哲学的基本疑难"一个在我们之外的世界,自然,以及与之一起的经验,是如何可能的?"(《全集》II,第 15 页)来作答。因此,谢林极为清晰地阐明了自然哲学有一个先验的任务:它的基本目标是解决知识的问题。谢林解释说,这个问题的答案尤其困难,因为所有知识都需要主体和客体、观念和实在或者先验和经验之间的某种形式的一致或关联。然而,这样一种联系或者一致似乎是不可能的,因为这些领域似乎是完全异质的。那么,为了解释知识的可能性,有必要把这些领域统一起来,以锻造一座它们之间的桥梁。于是,谢林详尽地论证了这个问题不可能从传统的康德的前提出发得到解决(II,16 页,25 – 26 页)。他争辩说,在经验的形式和质料之间所做的正统的康德式的区分,只是重述了一开始就产生疑难的那个二元论。康德主义者不可能在这些领域之间的裂口上架设桥梁,因为他们在经验的形式和质料之间所造成的区别是如此强烈,以至于他们不可能解释它们的互动如何可能发生。他们仅仅是说,形式是强加给这个质料之上的,尽管他们不能解释这是如何可能的。

谢林对长期存在的康德式二元论的解答无非是他的有机的自然概念。他论证说,如果自然是一个有机体,那么,就可以推断说,在心和物、主观和客观、观念与实在之间就不存在类的区别,而只是程度的区别。那么,它们就只是在自然之中随处可见的唯一的活生生的力量的不同程度的组织和发展。那么,这些表面上的对立就可以看作是相互依赖的。心只不过是身的活生生的力量最高程度的组织和发展;而身也只是心那活生生的力量的最低程度的组织与发展。正如谢林指出的,依据有机的自然概念,"自然应该是可见的精神,而精神(应该是)不可见的自然"(II,第 66 页)。

谢林和黑格尔对于康德的诸调节性限制的回应是,它们削弱了先验哲学自身的基本目标:解释知识的可能性。既然我们必需克服二元论以解释知识的可能性,那么,准许唯有调节性身份才是那种二元论的解答就意味着,我们没有给出知识自身可能性的最终解释。我们别无选择,只能赋予有机体的理念以构成性的身份;因为只有在假定存在着有机体的条件下,才有可能解释主观和客观、观念与实在、本体和现象之间的现实互动(actual interaction)。指派概念一个纯粹调节性的身份只会造成它们之间的现实互动的神秘性。因此,出于这些原因,谢林和黑格尔认为,有机体的概念有它自己的先验演绎:它无非就是可能经验的必要条件。

在这里,我们不得不把谢林和黑格尔的论证的一般价值这个大问题放在一边。显然,有机的自然概念大胆自信而又富于思辨,亟需进一步论证。在这里唯一需要强调的是,它是一个循环论证,不去考虑有机的自然概念是一个不合法的形而上学,又强调需要哲学以保留在认识论的限度之内。这也是新康德主义对于自然哲学的陈年古久的批评,它至今都能找到它的辩护者。[24]但是新康德主义的批评自身是独断论,因为谢林和黑格尔已经质疑过它的奠基性的前提:认识论的自足的身份,它通过它自己的资源解决它的基本问题的能力。他们的论证的核心是,只需通过超越康德主义的界限和悬设某些理性的理念的构成性身份,批判哲学的困境(aporia)就可以解决。

关于《自然哲学》的神话

黑格尔在1800年左右试图证成他的有机世界观,这驱迫他进入经验科学的领域。在他早期的耶拿岁月中,黑格尔常常讲述《自然哲学》,它将要成为他即将形成的哲学体系的一个固有部分。在一个导论中,我们没有留下篇幅详细考察黑格尔的《自然哲学》。我们在这里能够做的是订正某些常见的误解。

人们常常认为黑格尔的《自然哲学》是他的形而上学中最糟糕的部分而不屑一提。它非但不从事观察与实验,而且似乎沉溺于一种关于自然的先天理论,强行把事实套进一个预先构想的模子。作为这种有着致命弱点的方法的结果——持异议者如是说——黑格尔犯下了很多梦幻般的错误;他反对进化的理论;他贬低牛顿的运动理论而青睐开普勒的理论;他顽固坚持亚里士多德的四因说;他证明了四颗星星绕着太阳运转的必然性等。基于这些理由,从 19 世纪上半叶以来,黑格尔的《自然哲学》已经被标举为如何不去追求自然的研究的完美范例。因此,毫不奇怪,某些当代的黑格尔学者有意避开《自然哲学》,因为它似乎注定会使得他的哲学成为明日黄花。[25]

说黑格尔的确犯下很多错误,他涉嫌强行把事实套进一个预先构想的模子,这适和他自己的方法论准则南辕北辙,这可能没有什么问题。但是,这些事实关涉的与其说是《自然哲学》这项事业本身,不如说是它的结果和实践。为了避免对于这项事业的某些粗暴的新康德主义式误解,有必要站在黑格尔的立场做几点澄清。

首先,黑格尔从来没有认为,《自然哲学》的概念方法应该取代观察与实验;他把它理解为将经验科学的结果组织化和系统化的方法,以至于它能够预设它们的具体结果(EPW 第 246 节、第 250 节附释)。这并不意味着,这些结果是依照黑格尔在他的《逻辑学》中已经规定的那些原则发展出来的;因为黑格尔坚持认为,每一门科学之发展,都是依据它的主题的固有逻辑,它的原则只应该单独源出于这种固有逻辑。应用从另外一门学科中得来的预设的原则,就是形式主义,而这是他强烈谴责的。

其次,尽管黑格尔认为,《自然哲学》,作为对于自然的思想考察,不同于观察和实验,但是他从来没有接受哲学和科学在种类上存在根本的区别。相反,他认为,哲学学说必须忠实于经验,而且它们最终也必须来源于经验(EPW 第 6 节,第 7 节附释,第 8 节附释)。使得某些学说成为与经验学说相对立的哲学学说的只是它们的形式结构,它们的组织或者系统化(EPW 第 246 节附释)。在这方面,重要的是要注意到,黑格尔和谢林一样,并不接受在先天判断和后天判断之间做出的康德式区分,就好像前者是形而上学的题材,而后者是经验科学的关怀(concern)。[26] 在先天和后天之间所作的区分并不是在判断的不同种类上做的区分,而是完全依赖于我们知识的状况,依赖于一个判断是否能够在一个体系中给与一个位置。如果判断能够有那样一个位置,它就是先天的,因为它能够从其他命题中得到证明;但是如果不能提供那样一个位置,那么,判断就是后天的。这样,新康德主义批评说,《自然哲学》混淆了形而上学的先天关怀和经验科学的后天结果,就只不过是循环论证。

复次,黑格尔对机械论、原子主义和经验主义所持异议的一个至关重要的部分是,它预设了一个关于它自己的非常粗糙的形而上学(EPW 第 38 节附释,第 98 节附释,第 270 节附释)。它自负可以避免形而上学,却变成了独断论的源泉,因为它没有能力考察它自己的假设。黑格尔认为,在自然科学自身中形而上学是不可避免的,一个恰如其分的批判的方法论将会承认和讨论它们,而不是试图掩盖它们。再一次,新康德主义批评黑格尔把形而上学引入自然科学不过是循环论证。

第五章　精神的领域

生命和精神

在上一章我们看到,黑格尔的哲学出自于他的有机世界观。他的某些最基本的概念在意义上是有机主义的;绝对观念论的某些核心信条在黑格尔的有机主义中有它的根源。此外,青年黑格尔的一个主要关怀是捍卫他的有机的自然的概念,以应对康德批判的挑战。

然而,最重要的是要强调,关于黑格尔的哲学,有机主义提供的只是一个必要的但绝非充分的说明。如果我们使用有机的术语来从整体上解释黑格尔的哲学,我们就会忽视它某些独一无二的特征,它与谢林哲学之间的基本的区别。在耶拿时期他们共同合作的那段岁月(1801 年 – 1804 年)中,谢林和黑格尔缘于一个共同的原因而戮力合作:捍卫绝对观念论。但是,即使是在那时,在他们之间也存在着某种暗流涌动般的、日益增长的差异。这些差异最终导致黑格尔在 1807 年与谢林彻底决裂。

在一篇才华横溢的论文中[1],让·伊波利特指出,谢林的耶拿体系首先和主要是一种生命哲学,与之不同的是,黑格尔的哲学主要是一种精神哲学。依照他的阐释,谢林体系的主要专题是生命的概念,它在本质上有一种自然主义或者生物学的蕴含,而黑格尔体系的核心主旨是精神的理念,它根本上具有的是历史的或文化的蕴含。对于黑格尔而言,精神不仅仅是生命,而且是更多的东西:生命的自我意识。尽管生命的概念在自然的所有不同的层次或者幂次(levels or potencies)上显现,但是精神的理念在社会、历史和国家等领域中显示自身。

伊波利特的理论真正抓住了耶拿时期(1801 年 – 1804 年)谢林和黑格尔之间的根本区别中的某种重要的东西。当时,谢林的主要旨趣之一是发展和捍卫有机的自然概念。[2]这只是他建立起他的绝对观念论的体系的尝试之一部分,依照他所谓的这个"同一哲学",绝对是主客体的纯粹同一。[3]然而,极具启发性的是,在他的绝对观念论之中,谢林把骄人的位置留给了自然哲学,实质上是将绝对同一的立场和自然自身相提并论。[4]而在黑格尔那里,焦点却截然不同。可以肯定的是,他也同样极其关注自然哲学,在他早期耶拿岁月的好几个草稿中,发展了自然哲学理论。[5]但是,从 1802 年开始,黑格尔把大量的精力转移到发展一种精神哲学上面来。他在耶拿时期有几部主要著作都在讨论伦理、政治和人类学。[6]如果我们从这个角度入手,拿黑格尔的旨趣和谢林的相比,我们不能不为这种反差所震惊。在他对于同一哲学的主要阐明中,亦即,在他未付梓的 1804 年"一切哲学的体系"中,谢林只给社会和国家的领域留了一小块地盘。

极其重要的是,即使是在他们亲密合作期间,黑格尔本人就开始沿着这条路线批判谢林。在他 1802 年初的某些手稿中,黑格尔已经指责谢林的同一哲学没有在绝对的立场之中容留质的差异。[7] 这些差异是至关重要的,如果同一哲学要把精神的发展考虑在内的话,因为精神之发展是通过自我差异化和自我对立而向前推进的。在黑格尔 1802 年的《自然法》论文中,还有一个引人注目的段落。在这个段落中他宣称,精神的领域高于自然,因为自然只是绝对的外在化,而精神既包含它的内在化,也包含它的外在化(W Ⅱ,503/111)。尽管有些似是而非,这个段落就可以被解读为对于谢林的未曾言明的批判,因为他实际上把绝对的立场和自然自身等同起来了。[8] 无论如何,某些谢林的研究者已经窥测到谢林和黑格尔之间日益增长的分歧,因为他们指责黑格尔对于"自然的诗学"缺乏感觉。[9]

其次,尽管他们在旨趣上存在着差异,尽管黑格尔对于谢林的批评与日俱增,但是高估他们之间的差异也是不明智的。这些差异没有反映出他们在原则上的根本差异,而只是在旨趣和重点上的差异。黑格尔还没有把精神理解为某种存在于自然之上和之外的东西,而只是把它理解为它的力量的最高的组织和发展;甚至生命的自我意识也只是隐含在生命自身之中。精神的领域对于后期黑格尔所具有的那种重要性绝没有降低他从谢林那里沿袭而来的有机概念的重大意义;因为在发展出他关于精神领域的解说中,黑格尔只是把那个有机的概念应用到社会、历史和国家的领域。从谢林的方面来说,他承认自我站在一个比有机体更高的水平上。在他 1802 年的《布鲁诺》一书中,他承认,自我意识,自我的领域,是自然的诸有机力量的最高组织和发展。[10]无论如何,黑格尔对于谢林的批评的绝大部分只是针对谢林哲学发展的一个阶段而已,具体地说,是针对 1801 年《我的体系的表述》中同一哲学的阐述。如果我们考察一下谢林的后期阐述,尤其是《哲学体系的进一步阐述》——这是他和黑格尔共同撰写的——中的那些阐述,他们之间的差异就会减少。

爱的精神

要理解黑格尔的精神概念,就必须返回到他早年在法兰克福时期的著述,尤其是他 1797 年关于宗教和爱的残篇[11],以及那一束题为《基督教的精神及其命运》的手稿,它们写于 1798 年到 1800 年之间。[12]正是在这些早期手稿中,黑格尔首次构想和发展出了即将在他的后期体系中扮演着至关重要而又独具一格的角色的精神的概念。黑格尔的精神概念出自于他早年阐述爱的意义和结构的尝试。他受到触动去反思爱的概念,因为在席勒和荷尔德林的影响下,他开始把爱看作是宗教和道德的真正核心。实际上,这些早期的反思是开启黑格尔成熟体系中精神概念之秘密的钥匙。如果我们首先是在黑格尔成熟的体系之中遇到他的精神概念,那么它一定会令人百思不得其解,它的所有关于越出自身之外和返回到自身之中的自我的谈论看起来完全模糊不清而又空洞无物。然而，一旦我们追寇入巢，回到这个概念的原本语境之中：早期关于爱的反思，这些特征也就完全可以理解了。

在早期关于爱与宗教的残篇中，黑格尔认为，在爱中存在着主体与客体的统一，或者如果遵照他那个时代特有的行话，他称之为纯粹的主客同一的那个东西。依照费希特、谢林和荷尔德林，主体和客体的同一只有在自我意识之中才能实现，因为只有在自我意识之中，意识的主体和客体才是一和同一物。黑格尔接受了这种主—客体同一的理论；但是现在他把他的同时代人还没有发现的某种新的东西添加到它之上了。黑格尔主张，这种主—客体同一，这种自我意识，完美地存在于爱之中。他的意思是，在爱中，自我（主体）在他者（客体）之中发现了自身，正如他者在自我之中发现了它自身。在爱的经验之中，主体和客体，自我和他者，通过彼此实现了它们的本性。此外，它们中的每一方只有通过他者才能认识它自身。因此，存在着主—客体同一，因为，在自我和他者之间存在着自我意识的单一结构：自我在他者中认识到它自身，正如他者在自我之中认识到它自身。

然而，黑格尔进一步解释说，爱不仅关涉同一的环节，也关涉差异的环节；它是一种有差异的同一。在爱之中也有差异，因为依其本性而言，爱只是因为它是一个他者才存在于对于他者的欣赏之中；爱只有通过在同等的和独立的伙伴之间的相互尊重才是可能的。如果自我试图贬低他者并且使对方从属于它自身，那么它是不会爱对方的（I 394/322）。值得注意的是，黑格尔把爱的立场和道德的立场区别开来了，在道德的立场中，自我尝试着统治和控制他者。在这里,他批评的是费希特,因为费希特把道德理解为本质上是一种奋进的过程;通过这个过程,自我试图统治和控制世界。和荷尔德林一样,黑格尔把那样一种伦理看作是对于爱的精神满怀着敌意的。

对黑格尔而言,爱的结构就在于他称为"差异中的同一""统一和非统一的统一"的东西之中,他所使用的这个具有个人特色的术语将成为他的成熟的体系的核心论题。然而,重要的是看到,对他而言,爱不仅仅是静态的结构或者形式;它还是一种活生生的经验,它本身也是一种过程。更为特殊的是,爱是一种悖论性质的过程,通过爱,自我既失去自身(作为一个个体),又发现或者获得自身(作为更广阔的整体的一部分)。因此,爱包含自我屈服和自我发现的环节。在爱中存在着一个自我屈服的环节,因为自我通过把自我利益揭示为它最终的价值,以及通过不再把它自身定义为他者的对立者而丧失它自身。还存在着一个自我发现的环节,是因为在爱中,自我也在他者之中并且通过他者而发现了它自身;它看到,它不再是某种和他者相对立的东西,而是它自身和他者的统一体。黑格尔属意这种常见的爱的经验,在这种经验之中,一个人越是给与他人,就越是使自身变得更加富有。在一个残篇中,[13]通过引用《罗密欧与朱丽叶》中朱丽叶的诗行,他强调爱之中自我屈服和自我发现这两个环节:"我越是给你更多,我就愈加富有。"

黑格尔还通过外在化和内在化这两个术语来描述爱的经验。就主观物变成客观物,内在物变成外在物而言,它是一种外在化;就客观物变成主观物,外在物变成内在物而言,它是一种内在化。外在化的环节是这样一种环节，通过它，私人或者个体自身在他者之中丧失自身或者使自身屈服于他者，而它一度把他者看作是完全外在于它自身的。内在化的环节是这样一个环节，通过它，自我现在在他者之中找到或者发现了它自身，以至于它一度把它看作是外在于它自身的他者现在变成了它自身的一部分。如果外在化的环节是自我否定的环节，那么，内在化的环节就是自我肯定的环节，自我否定的否定。

在《基督教的精神及其命运》的某些斐然可观的段落中，黑格尔把既产生爱又来自于爱的东西，自我屈服和自我发现、外在化和内在化的整个过程，称作精神（Geist）。[14]他首先是在宗教的语境中，在写到耶稣的精神是如何呈现在最后的晚餐之中时，使用这一术语的。他写道，耶稣的精神是爱的精神，它首先使自己变成客观的，将自身外在化为面包和酒，然后又把它变成主观的东西，通过吃的行为把面包和酒内在化了。黑格尔把这个过程比作从一个写下的词语中理解意义的过程；思想首先在符号中客观化，然后，当符号被解读为具有特定的意义的时候，它又重新被主观化了。无论黑格尔使用这个术语的原本语境是什么，它的导入后来将证明对于他的哲学整体来说是决定性的。在黑格尔后来属文论述精神的时候，它总是具有他曾经赋予爱的经验的那种结构和发展。

从这些对于爱的反思中形成的不仅仅是精神的概念。另一个著名的黑格尔的概念也出现了，虽然只是以影绰不彰的方式。与爱的经验相关的相互对立的运动——它的外在化和内在化，自我屈服和自我发现——黑格尔后来称之为"辩证法"。黑格尔后来在这个意义上使用这个术语来描述精神发展的过程。然而,重要的是至少要区分这一概念的两种意义:本体论的意义——通过这种意义,它定义了某种在实在之中发生的东西;方法论的或者认识论的意义——通过这种意义,它意味着一种做哲学的方法。在《基督教的精神及其命运》中,黑格尔具有的这个概念是在本体论意义上的,但是他仍然没有赋予它以方法论的或者认识论的意义。在这后一种意义上,黑格尔要在很久以后才发展出辩证法,尽管在早期法兰克福残篇中已经预见到这种意义。

爱的形而上学

迄今为止给出的关于黑格尔爱的概念的解说遗漏了它的形而上学的维度。它似乎是在描述在任意两个相爱的人之间发生的事情。正是由于这个原因,它似乎是对于黑格尔后来的精神概念的一个不充分的分析,因为后者具有清晰的形而上学的身份。成熟的黑格尔把精神不仅仅看作是两个有限的个体之间的爱的经验。只有在有限的自我意识到他们自身是无限的时候,以及在无限通过有限的自我意识到了自身的时候,精神才存在(XII 第 480 页)。

然而,主要的是要看到,即使是在早期法兰克福时期论述爱的著作之中,黑格尔也赋予它以某种宗教的和神秘的意义。那么,即使是在这一方面,后来的精神概念也早已隐含在早期关于爱的反思中了。在一个早期的残篇中,他声明说,在主体和客体是一的地方,有某种神圣的东西,主体—客体的同一就是每一种宗教的理想。[15] 他论证说,宗教的独特之处就在于,它在爱的纽带中统一了主体和客体。如果道德的和实践的立场要求主体统治客体,而如果哲学的或者理论的立场假定主体和客体彼此不同,那么宗教就高于哲学和道德,因为它给出了一种主客体同一的经验。在另一个残篇中,黑格尔直截了当地把宗教的立场和爱的立场等同起来。[16] 在爱中,我们处在和客体合二为一的状态,而客体同时却又不是我们。然后,黑格尔援引了《斐德若篇》251a,在那里,爱人(lover)首先通过美的可见的形式看见了理念。在另外一个残篇中,黑格尔认为,爱实际上是一种感觉,但是它又不仅仅是一种单一的感觉;它是在感觉的总体性中发现它自身的生命。生命在爱中显示自身,而爱是这样一个过程——通过这一过程,一个原本的统一性变成了多,并且返回到作为有差异的统一性的它自身。[17]

　　所有这些早期残篇看起来要说的是,我们必须把爱的经验放置入作为整体的自然的语境之中。两个爱人是自然的有机统一体的诸部分。既然在一个有机物之中,诸部分是和整体不可分离的,而整体又内在于它的每一个部分之内,那么每一个人对他者的爱所表达的,无非是从他的观点来看完整的宇宙。在《基督教的精神及其命运》中,黑格尔对这个前提毫无隐瞒,强调了在一个爱的事件中整体如何存在于它的每一个部分之中。[18] 因此,自然的有机统一意味着,如果自我爱他者,那就不仅仅是一个单一个体的行为,而且是通过个体去行动的自然整体的行为。

如果自我爱他者,它也会感觉到——尽管是以无意识的形式——在它自身之中并且通过它自身而行动的无限物。因此,黑格尔写道,生命在爱之中发现它自身,而且它把自身显示为作为爱的基本特征的内在化和外在化的整体过程。[19]

从这些早期残篇中可以很明显地看出,黑格尔关于爱的经验的解说是如何与他的总体的有机的自然概念若合符节的,而有机的自然概念是他在几乎同时发展出来的。尽管黑格尔关于爱的解说带有一个宗教的、实际上是神秘的维度,但是现在一目了然的是,他为什么会认为它必须具有这个维度。如果我们把人类经验和它相分离,那么,它就是一个从有机的自然整体中的虚假抽象,就好像它发生在某个闭合的自成一格的(sui generis)的领域。这就和黑格尔本人如此急切地加以避免的笛卡尔和康德的二元论的观点别无二致了。但是,如果所有人的行为和经验必须被置入自然的整体之中,如果整体是一个有机的统一体,并且在其中整体显现在它的每一个部分之中的话,那么,就可以推断出,所以(有)形式的人的经验和行为都将有一个宇宙的或者神秘的维度。进而言之,如果自然的活生生的力量在人的经验中达到了它的最高程度的显示、组织和发展,那么,爱,作为最强烈的形式的人的经验,将会是宇宙自身的力量的顶点。当然,在我们标准的爱的经验之中,我们并没有意识到这一宇宙的维度;但是却不能据此否定它的存在。黑格尔想要我们通过宗教培养起来的是,通过爱的经验而形成的宇宙的自我意识。

如果从爱与生命的过程之间的类比来看,黑格尔早期关于爱的反思所在的这种有机的语境就更加昭然若揭了。爱的外在化和内在化的环节,并非出自偶然,类似于作为生命基本特征的差异化和重新一体化的环节。当自我在他者之中外在化它自身之时,差异化的环节发生了。通过这个环节,一个处于萌蘖状态的统一体变得更加具体和特殊。而在自我通过他者将它自身内在化之时,重新一体化的环节发生了。通过这个环节,差异化被重新统一起来了。既然爱本质上是一个有机的过程,既然宇宙的有机力量在爱的力量中达到它们的最高实现和显示,那么,我们必须把爱的辩证法理解为差异化和重新一体化的辩证法。

因为我们已经看到了黑格尔早期关于爱的反思的有机语境,所以,为什么无论是膨胀的还是紧缩的关于精神概念的解说都是不相宜的这一点就很清楚了。膨胀的解说把精神看作是单一的实体,在它体现于其中的诸具体个体物之外存在着;但是,由于忠实于他的有机概念,黑格尔坚持认为,任何有机物,任何活生生的力量,都只能存在于特殊的个体物之中,只能存在于个体的化身之中。然而,这并不意味着,它在逻辑上可以还原为这些化身,只要一个有机的整体先于它的诸部分,并且使得它们成为可能。因此,紧缩的解说也走上了歧途,如果它们把精神看作不过是它在特殊的个体物之中的化身。这不仅是没有看到普遍物是如何在逻辑上先于特殊物的,而且它也把爱的经验从它在自然的位置中脱离出来了,而黑格尔认为这是一种坏的抽象。

爱的转变

无论精神概念的确切含义是什么,到现在为止,有一点应该是明显的,那就是,黑格尔后期的精神概念和辩证法概念在多大程度上起源于他早期关于爱的经验的反思。这些概念初看起来是如此晦涩难解,但是如果我们把它们放到它们的原初语境之中,似乎就具有了它们完满的含义和要点。但是现在一个困难的问题出现了:一旦它们的原初的语境和目标消失了,这些概念又会具有什么样的意义呢?在他的后期著作中,黑格尔继续使用精神和辩证法等概念;但是,他不再赋予爱以他曾经在早期著作中赋予它的那种重要性。这意味着精神和辩证法等概念失去了它们原初的意义吗?

在如何处理爱这方面,在早期黑格尔和成熟的黑格尔之间至少存在着两个基本的差异。首先,在法兰克福时期,黑格尔认为,爱的经验是一种神秘,确切地说,是一个奇迹,它不能用推论的形式加以表达。[20]然而,在他后期的岁月中,黑格尔将要尝试着以某种推论的形式来把握爱的经验、生命的过程。他一方面继续强调,这种经验和过程超越了知性的诸概念;另一方面,他也强调说,它们能够通过理性的辩证法加以把握。知性作为一种分析的能力把对象整体加以划分和解析,所以无法把握住它们;但是理性作为一种综合的能力能够把诸部分统一为一个整体,并指出,除去整体,没有任何部分能够靠其本身而存在。然而,在法兰克福时期,黑格尔依据知性来看待所有思维;因此,任何不可划分的事物,任何必须被理解为有机整体的事物,都超越了知识的理解的范围。我们必须经验它;但是我们不能构想或者证明它。

在黑格尔早期和晚期关于爱的讨论中的另一个基本的差异

涉及他后期的体系中爱的意义。从他早期耶拿时期开始,黑格尔就不再赋予爱以他的体系中那样一种核心的和至关重要的位置。与爱相比,伦理生活的法律的和道德的关联很快就后来居上,赢得了他的青睐,最终,爱被相互承认取而代之。在1802年~1803年的《伦理生活的体系》中,黑格尔声明,主客同一之实现,不是在爱之中,而是在共同体中公民之间的相互承认之中。[21]他论证说,主体和客体的统一是不能在爱中发现的,因为在男性和女性之间只是一种自然的联系,而这些伙伴不是处在同等条件之下。男性是理性的,代表着科学、商业和国家等普遍的兴趣(利益);女性是情感的和直观的,仅仅代表她的家庭的个体利益而行动。1805年的《精神哲学》沿着这一方面继续前进。现在爱限制在家庭的范围之内,它只是伦理生活的初级的无意识的形式。[22]现在,黑格尔争辩说,不再是爱,而是只有伦理生活的道德的和法律的关联才赋予某人作为理性的或者普遍的存在者的自我意识。尽管爱的确是对立中的统一——在这种统一中不同的人通过对方而成为具有自我意识者,但是它只是自我意识的初级形式。爱人自我意识到的只是他们特殊的人格,而他们的联系只是被他们的稍纵即逝的自然欲望创造出来的。耶拿时期的这些发展,在黑格尔1821年的《法哲学》中达到顶点。在该书中,黑格尔把爱限制在家庭的领域。

在后期的体系中对于爱的贬黜和黑格尔后期对于一种关于精神领域的理性解说的需求是齐头并进的。由于它变成了理性的对象,精神自身变得更加理性了。后来黑格尔把理性变成了精神的一种定义性的特征。就其本性而言,爱更不适宜以理性讨论的方式来处理;它的欲望,感觉和直观都低于理性把握的门槛。那么,具有讽刺意味的是,这种发展似乎证实了黑格尔最初对于概念思想所持的浪漫主义异议;在试图构想爱之时,理性使得它变得更加合理,而这样做又会破坏它的本性。

值得注意的是,这种发展也早已在黑格尔的早期岁月中有其滥觞。在《基督教的精神及其命运》中,黑格尔就曾经把爱提升到宗教和道德的最高原则之中。但是,即使在他的伯尔尼时期,他对基督教的伦理仍然心存怀疑(参见第 126 页～第 131 页)。这些怀疑在法兰克福时期,甚至是在《基督教的精神及其命运》中,又开始浮出水面。在这本著作中,黑格尔已经拥护他的浪漫的福音了。当然,爱的伦理就是耶稣的福音。但是,黑格尔在那种福音中看到某些致命的弱点。他论证说,这样一种伦理更适合一个教派,而不是共同体整体,因为我能够爱我的教会中的兄弟们;但是,我很难爱每一个人,尤其是那些和我没有共同信仰的人。还很难的是把基督教的伦理——这种伦理要求我们放弃一切东西——等同于对于一个更大的共同体而言如此重要的财产权。尽管如此,一切之中最糟糕的是,基督教伦理对于这个世界来说,实在是太美、太好了!它非但不通过斗争以使得这个世界变成更好的地方,相反,它试图躲避它,向我们应许在天堂的得救。基督徒非但不为了他的各种权利而斗争,相反,他们完全放弃这些权利,转过另一边脸来让人打。在《基督教的精神及其命运》中,黑格尔解释了耶稣是如何由于饱受他的教义不能在犹太人之中扎根之苦,他自己最终和尘世一刀两断,把自己仅仅限制在他的最亲近的追随者之中,并且宣扬一个人应该把凯撒的归凯撒的。耶稣面临一个困境:进入世界而让自己妥协,或者坚守一个人的纯洁性而逃离世界(第328页)。耶稣选择了坚持它的纯洁性,因此他从生活中撤离了出来。结果,他的伦理变成了与这个世界毫无干系。因为他拒绝和这个世界相妥协,因为它从这个世界撤离出去以维护他的纯洁,耶稣只能在虚空之中发现自由。然而,黑格尔教导说,一个只能通过逃离世界才能试图拯救他的灵魂的人只能失去它。一颗被高高举过所有的权利之束缚的心再也没有任何东西可以给与或者宽恕(第286页)。从黑格尔关于优美灵魂的解释中可以清楚地看到,他认为,它的(按指基督教的)伦理品质高贵而充满瑕疵:说它品质高贵,是因为它克服了道德法则、正义的需求,并且特许了宽恕和避免了诸权利之间的冲突;说它充满瑕疵,是因为它从诸法律的瓜葛和冲突中抽离出来的行为没有为我们留下任何值得保存的东西。那么,早在《基督教的精神及其命运》中,我们就看到黑格尔后期哲学的一条基本学说:真正的独立和自由不是来自于从这个世界的生活的逃离,而是来自于如何与他人一起生活在一个共同体之中。

正是对于基督教伦理的这些疑虑后来迫使黑格尔在他的成熟的体系之中贬黜爱的角色。早在法兰克福时期,黑格尔就已经意识到,爱并不能拥有他想要赋予它的那种最高的重要性。这只不过事关彻底思考这个主题、放下爱的伦理,以及最大程度地发现一种更适合于共同体的伦理而已,这种伦理和世界上的生活更加相宜。黑格尔在耶拿岁月的后期,在《伦理生活的体系》和《精神生活》中所转向的正是这个任务。

尽管在法兰克福时期以后,爱失去了它的重要性,但是如果据此推断黑格尔最初关于爱的反思对于他后期的精神概念意义寥寥,或者毫无意义,那也是错误的。后期的概念仍然显示出和爱自身一样的结构和发展:其中存在着自我发现和自我破坏的环节、外在化和内在化的环节,以及存在着同样的有机的发展模式:从统一体到差异,再到差异中的统一。所有这些爱所独具的特征都被整合进了相互承认的主题,而现在黑格尔将之看作是精神的定义。只不过爱的主体间的维度被转换成了理性自身的定义特征。

认为爱在后期的体系之中不再扮演重要的角色,是错误的。尽管爱不再是精神的顶点,它仍然保持为它的原初的家和出发点。在他后期关于爱的讨论中,家成了伦理生活的最初的基础,它是精神自身的出发点。在1821年的《法哲学》中,黑格尔将坚持认为精神是如何在伦理生活的领域中现实化的(第156–157节),以及家中的爱是如何成为伦理生活自身的基础的(第158节)。可以肯定的是,爱仍然是精神的一种初级形式,因为它还没有意识到自身是一个理性的而只是感觉和欲望的中介形式;尽管如此,爱的确标志着精神的"直接的实体性"(第158节)。

现在要看到的要点是,在黑格尔早期和晚期的精神概念之中的最终差异,实际上只是一种形式的差异,而非实质的差异。精神在早期和晚期黑格尔那里保持为同一物;只是在后期黑格尔那里,精神才变成了对它自身的自我意识,而它的自我意识牵涉到理性的理解。为了成为自我意识的,精神必须知道它自己是受制于权利和义务所组成的道德的和法律的领域的。当然,爱存在于欲望和感觉之中,而感觉和欲望是低于理性的理解的门槛的;但是黑格尔认为,反思不是破坏而是实现了爱,并且在爱之中达到顶点。在这里,重要的是要注意到这一点,即黑格尔后来在他的宗教哲学中强调:尽管理性的反思改变了感觉和直观的形式,但是它并没有改变它的内容;实际上,它是那种内容的实现和现实化,而那种内容只是在感性的领域以萌蘖的和混乱的形式存在着(参见第 146 页 ~ 第 152 页)。理性的反思因此就不是爱的破坏,而是它的最高程度的组织和发展。那么,最终,黑格尔成熟的哲学中的精神就无非是他在法兰克福时期一度颂扬过的那种爱的理性化和制度化。

第六章 宗教的维度

永无止境的争论

就在黑格尔 1831 年去世不久,立即兴起一场关于他的思想的宗教维度的激烈争论。[1]黑格尔派左翼把黑格尔视为一个偷偷摸摸的无神论者和人文主义者,或者至多是一个泛神论者,与官方的基督教只有名义上的联系。黑格尔派右翼则信奉黑格尔为基督教信仰的捍卫者,以及普鲁士教会的一位实实在在的辩护士。在他们的眼中,黑格尔为现代新教教义所作的工作和阿奎那一度为中世纪天主教教义所作的工作别无二致:他也在赋予信仰一个理性的基础。[2]

双方都可以从自身角度出发搜集大量证据。黑格尔派左翼能够轻而易举地证明,黑格尔绝非一个正统的清教徒。他的上帝不是超验的,而是内在的;他对于奇迹和《圣经》几乎没有什么兴趣；而且，他把基督教描绘为自我和世界之间的某种形式的外化。难道不是黑格尔第一个宣称"上帝之死"吗？从他们的角度出发，黑格尔派右翼可以强调黑格尔对于知识与信仰的结合念兹在兹，想方设法把三位一体和道成肉身的教义理性化，以及总是急不可待地在普鲁士的现实制度中——其中首先和最重要的是教会制度——寻求理性。的确，右翼有着所有证据中最有说服力的那一个：黑格尔在许多场合都曾直接明快地宣称，他是一个路德主义者。[3]

　　这场争论一直延续到今天。可以确定的是，它已经失去了它的政治迫切性；但是基本的问题仍旧保持为同一个。某些学者坚称，黑格尔思想中的宗教维度对于他的全部思想而言是根本性的，因为黑格尔的基本目标是将基督教信仰理性化。[4]另外一些学者争论说，宗教维度的意义可以忽略不计，它不过是黑格尔本质上人本主义的和无神论的议程的故弄玄虚的掩饰。[5]尽管他们注意到黑格尔撰写了关于上帝的著述，但是他们认为这不过是对于宇宙的一个虔诚的术语。"黑格尔的秘密"不在于他是基督教的辩护士，而在于他是一个偷偷摸摸的无神论者，"德国哲学中无神论的人本主义的先驱"。[6]

　　这场争论涉及到的东西远远超出了黑格尔的宗教哲学。潜在的问题对于他的全部思想之阐释而言是根本性的，因为它涉及到他的哲学的真正目标。在这里悬而未决的是这样一个问题，黑格尔的目标是对于基督教的遗产百般辩护，还是斩草除根。此外，我们在第三章中讨论过的、黑格尔哲学的形而上学维度问题，实际上是派生性的，依赖于宗教在黑格尔哲学中所扮演的角色。如果宗教的确在黑格尔的关怀之中占据核心地位——如果我们必须从字面上的意义来理解他的这个主张,即哲学和宗教都把神圣者作为它们的主题——那么,关于他的哲学的所有非形而上学的阐释都证明是站不住脚的。

这种争论波及到黑格尔思想发展历程的每一个阶段,既包括 1800 年以前他的早期著述,也包括 1806 年以后他的成熟著作。要把这一争论仅仅限制在黑格尔的成熟著作,好像他的早期著述与此了无干系,这几乎是不可能的。[7] 因为这两种解读的支持者都把黑格尔早期著作当作是阐释成熟的黑格尔的钥匙。

正如我们将要看到的,基督教的和人本主义的阐释都是不充分的。基督教的阐释从来没有公正地对待黑格尔对于基督教的批判或者说他的异教的上帝概念。人本主义的阐释无力做到把黑格尔的上帝还原为宇宙,而且它实质上忽视了他把传统的基督教信念理性化的企图。归根结底,黑格尔思想中的宗教维度要比上述两种极端都更加丰富。因为黑格尔的目的是在它们之间开辟出一条中间道路;他想要发展出一种新的神学,以克服人本主义和传统基督教的脆弱。

早期对于基督教的批判

关于黑格尔哲学的宗教维度的争论始于他的早期手稿,那些写于图宾根、伯尔尼和法兰克福的手稿。图宾根时期(1788年-1793年)和伯尔尼时期(1793年-1797年)的主要手稿包括《图宾根论文》《伯尔尼残篇》《耶稣传》和《基督宗教的实证性》等。法兰克福时期(1797年 – 1800年)的主要手稿包括《论宗教与爱的草稿》《基督教的精神及其命运》和《体系残篇》等。

罗森克朗茨和海谋最先读到这些手稿,他们相信,黑格尔的主要关怀是宗教方面的,确切地说,是神学方面的。[8]几十年后,狄尔泰对于这些手稿做了更为深入彻底的研究。依照他的看法,这些著述根本上是宗教的,甚至是神秘主义的,揭示了黑格尔在神秘的泛神主义传统中的位置。[9]狄尔泰的学生,赫尔曼·诺尔编辑了黑格尔的早期著述,并首次以《黑格尔青年时期神学著作》(图宾根:Mohr,1907年)为题出版了它们。这个标题概括了一整个阐释的传统;但是,在某种程度上,它是一种纯粹的挑衅。

神学的或者宗教的阐释——尽管是从反对的视角出发——一个著名的领军人物,是尼采。他把图宾根神学院的所有后裔——黑格尔、谢林和荷尔德林——看作是基督教的秘密辩护人。他在《敌基督》一书中写道:"只要提及'图宾根神学院',人们就能明白德国哲学在根本上是什么了:一种阴险的神学。……施瓦本人是德国最杰出的说谎者,因为他们说起谎来一脸无辜。"[10]

其他学者争论说,黑格尔的早期著作最好还是被描述为反神学的,确切地说,反督教的,因为它们激烈地批判了基督教。[11]依照卢卡奇的看法,黑格尔发展历程中所谓的"神学阶段"是一种"反动的传说"。在他看来,罗森克朗茨、狄尔泰和黑林(Hearing)是为了他们自己的国家主义的目的而挪用了黑格尔,完全罔顾作为黑格尔批判基督教的基础的彻底的共和主义。[12]

在这场争论中,第一要务当在于确定人们在谈论的是哪些早期作品。[13]从图宾根时期到法兰克福时期,黑格尔对待基督教的态度几经变化。尽管图宾根和伯尔尼残篇对于基督教提出了严厉的批判,但是法兰克福时期的著述对于基督教遗产却充满着同情。可以预见的是,人本主义的阐释受到了图宾根和伯尔尼时期残篇的启发,而基督教的阐释却是基于法兰克福时期的著述。

如果"神学"意味着解释基督教教义或者证成之,就图宾根和伯尔尼的著作而言,把它们描述为神学性质的,却有误导人之嫌。《图宾根论文》为黑格尔的早期思想制定了议程,在其中,黑格尔明确申明,神学是一种教义的问题,他无意于讨论这点(I,16,17/18,19)。在图宾根和伯尔尼的岁月中,他令人惊讶地对于宗教信念的基础几乎毫无兴趣,而满足于接受康德的道德信仰的学说。依照这种学说,对于上帝、天意和不朽的信念基于道德的理由即可证成(TE,I,16,17/18,19)。这种兴趣之缺乏的原因在于,黑格尔在图宾根和伯尔尼的基本关切是发展出他的市民宗教的理念;他对于教义的兴趣不在于它的意义或者真理,而在于它对于社会和国家的价值。然而,正是因为黑格尔对于神学几乎毫无兴趣,把这些早期手稿描述为"反神学的"也是误导人的;黑格尔对于神学毫无恶意,而仅仅是将之悬置起来而已。[14]

然而,公平的是把黑格尔在这些手稿中的兴趣描述为"宗教性质的",即使反基督教的解读的最为激越的支持者也承认这一点。[15]黑格尔的宗教兴趣在他的《图宾根论文》中关于主观的和客观的宗教区分上体现得非常明显。客观的宗教是教义和教条,宗教应该经典化和制度化。主观的宗教之为宗教,是因为它活在个体之中;它事关的不是教义,而是情感和行动(TE I,13 – 14/16)。黑格尔使得以下这一点简单明了,即他主要关心的是主观的宗教:"所有事物都依赖于主观的宗教;这是具有内在的和真正的价值的东西。让神学家们尽情地为属于客观宗教的东西,为了它的各种教条以及它们的精确的规定性而争吵不休吧!……"(I,16/18)。由于他的主要兴趣在主观的宗教方面,所以青年黑格尔一直被描述为一位存在主义的先驱(avant la let-tre)。[16]但是这是一个错误。切勿把黑格尔的关怀误作是克尔凯郭尔的:他并不寻求那些"赋予我的生活以意义,并且对于我的救赎或者自我实现必不可少"的信念。他对于个体的得救毫无兴趣,而只是想要培养主观的宗教,以使公民们在国家中扮演一种实实在在的角色。

　　鉴于黑格尔对于神学没有兴趣,以及他对于宗教的关心是从属于政治的,那么,固执己见地认为图宾根时期和伯尔尼时期的著述是反基督教的,就是正确无误的吗?乍一看,这似乎也趋向了极端。似乎可能的是,捍卫对于这些著作所作的基督教义的解读。在《伯尔尼残篇》的第十篇文章中,黑格尔追问基督教是否满足了公民宗教的各项要求,而他的回答是肯定的(BF,I,90/62)。事实上,正是出于这个原因,他才写了《耶稣传》。在该书中,他根据康德的道德哲学阐释了耶稣的福音。尽管《实证性论文》的基本关怀是阐明基督宗教的实证性,也就是说,基督宗教尝试着使信仰建立在律法的权威性而非仅仅在理性的基础之上。但是，黑格尔仍旧清楚地论证说，基督教的核心是理性的（P I，105，124/153，166），而它之变成实证的，只是历史偶然性的结果。当黑格尔在《伯尔尼残篇》中申说正是耶稣的神圣性使得他成为道德德性的典范之时，就出现了更多证据支持这种基督教的解读。"没有他的位格的神圣性，我们就只有这个人；而在这里，我们有的是一个超人的理念——这个理念并不外在于人的灵魂……"（BF I，82/57）。最后，反基督教的阐释在解释《耶稣传》时会遇见困难。如果说这是黑格尔撰写一本关于一种民众宗教的圣经（scripture）的尝试，那么，黑格尔为什么要选择耶稣作为他的模范？[17]

尽管存在着某些证据可以支持对于图宾根时期和伯尔尼时期的著作进行基督教的阐释，但总的来说，也存在大量的证据可以支持反基督教的阐释。遍观《伯尔尼残篇》和《实证性论文》，无处不存在对于基督教充满激情的批判。这种批判走得如此之远，以至于它甚至削弱了黑格尔对于以下这种观念的不够热烈的支持，即基督教有着本质上属于道德的内容，它适合于充当民众宗教。或可证明的是，如果黑格尔更加首尾一致的话，他当会拒绝把基督教当作公民宗教，否认它的教义的道德价值，乃至论证实证性就是基督教的真正本质。

尽管黑格尔似乎认可基督教是一种民众宗教，但是他在《伯尔尼残篇》和《实证性论文》中两处的论证的总体要点是，基督教对于国家来说是危险的。因此，他论证说，在《伯尔尼残篇》中，基督的箴言是同国家的基本原理——比如与财产和正当防卫相关的法律——背道而驰的。基督徒并不保卫国家，而是逆来顺受,不予还击;由于他鼓吹仁慈,所以,他将会削弱保护私人财产的法律(BF I,61－62/41－42)。黑格尔论争说,耶稣的教导实际上只适合于一个教派或者家庭;如果我们尝试着把它变成法律,那么,它们就会变成"压制性的制度和欺骗人类的方式的最令人震惊的渊薮"(BF I,63/42)。在《实证性论文》中,黑格尔论证说,仅仅是因为共和国德性的衰败,才兴起了基督徒对于个人得救的关心(P I,206－213/221－224)。如果个体为了共同善而努力,那么他会在共和国中发现不朽。

黑格尔还论证说,对于道德修养而言,基督教并非最佳的宗教。无论是在《伯尔尼残篇》中,还是在《实证性论文》中,黑格尔都认为,苏格拉底比耶稣更是一位道德的教师(BF I,50－54/32－35;P119－120/163)。苏格拉底尊重个体的自由,他为他自己发现真理的权利,而耶稣则鼓吹一条预定的通往得救的道路(I,51－52,54/33,35)。苏格拉底并不觅求信徒;但是耶稣要求对于他个人的信仰,甚至想要"一个充满着将军和各种各样的高级官员的帝国"(I,50/32)。苏格拉底知道他并不比任何其他人更好,但是耶稣认为他自己是一个救世主。在《伯尔尼残篇》中,黑格尔甚至论证说,基督教作为一种德性的宗教是无用的,因为它只有在一个人已经是好人的情况下才能发生作用(BF I,60/40)。此外,基督教不能声称自己是一种卓越的德性宗教,因为卢梭、柏拉图和克色诺芬的著作也强调了德性的价值(I64－165/59)。

在《伯尔尼残篇》最后,黑格尔攻击了基督教伦理的核心,它的永恒得救的教义。这种教义使得得救的条件变成了对于基督和他的冗长的死亡的信仰（BF I, 92/62）。黑格尔争辩说，道德的真正目标在那样一种伦理中完全被忘记了（I 84 – 85/59）。道德需要自律，而基督教的前提条件是对于这个独一的人的权威性的信仰。清教徒的救赎伦理"惟靠信心"（sola fide）应该被指责为削弱了道德的基本原理："一个人只有在道德生活的基础上才配得上幸福。"（I 93/65）

黑格尔对于基督教的批判也包括基督的神圣性，这个教义最初他似乎曾经接受过。尽管起初他认为，这种信念会促进道德，但是他很快撤回了这个说法。他写道，基督的神圣性的全部观念建立在贬低人性的构想的基础之上。我们把基督抬高到神圣的地位上，就好像单独他就是德性的典范，这只是因为我们相信天生的罪恶使我们无法具有德性（BF I, 96 – 97/67）。黑格尔注意到，基督教最具特色的信念是基督的神圣性；但是他拒绝这个信念，因为它是整个救恩程序（ordo salutatis）的一部分，而这种程序和道德是不相容的（BF I, 97 – 98/68 – 69）。

还有另外一个强有力的理由可以认为黑格尔的伯尔尼手稿本质上是反基督教的。也就是说，在《实证性论文》中，黑格尔论证说，作为道德法则的源泉的神圣意志的观念是某种形式的根本原理，确切地说，是所有他律的源泉。人们几乎相信他在下列段落中所读到的是费尔巴哈或者是马克思："神圣性的客观性是与人的堕落和奴役齐头并进的，而它（客观性）只是时代精神的显露，只是时代精神的显现。"（P I, 211 – 212/227 – 228）。但是这个段落并非绝无仅有，只是一股稍纵即逝的激情。黑格尔在《伯尔尼残篇》中已经预言了这一论题，当时他写道，"义务和德行是自足的这一伟大的原则"已经被"与上帝的观念最微不足道的联系"削弱了(BF I,73－74/50－51)。

黑格尔在伯尔尼时期对于基督教最强有力的批判使他牢牢置身于激进的启蒙的传统之中。在黑格尔的批判和诸如约翰·托兰德、马修·廷德尔和安东尼·柯林斯等激进的英国自由思想家之间存在着令人瞩目的亲缘性,他们的学说在德国尽人皆知。[18]以下几点是他们共同拥有的:(1)基督教教义的主要目的是宣传道德;(2)神职人员是危险的,因为他们颠覆了道德背后的自律行为;(3)原罪、得救的信仰和赎罪的教义颠覆了基督教的道德目标,因为它们使信仰而非德性成为了得救的条件;(4)唯一本质性的宗教信念是相信上帝存在、天意和不朽;(5)基督教信仰的基础不可能建立在历史的证据和奇迹的基础之上,因为它们不能经受住批判性的审查;以及(6)基督的神圣的元素不是对他独一无二的,而是内在于所有人性之中。就黑格尔和这种传统之间的亲缘性而言,他的共和主义也是同样重要的。

在谈到伯尔尼时期和图宾根时期的著述时,那些为了支持黑格尔的反基督教的议程而据理力争的人,把所有重量都放在了他们偏爱的证据上。黑格尔在这段时期里是否真是一个无神论者,仍旧难以证实;但是,至少他对于基督教的态度是极为反感的。

法兰克福时期的倒转

适用于图宾根和伯尔尼时期的东西未必同样适用于法兰克

福时期。实际情形截然相反。在法兰克福的岁月中,黑格尔关于宗教的思考经历了巨大的转变,确切地说,经历了实质性的大转弯(volte–face)。黑格尔在几个根本性的方面颠倒了他之前的思考。[19](1)在伯尔尼的岁月里,黑格尔把康德的道德看作是宗教的本质与目标;在法兰克福的岁月中,他把宗教看作是超越康德道德的立场。康德对宗教的批判变成了宗教对康德的批判。(2)在伯尔尼时期,黑格尔在康德的道德之中看到了对于实证性的解答(solution);在法兰克福时期,他把康德的道德看作是实证性问题的一个部分。(3)在伯尔尼时期,黑格尔是基督教信仰的某些基本条款——例如,道成肉身和三位一体——的批判者;确切地说,他把信仰的观念看作是对于理性自律的违反。在法兰克福时期,黑格尔不仅捍卫这些条款,而且论证说,对于基督教而言,信仰是本质性的。(4)在早期岁月中,黑格尔坚持理性作为承认宗教信仰的最终权威。在法兰克福时期,他强调说,宗教的信念建立在爱的基础之上,爱超越了理性。就这样,康德式的理性主义者变成了宗教的神秘主义者。

这种颠倒发生于其中的主要著作,《基督教精神及其命运》,对于所有把黑格尔阐释为一个反形而上学者、无神论者和人本主义者的人来说,是一个绊脚石。[20]这份手稿基本上是一个宗教神秘主义者的著作、一个忏悔的理性主义者的著作。他已经重新皈依了更高的宗教经验的领域,重新皈依了表达出这种经验的某种传统的经验教条之中。在这部著作中,对于神秘主义的辩护无处不在:黑格尔强调说,无限存在于超越了证明的神圣之爱中;他坚持认为,无限只有通过信仰才能通达,而信仰就在于内在经验。可以肯定的是,黑格尔后来同这种神秘主义彻底决裂了,认为无限只能通过理性才能认识(第 88 - 89 页);但是,他没有改变他在法兰克福时期赢获的对于基督教的更加同情的态度。

什么可以解释这种戏剧性的大转弯(volte - face)?也许这是由于荷尔德林的影响,他在黑格尔抵达法兰克福之前就已经表达了各种神秘主义的观念。但是这在某种程度上具有假设的性质,因为我们对于法兰克福时期黑格尔和荷尔德林之间的讨论知之甚少。[21]无论如何,这都不能算是很充分的解释。因为,即使有某种影响,那也必定是在黑格尔的发展历程中有某种东西使得他愿意接受它。归根结底,答案存在于黑格尔思想发展历程的内在张力之中。

黑格尔在图宾根和伯尔尼时期面对的主要问题是,如何阐述关于现代公民宗教的学说。黑格尔要求这些学说必须满足以下三个标准:(1)它们必须建立在理性的基础之上;(2)它们必须诉诸心灵和想象力;(3)它们必须服务于所有的生活需要,尤其是公众的和官方的事务(TE I,33/20)。黑格尔所面临的主要障碍是基督教的遗产,它猛烈地撞击着这些急需品。和(1)相反,它的基本教义感染上了实证性;而和(3)相反的是,基督教认为个人的得救凌驾于共同善之上,而且它的箴言更适合于一个教派而不是一个国家。另一方面,黑格尔认识到,公民宗教必须建立在基督教的基础之上,它在近两千年的时间里已经成为西方文化发展中的主导性力量。他还意识到,试图在启蒙的时代复兴异教神话,无意于痴人说梦。

因此,紧张就在于,黑格尔不得不却又不能在基督教的基础上建立起他的公民宗教。在伯尔尼时期,黑格尔对此问题给出的答案是,阐释基督教,以便它似乎是——如果不是对他自己而言,至少也是对这个民族而言——一种理性的宗教。因此,他写了他的《耶稣传》,根据这部书,基督是康德的道德的布道者。但是黑格尔本人是第一个不相信这种新的理性的神话的人,因为它与他的基督教的实证性的信念发生了急剧的冲突。还是在《伯尔尼残篇》中,黑格尔就论证说,基督是一位低于苏格拉底的教师,因为基督要求向信仰缴械投降,而不是独立的思考。在理论上,黑格尔真的想要苏格拉底成为他的公民宗教背后的指导精神;但是他在自己时代的语境中不能采取那样一个行动,因为他自己的时代仍旧停留在基督教传统的支配之中。

那么,如果黑格尔想要支持他的公民宗教的理念,而且如果他必须建基于基督教之上,他就别无依赖,只能求助于重新阐释基督教的意义了。这就是法兰克福时期所发生的事情。根本性的往前推进是,现在黑格尔对基督教有了一种新鲜而貌似可信的阐释。他不再把耶稣视为康德道德的代言人,而是视为爱的传教士。毕竟,对于这样一种解读来说,《圣经》当中存在着极强的证据,首先和最重要的是《约翰福音》,黑格尔常常引用它。[22]这种解读没有把耶稣视作康德的道德的布道者所具有的任何牵强附会和年代错误。借助于这种阐释,黑格尔现在处在这样一个位置上,他可以挪用和解释教会的许多根本性的教义,比如道成肉身和三位一体。现在,甚至他对康德的态度都必须发生变化,如果康德的伦理学仍旧停留在义务的层面,而没有认识到更高的爱的力量的话。

　　无论多么具有策略性,这种对于基督教的新阐释仍旧只是临时的解决办法。因为在法兰克福时期,黑格尔也认识到,爱的福音是不适合于他的公民宗教的。尽管它自然会求助于心灵和想象力,但是它也更加适合于一个教派而不是整个社会的伦理。尽管我爱我的同党,但是我很难聚集我的情感去热爱一个很大的国家的其他公民。此外,在爱背后的神秘主义因素不能满足理性的各种要求,而这是公民宗教基本的急需品之一。于是就造成一种悖论,黑格尔晚期神学的理性主义已经潜存于他的神秘主义之中,尤其是把上帝和神圣的逻各斯等同起来(GC 374/307)。

新宗教

　　只有在耶拿时期(1891－1897 年),黑格尔才拟定了他成熟的宗教哲学的大纲。这个时期最为重要的发展是,他试图调和哲学王国和宗教王国。正是在这几年中,他第一次设想把他的辩证法上升到绝对。法兰克福时期的神秘主义已经把信仰置于理性之上,在黑格尔越来越认识到有必要证成绝对的观念之时,这种神秘主义消失了。黑格尔究竟是在哪个阶段发展出了他的辩证法,并迈向他后期的理性主义,不是我们这里要关心的问题。[23]我们唯一的兴趣是要确定黑格尔宗教的,确切地说是,基督教的信仰。

耶拿时期黑格尔思想中的宗教维度既简单明了，又见解独到，还贯穿一切。在他的《差异论文》开篇处，以及在 1801 ~ 1802 年关于逻辑学和形而上学的讲座中，黑格尔毫不含糊地说，哲学的目标就是认识绝对（D II,25、94；GW V,271）。在刊载于《哲学批判杂志》的一篇短评中，上帝的观念应该再一次被置于哲学的尖峰，以至于它是"所有事物的唯一基础、唯一的认识原则和存在原则（principium essendi and cognoscendi）"（W II,195）。调和信仰和理性的纲领在《信仰与知识》一文中得到最详细的宣告和辩护。在该文中，黑格尔批判了康德、雅可比和费希特那里的理性与信仰的二元论。黑格尔所热望的是"思辨的耶稣受难节"——在那一天，理性自身从反思的灰烬中复活，通过对于知性范畴的否定而上升到绝对（GuW II,432 – 433/190 – 191）。

但是如果这是宗教的议程，那么，它是基督教的议程吗？如果认为黑格尔现在，在任何正统的意义上，视自己为一个基督教哲学家，那就完全误解了他。他重新对基督教持同情的态度，但是从未达到皈依基督教的地步。实际上真实情况是，尽管黑格尔使用基督教的隐喻来描述他的哲学，但是他拒绝称之为基督教的；实际上，他明确提到，它意味着超越基督教。从以下两个重要却遭到忽视的材料中可以显示出这一点：他的《伦理生活体系》的结论部分，关于这一部分，我们有罗森克朗茨保存下来的一个摘要；[24] 以及耶拿时期和谢林为《哲学批判杂志》所合写的一篇论文。[25] 在第一篇著作中，黑格尔申明，哲学的任务是建立起一种既非新教的亦非天主教的新宗教。黑格尔远远没有认同新教主义，以至于他把它当作是自我和世界之间的极端异化的表达，而这正是他想要克服的难题。在第二篇著述中，黑格尔澄清了，基督教和异教都是应该在一种更高的哲学立场中得到克服的囿于一偏的视角。如果基督教的本质就是始于无限而下降到有限，那么，异教的本质就是始于有限而上升到无限。这种新的更高的哲学立场将会把这两种视角统一起来。它将会看到自然中的神圣，以纠异教之偏；但是它也会看到神圣中的自然，以完基督教之璧。

　　毋庸置疑，就理解耶拿时期黑格尔对于基督教的态度而言最重要的文本是《精神现象学》中"苦恼意识"那一章。法兰克福时期的神秘主义从来没有磨钝黑格尔对于基督教某些方面的敌意。《伯尔尼残篇》中的某些反基督教的怒气在"苦恼意识"中又浮出水面。这一章就是对于传统基督教的激情满怀的批判，尤其是对于它的超验上帝和拯救伦理的批判。尽管黑格尔从来没有提及具体的历史人物，但是他的主要靶子就是基督教的生命观，它把大地上的生命视为只是走在通往天堂之途的朝圣之旅，而这种观点最为明显地在奥古斯丁《上帝之城》第十九卷中表达了出来。由于基督徒设想他在天堂中的得救，那么，他就把自己视为大地上的异乡人。至善就不可能存在于尘世之城，尘世之城是疾病、死亡和毁灭的王国，因此至善只可能在天空之城中找到。但是基督徒还必须努力克服他自己的那种无价值的情感——罪恶意识，这种罪恶意识使得他只配得到永久的惩罚。黑格尔论证说，基督徒甚至不能在三位一体和复活的教义中发现希望，至少基于他们的正统的阐释是这样。尽管这些教义被认为是达到了上帝与人之间的和解,但是它们只是巩固和加强了他们之间的分离。这是因为基督的显现只是偶然的,一个独一的历史事件,而且因为基督只是独一的个体、上帝独一无二地钟爱的嗣子。基督之死意味着,上帝已经从世界中撤离,在个体与上帝之间再也没有直接的调停者。因此,"苦恼意识",在绝望的深度上,可以推断出"上帝自己已经死了"。

《精神现象学》中的"苦恼意识"章清晰地显示出,黑格尔为什么必须拒绝传统的基督教:它是自我和世界相异化的最为极端的形式。但是如果这一章是反基督教的,那么它也是反宗教的吗?切勿贸然从它对传统基督教的批判中推论出,黑格尔是一个世俗的人本主义者。恰恰相反,正是因为黑格尔的目标是克服自我与世界之间的异化,所以,他仍然要赋予宗教以一个根本性的地位。正是宗教可以通过向个体显示自然与历史之中的神圣者的内在性,以达成个体和他的世界之间的和解。因此,如果异化问题的解答是否认一个超验的上帝,那么,它也就同时肯定了一个内在的上帝。

《精神现象学》中让人浮想联翩的词组"上帝之死"已经被当成对黑格尔进行人本主义阐释的标语和核心。这个词组经常出现在黑格尔的著作中:在《知识与信仰》快要结尾的地方;在罗森克朗茨关于《伦理生活的体系》的报告中;在《精神现象学》"启示宗教"部分,在此处,它重新提到"苦恼意识"部分;以及最后,在关于宗教哲学的讲座中。[26]然而,这个词组并不意味费尔巴哈和尼采使用它时所指的意思:在一个更为世俗的文化中信仰的无关紧要性。相反,黑格尔用它宣告传统基督教的终结以及对于一种新的宗教的需要,或者至少是对于基督教的一种新的理解。这个词组指的是上帝之子——基督,死在十字架上。它的源头可能在约翰·李斯特(Johann Rist)的颂歌"噢,伟大的困境! 上帝自己已经死了。他死在了十字架上"(O grosse Not! Gott selbst ist tod. Am Kreuz ist er gestorb)。[27]黑格尔解释说,基督之死使基督徒充满了"无限的痛苦",因为上帝已经通过放弃他唯一亲生的儿子而从世界撤离出去(W II, 432 – 433/190 – 191)。既然上帝和人之间的调停者已经死了,那么,似乎就再也没有救赎的希望或者复活的希望。但是这种死亡仅仅是理念的生活的一个环节,黑格尔向我们保证。在新的复活中将要否定自身的,正是否定性的环节。黑格尔建议,我们不应该把基督的死亡和复活阐释为一个历史的事件,而应阐释为精神生活的一个隐喻。它表达了这样的事实,即我们必定在爱的经验中和理性的发展历程中失去和发现我们自己。

最终,黑格尔在耶拿时期对于基督教的态度是模棱两可的或者有双面孔的。他想要把异教和基督教统一起来,将自然神圣化,把神圣自然化。无论是对黑格尔作基督教的解读还是人本主义的解读,都没有公正地对待这个态度,因为它们都囿于一偏。基督徒没有看到,黑格尔想要把神圣自然化;人本主义者忽视了,他想要把自然神圣化。出于同一原因,黑格尔把基督教世俗化了这一平常的陈述既是不刊之论,又极端误导人。说它正确,是因为黑格尔把上帝的概念理性化了,否认了它的超自然的地位,并使之内在于世界之中,因此,上帝和自然与历史是不可分离的。但是它同样也是误导性的,因为它暗示黑格尔把上帝还原到了自然和历史的层面,就好像它不过就是自然的和历史的事件的总体性。这没有看到,黑格尔想要把自然与历史神圣化,也同样要把神圣者自然化和历史化。

总而言之,我们必须既要避免紧缩也要避免夸大黑格尔的神圣概念。神圣首先存在于解释的秩序之中,而不是首先存在于实存的秩序之中。如果它仅仅在自然与历史中达到实存,它也就不能被还原为所有历史与自然的事件的集束,因为它是使所有这些事件得以可能的整体,基督徒的阐释犯了膨胀黑格尔的上帝概念的罪,就好像上帝不仅仅在本质中,而且在实存中;那么,它显得好像上帝意味着一个实体,这个实体由于在概念上先于世界,所以也在实存上先于它。人本主义的阐释犯了紧缩黑格尔的概念的罪,就好像它在本质中是第二位的,因为它已经如是在实存之中了;那么,看起来似乎上帝不过是所有特殊事物的集束,它只是一个用来表示宇宙的虔诚的术语。

成熟的观点

黑格尔耶拿时期的纲领为他成熟的宗教哲学制定了议程,而他成熟的宗教哲学在他的柏林讲座中最终成型。黑格尔分别在 1821 年、1824 年、1827 年和他去逝的那一年——1831 年,总共做了四次关于宗教哲学的讲座。最引人注目的是在他的成熟的宗教哲学和耶拿时期之间的连续性的程度。但是,在它们之间仍然存在着一个非常重要的差异:晚期黑格尔曾忏悔说,自己

是一个路德主义者。如果这个忏悔是真诚的,那么,它表明黑格
尔在自我意识里把自己当作基督教哲学家;它意味着对于耶拿
时期新宗教的观念的摒弃。

在《哲学百科全书》第二版(1827 年)的序言中,黑格尔就他
的成熟的哲学以及它与宗教之间的关系,做了一个吐露心声的
说明。他写道,哲学的任务就是发现宗教和国家背后的理性的
核心。它的目标就是"认识到,确切地说,就是证成""法律、单纯
的宗教和虔诚的合理的现实性"(EPW VIII,15/5)。黑格尔想要
恢复哲学和它的文化之间的天然和谐,而由于启蒙的激烈批判,
这种和谐已经被打破。他写道,曾经有一个非常幸福的时代,哲
学和教会与国家之间和谐相处,哲学试图通过自然法和宗教来
证成它们。但是这种天然的和谐由于启蒙的激烈批判而被打
破。他断言,现在是时候创造一种新的更高的综合了,但是这种
综合是通过彻底的批判而回到哲学和文化之间的原初和谐。通
过曾经削弱了国家和教会的基础的同样的批判,这些将"与矛盾
自身相矛盾",以至于"精神庆祝它自己和自身的和解"。

黑格尔似乎在宗教中赋予哲学他曾经在政治中赋予它的同
样保守的议程。和《法哲学》的序言作一个类比是错不了的。正
如在政治中,哲学家不应该预先规定我们该如何生活,同样,在
宗教中,哲学家也不应该预先规定我们该相信什么。无论是在
宗教中,还是在政治中,哲学的任务都是发现在当代的实践和制
度中现实化了的合理性。正是基于这些原因,海谋指责黑格尔
的宗教哲学具有和他的政治哲学同样性质的反动倾向。在海谋
看来,黑格尔的宗教哲学试图将普鲁士教会理性化,正如他的

《法哲学》捍卫普鲁士政府。[28]黑格尔表面上的反动倾向似乎也为理解他的路德主义的忏悔提供了一个完满的语境:如果这位哲学家把普鲁士制度理性化了,那么,他不应该宣誓效忠于它们吗?

但是这种解读实在是过于简单了。存在于黑格尔那句模棱两可的警句之中的含糊其辞同样在他的宗教哲学中重新露面(参见第221–223页)。这个模棱两可的警句说的是,现实的是合理的——在现在的制度中存在着理性——和合理的是现实的——理性的标准将会在历史中实现出来。如果把这个警句应用于教会,那么,哲学家必须认识到,尽管在教会中存在着某种合理性,教会也将必须改变以实现理性的标准。如果在教会的历史背后就像在政治的历史背后一样存在着理性,那么,教会必须像国家一样改变以成为完全理性化的。黑格尔在国家的情况中为现实的合理性所作的资格限制也应该同样适用于教会:并不是所有实存的事物都是现实的(§6)。借助这种关键性的资格——在宣告他的和解纲领之后,他立即极具针对性地将之引入——黑格尔在哲学和官方的普鲁士教会之间引入了他可以期望的所有批判性的距离。

这个模棱两可的警句的含糊其辞解释了黑格尔宗教哲学中被正确地戏称为"双刃剑"的东西。[29]黑格尔的哲学同时既是为传统基督教所作的辩护,又是对于它的批判。可以肯定的是,它试图将基督教教义理性化;但是在这样做时,它又清洗干净了后者身上的非理性的因素,其中许多属于传统基督教。因此之故,从一个片面的视角出发,把黑格尔要么看作左翼的人文主义者——无神论者，要么看作右翼的普鲁士国家教会的辩护士，都把事情大大简单化了。总而言之，黑格尔与传统基督教的关联最为典型地体现出他的辩证法：它既保存，又否定了它的主题。

这个模棱两可的警句的含糊其辞也适用于黑格尔的路德式的忏悔。黑格尔既把理性等同于路德主义，又让自己和路德主义保持距离。但是如果这个忏悔不是一个反动派的宣言，那我们又该如何理解它？我们可以把它解读为一个政治策略，对于普鲁士政府的抚慰。[30]毕竟，当黑格尔必须保护自己以免遭在他的讲座中有反天主教的情绪的指控之时，在阿尔滕斯坦——普鲁士的文化大臣——面前宣告他的路德主义，只是黑格尔谨小慎微罢了。黑格尔争辩说，在一所官办的新教大学中，他有权利批判天主教会。但是这一忏悔并非仅仅是政治策略。要知道在他的讲座中，黑格尔为路德的弥撒（mass）观念所进行的辩护是多么引人注目！[31]他赋予弥撒以极大的重要性，他把它看作是"基督教教义的核心要害"，所有其他的差异都可以从中推导出来（W XVII, 326）。他批判天主教的圣餐的变体，也批判改革后教会的象征的弥撒思想；路德关于弥撒的思想——基督的灵和肉都只能通过信众的经验才能呈现——是"灵中最丰富之物"，"即使它还没有完全获得理念的形式"（W XVII, 327）。那么，不仅仅是作为一个忠诚的文职公务员，而且在教会学的事务中，黑格尔都可以自称路德主义者。

为了解答黑格尔的路德主义的问题，我们必须问问我们自己路德对于黑格尔意味着什么。他对于路德的基本原则和在历史中的作用一直谙熟于胸（GP XX49 – 60/III 146 – 155）。路德第一个明确而完整地表达了对于现代世界如此根本的主观性原则,依照这种原则,我不应该接受任何不符合我自己的良知的信念。在黑格尔宣称他是一个路德主义者时,他首先和首要地肯定的就是这个原则,他把这个原则当作路德学说的根本精神。由于这条原则在他的哲学中扮演了如此重要的角色(参加第230－233页),他就又有一条很好的理由宣称自己是路德主义者。

那么,最后,黑格尔那路德式的忏悔并不仅仅是表面文章。它是一个忠实于原则和仪式的真诚的陈述。但是它绝不蕴含着路德的正统学说;因为,我们很快就会看到,黑格尔从根本上离开了路德的神学。

上帝的概念

黑格尔和传统基督教的模棱两可的关联最明显地来自他的上帝概念。黑格尔的概念保留了传统的上帝的定义,把上帝定义为无限;但是他否定了传统上把无限阐释为在他的创造物之外实存着的超自然的存在者的做法。在《逻辑学》中,黑格尔明确反对任何将它自身同有限分离开来的无限的构想,或者以暗示的方式反对任何关于将它自身与世界分离开来的神圣者的构想(WL I,95－146)。他推理,如果无限被设想为与有限对立,那么,它就会是有限自身,因为它就会被有限所限制。那么,就极有可能存在着比无限更大的实在,也就是说,无限和有限的统一体。因此,真正的无限包括有限,神圣者包含着整个宇宙。这种无限的概念和正统的有神论的上帝的思想针锋相对,依照后者,上帝超越了世界,无论它是否创造了世界,它对于上帝的身份没有任何区别。黑格尔反对这种正统的概念,他直率地宣告说:"没有世界,上帝就不再是上帝。"(W XVI,192)

那么,和传统的基督教相反,黑格尔把上帝设想为内在的。上帝在有限的世界启示自己或者体现自己,它和它在自然和历史中的具体化是不可分离的。然而,重要的是强调,它不可还原为它的具体化,即使它并不超越它。正是因为它是这种具体化的基础、实质和源泉,所以,它是某种比它们更多的东西,而因此就不可还原为它们。鉴于上帝和世界的不可分离性,黑格尔把神圣者自然化和历史化了;但是鉴于它不可还原为世界,他把历史与自然神圣化了。

黑格尔的某些更正统的同时代人指责他为泛神论,在他那个时代这种指控极为严重,因为它常常和无神论联系在一起。由于他的几个激进的学生也把他阐释为泛神论者或者无神论者,所以左翼和右翼在这一点上同床异梦。由于黑格尔仍然经常被描述为一个泛神论者和被阐释为无神论者,重要的是考察他对于这种批评的回应。[32]

黑格尔有两条思路来抵御这种指责。他的第一条思路就在于捍卫泛神论。认为黑格尔拒绝泛神论是为了证明他自己的正统,这是误解了黑格尔的论战。[33]毋宁说,他的策略是指责他的控诉方具有一个扭曲了的泛神论的概念。他论证说,把泛神论和无神论等同起来,是一个完全的误解。这样一个等式假定,泛神论者把上帝等同于有限事物的总和。但是黑格尔抗议说,没有一个人曾经持有这样一种粗鲁的立场。泛神论者认为,上帝是所有有限事物的实质或者本质,而所有事物不过是上帝的诸种显现。泛神论者没有把神圣性赋予有限事物,他们使有限事物消失在神圣者中。黑格尔争辩说,最好是把这样一种学说称为"无宇宙论"(acosmism),那个术语的意思是有限消失在无限之中。他继续说,关于泛神论的无限的主要源头是,人们混淆了普遍性或者统一性的两种含义:在抽象的普遍性或统一性中,部分先于整体;而在具体的普遍性或者统一性中,整体通过使它们得以可能而先于部分。泛神论者和无世界论者强调的正是,上帝是在所有事物背后的具体的普遍或者统一性;但是它们的具体的普遍性或者统一性被它们的敌人和一种抽象的普遍性合并在一起,以至于看起来泛神论者似乎纯粹把神圣者等同于个别事物的总体性。这是一个很简单的观点,可以肯定的是,这个观点被当代黑格尔学者忽视了。他们坚持认为,黑格尔的泛神论的上帝只是一种更虔诚的谈论上帝的方式。[34]暂且假定黑格尔的上帝是泛神论的,那么,在把上帝等同于有限事物的总体性和把上帝当作这种总体性的源泉/实质和本质之间仍然存在着巨大的差异。

黑格尔第二条捍卫的思路是,尽管泛神论不是无神论,但是他终究不是一个泛神论者。黑格尔拒绝泛神论的指控,不是因为他认为泛神论是错误的,而是因为他认为它是不完整的;换言之,泛神论提供了一种必要的但不是充分的关于上帝的解释。黑格尔同意泛神论者以下这点,即存在着单一的普遍实体,这个实体就是所有有限事物的本质与源泉。但是,在下面这两个基本的方面,他并不赞同他们。首先,他并不认为有限的领域会消失在绝对之中;相反,他认为,正是这个领域揭示了绝对,确切地说,绝对只有通过它才存在。黑格尔认为,哲学必须解释有限世界的实在性;而且,正是基于这个理由,正如我们已经看到的,他拒斥了斯宾诺莎的泛神论(第92-93页)。其次,他认定,无限不仅是实体,而且也是主体;说它也是主体意味着(1)它不仅在自然之中揭示自身,而且尤其是在文化和历史的领域揭示自身;(2)它不仅是有机的,而且也是精神的,不仅存在于生命之中,而且也存在于生命的自我意识之中。

黑格尔对于绝对的主观性的强调,对于他保存基督教的信念和制度的努力来说是至关重要的。因为泛神论的传统没有发展出绝对的主观性的一面,所以黑格尔论证说,它不能支持基督教的某些基础性的和独具特色的信念,比如"道成肉身"和"三位一体"。黑格尔认为,人们能够根据绝对的主观性解释这些信念。他在《基督教的精神》一文中首次尝试提供这样一种解释。在这里,黑格尔求助于有机体的结构来解释"三位一体":树是所有树枝的统一性,而每一个树枝都有它自己的生命,尽管仍然和整体不可分离(GC I,376-377/308-309)。黑格尔从来没有放弃这种解释,但是在他的后期著作中,对其做了精心阐述。在《哲学百科全书》和在宗教哲学讲座中,他依照概念的环节、主观性或者精神独有的发展历程的三个阶段,解释了三位一体中的三个人物。统一性的环节就是父亲的环节、天空和大地的造物主的环节;差异的环节就是儿子的环节;而从差异回复到统一就是圣灵（EPW §§567－571）。道成肉身和三位一体,黑格尔认为,是关于这种根本的理性真理的纯粹的隐喻,直观和情感。

然而,如果就此就推断出黑格尔关于三位一体和道成肉身的演绎树立起了他的正统的地位,以及证成了他的路德主义的忏悔,那就有些轻率了。问题的真相是,黑格尔的神学和路德神学正好成并立对峙之势。[35]黑格尔的上帝是理性的,只是依照它自己的本性的必然性而活动。路德的上帝是神秘的,依照自由的律令而行动。黑格尔的绝对观念论反对所有形式的二元论,而路德的神学是建立在他关于天国与尘世之间的二元论的基础之上的。路德的信仰是基于《圣经》,超自然启示的记录;而黑格尔却不相信奇迹,并且认为《圣经》是信仰的不充足的基础。但是和一个更为基础性的差异——黑格尔对于拯救的伦理的批判——相比,这些神学的差异反而是次要的。路德神学的核心与灵魂是它对于得救的关注,它相信,个体能够仅仅通过信仰而得到拯救。我们已经看到,青年黑格尔完全拒绝了这种伦理,谴责它沉溺于个人命运,而这种个人命运来源于真正的共和国精神的沦落。成熟的黑格尔从来没有真正放弃过这种批判,[36]即使他从来没有明确地重申过这一点。如果人们读到黑格尔晚期关于宗教哲学的讲演录,那么,黑格尔似乎挪用和重申了新教的拯救教义。[37]似乎他早期的共和精神已经让位于对于以经典的新教的方式在基督身上达成和解的关注。但是这很容易受到误导。黑格尔只是以象征的或者隐喻的方式接受了新教教义。基督的死亡和复活是精神的辩证法的象征,是每一个个体如何必须失去他的个体性并在社会和历史的普遍性中发现自身的象征。依照字面意义进行解读会导致前后不一贯。因为黑格尔已经挖掉了那种赋予这种教义以其字面意义的——更为具体地说,就是它对于灵魂不朽和超自然的天国的信仰——形而上学的墙角。[38]这些信念和黑格尔的形而上学的某些根本宗旨——存在就是有所规定,有规定性就是在某个时间某个地点体现自己——是势同水火的。在解释基督教对于灵魂的分离存在的信仰之时,黑格尔遇上了亚里士多德主义者曾经遇见过的所有困难;正是这一点,而不是纯粹的互不相干,可以解释他在灵魂不朽面前保持奇特的沉默。[39]

同一性论题

黑格尔使哲学与宗教达成和解的筹划的基础是他的同一性论题,他主张,二者拥有同样的对象或者主题。在陈述这个命题时,他再清楚也不过了。他宣称,哲学和宗教都把上帝,而且仅仅把上帝,当作它们的对象(EPW §1; VPR I,63/152)。他还说,在主题方面,在哲学与宗教之间没有任何根本的差异:"哲学就是神学"(VPR I,3 – 4/84)。他说,如果哲学理解了它自身,它就理解了宗教;而如果它理解了宗教,它也就理解了它自身(VPR I,63/153 – 154)。实际上哲学除了是一种崇拜的形式以外什么都不是(VPR I,63 – 4/153)。

然而,说哲学和宗教拥有同样的对象并不意味着它们是等同的。它们都是崇拜的形式,但是它们是不同类型的崇拜。尽管它们在内容上——在它们认识什么上——并无不同;但是它们在形式上——它们如何认识它们的对象上——却有区别。哲学是通过概念的中介认识上帝的;而宗教是通过情感或直观的中介认识上帝(EPW §§2-3)。黑格尔把宗教的情感和直观称为"表象"(Vorstellung)。作为宗教的更加反思的或者更加具有自我意识的形式,哲学的任务是用概念替换表象。他写道:"……哲学提出思想和范畴,但是更确切地说,提出概念,来代替表象"(EPW §§3R)。

对于黑格尔的和解来说至关重要的问题是,哲学实际上是否能够把宗教的表象翻译为概念的形式。如果哲学通过以推论的形式提出它们而歪曲了它们,那么,在哲学和宗教之间就根本没有同一性。因此,如果哲学把情感和直观翻译成概念,那么就必定不能有内容的丧失。黑格尔完全意识到在这里决定成败的东西是什么。在《哲学百科全书》中,他非常担心有人提出异议说,哲学不能把握宗教,而只是会歪曲它(§2R)。他坚持说,哲学将必须为在它自己的推论性阐述和宗教表象之间的任何差异提出合法性证明(§4)。

黑格尔知道他的主张极具争议性,首先和主要是因为浪漫派强调过,任何把直观和情感翻译成推论形式的做法都必将是一种歪曲,不仅在形式上,而且在内容上。在他那篇极具影响力的《关于宗教的谈话》中,施莱尔马赫曾经宣告,对于宗教的普遍特征的直观不可能用推论性的术语加以阐述。[40]直观把它的对象把握为整体或者统一体;但是思维却把对象解析为各个部分。直观看到了自在的对象,而思维就仅仅在与其他事物的关联中考察它。这些观点黑格尔耳熟能详,他极为担忧它们。通过他的各种版本的宗教哲学,他神经紧张地监视施莱尔马赫的一举一动,不断与之进行争论。[41]

这就提出了黑格尔如何能够证成他的翻译筹划的问题,具体地说,也就是如何证成他的论题的问题,即哲学的概念阐述在内容上与宗教的情感和直观殊途同归。在黑格尔的翻译筹划背后的至关重要的前提,是他为辩证法的可能性所作的一般性论证(第155–159页)。如果可能存在着辩证法,那么它会向浪漫派显示出,思维能够根本上把握整体性和统一性。施莱尔马赫对于直观和情感的独特地位(sui generis)的论证依赖于他的如下主张,即它们单独就能够把握统一性和整体性;他完全假定,推论性思维是析解的和有条件的。但是黑格尔凭藉辩证法所要质疑的,正是这个假定。他论证说,所有对于哲学和宗教同一性的抵制,所有对于这两个领域的分离的坚持,最终都在作为反思的思维范型中有它的根源(EPW §§2R,5)。

然而,即使辩证法是实在,但是它仍然有可能不足以支持黑格尔的总体筹划。因为辩证法是否在认识它的行为中转变了直观和情感的对象这个问题仍然存在。即使思维的对象是一个整体,它是那同一个整体吗?关于这个翻译筹划,还存在着许多严重的问题。意识或者认知的不同形式何以可能有相同的对象?有些人也许会提出异议说,意识或者认知的模式也会决定它的内容,因此,不同形式的意识具有不同的对象。实际上,黑格尔甚至承认,对于一个对象的思维改变了它的本性,如果它首先是在直观和情感之中被给与的话(EPW §§22)。但是如果情况真的如此,我们又如何能够认识原初的对象?

在《哲学百科全书》里,黑格尔本人提出了这个问题(§3).他对此做出的回应非常有趣,揭橥了他的宗教哲学中一个最重要的基础性的前提。黑格尔认为,直观和情感具有和思维同样的对象,因为它们最终只是思维的潜意识的和不成熟的形式。他认为,理性进入到每一个独具特色的人的行为之中,因此,所有的表象形式都是合理性的模式。因此,思维并不改变直观或者情感的对象,因为思维只是把已经首先含而不露的东西显露出来。因此,黑格尔质疑对于浪漫派的宗教哲学来说处于核心地位的思维和情感的二元论。现在情况变成这样,哲学和宗教之间的差异——在它们的意识或者认知的模式之中的差异——实际上压根儿就谈不上是什么差异。

在黑格尔申说"实际上只存在一种思维"(§2)之时,在黑格尔的论题背后的前提最为清晰地出现了。这是德国观念论的核心主题:对于理论理性和实践理性而言,存在着统一性;康德的三种能力(知性,意志和判断力),是独一的体系的诸部分。这种关联或许会遭到康德本人的强烈抵制,因为他很有可能把它看作重新陷入莱布尼兹—沃尔夫学派这一古老的独断论的理性主义之中:这个学派把心灵的所有能力看作独一的表象能力(vis representivae)的诸方面。

在《哲学百科全书》后面的某些章节中,在黑格尔对表象进行更为精确的分析时,他给这个至关重要的前提做出了另外一种合法性的证明(§§20-23)。黑格尔的分析存在于在感觉、表象和思想之间所作的某些精细的区分上(§20R)。感觉的独具特色的标识是,它的对象是特殊的;与之相反,思维的对象是普遍的。感觉的对象在两种意义上是特殊的:首先,它是有规定的,或者具体的;其次,它是孤立的,而非处于与其他特殊之间的系统联系之中。表象具有处于感觉和思维之间的中间地位。和感性一样,表象也具有它的对象的特殊性;但是和感性不一样的是,它在形式上是普遍的。表象不同于感觉之处在于,它把它的内容转变为思维的中介;即使它具有它的对象的特殊物,它也会把它归摄到普遍之下。除了思维,表象独特的特征是,即使它是普遍的,表象的内容仍然是孤立无依的,和其他内容没有体系的关联。思维之不同于表象,并不是主要在它的对象——普遍——上,而是在它的形式上:它把内容和一个体系联系在一起。因此,黑格尔解释说,思维通过中介既保存又否定了宗教的表象(§12)。他所说的中介的意思是,宗教的表象是相互联系在一起的(互为中介的),或者被当作是整体的诸部分(§14)。宗教的表象在它们的直接性中——它们主张是自足的或者独立不依的——被否定,但是它们被作为整体的诸部分而保存为它们的本质内容。

在这里看到的主要观点是,黑格尔把表象理解为思维的内含的形式。引人注目的是,在他首次定义表象时,他指的是康德的统觉的统一性原则。依照这种原则,仅当我有可能自我意识到表象之时,表象才是我的(§20)。对黑格尔来说,这就意味着,表象也关涉概念化,亦如实际上在康德那里那样。黑格尔同意康德在先验演绎中的论证:表象是我的,仅就我能够把它的内容概念化并且把它放入到一个可能的判断行为之中而言。正是通过这种康德式的观点,黑格尔获得了他的如下主张,即表象最终是一种概念化的形式。和康德一样,他也认为表象是内在地和内含地普遍的,因为它们是被潜意识地统摄到和范畴化的。因此把表象翻译为思维的形式并没有歪曲它们;毋宁说,它仅仅把已经隐含在它们之中的普遍性明白揭示出来了。黑格尔最终所利用来反对浪漫派的,正是康德的这个观点;而浪漫派却把情感和思维如此剧烈地区分开来,这只是因为它们忘记了对所有表象来说不可或缺的内含的概念化。

除了它的合法性证明中的所有这些问题,还有必要追问一下同一性论题的蕴含问题。假定这个论题是真的,那么我们可以从中得出什么结论呢?不是一个人首先会想起的东西:哲学证明了所有建立在宗教信仰之上的信念。这种翻译纲领不是仅仅意味着具有相同的信念,而是还具有证明它们的理性。如果情况属实,那么黑格尔就不得不承认,它的纲领失败了。因为在他的哲学所允许的东西和传统宗教所持有的东西之间存在着重大的分歧。例如,黑格尔开诚布公地承认,如果宗教成为理性的,那么,就不再有任何空间留给对于奇迹的信仰(W XVI,210 – 211;XVII,196 – 197,313 – 320)。

值得注意的是,黑格尔并不认为这种不合适(lack of fit)是对于他的同一性论题的拒斥。理由是,同一性并不存在于诸信念之间——通过哲学得到保障的信念和通过宗教而得以成立的信念之间,而是存在于表象的内容之间——直观和情感的对象和哲学的对象之间。这个论题对于直观和情感——而不是对于信念——是成立的。这个事实是至关重要的,因为它给了黑格尔阐释直观和情感的空间。尽管它和传统基督教的许多信念不能相容,他仍然可以主张,他的体系提供了宗教直观和情感的最佳的或者唯一理性化,这是因为信念要多于直观和情感:它也涉及对于直观和情感的阐释。黑格尔可以论证说,他所拒绝的传统基督教中的东西,并不是它的直观和情感,而仅仅是它对于它们的各种阐释。如果有可能基于它们是对于内容的错误的或者歪曲的阐释的理由拒斥这些信念,那么,也就有可能肯定内容自身。

在这一点上,人们可能反对说,翻译筹划是某种类似于变戏法的东西。因为黑格尔译成哲学话语的东西并不是宗教的直观和情感,而实际上只是他对于直观和情感的阐释。翻译的起点不是人们首先思考的东西——就像在历史上被给与的信仰,现代被新教教会编成法典的信仰。毋宁说,它仅仅始于从他们的制度化的阐释抽象而来的直观和情感。一种成功的翻译之得到保障,是因为所有黑格尔转化成概念术语的东西都是他对于直观和情感的阐释。

在回应这种异议时,黑格尔可以指出,尽管事实上他理性化的只是对于直观和情感的阐释,但是他的阐释也仍然是理性的阐释,是唯一一个能够在理性的体系中给与这些直观和情感的内容以一个位置的阐释。尽管在他的体系和传统的信念之间存在着差异,但是这也仅仅是在对于直观和情感的阐释之中的差异,并不涉及对于直观和情感自身的拒斥。

第三部分

认识论的基础

第七章　辩证法

形而上学的批判性基础

我们在前几章(第 3——6 章)概述了黑格尔的形而上学的大要,现在必须来看一看他是如何试图证成它的。对于黑格尔来说,证成的问题事实上是一个尤其难以对付的问题。他的绝对唯心主义、他的有机主义、他的精神概念和上帝的观念,在最大的规模上都是形而上学。黑格尔试图仅仅通过纯粹的思维,而给与我们关于实在性自身、绝对或者宇宙整体的知识。然而,也正是在这种意义上,康德在他的《纯粹理性批判》中已经抨击了形而上学的可能性。毕竟,正如我们看到的那样(第 54 - 55页),黑格尔肯定了康德所否定的东西:通过纯粹理性而拥有关于绝对或者无条件者的知识是可能的。

对于新康德主义者而言,黑格尔在应对这项挑战时以铩羽而返。他的形而上学不负责任地再度堕入前康德意义上的"独断论"之中,有意识地试图重新恢复莱布尼兹、马勒布朗士和斯宾诺莎的传统,这个传统曾经企图无批判地通过纯粹理性而给与我们关于实在自身的知识。黑格尔本人似乎怂恿这种指责,在他的《哲学百科全书》的导言中,他由于旧理性主义尝试通过纯粹的思维认识实在而盛赞它,甚至把它放到比康德的批判更高的层面(第28节)。正是基于这些理由,新康德主义才会大声疾呼"回到康德去!"他们请求重新回到认识的责任,结果哲学变成了经验科学的婢女,他所能做的无非就是检查知识的界限。

但是,新康德主义对于黑格尔的封锁对于他来说是不够公正的。它完全忽视了他对于康德的批判所推崇的程度,并且把自己和理性主义的传统隔绝开来。从黑格尔在《哲学百科全书》的导言中对于旧形而上学和康德的批判的回溯性评价中,这一点昭然若揭。他写道,康德最大的功绩之一,就是已经使旧形而上学受到批判(第41节)。过去的形而上学的一个主要过失是它的独断论,也就是说,它无能对于理性的权能和界限进行考察。在这一点上,黑格尔完全同意康德(第26节)。因此,黑格尔完全赞成康德批判的需求,坚持认为"任何仅仅作为一门科学而出现的未来形而上学"首先必须通过批判的检验。旧形而上学是天真的,因为它只是断定,我们能够通过思维认识真理,而不必首先考察这种可能性。黑格尔进一步解释说,旧形而上学在两个方面是非批判的:首先,它没有检查应用于无条件者的那些概念的意义;其次,它没有考察真理认识中传统的判断形式的界限(第28节)。黑格尔对于旧形而上学的主要缺陷的诊断几乎与康德别无二致：它的主要问题是，它把知性的概念应用于无限或者说无条件者（第28节）。既然这些概念只是就有限的经验领域而言有效，那么，我们就不能把它们应用于无限者。

黑格尔压根儿就不抵制康德的批判的要求，他只是认为康德做得还远远不够。在《哲学百科全书》中，他论证说，康德对于形而上学的批判在几个方面有所不足（第41节A1-2）。首先，康德没有考察概念自身固有的逻辑，而正是这种逻辑决定了它们确切的意义和力量。毋宁说，他只是依照他所假定的认识论原则把概念分成主观的概念和客观概念。其次，康德坚持认为，在我们声称拥有知识之前，我们应该有一个知识的标准；但是这项要求创造了一个无穷后退，因为知识的标准也相当于对于知识的一项主张，结果是我们需要另外一个更高的标准来检验它。第三，康德没有能够看到，如果不先使用思维的形式，就不能对之进行批判。黑格尔把在使用我们的概念之前认识我们的逻辑这种尝试比作智慧的经院哲学家在跳入水中之前学习游泳的努力。所有这些汇聚到黑格尔的如下抱怨之中，即康德的批判的方法是外在的，预设了某些并不能从概念自身得来批判标准的真理性。和康德相反，黑格尔认为，知识的批判必须是内在的，因此主题必须依照它固有的标准和目标而得到评估。正是出于这个理由，《精神现象学》的方法将会是意识的自我审查或自我批判。

黑格尔认识到了康德的批判的正当要求，这最终驱使他抛弃理智直观这个概念，而他一度和谢林一道，把这个概念当作是绝对知识的工具的首选。理智直观以对于绝对的一种纯粹实验性的、直接的或者非曲行的把握为目的。在 18 世纪 90 年代晚期和 19 世纪初，黑格尔赞成理智直观，因为他分享了浪漫派的共同观点，理性决不能把握无条件者。既然依照充足理由律，理性可以把握一切事物，那么，它就悬设了条件或原因的无穷系列。因此，它不可能设想存在着无条件者或自因者。然而，在 1804 年左右，黑格尔开始认识到，诉诸理智直观归根结底是独断的[1]。如果有人把理智直观的诸要求对立起来，那么，就不可能依据共同的知性来证明它们。那么，直观有什么权利能够获得我们的赞成？批判哲学的自思原则（the principle of self - thought）——黑格尔毫不含糊地一再肯定了的——要求，我们接受的只是那些和我们自己的理性的批判运用相一致的信念；但是理智直观的诸主张却自称要超越任何这种运用之上。

黑格尔认可康德的批判，他对于旧理性主义的方法的批判，他拒斥理智直观，所有这一切都来自于他那根深蒂固的信念，形而上学必需一个新的基础。早在耶拿时期，黑格尔根本的关切就是为形而上学提供一个批判性的基础。这种新的形而上学将始于对于知识的批判——对于理性的界限和力量的审查——并且从中得出形而上学。在这个意义上，这种形而上学是批判的。开始，它也将审查我们的流俗经验或者使用我们的日常概念，然后显示出形而上学的理念（ideas）是如何成为这些经验或者这些概念之使用的必要条件的。用更加康德式的术语来说，黑格尔所说的是，经验的诸条件不仅涉及感性直观和知性概念，而且涉及理性的理念。则此之故，这种形而上学是康德意义上的内在的，停留在经验的界限之内，放弃超越它的思辨。

　　黑格尔不仅仅把他的形而上学看作是批判哲学自身的一种可能性,而且把它看作是批判哲学自身的必然性。他论证说,只有通过形而上学,批判哲学才能解决它自身固有的那些问题;更具体地说,知识的可能性问题。正如我们已经看见的那样(第104 – 107 页),在 18 世纪 90 年代,许多思想家已经论证了,康德的二元论使得他不可能解决这个问题。知识的可能性需要理智的领域和经验的领域、主观的领域和客观的领域之间的相符合;但是康德已经假定了这些领域之间赫然醒目的二元论,以至于它们之间的任何相符合都变得不可理解了。对黑格尔来说,则此之故,形而上学的必然性来源于必需解释康德分裂为三的认识能力的单一来源。康德本人坚决放弃了所有关于知性和感性的单一来源的思辨;但是,如果没有这种思辨,黑格尔论争说,批判哲学自身的根本问题就不可能得到解决。

　　一旦我们把这一点也考虑在其中的话,那么,新康德主义对黑格尔形而上学的反应实际上就只是回避问题,这一点已经确定无疑。因为回到康德的请求背后的基础性假定是,认识论是自律的,它可以单凭自己就完满地解决问题,而不需要形而上学。然而,对于黑格尔那一代人,在 18 世纪 90 年代崭露头角的思想家来说,这个假定已经变得如此狭隘,证明只是一个幻觉。到 18 世纪 90 年代晚期,认识论作为第一哲学(philosophia prima)的梦想已经被彻底粉碎了。在根据律批判(Grundsatzkritik)和元批判的战争中,对于很多人来说,以下这点变得非常清楚了,不仅认识论不可能是第一哲学(philosophia prima),而且它还不可能解决自己的问题。新康德主义者已经完全忘记了这些发展历程,他们堕入了他们自己的独断论的迷梦之中。

关于辩证法的神话和传说

对黑格尔来说,形而上学的证成问题本质上是发现和遵从正确的哲学方法的问题。说"黑格尔是西方传统中所有哲学家中最具有方法意识的"[2],这已经是老生常谈,而且也见精识深。这个说法对于耶拿时期的黑格尔来说,尤其是不刊之论。其时,他正在孜孜寻求正确的方法论,以证成他的新形而上学。这项探求的最初成果就是他的辩证法。

"辩证法"这个术语芳香四溢。黑格尔哲学中没有哪一个方面比它经受过更多的阐释、更多的误解和更多的争论了。在我们检查它的精确的结构之前,有必要订正某些误解,整理一些争议。

辩证法是如此具有争议,以至于某些学者甚至否认黑格尔有这样一种方法。[3] 在这个词的通常意思中,"方法"就在于某些特定的规则、标准和准则。人们可以先天地证成这些规则、标准和准则,并且可以将之应用于考察某个主题。但是,在这种意义上,黑格尔极力反对他有一个方法论,并且批评那些声称有一种方法论的哲学家。因此,他反对康德的认识论,因为它把一种先天的知识标准应用到评价所有关于知识的主张之中;他也攻击谢林的自然哲学(Naturphilosophie),因为它机械地把某些先天图式应用到现象之中。在反对所有先天方法的时候,黑格尔认为,应该把他的标准、规则和准则置入括号之中,仅仅出于自身的目的来考察这个主题。适合于某个题材的标准、规则和准则应该是探究的结果,而不是它的起点。因此,如果黑格尔根本上有任何方法论的话,它似乎是某种反方法论,悬搁一切方法的方法。

黑格尔为他自己的反方法论挑选的术语是"概念"(der Be-griff),它标明了一个对象的固有形式、它的内在目的。黑格尔论证说,把握这种内在的形式,就是探索的目标。则此之故,他要求悬搁所有的前理解。如果哲学家只是把他的先天理念应用于题材,他就不能保证,他把握到了它的内在形式,或者把对象把握为自在存在的对象;就一切他所知而言,他只是把对象看作是为他而存在的对象。当黑格尔使用"辩证法"这个术语时,他通常标明了题材的"自我组织"、它的"内在必然性"和"固有的运动"。辩证法是从物的概念中推导出来的东西。因此,断言辩证法是一种可以应用于任何题材的先天方法论,或者实际上是某种逻辑,这和黑格尔的意图截然相反。辩证法是正好与此相反的东西:它是题材的内在运动,从题材之中发展而来的东西,而非哲学家们应用于题材的东西。

那么,看起来,似乎只应该本着黑格尔的精神禁止所有关于方法的谈论,更不要说什么辩证法了。但是,这也将会导致另外一种误解。尽管黑格尔认为,某个题材的恰当的方法论并不能在探索伊始就可以先天地决定,但是他仍然坚持认为,它可以后天地在它的目的(终端)被决定。如果他的题材的辩证法抵达终点,那么他就能够从他当中抽象出一个普遍的结构,尽管这种总结只具有事后诸葛亮的(post facto)有效性。只有基于这些理由,在《逻辑学》的终结之处才会有关于方法论的详尽无遗的讨论。的确,哲学家能够甚至在探索之前讨论方法论——正如黑格尔本人在《精神现象学》中所做的那样——但是,他必须认识到,他的结论只是初步的,以后的探究可以评估的东西纯粹是对于真理的确信。黑格尔常常信心满满地在他的序言中和导论中做出诸种防止误解的说明。因此,我们根本上可以谈论黑格尔的辩证法,我们也可以这样做而不违反他的精神,只要我们把它当作对于他的探究的形式结构的后天总结。

尽管谈论某种辩证法是可能的,但是避免依据"正题—反题—合题"的图式这种最流行的解释辩证法的方式,却不失为明智之举。黑格尔本人从来没有使用过这种措辞,他对使用所有图式均持批判态度。[4] 在《精神现象学》中,黑格尔的确曾经表彰过为康德所重新发现的"三位一体的形式",甚至把它描述为"科学的概念"(PG 41/50);但是,这里只是提到康德范畴表的三位一体的形式,而不是指正题—反题—合题的方法。尽管康德的二律背反是黑格尔辩证法的灵感,但是黑格尔从来没有使用过康德正题和反题的阐释方法。一度广为流传的是,费希特和谢林曾经使用过这种方法,然后又推而广之,错误地把它归咎于黑格尔;但是它不相应于费希特和谢林思想中的任何东西,就更不用说黑格尔了。[5]

另外一种常见的误解是,辩证法是某种替代性逻辑,有它自己与众不同的规则,足以与传统逻辑相抗衡。但是黑格尔的辩证法从来都不意味着某种形式逻辑,这种逻辑决定了支配所有命题的基础性的推理规则，无论这些命题的内容是什么。在《逻辑学》中，以它最为一般的形式出现的辩证法是一种形而上学，它的主要任务是确定存在的一般结构。这样一种形而上学并不和形式逻辑分庭抗礼，因为它完全属于它自己的内容，甚至是非常一般的内容，也就是说，最普遍的存在范畴。那些对黑格尔的逻辑宣判死刑的人不过是再次利用了那个常见的误解，即辩证法是传统逻辑的竞争者。[6]

还有一种流行的误解说，黑格尔的辩证法致力于否定同一律和矛盾律。可以确定的是，黑格尔批判了传统逻辑，由于它严格遵守同一律、矛盾律和排中律，而不敢越雷池一步。在黑格尔那里的确有不少这样的段落，在这些段落中，他似乎支持矛盾自身。[7]他的贬低者们从不迟疑地指出它的灾难性后果：证明任何命题都是可能的。[8]即使黑格尔神智昏聩，但是他的辩证法仍然不是致力于否定这些规律。实际上，它的演算预设了这些规律。黑格尔对于传统逻辑的批判必须在它原本的语境中来理解，这个语境显示出，黑格尔没有拒斥这些规律自身，而是形而上学地应用了它们。更确切地说，他在批判一种具体的形而上学学说：只需通过谓词，我们就完全可以确定实体——实在自身。黑格尔拒绝了这种主张，因为他认为（出于独立的形而上学的根据）：实在自身是宇宙全体，它必须被描述为既是 F，又是非 F。然而，既然他坚信 F 和非 F 对于整体的不同部分都是真的，那么，就没有违反矛盾律。的确，辩证法的要害在于，通过指出对于同一事物而言似乎都是真的的相互矛盾的谓词事实上如何只是对于同一事物的不同部分或者方面是真的，来消除矛盾。那么，黑格尔所批判的,就不是同一律自身,而是把这一规律同以下这种形而上学的主张的混淆,即实在自身必须只有一种属性,而不能有另外一种属性。我们从"没有任何一个单一的事物同时既是 F 又是非 F"移动到"作为整体的实在同时既是 F 又是非 F",这是自然而然,而非将错就错。因为任何一个单一的事物不可能既是 F 又是非 F 是真的,所以,我们推断出实在整体不可能既是 F 又是非 F。问题在于,我们对待实在整体,就好像它只是另外一个存在者,整体的一个部分。

《逻辑学》中的辩证法结构

黑格尔为形而上学提供一个批判性基础的尝试给他留下了一个困境。任何这样的基础都不得不承认知性的权利,更具体地说,共同的知性为自身而思考的权利以及只接受知性能够为之找到足够证据的那些信念的共同知性的权利。但是,在知性和形而上学的题材之间有一个根本的矛盾,经过康德和雅可比对于理性的批判,这个矛盾对他来说已经显而易见了。形而上学的题材是绝对,绝对是无限的、无条件的和不可划分的,但是既然它的概念是有限的、有条件的和可划分的,知性就在构想它的那个行动中破坏了这样一个对象。

康德和雅可比为这个结论提出了三个论证。(1)知性依据充足理由律向前推进,试图发现所有事件的原因、它们之能发生的必然的和充足的条件。对于任何给定的事件而言,它发现了一个在先的条件或原因,如此类推,以至无穷。然而,既然绝对是自因的或无条件的,依据充足理由律来理解它就势必要给出自因者的原因、无条件者的条件。(2)知性是一种分析性的能力,比如,它接过一个整体,把它划分成许多部分,除了整体之外,它把每一个部分都看作是自足的。但是绝对是不可划分的,这个整体通过使它们得以可能而先于它们。因此,理解绝对的尝试将会是划分那不可划分的。(3)所有的概念都是有限的和受限的,因为它们只有通过否定才获得它们的确定意义;但是无限是通过定义(确定界限)才成为无限的和不受限的,因此,构想和描述它就意味着使它成为有限的。

辩证法就是黑格尔对于这些论证的回应。辩证法背后的策略和理念是简单的,即使它在某些情况下的应用通常非常复杂。辩证法产生于知性程序中无法避免的矛盾。知性和自身相矛盾,因为它既把诸事物分离开来,好像它们彼此完全独立,又把诸事物联系在一起;好像没有他者,它们谁也不能存在。当它把事物分析成它们的部分时,它把它们分离开来,它的每一个部分被给与了一个自足的状态;而它又根据充足理由律的原则而把它们联系在一起,显示出每一个时间如何有一个原因,或者每一个部分如何生来属于一个更小的部分之中,诸如此类,以至于无穷。因此,知性把依赖性与独立性这二者都归因于事物。结果竟成了这样,解决这个矛盾的唯一方式是,把独立的或者自足的项重新阐释为所有关联的或者依赖的项都只是其部分的整体。知性的错误产生于赋予整体的某一部分以自足的身份;在它上升到整体的立场之时,它就校正了它的错误,解决了它的矛盾。

在这里要看到的关键点是,上升到整体来自于知性自身之内,源自它自己固有的活动,并依据它自己的法则而向前推进。它并不是来自任何更高的直观或者观念的行为,这种更高的直观或者观念行为是从它的活动中抽象出来的,它需要另外一种证成。尽管黑格尔经常在理性(Vernunft)和知性(Verstand)之间作出区分,但是这些术语并不标明完全独立的功能或者能力。理性纯粹是知性的内在运动的必然结果。无论是矛盾,还是它的解决,都是严格地依据它自己的法则向前推进的,它必须由它自己的洞见来加以保证。辩证法是否是正确的,这可以由知性自身沿着道路上的每一步来加以确定,而没有任何理由认为,在辩证法的进程完成之前,知性不能对辩证法作出任何评价。[9]

辩证法的主要结果是,理性不仅仅是某种形式的机械解释,它仅仅显示出一个有限的事物是如何依赖于另一个有限事物的,它更是某种形式的整体主义解释,它显示出所有有限事物都是更广阔的整体的部分。雅可比和康德的根本错误,在黑格尔的眼中,是他们依照某种机械的解释范式来理解理性。这种解释范式把一个事件理解为它此前的原因,诸如此类,以至于无穷。既然他们相信理性被限制在那样一种解释形式之中,那么,他们就不得不推断,它不能把握那无条件者,无条件者永不会在有限原因系列中被给出。然而,他们没有看到,理性有能力解释整体的原因系列的在场,把握它首先为之而存在的理性。知性的内部逻辑最终要求,我们既要把原因和结果,也要把条件和有条件者,都看作是单一的不可划分的整体之部分。

有很多种解释黑格尔辩证法的方式,但是最简单的、历史上最准确的一种,是把它看作对于康德二律背反的回应。[10]在《纯粹理性批判》的"先验辩证论"部分,康德论证说,但凡必然性的理性超出可能经验的界限之时,它就和自己产生矛盾。一方面,理性发现自身被迫悬设无条件者,以把条件的总体性带向完成;那就必然存在着某种第一因,某种最终的成分,因为否则,就会造成无穷后退,什么都不能形成。然而,另一方面,理性总是被迫为某一事件或事物寻求条件,因此,对于任何原因或者成分来说,必定存在着某种在先的原因或者更加简单的构成物。康德发现了四个"二律背反",所有二律背反都有相同的基本结构。在正题中,知性必须悬设某种无条件的东西;而在反题中,它不能悬设某种无条件的东西,因为它必须把一切都看作是有条件的,并为之寻求诸条件。总而言之,矛盾就在于以下这个事实中,解释的系列绝对不能有终点或者不可能终结。

康德二律背反中为黑格尔所激赏的是,他洞见到知性的矛盾的必然性(EPW 第48 节 R)。康德正确地看到,只要必然性的知性越出了经验的界限,它就和自身发生矛盾;他还充分地认识到,知性倘若试图寻求经验中所有条件的无条件的原因,它就被迫超越经验。黑格尔也同意康德关于二律背反的一般结构的论述:有一个正题假设某种无条件的东西,一个反题假设一切事物都有条件。如果我们考察康德二律背反的一般结构——无论是继续还是终止一个无限的解释系列——那么,就可能赞赏黑格尔关于知性的辩证法不可避免的观点。

尽管黑格尔完全同意康德,但是他在几个关键点上与康德持论截然不同。首先,他批判康德仅仅发现了四个"二律背反";

在他看来,存在着许许多多的这样的二律背反,二律背反在理性中无处不在(EPR 第 48 节 R)。其次,黑格尔还从二律背反中得出许多不同的教训。它们显示出的,不是知性必须停留在有限的范围之内,而是它必须越出有限(EPR 第 48 节 A)。它们显示出,知性是自我超越的,它出于必然地破坏了它自己的限制,并且越出了它们。

黑格尔对于二律背反的解决是康德的解决方案的直接反题。对康德而言,后两个二律背反的解决方式是把世界划分为本体和现象、无条件者的领域和有条件者的领域——正题对于本体的领域有效,而反题对于现象的领域有效。在如此划分世界之时,康德相信,他已经分别给与理性的两种倾向它们所应得之物:如果为本体领域假设无条件者是可能的,那么为现象领域假设有条件者也是可能的。但是黑格尔把康德二元论看作是问题的一部分,而不是答案。二律背反的最佳答案不是划分本体和现象、无条件者和有条件者,而是把二者统一起来。指出它们两者是如何组成某个单一的不可划分者的必要部分的;换言之,有必要指出,本体就在现象之内,而无条件者就在有条件者之内。

如果我们重温黑格尔在《哲学百科全书》(第 80—82 节)中提要钩玄般概述的辩证法的具体阶段,我们对于辩证法就会有一个更好的理解。在那里,黑格尔声明,辩证法有三个阶段:抽象的或者知性的环节;辩证的或者否定性的理性环节;以及思辨的或者肯定性的理性环节。每一个阶段都值得单独评论。

抽象的或者知性的环节

这个环节对应于康德的正题。知性假设某种无条件者或者某种绝对者,知性尝试设想这种东西自身,就好像它是独立的和自足的。这就是知性的环节,这个环节的具体德性是使得事物之间的区别突出出来并且牢不可拔,它把每一个事物都看作是自足的与独立的。但是在坚持它的确凿无疑和牢不可拔的区别之时,知性事实上提出了一项形而上学的主张:它认为,实存着某种自在之物,它只能基于自身而不是其他事物而实存。

辩证的或者否定性的理性环节

这个环节是康德的反题的相关物。如果知性检查了它的每一项,它就会发现,它压根儿就不是自足的,而是它只有通过和其他事物之间的关联才能得到理解。它发现,它必须为了那些明显自足的项而寻求理性,因为在任何给定的点停止下来都是武断的。

这个阶段是辩证的,是因为知性陷入到一种矛盾之中:它断言,这个单元自在地是自足的或者可理解的,因为它是分析的最后项;这个单元只有通过它与其他事物之间的关系或关联才是可理解的,因为我们总是在他自身之外发现另外某种理性。矛盾就在于,我们必须既肯定正题,也肯定反题:分析的单元既是无条件的,又是有条件的;既是独立的,又是依赖的。

思辨的或者肯定性的理性环节

这个最后的阶段是典型的黑格尔式的,而前两个阶段在康德那里都有类似物。知性现在发现了解决矛盾的唯一方式,就是说,绝对物或者独立物并不是一个单独存在的事物,而是它所依赖的那个事物和所有其他事物的全体。如果我们采取这个步骤,那么,我们就仍然可以拯救正题的核心主张,即存在着某种自足的或者无条件的事物,而且我们还能承认反题的基本要旨,即任何特殊的事物都是依赖的和有条件的。我们可以避免矛盾,如果我们上升到一个更高的水平,上升到整体的观点,这个整体的单元就是各个部分,而这个整体也依赖于它的部分。尽管整体的任何部分都是有条件的和从属的,但是整体自身相对于它们而言却是无条件的或独立不依的。

知性的问题在于,它不知不觉地把无条件者仅仅看作是整体的一部分,而唯一不为他者所围者就是整体——整体的单元就是部分,而且整体也依赖于它的部分。整体是一个与它的部分相关联的无条件者,因为它与诸部分之间的关联并不像诸部分相互之间的关联。诸部分相互之间的关联就像某一物在另一物的外面(outside)或者外边(external);但是部分是内在于整体之中的。整体和它的诸部分之间的关联是自我关联,但是诸部分在被整合为整体之前,相互之间处于某种关系之中。

当然,辩证法必须继续往前。同样的矛盾从整体中产生,无条件者和有条件者都是整体的部分。它声称是无条件的;但是在同一水平上还存在着它所依赖于其上的某种其他事物,因此,它也是有条件的。同样的正题和反题在新的水平上发生作用了。辩证法将会继续,直到我们达到绝对的整体,这个绝对整体在自身之内包括一切事物,因此绝无可能依赖任何在它之外的事物。如果发生这种情况,体系就是完整的,我们就会达到关于绝对的知识。

《精神现象学》中辩证法的任务

在1801年的《差异论文》题为"反思作为哲思的工具"的一节中,黑格尔首次发展出了他的辩证法的思想。在那里,黑格尔概述了反思辩证法的想法,由此,必然性的知性概念和它们自身相矛盾,并且通过上升到无限的整体的水平解决它们的矛盾(II, 25—30/94—97)。在1800年的《体系残篇》中关于辩证法的更早的概述并不导致一个肯定性的结果:它仅仅指出了知性固有的矛盾,而无限仍然停留在理性的视界之外。[11]在《差异论文》中,黑格尔关于他的辩证法的身份还是摇摆不定,犹豫不决。有时,在他的笔下,似乎关于绝对的知识需要独立于反思的理智直观,或者似乎辩证法仅仅导致一个否定性的结果,在认识绝对的尝试中破坏反思的概念(II 18,20,42,45/88,89—90,110,112)。但是在另一些时候,他却坚持,理性的理念是反思辩证法的肯定性结果,因此,它们可以从它的矛盾中推演出来(II 25,44/94,111)。黑格尔仍然坚持需要某种理智直观,并且和谢林共享以下观点,不可能存在一种对于日常意识和知性来说秘不可宣不可思议的哲学立场的导论。在黑格尔最初构想他的辩证法之时,它并不能完完全全且毫不含糊地满足康德批判的要求。

在黑格尔1807年的《精神现象学》中,辩证法首次以它完全成熟的形式问世。这本著作出自黑格尔对于理智直观的拒斥和他认识到,有必要为形而上学提供某种批判的基础。在谢林1803年动身去耶拿之后,黑格尔变得越来越专注于为他的形而上学提供一个基础的问题了。[12]现在他意识到,诉诸理智直观是以尚存在争论的问题为依据,因为它的基本主张——主体和客体在绝对中是等同的——和日常的意识相反:日常意识在经验中发现了主体和客体的二元论。日常意识现在不得不从内部,根据它的自我检查和自我批判来发现哲学立场的真理。

黑格尔以康德的知识批判为基础来复活形而上学的策略,从他具有原创性的现象学的观念中显示得最为明显:意识经验的科学(Wissenschaft der Erfahrung des Bewusstseins)。[13]这门科学使得经验成为知识的根本标准。“意识所认识和设想的无非是在经验之内存在的事物”,黑格尔在《序言》中写道(32/36)。[14]因此,形而上学家所主张的绝对知识必须接受意识经验自身的检验,而且如果它是真实的,就必须最终来自于意识经验自身。正如黑格尔在有时指出的那样,对于哲学家而言,“自在的”存在者必须经过意识自己的经验变成“自为的”存在者。在使经验变成他的知识标准之时,黑格尔的着手点不过是形而上学的先验演绎。依照康德,先验演绎是先天综合原理的证明,这个证明显示这些原理是可能经验的必要条件(KrV,B117,129)。它从对于任何可能经验而言都是真实的某种不可否认的事实出发(亦即,具有表象意味着觉察到它们的可能性），然后，它发现了这样一个事实的必要条件，论证说，如果其他的先天综合原理不成立，那么，它也不可能成立。现在，正如康德在第一《批判》的先验演绎部分证明了范畴是任何可能经验的必要条件那样，黑格尔在《精神现象学》中也坚决主张，形而上学的理念是现实经验的必要条件。通过从事这种先验演绎，黑格尔希望解除康德反对形而上学的武装：它超越了可能经验的界限。《精神现象学》旨在建立起一种严格内在性的形而上学，它不能容忍某种超越经验的特殊的知识来源，比如理智直观。因此，《精神现象学》的绝对知识无非就是"回忆"（'Re‑collection', Er‑innerung），重新计算意识经验的整体。

当然，为了通过经验证明形而上学，黑格尔不得不把"经验"的含义推扩到超越它的狭隘的康德限制之外。在康德的限制中，它排他性地适用于感官知觉。但是黑格尔认为，康德不知不觉而又武断专横地限制了经验的意义，因此，它意味着诸如"这是我的打火机，那是我的烟灰缸"这种陈腐的东西（GP XX 352/III, 444—445）。黑格尔坚持认为，经验不仅仅是感官知觉，而且还是被发现之物和被经历之物。这绝不是"Erfahrung"这个词约定俗成的或者专业技术的含义，而且也没有必要把它换成另外一个同义词，比如"Erleben"。[15]黑格尔只不过是复兴了这个词的原本含义，依照它的原本含义，"Erfahrung"指任何通过实验，通过试错，或者通过对于看起来是这种情形的探究而学习到的任何东西。[16]因此，黑格尔的术语"Erfahrung"是从它的字面意义上来理解的：一段旅程或者冒险（fahren），它抵达某个结果（er‑

fahren），因此，望文生义的话，"Erfahrung"就是"旅行的结果"（das Ergebnis des Fahrts）。在《精神现象学》中为意识所吸收的旅行就是它自己的辩证法的旅行，作为这种辩证法的结果而被经历的东西就是它的经验(73；86)。

黑格尔批判康德拥有一个狭隘的经验概念，这颇具反讽意味。因为，允许他把经验概念推扩到经验主义传统中它狭隘的使用之外的东西——在这种传统中，它无非意味着感觉数据——是他尤具康德色彩的主张，不可能把在知觉中显现的东西和它显现的条件分离开来。这种康德式的观点意味着，我们知觉到的东西是由我们借以知觉的条件构成的。对黑格尔而言，经验主义者把经验定义为与抽象的观念截然对立的感官印象，纯粹是以尚未解决的问题作为论据，因为经验由之而得到理解的概念就是经验的构成成分，就是它的显现的条件。因此，黑格尔才断然采取更具理智色彩的经验概念：它不仅仅是感官知觉，感官知觉甚至不能凭靠自己对意识显现自身，它更应该是使得它显现的法则和概念："经验不是纯粹的观察、听闻、感觉、知觉特殊物，它本质上也在于发现属、普遍物和法则。"（GP XX 79/III, 176）

这种经验概念意味着，仅仅通过反思经验之显现的必要条件就可以拓宽和深化某个人的经验。通过循序渐进地发现经验的必要条件而推扩经验，事实上是《精神现象学》中整个辩证法的根本特征。在它上升到意识的一个新阶段之时，自我检查的主体了解到了前一个阶段上它的经验的条件；它发现，在一个更低的阶段明显被给与的东西需要一个更高阶段的概念和预设。

这种发现或者更高阶的自我觉察并不站在经验之上,它是经验自身的一部分。因此,在《精神现象学》的导言中,黑格尔解释了意识经验如何在于以下这种发现之中,即知识的内容和我们借以评估诸种知识主张的标准是不可分离的(73;第86节)。如果我们改变这些标准,知识对象也会经历变化。

显而易见的是,黑格尔筹划的形而上学的先验演绎是相当棘手之事。它能够成功,只有在这种条件之下,即把它从日常意识的立场导向绝对知识的立场的所有论证证明是严格缜密的和必不可少的。在这里,我们不能追溯《精神现象学》中假定认为可以通达这个结果的许多论证。现在我们唯一的关键是,强调《精神现象学》的一个根本目标:它试图为形而上学提供一个基础。至少这已经显示出,认为黑格尔要么是一个独断论的形而上学家,要么根本就不是什么形而上学家,这是一个虚假的困境。

第八章 唯我论和主体间性

虚无主义的幽灵

黑格尔在试图把形而上学奠基于知识批判的尝试中所面临的所有难题中,最严重的难题是"虚无主义"的挑战。正如我们已经看见的那样(第28—29页),在18世纪90年代末和19世纪初的德国,虚无主义被理解为对于一切事物的存在的怀疑:上帝,外部世界,其他心灵,甚至我自己。既然虚无主义者怀疑所有事物的存在,那么,他就压根儿什么也不相信。因此,虚无主义就和怀疑主义紧密联系在一起;最具典范意义的怀疑主义是大卫·休谟,他在《人性论》第一卷的结尾发表了一个著名的宣言,他发现没有任何理由可以相信在他自己的转瞬即逝的印象之外的任何事物的存在。在康德于1871年发表《纯粹理性批判》之后,在康德的批评者援引休谟来指出先验唯心主义的各种不足之时,在德国曾经有过某种程度的休谟的复兴。如果康德仅仅是始终如一,而他的批评者归罪于他的话,他有可能变成一个虚无主义者,一个普鲁士的大卫·休谟。[1]

　　虚无主义的主题是在 1799 年的紧急情况下广为流传的。当时,雅可比在他的《致费希特的信》中用虚无主义来指责康德和费希特的先验观念论。[2] 雅可比论证说,康德和费希特观念论的基本原则,"主体—客体同一性的原则",诱使自我陷入到它自己的意识圆圈之内。依照这种原则,自我在对象之中先天地认识的只是它所创造的东西,或者只是它依照自己固有的法则所产生的东西。既然它的先天活动是所有知识的条件,那么自我认识的就只是它的认识活动展开之前的它自己的创造物,而不是自在地存在着的实在。当然,康德本人承认,我们认识的对象仅仅是显现;但是他有时坚持认为,这些显现不仅仅是表象,因为它们是物自身的显现。但是在这里,雅可比随时可以提出另外一种异议。因为在他的《大卫·休谟》中,他提出过一个著名的论证,即康德基于他自己的前提,是没有权利假设物自身的实在性的。[3] 康德认为,我们不能认识经验之外的任何东西,而物自身不在经验之中。那么,我们又是如何可能知道物自身存在着呢?如果康德是始终如一的,雅可比会说,他就不得不承认显现根本上仅仅是表象,虚无的表象了。因此,康德的哲学是"关于虚无的哲学"。

　　没有谁比黑格尔本人更担心虚无主义了。他担忧的理由已经足够简单了。虚无主义似乎是认识论不可避免的后果,而认识论是他的新型的批判的形而上学的真正基础。在《精神现象学》的"导论"的第一段中（63—64/73），黑格尔间接提到了这个难题。认识论似乎向我们指出了，认识的能力既不是认识真理的工具，也不是认识真理的媒介，因此，看起来，我们不能认识自在的对象，因为它存在于任何工具和媒介的运用之先。因此，如果现象学把认识论肯定为内在的意识批判，那么它又如何避免使意识陷入显现的源泉之陷阱？

黑格尔对于虚无主义的担忧更加明确地显现在他早期与谢林合作撰写的一篇论文中——1802 年的《哲学体系的进一步阐述》。[4] 在这里，黑格尔和谢林，在雅可比的影响下，沉思费希特 1794 年《知识学》（Wissenschaft）的结尾陷入的困境。[5] 这种困境在如下事实之中，费希特的自我陷入到两种极端之间：它自己意识的圆圈和一个不可知的物自身。费希特的自我的天职是无限的奋斗，为使自然符合它自己的活动的法则而进行的永不停止的斗争。就自我征服了自然而言，它认识它；但是，就自然保持着抵抗而言，它是一个不可认识的物自身。谢林和黑格尔论证说，这种困境是费希特主客同一原则不可避免的结果。

谢林和黑格尔想要用他们的绝对观念论加以克服的，正是这种困境。但是，到 1804 年为止，黑格尔意识到，谢林没有给出一个应对雅可比的挑战的解决方案。谢林已经论证了，要达到绝对的立场——要获得关于实在自身的洞见——唯一必要的是从主观的立场中退出来。[6] 但是他从来没有充分地解释这种退出是如何可能的。这只能以尚未解决的问题作为论据来反对康德和费希特，他们坚持认为，"我"是所有认识的必要条件。他们论证说，在这种尝试中，如果我们不预设"我"，就不能想离开

"我"。黑格尔对谢林这种傲慢地处理这个问题的态度表示不满,这表现在《精神现象学》序言中那几行最著名的强烈反对之中:谢林用手枪击中了绝对。

黑格尔的问题是,如何避免费希特的困境而又不做谢林式独断的跳跃。为了避免这种跳跃,他不得不从知识的批判开始;意识不得不根据它自己的标准来检查它自身,并且经由它自己内在的必然性而上升到绝对知识的立场。但是导向虚无主义的似乎正是知识的批判。那么,黑格尔不得不以某种方式指出,批判是如何从它自己内部的辩证法向外打破意识的圆圈,以至于自我认识独立于它自身的实在。

黑格尔根本上朝向达到这个目的的移动出现在《精神现象学》在某些最为著名也是讨论得最多的章节之中,IV 章和 IVA 章中的"自我意识""自我确定性的真理"和"主人和奴隶"等。[7] 正是在这里,黑格尔试图向外打破意识的圆圈,把自我引向作为精神的主体间的自我觉察。黑格尔的策略本质上是简单明了的。他论证说,自我认识作为理性的存在者只有通过相互承认才是可能的;换言之,自我认识到自己是一个理性的存在者,只有在它授予他者以它使他者授予他的同样的身份之时。相互承认中自我觉察的这种共同的结构——自我只有通过对方认识它自身,正如对方只有通过自我才能认识对方——黑格尔称之为"精神"(Geist)。

黑格尔的论证的核心目标是这种主张,在自我认识独立于他者和在它之外的世界的它自身的地方,存在着某种具有优先性的主体性的领域。和这种笛卡尔的传统相反,黑格尔争辩说,仅当自我承认他者的平等的和独立的实在性，以及他者承认它自己的平等的和独立的实在性之时，自我才认识到它自身是一个理性的存在者。如果不承认他者，自我就不能证明它是一个理性的存在者的主张，而因此，它也不能认识到它自身是理性的。黑格尔并没有否认，不承认他者的平等的和独立的实在性，自身可能意识到它自身；但是他的确主张，没有这种承认，它就不可能认识它自身。在这里，认识是在以下这种主张的强烈意义上使用的，即认识必须经过经验的检验和证明。

从一个更广阔的视野来看，黑格尔的论证是引人注目的，因为它在实在论和主体间性之间锻造了一种关联。明显的悖论是，黑格尔把实在论和对于知识的社会维度的强调结合在了一起，而这种强调一直是常常强烈反对实在论的。[8] 但是，对黑格尔而言，主体间性并不是实在论的替代物，而是它的基础。黑格尔在这些章节本质上所作的事情是把康德的观念论社会化，因此，康德的"我思"中的"我"必定是"我们思"的一部分。

《精神现象学》的 IV 章和 IVA 章一直是整本著作中讨论得最多的一些章节。它们被从许多不同的角度，伦理学的、生存论的、人类学的、心理学的和政治的角度等，作出解读。[9] 所有这些视角都兴味盎然、正确有效并硕果累累；但是它们都没有能够把这些章节的原本的认识论的和形而上学的语境考虑在内，而这些章节对于完全理解黑格尔的意义来说是本质性的。大部分阐释中的主要问题是，它们把黑格尔意欲证明的结论读进了文本之中，就好像它是预先给定的：他者的平等的和独立的实在性。这些阐释粗暴地对待了《精神现象学》的整体的目标和论证，因为这些阐释从来没有允许黑格尔把这样一个至关重要的结论视为理所当然。这些章节的语境，以及黑格尔在《精神现象学》中的一般目标，使得把这些章节解读为一个首尾一贯的论证是必然的，而这个论证试图向外打破意识的圆圈，并建立起他者的平等的和独立的实在性。那么，在这里再一次，重要的是强调黑格尔的总体筹划的形而上学的维度。

接下来两节的首要任务就是提供这样一个阐释。每一节分别致力于 IV 章和和 IVA 章的相关的过渡。在这里提供的解读中，我把黑格尔在其他文本中形成的论证也考虑在内，尤其是在《纽伦堡预备教育》和《哲学百科全书》中的阐述。

论证的语境

黑格尔既没有在 IV 章和 IVA 章提到过虚无主义，也没有直接而明确地考察过这个学说，即我们只能认识我们的表象。然而，重要的是，黑格尔的确直接而明确地考察雅可比用虚无主义来指责的观点：费希特的观念论。黑格尔本质上担忧的是确定费希特的观念论是否能够提供一个胜任的关于我们日常知识——主张的说明。他在 IV 章的某些暗示让人毫不怀疑，他当时想着的是费希特。例如，他提到"自我"或者"我"，这是费希特的核心概念，还提到"我是我"，这是费希特的第一原则（134/167）。令人印象深刻的还有，黑格尔是在某种积极的角色中处理这个"我"的，就像费希特在他的 1794 年版的《知识学》第三部分中所作的那样。此外，费希特也根据冲动和情感处理了这个积极的自我，正如黑格尔关于欲望所写到的那样。如果我们把注意力集中在它们的费希特的语境上，以及更具体地说，黑格尔关心如何向外打破 1794 年版《知识学》的意识圆圈之上的话，某些最为困难的过渡很容易得到解释。

黑格尔对于费希特观念论的担心也很明显地体现在第 IV 章的语境中。在"意识"部分中的经验之后，自我感觉得到了证明，它假定它的自我认识是绝对的，也就是说，对任何事物的认识都是对自我的认识。它已经通过经验的好几个阶段——"感性确定性"（第一章），"知觉"（第二章），和"力与知性"（第三章）——发现了，对于一个对象的认识纯粹就是它的自我认识的外在化。现在从第四章开始的自我想要确证它之前经验的结果。它旨在确立，在它的经验之中的任何事物都是它的自我意识，而并非对于外在对象的意识（134 – 135/166 – 167）。这个自我想要指出，它是所有实在，一切事物都只是为它而存在（143/？186）。

尽管自我意识已经把自身显示为意识的真理，但是现在这个真理也必须接受检验。自我已经证明这个与它的现实经验相对立的论题。但是旋即产生了一个困难：它看起来在它的经验之中并非自我意识着的，因为对它的感官显示出来的东西来来回回都独立于它的意志和想象力；被给与的东西看起来独立于它的意识的控制。因此，黑格尔写道，自我在这个阶段就在于两个对立的环节之中：自我意识，在这个环节中，它只意识到它自身；意识，在这个环节，它意识到不同于它自身的某物，多重被给与的和不可预知的表象,而它仅仅把这些表象看作是显现(134－135/167)。现在,自我不得不去证明的是,尽管它的感官经验具有明显的被给与性,它仍然是一切实在——尽管它是在经验中的意识,它仍然是自我意识着的。它必须以某种方式指出,这些表象也在它有意识的控制之内,它们根本上并不独立于它的意志和想象力。

在这里面对意识时,黑格尔以如下方式提出了问题:是否有可能建立起同一性和非同一性的同一性?这仅仅是对观念论的问题——如何在自我认识的基础上解释日常经验——更加抽象的阐述。自我认识是主客同一,因为认识的主体和客体是相同者;然而,日常经验涉及到主体—客体的非同一性,因为对于主体而言,客体是被给与的,显现为独立于它的意志和想象力。观念论者面对的这种困境是,必须有而且又决不能是同一性和非同一性的同一性。依照观念论者的原则,必须有这样一种原则,因为主客同一是所有知识的第一原则,甚至是在经验中觉知一个明显不同的客体的第一原则;但是也不可能有这样一种同一性,因为主客同一的原则和经验的主客二元论产生了矛盾。因此,黑格尔在这里考虑的问题是,对抗任何观念论:如果所有实在仅只是我的意识,那么如何可能解释我的经验的起源,亦即这样一个事实,存在着明显不依赖于我的有意识的活动的表象?确切地说,这也就是费希特试图在他的《知识学》中解决的问题,而且他认为这是他的观念论中最为核心的问题。[10]因此,在第四章提出这个问题之时,黑格尔只是问,费希特是否以及如何与他自己的问题达成协议。

在第四章的一开始,自我就进入了一个新的经验领域:它不再像从第一到第三章那样直观、知觉或解释,它开始行动。简而言之,它从理论的领域移动到了实践的领域(134/167)。这一过渡的理由并不难以探究,如果我们时时记住观念论的基本问题。现在自我必须开始行动,因为行动是它的这一论题——所有实在都在它的控制之下——的决定性证明。如果它想要证明,它是所有实在,那么,它就必须指出,它是通过把世界变成符合它的意志而如此存在的。在把行动变成自我的论题的检验之时,黑格尔肯定时时考虑到费希特 1794 年版《知识学》第三部分中意识的实践演绎,在那里,费希特论证说,自我证明了,通过它那想要控制非我的无限奋斗,它就是所有实在。因此,第四章的辩证法不多不少就是费希特的观念论的内在批判。黑格尔通过他自己的标准——行动——检验了费希特的自我。

在"自我意识"部分这个较早的阶段,自我只是通过为欲望(Begierde)所指导的行动才认识它自身。它通过欲望,而不是通过意志的其他形式,比如选择或爱,认识它自身,因为它在"力与知性"中更早的辩证法仅仅把它引向它那作为生命的自我意识,而仅仅和有生命物相称的意志形式,和完全理性的存在者相反,是欲望。那么,在这个水平上,自我仅仅把自身认识为是具有动物欲望的感性存在者,而不是具有意志的理性存在者。因此,首先是作为一个有生命物,或者通过它的动物性欲望,它试图建立起它是一切实在这种主张。这就意味着,它试图通过消灭它们而证明它对于对象的有意识的控制。

尽管在这个阶段自我没有完全意识到它的目标,但是自我的行动的目的是黑格尔所说的"绝对独立"。[11]绝对依独立意味着,自我不能依赖任何在它之外的事物,而且它有权力凌驾于整个世界之上。在自我获得它的绝对独立之时,它就已经使得所有自然臣服于它的行动的法则之下;因此,在它意识到它的对象之时,它就真的对于它自己的创造物仅只有自我意识。因此,在它建立起它的论点——对于一个外部客体的所有意识都仅仅是它的自我意识——之时,自我也将意识到它的绝对独立。

　　为了理解第四章和第四章 A 部分的辩证法后面的步骤,重要的是牢记,自我的持续不断的目标是绝对独立。因此,自我的经验在辩证法中取得的成就是,许多次试图发现完成它的目标的条件。自我经历了好几个阶段:欲望、生死斗争、主奴冲突;只有在最后,随着平等的和独立的个人的相互承认,它才认识了它的绝对独立所需条件:作为精神的自我意识。只有当自我意识到自我是精神之时,它才知道它是绝对的,它是一切实在,它不是由任何在它之外的东西决定的。也只有在这个时候,它才发现,它始终是在为什么而斗争:绝对独立,完全的权威,在这种绝对独立中,它服从的只是自己强加给自己的法则。哲学家总是已经知道这一切;但是只有在辩证法的终端,它才为意识自身所知道。那么,为了在这些章节遵从黑格尔的辩证法,就有必要遵从自我在为了达到它的绝对独立之时必须经受的那些经验。

欲望辩证法

　　自我的第一个经验是,它不能在动物性欲望的层面上达到绝对独立。欲望的目标是"否定"它的对象；欲望通过消灭它的的对象毁灭它，迫使它符合它的生命过程（消化、排泄）。自我感觉到，只要它通过它的欲望毁灭对象，它就显示出对于它的经验的控制。但是，不久它就认识到，如果仅仅透过一块黑色玻璃，这绝不足以达到绝对独立。欲望陷入到两种不舒服的极端之间。一方面，它仍然依赖于某个独立的对象，这个对象完全外在于它自身，因为欲望依其本性而言是对一个它并不拥有的某物的欲望。当然，欲望有时会得到满足；但是这种对于独立对象的依赖是不可回避的，因为欲望会不断再生，而它总需要消费和同化另一个对象。那么，在欲望接踵而至、对象接踵产生的地方，就会产生无限后退。另一方面，尽管自我并不依赖于对象，但是它消灭了它；但是，它随后才返回到它作为个体的空洞的自我同一性。它不再显示出它可以控制它的经验，因为它只能通过消灭对象才能把对象带到它自身之中。自我还没有证明它是一切实在，因为它只是使一个对象符合它的个体本性。因此，自我要么遭遇某种完全外在于它自身的某物，要么仅仅遭遇它自身：之所以是某种外在于它自身的某物，是因为对象独立于它自身，仅仅是可以否定的某物；之所以是它自身，是因为对象被毁灭和被消灭了，而它返回到它的自我同一性。换句话说，存在的要么是同一性，要么是非同一性，但是绝不是同一性和非同一性的同一性。自我意识在这里的困境也正是费希特的自我在《知识学》第三部分所处的困境。

在这种经验之后，观察着自我的哲学家可以正当地推断说，这种绝对独立的完成需要两个条件。第一个条件是非同一性：

对象独立于个体,而且它不仅仅是为个体所否定和毁灭的。这就必然可以避免重新陷入个体的自我同一性,这种自我同一性是抽象的,违反了所有经验的规定性。第二个条件是同一性:自我在它的对象中看到它的同一性,因此,它不可能完全外在于对象。这个条件是必需的,因此,自我没有失去它的绝对独立,而依赖于在它之外的其他某物;否则,主客二元论就会重新发生,自我就不能声称是一切实在。这两个条件必须结合在一起,因此,意识寻求同一性和非同一性的同一性。它的目标因此就是悖论式的:自我意识在某个他者之中,或者黑格尔所说的"在它的他者性中它自身的统一性"(Die Einheit seiner seblst in seinem Andersein)(140/177)。

奇怪的是,在这个点上,黑格尔引入了辩证法的一个新的因素:另一个自我,另一个有着自我意识的行动者(139/175). 黑格尔通过反思在他者性中和它自身的统一性中达到这个结果。既然主体不能否定它的对象中的他者性,那就只有在对象否定了它对于主体而言的他者性时,才可能存在在他者性中的统一性(139/175)。能够否定它对主体而言的他者性的必定是另一个主体,另一个有自我意识的存在者。因此,黑格尔宣称;"自我意识只有在另一个自我意识中才能获得满足"(139/175)。

因此,在这一点上,似乎黑格尔已经达到了——实质上是通过变戏法——他意欲达到的目的:在主体的意识之外存在着其他某物平等而独立的实在。但是重要的是要看到,黑格尔在这里的推理只是临时策略,且从哲学家的立场出发。这是一个必须通过下一章意识自身的经验才能赢得的真理。

在仍旧从一个哲学家的立场写作时,黑格尔问道:完全满足了绝对独立的条件是什么? 他回答说:只有在平等而独立的个人之见的相互承认(139 – 140/175 – 177)。相互承认满足了非同一性的条件,因为两个人都是平等而相互独立的;依其本性而言,这种承认的前提是,自我和他者承认他们平等而独立的身份。相互承认也满足了同一性的条件,因为自我只有通过它的他者才是自我意识的;它看见自我在他者之中,而他者也在自我之中看见它自身。这种相互承认无非是作为精神的自我意识,因为精神是从平等而独立的个人之见的相互承认中产生的。正是在两个自我的自我意识的单一行为之中,一方在对方中认识到它自身,同样,对方也在它之中认识到它自身。正如黑格尔提出的那个著名的说法,这就是"我就是我们,我们就是我"(Ich, das Wir, und wir, das Ich ist)(140/177)。因此,现在黑格尔站在一个立场上得出结论说,自我只有通过它那作为精神的自我意识才意识到它的绝对独立。

在讨论作为精神的自我意识的文本中,还隐含着另一个论证。黑格尔暗示说,只有这样一个自我意识支持独立的理想,对于意识经验保持真实。如果绝对独立意味着,自我不依赖于任何在它自身之外的东西,以及如果它作为个体的经验就是它的确依赖于某种在它自身之外的东西(欲望的对象),那么,就有——而且只有通过一种方式,它的理性能够与它的经验协调一致:通过作为精神的自我意识。作为精神的自我意识意识到绝对的对立,因为它出于必然把两个自身之内的自我融合为一,以至于作为一个整体,它没有任何在它之外的东西。这就保持着绝对独立的意义；它提供意识的经验，因为自我承认，它依赖于一个对它自己的意识而言平等而独立的他者。自我通过这种辩证法学会的是，它不能满足作为一个孤零零的个体的独立理想，而只是作为整体的一部分。

主人和奴隶

黑格尔在第四章所作的论证主要是从哲学家的立场出发的。尽管他观察到的自我已经具有了欲望无用的经验，尽管它已经发现了对象的独立性，但是它仍然让哲学家推断说，绝对独立的必要条件是相互承认或者作为精神的自我觉察，对于第四章的哲学家来说唯一存在的东西，现在必须由第四章 A 部分中的意识自身来证明。经过它自己的自我检查，自我不得不发现相互承认的必然性和作为精神的自我觉察。因此，黑格尔在第四章 A 部分的任务就是叙述从自我的内部经验中形成的自我意识的诸阶段。这些阶段有哪些？它们的辩证法又是如何总计达到精神中的自我觉察的？

在第四章 A 部分的辩证法开始于它在第四章中停止下来的地方。主体旨在证明它的绝对独立，它凌驾于世界之上的权力。[12]然而，现在，它承认，它不能达到那样一种对于欲望的控制，强迫对象满足它的生理需要。现在它被迫承认，在它自身之外有某种对象，某种在它有意识地控制之时抵抗它的努力的东西：所有那些不能被消灭的对象，所有那些独立于它的意志和想象力而继续存在的对象。这些对象首先以其他有生命物的形式和它相对抗，因为这些对象是它能够消灭的那些类型的东西。主体仍然拒绝赋予任何其他有生命物——甚至是那些和它自己一样看起来具有同样的有机结构物和生理外观的有生命物——以平等而独立的身份；它拒绝承认，在它们之中，有一些他者具有它的理性存在者的身份。为了建立起它的独立性，他要试图显示它对于他者的控制和凌驾于它们之上的权力；它要想方设法让它们服从。

自我建立起它的独立性的尝试就是即将到来的辩证法的主要源泉。自我将不得不经历经验的几个阶段——对承认的需要，生死斗争，主奴冲突，在它发现它的真正独立存在于哪里之前。通过这种辩证法，自我终于向外打破了它的唯我论的外壳。最终，它将意识到，它的独立的前提是，赋予他者以平等而独立的身份，它的独立就在于通过一个他者而达到的对于平等而独立的他者的自我觉察之中。

那么，我们手头的这项任务，就是重建自我经验的诸阶段，看看每一个阶段对于绝对独立的获得而言如何是必不可少的，并注意到它们是如何循序渐进地粉碎自我的唯我论的外壳的。让我们来依次考察每一个阶段。

第一个阶段：承认的需要

如果自我想要证明它的独立，它就必须赢得他者的承认，而它把他者仅仅看作有生命物。只有在它获得对于世界的控制之时，它才能赢得它的独立，而只有在它能够使这些存在者服从它的命令之时,它才能获得那种控制。

这种承认的需要似乎已经预设了其他有理性存在者的存在。然而,重要的是看到,在论证的这个阶段,自我还没有同意他者的平等而独立的存在。它并不需要来自于另一个,它认为像它自身一样站着走路的理性的行动者的承认。在它要求承认时它所寻求的东西是,他者,无论它可能是什么,服从它的命令,或者至少,他者不要干涉它的行动。因为所有自我在这个阶段认识到,他者仍有可能是一个机器人或者动物。[13]

可以肯定的是,黑格尔已经把其他理性的个人引入到他在第四章的论证中(139 – 140/175)。但是,又一次,这仅仅是从哲学家的立场出发而言的;自我现在必须从第四章 A 部分中它自己的经验中发现哲学家在第四章已经发现了的东西。没有能够注意到第四章中黑格尔论证的确切身份,阻碍了一些人看到第四章 A 部分反对唯我论的论证,因为看起来,似乎黑格尔已经预设了其他心灵的存在。[14]

第二个阶段:生死斗争

如果自我想要获得他者的承认,它必须进入到和他们之间的生死斗争之中。它必须通过斗争反对他者,因为他们也想方设法实现他们的独立。如果自我要求他者的服从,那么他者也要求来自自我的服从。那么,如果自我不反对他者而捍卫自身并且防止他者统治它的话,自我就不能建立起它的独立。这场斗争必须关乎生和死,在斗争中,自我拿它自己的生命冒险,因为只有在拿自己的生命冒险时,它才能证明它的理性的身份,它才有权力凌驾于纯粹的生物学的生命和动物性欲望的领域之上。[15]

这场斗争不是霍布斯式的一切人反对一切人的斗争。自我为了承认自己是一个理性的存在者而斗争;而且,不像霍布斯的自然状态,它并不和他者竞争以满足它的欲望或者赢得权力以满足它的欲望。对黑格尔而言权利来自于对个人的理性身份的承认;它不仅仅是同意为了我的需求而采取行动。在使自我乐于投身到冒生命的危险以赢得它的独立之时,黑格尔和霍布斯自己关于人类本性的分析发生争执,依照霍布斯的分析,人类主要的冲动是自我保存。和霍布斯相反,黑格尔说,比起自我保存来,自由是更重要的目的,一个人愿意冒着生命的危险而获得它这个事实就足以证明这一点。

第三个阶段:对敌人的仁慈

如果自我想要通过生死斗争获得承认,那么,它就不能杀死敌对者。因为杀死敌对者意味着,它就没有一个人会去承认它。一具尸体是不会致敬的。因此,它必须授予它的敌人以最起码的生命。[16]

第四个阶段:主人与奴隶的对立

如果为了获得承认,胜利者不杀死它所征服的敌人,而如果为了保护它自身不受到进一步的攻击,它不能授予它的敌人以自由,那么,胜利者就别无选择:它必须使它的敌人成为奴隶,使它服从它的命令。现在,胜利者和被征服者相互之间变成了主人和奴隶。尽管主人授予奴隶以生命,但是他仍旧不会认为奴隶和他平等或者是理性的存在者。尽管他尊重奴隶是一个有生命者——例如,他通过给与奴隶食物而承认奴隶的欲望——但是他仍然不能承认奴隶是另一个平等的理性存在者,因为他只是把他当做达到自己目的的一种工具。奴隶只是一个动物,一种为了满足他的欲望的工具。主人有理由把奴隶当作个动物。毕竟,在为承认的斗争中,奴隶爱生命胜于爱死亡。因此,奴隶不能证明自己是一个有理性的存在者,配享和主人同样的尊重。[17]

主奴关系是朝向相互承认的道路中的关键步骤。主人必须承认奴隶的独立的生命——他作为有生命物的身份——即使他还没有同意他具有和他平等的理性身份。这是一个比欲望的极端更重要的对于独立实在的经验。尽管欲望经验了它的对象的独立性,但是那只是因为它陷入到了无限后退之中;存在着它仍然不能消灭的有限对象,尽管任何对象总是要被另一个所战胜。尽管现在,自我必须约束它的欲望,——这种约束是朝向作为一个理性存在者的教育前进中的巨大步骤,而且自我承认,存在着一个它不能消灭的有限对象:它所征服的敌人,奴隶。

主人对于奴隶的承认因此是走出意识圆圈的关键性的一步。在那个圆圈中存在着的仅仅是在自我的意识控制之中的东西。然而,自我现在发现,有一个有生命物存在于它的意识控制之外。这是因为它不能杀死或者消灭这种生物,使它遵从它的欲望;相反,它必须尊重它作为有生命物的欲望。杀死它,或者仅仅把它看作欲望的对象,就削弱了它所必需的承认的基础。

第五个阶段:主奴关系的坍塌

如果自我和他者相互之间将要变成主人和奴隶,那么主人就不能获得必需的承认,承认他自身是自律的和独立的。主人把奴隶贬低为动物的身份,并且把他降低为一种达到他自己的目的的工具。因此,对他而言,对于奴隶的承认并没有太大的价值,如果不是全无价值的话。他不是另一个有理性的存在者的自由的承认,而只是一个动物的低声下气的服从。如果承认来自统治或者强制,那他就失去它的全部价值。只有当承认来自于另一个人的自由的选择和判断之时,他才是有价值的。尽然主人鄙视奴隶,那么他就没有得到他在寻求的确信。[18]

不仅仅主奴关系没有给与主人他所需要的承认,而且他还贬低了他作为一个理性存在者的身份。主人退回到他的动物欲望的阶段。这是因为如下两个原因:(1)他把奴隶仅仅当作实现他的目的的手段,作为满足他的欲望的工具;(2)他仅仅消费奴隶劳动的产品;和奴隶一样,他没有通过劳动而赢得凌驾于对象之上的独立,但是为了他那慵懒的享受,他还得依赖奴隶的劳动。因此,如果奴隶不值得给予承认,主人也不值得接受他。

第六个阶段:奴隶的解放

如果主人想要赢得作为自由存在者的承认,那么他就必须承认奴隶是一个自由的存在者。因为主人赢得的肯定,不是来自于一个下属的服从性的承认,而是仅仅来自于平等者的承认。如果主人承认奴隶是一个自由的存在者,那么,他就会不再把他自己贬低到动物的水平。他证明，他是理性的，因为他承认另一个人是目的自身。[19]

在辩证法的这个阶段背后隐藏着一个晦而不彰的康德或者说卢梭的主题(旨)：自我证明了，只有当它依照自我添加的普遍法则时，它才是理性的，这种法则同等程度地强迫它和他者。如果自我依照这种法则行动，那么，它何以是理性的，就有两个这个问题的理由：首先，因为一个理性的存在者依照法则的观念(例如，可普遍化)来行动；以及，其次，因为只有一个理性存在者才会限制它的欲望，才会为了法则的利益而行动。在主奴辩证法的语境中，这个主题意味着，主人在他最终承认奴隶平等而独立的实在之时才证明了他的理性。如果他做到了这点，这就显示出，他依照着授予其他人和他本人同样权利的法则行动。主人证明他的自由，不是通过统治这个奴隶，而是通过把他当作与他平等的人。[20]因此，黑格尔证明卢梭那著名的格言背后的智慧："那个认为自己是他人的主人的人，比他人更是奴隶。"[21]第四章以及第四章 A 部分的整个辩证法实际上只是卢梭格言的精心阐释。

这种经验把辩证法带向它的结论。自我认识到，它之所以是理性的，是因为另一个理性的存在者承认它的自律，但是它也认识到，它之所以是理性的，是因为它承认另一个有理性的存在者的自律。这无非就是它那作为精神的自我察觉，因为精神就是从自由的理性存在者的相互承认当中产生出来的自我察觉那个的统一的行动。在第四章的结尾，自我现在已经达到了和哲学家同样的结论。

现在,虚无主义者采取了他最后的步骤,走出意识圈圈的黑暗之外,进入到实在的清楚的白天。如果在欲望的阶段,他认识到外在对象的实在性,而且如果在生死斗争的阶段,他批准存在着另一个有生命物,现在,在主奴辩证法之后,他承认另一个有理性的存在者的平等而独立的存在。他最终承认,他不是唯一自我意识的存在者,而是存在着另一个这样的存在者。自我认识到,他者不仅仅是它自己的表象,因为它看到,对方在它的意识控制之外。它不能消灭对方就像它只是一个无生命的对象;它也不能把对方当作满足它的欲望的手段,就好像它是一个奴隶。毋宁说,它承认,对方在它的意识控制之外,因为它自在地就是目的———一个有权利依据它自己设定的目的生活的存在者,即使他们不同意自我自己的目的。因此,对黑格尔而言,承认另一个有意识的存在者自在地就是目的,就是对虚无主义的拒斥。通过这种承认,唯我论者必须让步说,并非所有的实在都在它的意识控制之内,存在着另一个具有与它自身具有平等身份的理性存在者。

非常重要的是,要澄清黑格尔的论证的确切身份与限制。他已经建立起来的全部是这样的:一个理性的存在者应该承认他者平等而独立的实在,或者自我应当赋予他者的以它要让它们赋予它自身的同样的身份。最终,这与其说是一种对虚无主义的形而上学的拒斥,毋宁说是一种道德的拒斥。彻底的虚无主义可能会提出异议说,他者仍有可能是一个自动机器(automoton)。即使我必须承认它与我本人平等的身份——即使我被迫像我让它对待我那样对待它——仍有可能的是,它实际上是不平等的。黑格尔也许会承认这个观点。但是他对此所持的主要异议也许会是，它不可能依据那样一种虚无主义而生活。即使我们永远怀疑他者的实在性，我们仍然不能依据这些怀疑而行动。我们必须把对我们而言平等而独立的实在性授予它；因为，只有这时，我们才能证实我们自己作为自由而理性的存在者的身份。

第四部分

社会和政治哲学

第九章　自由与权利的基础

形而上学与政治

　　尽管绝大多数当代学者宣称黑格尔的形而上学已死,但是他们强调说,他的社会与政治哲学仍然活着并且健康良好(well)。他们把黑格尔的《法哲学》推崇为政治思想中的经典,一本可以与柏拉图的《理想国》、霍布斯的《利维坦》和卢梭的《社会契约论》相媲美的著作这多少有些公正合理。[1] 但是令人有些困窘的是,他们蹑手蹑脚地绕开黑格尔的形而上学。因为黑格尔的社会与政治哲学和他的形而上学的任何关联都会使它显得陈腐不堪,于是大多数学者选取了非形而上学的道路。[2]

　　无论多么有诱惑力,这样一条道路简直就是和黑格尔自己的意图南辕北辙。因为从最开始,他就野心勃勃地要为社会与政治哲学提供一个形而上学的基础。在他关于这个话题的最早出版物中,他 1802～1803 年的《讨论自然法的科学方式》一文就论证说,此前的自然法体系的主要缺点是,它们把自然法同形而上学分离开来了。它们没有能够认识到,形而上学是其他科学的基础,一个学科只有到了它建基于那样一个基础之上的程度,才有了科学的组成部分。黑格尔论证说,实证主义的问题是,形而上学是不可逃避的,而在自称可以摆脱形而上学时,我们只是以未经证明的结论来证明这个最基本的问题来反对它。

对于这种非形而上学的道路,还有些话要说。如果仅仅在一个表面的层次上说,理解黑格尔的社会与政治哲学中许多东西而不需要他的形而上学,这是可能的。黑格尔理论当中有许多是可以直截了当地理解的,既可以理解为观察与深谋远虑的结果,也同样可以看作是思辨逻辑的结果。尽管《法哲学》的建筑术结构——它按部就班地划分为普遍性、特殊性和个体性的辩证法环节——反映了黑格尔的思辨逻辑,但是这种结构总有些说不清道不明的矫揉造作与专横武断,这与其说源自于它的题材,不如说是强加于其上的。的确,在黑格尔把他的形而上学放置于一旁而仅仅探讨它的题材时,他总是处于最佳状态。

注意到从黑格尔的角度来看待他的社会与政治哲学的基础时的深刻的含糊性,这也是有必要的。尽管他有时坚持认为,它的基础在他的思辨逻辑之中,但他同时会强调它的具体学说完全源于这个题材的内在逻辑。如果黑格尔的方法是形而上学的,那么它也是现象学的;要求我们除了所有在先的原则和预先构想的观念之外,为了它自己的目的而考查每一个主题(第 159～162 页)。尽管每一个具体科学都从作为整体的体系中获得它的基础,但它也应该是自足的,它以其自身就是一个有机整体。因此,如果强调黑格尔的方法论中这个现象学的方面,似乎他的社会与政治哲学中的大部分东西应当根据它自己的术语才可以理解。

但是问题依然是:它是如何理解的? 在这里,最简短的回答必定是:不充分。无论现象学方法的精神是什么,事实仍就是,黑格尔政治哲学的某些核心概念预设了他的形而上学,而且只有在他的形而上学的语境中才是完全可理解的。我们很快就会看到,黑格尔的权利概念建立在他的亚里士多德式的形而上学的基础之上(第 210 ~ 214 页),他的自由概念建基于他的精神概念之上(第 201 页),他的历史中的理性的理论建基于他的绝对观念论之上(第 263 ~ 264 页)。

自由的概念

所有的学者都同意,在黑格尔的政治理论当中没有比自由更重要的概念了。有许多非常好的理由来说明这种罕见的全体一致:黑格尔把自由看作权利的基础,看作精神的本质,看作历史的目的。然而,不幸的是,在黑格尔的政治理论中没有一个概念比自由更含混不清与聚讼纷纭了。因为这个概念是如此重要、晦暗不明而又争论不休,我们有必要稍稍详细一点来考查它。

黑格尔有好几个各不相同而又相互关联的自由概念,它们散见于他的著述的不同地方。首先并且最重要的是,他把自由理解为自律,亦即自我统治的力量,为自己立法并遵从自己的法则的能力。因此,他在《世界历史哲学》中写道:"……只有那种遵从法则的意志是自由的;因为它服从它自身,而且是自足的(bei sich sebst)并因此是自由的。"(VG 115/97)。黑格尔的自律的概念预设了,意志加诸自我的法则是理性的;我是自由的,不仅仅是因为创造和遵从了任何法律,而且是因为法律必须值得任何有理智的存在者的同意。因此,自由就存在于依照理性的法则而行动之中。

黑格尔也把自由构想为独立或自足,也就是不依赖除了自身之外的任何他人。他在撰述《世界历史哲学》时用这些术语来定义自由:"……精神是自足的存在(Beisichselbstsein),而且只有这一点才是自由。因为如果我是有所依赖的,那么我就和不是我的东西关联在一起,且如果没有这个外在的东西,我就不能存在。"(VG 55/48)。关于自由的类似解释也出现在《法哲学》中,黑格尔解释说,意志是自由的,如果"它除了与它自身而不与任何东西相关联,那么,每一种依赖某物而非它自身的关系就崩塌了"(第23节)。自由的这种含义与自律紧紧相联,因为一个自律的存在者是独立地而非依赖任何其他人统治自己。

最后,在《法哲学》中,黑格尔有时依据自我规定来阐述积极自由(第7节,12节R,21节)。自我规定本质上意味着两样东西:(1)自我,而不是它自身之外的力,决定了它的行动;(2)在规定它自身之时,它使他自身变成有规定的,把仅仅是潜在的、意图中的和处于萌蘖之中的东西变成某种现实的、实现的和有组织的东西。在黑格尔把自由看作是自我规定之时,他暗示的是,(1)我有一个具体的本质或本性,它存在于我的理性之中;(2)自我实现的过程是发展这个本质或者本性的过程,是自然的和必然的(第74–75页)。显而易见的是,自我规定和自律紧紧联系在一起:自我规定意味着,自我是自律的,因为它依照它赋予它自身的原则而把它自身规定为行动。处于类似的原因,自我规定也和独立有着紧密的关系:如果自我把它自身规定为行动,那么它就是独立于外在于它的各种原因的。

黑格尔关于自由的专业阐述是遵从着它自身的意志,亦即,把它自身当作是它自己的对象和目的的意志(PR 第22,27节)。这种语言看起来像个悖论,但是它的要点是简单明了的,建立在两个直截了当的前提上。第一,黑格尔认为,自我的本质就在于它的自由之中。和卢梭与康德一样,他强调,一个理性存在者的独特特征是它的自由,更具体地说,它的自律——它依照可普遍化的原则而行动的力量。其次,黑格尔强调,只有当我们自我意识到我们是自由的,有力量把自由变成我们行动的目标的时候,我们才变成自由的;一个不知道它是自由的奴隶从来不会获得自由。这两点合起来意味着,自我只有当它把自由自身变成它的行动的目的和目标之时,才会变成自由的;换句话说,意志必须意愿着它自身。黑格尔进一步论证说,正是在这样一种自我反思的意愿中,自由才会安居下来。因为如果意志意愿着它自身,它就只和它自身相关联。因此,它就不依赖于在它之外的任何事物。

在《法哲学》第5~7节,黑格尔提供了一个关于自由的更加详细的解说,具体规定了对于自由而言必不可少的三个基本环节。这三个基本环节——普遍性、特殊性和个体性——相应于他《逻辑学》中的概念结构。在这个语境中,它们具体规定了世界上的人能够达到完全自由的三个条件。依照普遍性的环节,一个自由的人必须具有自我觉察的能力,从所有具体的处境当中抽离出去并且离开处境觉察到它自身的能力;它必须有能力从任何行动的过程中后退出来,以反思不同的选择及其后果。如果人们没有这种力量,那么他们就不会是自由的,因为他们对于他们自己的动力没有任何感觉,他们也没有力量对于他们应该做出的行为进行理性的评估。依照特殊性的环节,为了成为自由的,一个人必须在一个特定的处境中做出一个特定的选择,并且行动。如果没有选择和没有行动,一个人就不可能是自由的;为了选择和行动,他们必须选择特定的东西,做某件特定的事情。依照特殊性——另外两个环节的综合——的环节,一个人必须在让自己和所有选择保持距离,并且对之进行反思后,最终让自己投身到某个选择之中,并且最终把他们自己等同于这个选择;换句话说,他们必须接受一个处境作为值得他们付出努力并全身投入的。黑格尔把这一个体性的环节描述成自我限制的环节:一个人限制他自身,因为一个人接受生命中的某一处境,而非在所有承诺之间漂浮不定;一个人自我限制他自身,还因为一个人选择处境作为反思和深思熟虑的结果。

无论在他的逻辑学中的基础是什么,黑格尔在《法哲学》中关于自由的分析反映了他根本的道德教导,即自由必须在世界上变成现实,而不可能通过从世界上逃离而获得。这就是黑格尔在《基督教及其命运》一文中首次发展出来的主题,当时他论证说,耶稣本人注定要逃离这个世界,而只寻求在天堂中的救赎。后来在《精神现象学》中,黑格尔在斯多葛派和法国激进主义中看到了同样的问题——斯多葛派劝诫从命运的变化中撤退到内心;而法国激进主义则造成毁灭性的后果,因为它不能接受任何特定的宪政。在黑格尔眼中,基督教、斯多葛派和法国激进主义都是为达到自由而彻底失败的策略。因为他们试图逃避这个世界,所以他们没有发动反抗世界的斗争,因此最终向这个世界屈服。黑格尔的主题包含着一种悲剧性的音符:必须在我们和世界之间达成和解,限制我们自己,让我们自己投身到生活的某些特定处境之中。但是这种悲剧性的教导总是和一种必须反抗世界的道德牵手并进。黑格尔看到,实现这种自由的主要困难是,一个人必须既要斗争,又要屈服,既要限制他自己,又要挣脱他自己,既要全身心投入,又要保持批判;真正的自由就在于在这些极端之间发现微妙的平衡。

在黑格尔的自由概念发展的历程中产生决定性影响的是康德。我们能够把黑格尔的每一个阐释回溯到康德那里,在康德的著述中已经根据自律、独立和自我规定等讨论自由了。[3] 事实上,康德在他的《道德形而上学基础》中第一次指出,自由意志意愿着自身,因为它必须根据自由的理念而行动(GMS IV,第448页)。康德的自由概念对于黑格尔的影响不是出自凭空臆想,而是有案可稽,并俯首可拾。在他的早期伯尔尼手稿中,黑格尔把康德的自律原则变成他的主要的道德理想,他与基督教的实证性相抗争时的主要武器。而在《法哲学》中,黑格尔明白确凿地推崇依照道德义务而行动这种康德的自由思想："我在尽义务时，我是心安理得（bei mir selbst）而且自由的。着重指出义务的这种意义，乃是康德实践领域的哲学的功绩与卓尔不群的观点。"（PR 第 133 节补充）

尽管有如此多的事实，但是由此推断说，康德的自由概念和黑格尔的实质相同，别无二致，却有可能是一个严重的错误。[4] 尽管它们在最一般的方面非常相似，但是康德和黑格尔赋予它们以截然不同的、甚至相互冲突的阐释。它们之间最为重要的区别有如下四点：

一、尽管康德和黑格尔两人都根据道德行动来看待自由，尽管他们俩都认为道德必须建立在理性的基础之上，但是他们对于理性的思考却有天壤之别。康德的理性观是形式的或者说抽象的：规定可普遍化的原则并依其行动的力量；黑格尔的理性观是质料的和具体的：某一特定共同体的伦理（ethos）和生活方式。

二、尽管他们俩都认为自由是自我规定，但是他们对于自我的理解也是判然有别。因为康德的理性自我是高高站在社会和历史的领域之上的，它除了和它一样的其他理性自我之外，有它的同一性；它在和其他那样的自我的对立中有它的自我意识。然而，黑格尔是在他者中并且通过他者理解自我，他的自我只有通过把他者内部化和使它成为它的同一性的一部分才意识到它自身。因此，在《法哲学》中，黑格尔把自我规定描述为自我在他者中把它自身外在化，然后在一个更广阔的它自身的概念中把他者内在化的整个过程（第 7 节）。因此，自由的本己的主体是精神，是主体间的自我，是那个是我们的我和是我的我们。

三、康德把自我规定设想为在感性之上的理性的力量;然而,黑格尔把自我规定理解为依照我们全体的本性而行动,在我的本性中,感性和理性之间不存在什么冲突。黑格尔追随席勒,[5] 坚持认为,我的欲望和情感必须要整合到理性的自我规定的力量之中,因此,自我尽义务时,是从禀好(inclination)出发,而非把它排除在外,和它之间的对立并不那么尖锐。黑格尔拒斥了康德对于自我规定的更加理性主义的和二元论的解释,因为如果道德是仅仅依照我的理性而行动的话,它就仍旧和某种局限是相容的:也就是说,压制我的欲望和情感。他论证说,康德赋予理性的那种主权仅仅把统治的资源移入到自我内部。

四、康德把自由设想为独立于自然的因果性的,因此自我是它自己的行动的唯一原因,有力量做任何其他事情。黑格尔认为,这种独立性是一种幻象:只有在自然的领域才是可实现的,它必需依照它自己的本性和作为整体的宇宙的必然性而行动。在他把自由理解为某种形式的必然性,在对于它在作为整体的宇宙中的位置的自我觉察之时,黑格尔从斯宾诺莎那里受益良多。

乍一眼看来(prima facie),在黑格尔强调自我必须通过他者而在世界之中生活之时,似乎他摒弃了作为独立的自由概念。这也似乎意味着,承认自我实际上(de facto)是依赖于他者的。黑格尔的确认为,我们是依赖他者和这个世界的,只有通过这种依赖,我们才能变成我们之所是。然而,重要的是要看到,在承认这种事实上的依赖之时,他并不认为他抛弃了独立的理想,而是包含了它;因为他论证说,真正的独立并不是来自于从他者和世界之中退缩或者逃离,而是使它们成为我自己的一部分;因为如果我真正把他者和世界内在化了,把它们变成了我的一部分,那么,我对他者的依赖就变成了某种形式的自我依赖。黑格尔论证说,最终必须摒弃他的独立理想的是康德,因为他完全是在从他者和世界的撤退中设想它的,因此他不能承认它实际上对于它们的依赖。

自由的背叛者?

不论是好是歹,黑格尔已经作为一个积极"自由概念"的主要拥护者而进入了历史。因为在积极自由和消极自由之间做出区分已经是比较晚近的事情了,把它运用到黑格尔头上实在是弄错了时代。它仍然一直被当作一种难以摆脱的讨论黑格尔的方式——无论是他的捍卫者还是他的贬低者在这点上殊途同归——以至于它难以被忽视。依照以赛亚·柏林的经典区分,[6]消极的自由概念把自由当作是缺乏限制或者说强制的缺席,也就是说,不干涉我的任何行动;因此,限制越少,我越是自由。因此,消极自由本质上就在于选择的自由,具有复数性的选择可能性。另一方面,积极的自由概念把自由等同于具体的自由进行,比如依照道德原则行动,遵从神圣的命令,或者实现真正的自我。那么,这种自由和限制我的选择,和强迫我做出某个特定的行动,甚至是可兼容的。因此,积极自由似乎支持卢梭那著名的格言:"强迫某人自由。"因此,毫不奇怪,它被谴责为对于消极自

由的威胁,集权主义或者权威主义的基本原理。黑格尔被阐释
为积极自由的片面的拥护者,他的自由主义的批评者把他痛斥
为强有力的"自由的背叛者"而大肆挞伐。

这种阐释最明显的疑难在于,它不能解释一个无法改变与
无可争议的事实,即黑格尔本人是一个毫不动摇与确凿无疑的
否定性消极自由以及肯定性积极自由的支持者。黑格尔在多种
自由类型之间做了一个与柏林相类似的尽管并非完全相同的划
分。他毫不含糊地强调对于两种形式的自由都加以支持。黑格
尔自己的划分是在以下两者之间做出的:一方面是他所谓的"形
式的"或"主观的自由",另一方面是"绝对的"或者"客观的自
由"。令人惊诧的是,他有时甚至划分了"消极的自由"和"肯定
的自由"或"积极的自由"(PR 第 5 节以下、第 149 节补充;
VG57/50)[7]。形式的、主观的或者消极的自由涉及个体在对于不
同的行动过程的反思与选择不同过程的权利,以及选择最合适
它的趣味、判断与良知的选项的权力与权利(PR 第 121 节、185
节附释、228 节附释、273 节附释、274 节、301 节、316 节)。另一
方面,绝对的、客观的或者肯定的自由涉及依照理性的原则,依
照公共生活中得到承认的法则而思维与行动(第 149 节、258 节
附释)。在《法哲学》中,在许多场合中,黑格尔显示自己为形式
的和主观的自由的忠诚的支持者。他完全承认并强调,这种自
由的前提是政府不干预(第 185 节附释、206 节附释、260 节)。
他反反复复论证说,古代城邦的主要缺点在于,它不承认主观自
由(第 124 节附释、138 节补充、185 节附释、260 节附释、262 节

补充、299 节附释),而现代国家的主要力量在于,它保护个体权利(第 41 节、185 节附释、206 节附释、269 节、262 页补充、199 节附释)。

重要的是要承认,黑格尔对消极自由的辩护并非他晚期思想的发展,而是他思想生涯中一以贯之的事,是所有他的政治著述的始终如一的标志。在伯尔尼和法兰克福时期的《实证性论文》中,他充满激情地论证说,国家有义务保护个体的权利,例如言论自由与良知。在法兰克福晚期和耶拿早期的《宪法论文》中,他强烈反对试图自上而下地控制一切,不给个体自由与地方首创性留下任何空间的极权政府。因此,把黑格尔阐释为积极自由的一边倒的主角,这不仅忽视了他成熟学说的核心特征,而且忽视了他早期著述中一个极为重要的主题。

然而,至少是就依照这些线索解读成熟的黑格尔而言,似乎存在着某种合理的证明。在《法哲学》(第 15 ~ 17 节)中,黑格尔使某个论证带有这种意思,在他本来的意义上说,消极自由并非真正的自由。他争辩说,自由被理解为"任性",也就是说,从所有选择项中退缩回来并且在它们之间进行选择的权力,就和它自身发生矛盾了,因为意志既独立于又依赖于它的对象。无论这个论证具有什么价值,似乎黑格尔仅仅为了积极自由的缘故而完全拒绝消极意义上的自由。

然而,如果我们在语境之中再次阅读这些段落,这种阐释证明是站不住脚的。它遭遇到好几重困难。首先,黑格尔的论证的靶子实际上不是(确切地伯林意义上的)消极自由,而是实现从所有事务中完全撤退出来的自由的尝试。其次,黑格尔并不是在批判选择自身的价值,而是,更加具体地说,在批判任性的价值,在任性中,一个行动者不能也不愿意给出他做某种选择而非另一种的理由。再次,尽管黑格尔并不认为,任性意义上的自由并非全面而完全意义上的自由,但是他仍然没有完全拒绝它,而是把它保留为自由的一个本质的方面或环节。黑格尔完全地意识到,我们所做的某些选择缺乏客观的理由,它们建基于其上的东西无非是个人的或个体的选择,例如,我选择某个特定的职业或者服装样式。但是黑格尔认为,即使这些选择也应该变成国家的保护,因为它们是全观性的"无限权利"的一部分(另见第231 – 233 节)。

　　只要黑格尔既重视消极自由也重视积极自由,他对积极自由的使用是否批准权威主义的问题就是悬而未决的。这里的问题比许多学者认识到的要复杂得多。仍旧成为一个问题的,就不是黑格尔是否认识到消极自由的价值这样一个纯粹历史的或事实的问题,而是两个逻辑的或者体系的问题:黑格尔的积极自由的概念是否具有权威主义蕴含的问题,以及黑格尔是否能够把两个形式的自由统一成一个单一的条理一贯的国家哲学的问题。仅仅指出下面这一点还不够,即,黑格尔意欲或者想要支持消极自由,因为那产生了它是否与他的终极原理相容的问题。这个问题不能仅仅通过宣称以下这一点来处理,即,因为自律涉及选择的能力,主观自由是客观自由的前提条件[8]。因为这又把将要证明的东西设为前提了:如果我的主观选择与和自律相关的理性的标准不一致,将会怎么样?黑格尔是否背叛了消极自由的问题最终建立在政治制度——正如黑格尔认为它们的那

样——是否牵强足够保卫消极自由的问题。我们将在下面更加
详实地来讨论这些令人棘手的问题（第237—243节）。

法律的基础

　　黑格尔的政治思想一直遭到如此多的相互冲突的阐释，这
本身就是它的困难与复杂性的极具说服力的表征。这种情形尤
其适合于黑格尔关于法律基础的观点。黑格尔当时被解读为一
个意志论者，这种人把权利建立在意志而非理性的基础之上[9]。
通过这种方式，黑格尔一直被视为现代意志论传统中最后一位
伟大的代言人，这种传统始于霍布斯和格劳秀斯，而在卢梭和康
德那里达到鼎盛。然而，黑格尔也被解读为与之势不两立者，认
为权利来源于理性并且赋予它们独立于意志的价值的理性主义
者[10]。相应地，某些学者把黑格尔放进自然法的传统之中，这个
传统最终可以回溯到亚里士多德或者阿奎那。最后，黑格尔还
被理解为一个历史主义者，这种人认为法律最终建基于一个民
族的历史与文化[11]。在这方面，黑格尔被放入孟德斯鸠、摩塞尔
和赫尔德的传统之中，他们把法律看作是民族精神的一部分。
　　所以这些阐释既对又错，既部分正确，又部分错误，这也是
黑格尔政治思想既错综复杂又微渺难识的一个同样引人注目的
表征。黑格尔的伟大目标就是综合所有这些传统，在一个关于
法律基础的一以贯之的解释中保存它们的真理和删除它们的错
误。用一个词组来说，黑格尔的学说是一种理性的历史主义或

者一种历史主义的理性主义、一种理性的意志论和意志主义的
理性主义。

但是这种表面上的矛盾修辞法(oxymorons)提出了根本的问
题:黑格尔真的有一个一以贯之的学说吗? 在我们能够评估这
个问题之前,我们必须首先来考查一下这些相互对立的阐释的
力量与缺点,更为切近地考察黑格尔从这些传统中接受与拒绝
了什么。

有许多证据偏向意志论的阐释。黑格尔在自由的基础上证
明了权利的正当性,他把权利理解为意志的表现(PR 第 4 节补
充)。此外,他根据意志把"善"定义为特殊的意志与意志概念
的统一性(PR 第 129 节)。最后,在他陈述卢梭把意志当作国家
的基础是对立的之时,他把自己坚定地放入到意志论的传统之
中(PR 第 258 节附释)。事实上第一重要的是看到,黑格尔否定
了自然法传统的一个根本前提——价值存在于自然的领域之
中,独立于意志(VRP. Ⅲ. 第 93 节)。他接受了康德在伦理学中
的哥白尼式的革命的一个基本论题:理性的法则是我们创造的,
而非自然加诸我们的。

然而,也有存在着大量的反对意志论的解读的证据。意志
论传统的一个核心论题:无论意志是什么,价值都是善的,这仅
仅是因为意志重视它。但是黑格尔反对纯粹形式的和抽象的意
志,这主要是因为,单单意志不能成为法律的来源(PR 第 135—
140 节)。意志论的传统还有一个基本的前提,即如果不依赖于
人的统一或者契约,没有什么自在地或者依其本性是善的。但
是,黑格尔坚持认为,某些事物自在地是有价值的,无论政府是

否庄严地把它们载入法律,或者奉为神圣(PR,第100节附释)。在黑格尔攻击社会契约论之时,他和意志论传统之间的距离已经无以复加了。他论证说,如果我们使得权利依赖于个体的意志,那么,我们就侵蚀了所有义务的基础,因为一个人有权利放弃契约,无论他是否对它持有异议(PR,第29节附释,258节附释)。

理性主义阐释的证据与意志论阐释的几乎同样多。当黑格尔写道,"在一个政治宪政中,没有什么应该被承认为有效的,除非它同样是理性的权利"(VVL,IV,506/281)[12],他似乎推崇理性主义的核心原则。尽管黑格尔把权利建基于意志之上,但是有必要补充一点,他是依据理性定义意志的。因此,这似乎不多不少相当于实践理性的命令。他强调说,意志与思想不可分离,因为意志实际上只是"思想的一种具体方式":"思想把它自身翻译为存在,思想作为赋予它自身的存在的冲动"(PR第4节补充)。还有一点值得注意,黑格尔在主观意志和客观意志之间作了明显的区分,他实际上将客观意志等同于理性的规范。然后,他强调说,实践理性的规范具有客观的有效性,无论它们是否得到只存在于个体欲望中的主观意志的承认(PR第126节,131节,258节附释)。当他强调与主观意志相对立的规范的客观性之时,他对于规范的客观性就在于它们的理性之中这一点了然于胸(PR第21节附释、第258节附释)。

但是仍然至少有两个严重的困难困扰着理性主义的阐释。首先,黑格尔从来不曾接受自然法学说,而这种学说对于理性主义是如此核心,以至于规范就存在于自然或者某种永恒的领域之中,独立于人类活动。对黑格尔而言,法律的最终基础——在这里,他显示了对于意志论的忠诚——在于不能从自由之外得到理解的自由之中。其次,尽管黑格尔坚持认为,意志就在于思维之中,并且赖于思维,但是他也强调相反的一面:思维就存在于意志之中,并且端赖于意志(PR 第 4 节补充)。从黑格尔的角度而言,这不仅仅是一种姿态、一种按部就班的对于对立者的平等性的承认,毋宁说,它反映了他在《哲学百科全书》中详尽无遗地发展出来的学说(第 440—82 节),亦即,精神发展的所有阶段都仅仅是"它产生作为意志的它自身的方式"(PR 第 4 节附释)。因此,对于意志论传统来说,真实的是黑格尔在理性的发展进程中把优先性分配给了意志的角色。理性对他来说本质上是实践理智的形式。

历史主义的阐释能够为自己找到证据并不比意志论的和理性主义的解读少。在青年时期,黑格尔深受历史主义传统的影响。[13]他在《法哲学》中表彰了孟德斯鸠的"真正哲学的观点"。他说:"立法就其一般的和特殊的规定而言,不应该被看作是独立的和抽象的,而毋宁应该被看作是一个总体性中的、在所有其他规定的语境中的相互依赖的环节,这些环节构成了一个民族和一个时代的特征。"这是他承认自己从历史主义中受惠良多。黑格尔意味深长地补充说,正是在这种语境之中,法律"赢得了它们真正的意义和它们因此而得到的证成"(PR 第 3 节附释)。在《法哲学》中,黑格尔赞同历史主义的其他核心观点。首先,尽管宪政可能会改变,但是它们不能被创制(第 273 节附释、第 298 节补充)。其次,一个政府的政策应该和民族精神相一致,和它具体的环境与生活方式保持相符合,而不是由某个领导或委员会自上而下地强加的(第 272 节、274 节、298 节补充)。

但是历史主义的阐释也遭受了某些致命的困难。黑格尔明显地区分了法律的历史阐释和它的概念的证明,以最坚定的音调警告我们不要混淆它们(PR 第 3 节附释)。他论证说,为了建立起法律的道德有效性,指出它必然来自它的历史环境是不够的。既然环境在不断地发生变化,它就不可能提供法律或者制度的一般性的证成。如果我们显示出法律来源于过去的某些特定的环境,那么,就更加有理由推断出,在当前的新的环境之中,它就不再有效了。黑格尔也不能接受蕴含在历史主义之中的相对主义。如果我们试图通过指出法律在文化中扮演至关重要的角色来证成法律,那么,我们就必须接受所有法律和制度的价值,而不管它们在道德上是如何受到指责。非常具有说服力的是,黑格尔联系奴隶制来公正地指出了历史主义的这种后果(PR 第 3 节附释)。那样一个后果足以让他拒绝这种认可奴隶制的学说。

黑格尔背离历史主义的一个引人注目之处是——也是他推崇自然法传统时最具说服力的一点——他坚持认为,道德和国家有几条特定的和必然的原则。因此,在《法哲学》中,他声明,所有人都应该得到最基本的权利,只是因为他们是人,而不管他们是天主教徒、新教徒还是犹太人(第 209 节);他非常清楚,有某些最基本的善对于所有人而言都是不可剥夺的和不可侵犯的,因为他们是自由的存在者,比如具有宗教信仰的权利和拥有财产的权利(第 66 节)。然后,在他的晚期论文中,黑格尔表彰了维滕堡的君主,因为他采用了包含着"宪政主义的普遍真理"的理性宪法(VVL, IV, 471/254)。这些真理中包含法律面前一律平等,同意新税收的产权,代表人民的权利。

所有这三种解读所具有的难题又提出了新的问题:黑格尔真的有一套唯一的一以贯之的学说,而这个学说节省力量,并去除了意志主义、理性主义和历史主义的缺点? 他的确有一套这样的学说,尽管它是极度形而上学的,建立在他的绝对观念论的基础之上?

黑格尔关于规范性的来源的理论建基于社会的和历史的理性概念之上,这种概念最终来源于他的亚里士多德式的观点,即共相只存在于事物之中(in re)或者具体的事物之中。这种观念背后的基本主张是,理性具体化为一个民族在特定的空间和时间中的文化和语言。在这种主张背后有两个更加基本的论题,而且两者都根本上是亚里士多德式的。首先,具体化的主题:理性作为特定时代中特定民族的谈论、写作和行动的具体方式?这个主题声称,为了理解理性,我们首先必须追问"理性在哪儿?""它存在于什么之中?"它主张,答案必定存在于特定的时空中的具体文化的语言、传统、法律和历史之中。其次,目的论的主题:理性也存在于一个民族的目的之中,一个民族在所有活动中发奋要实现的基本价值和目标之中。目的论的主题来源于黑格尔的内在目的论,他把目的论既应用于历史之中,也应用于自然之中。黑格尔认为,正如每一个自然世界中的有机体都有一个形式——目的因,每一个社会世界中的有机体也有一个这样的原因,而它就存在于它的确定的价值和理想之中。在历史哲学中,黑格尔论证说,这些价值和理想在规定某个文化中民族的行动时扮演了至关重要的角色,即使他们没有以一种组织严密和彼此呼应的方式追求这些价值和理想,即使他们没有觉察到它们(第 267 – 270 节)。

黑格尔忠实于内在目的论,把规范和价值理解为本质上是事物的形式——目的因。一个事物的规范或者法律就在于它的形式——目的因之中,它既是事物的目标又是它的本质。在亚里士多德那里,一个事物的形式或者本质和它的目标或者目的本质是一个东西和同一者,因为他是一个事物为了实现或者发展它的内在本质或本性的目标或者目的。因此,我们依据某个事物是否实现了这种目标或者本质来规定这个事物是好的还是坏的,对的还是错的。那个促进这种目的实现的东西就是好的或者对的,而坏的或者错的事物就是阻碍它实现的东西。

重要的是要看到,这个形式——目的因具有规范的和目的论的两重身份:具有规范的身份,是因为一个事物应该实现它的本质;而具有目的论的身份,是因为这个本质作为它们的基础性的原因和潜能存在于事物之中。正是由于这个原因,对于黑格尔而言,规范具有客观的身份:形式——目的因在事物之中,无论我们是否认识到或者赞成它们。然而,也正是由于这个原因,规范就不仅仅等同于碰巧存在的东西,规范是对于一个事物而言本质的东西,它并不必然要在所有环境中实现。尽然规范有一个客观的身份,内在地存在于事物之中——请意志论者容我辩白——我们不能把它理解为约定俗成或者同意的结果,但是既然规范是一个事物的本质,它的理想或者内在的本性就有可能不能在具体的环境中实现,我们也不能径直把它还原为任何意外的或者偶然的事实,——请历史主义者容我辩白——比如目前的现状。因此,黑格尔当机立断和意志论传统的一个基本前提断绝关系:在"是"与"应当"之间,在事实与价值之间做出区分。但是在这样做时,他从来没有掉进历史主义的阵营,历史主义由于把理性和任何一套社会和历史环境等同起来而合并了"应当"与"是"。

在某些基本的方面,黑格尔-亚里士多德式的学说把他坚定地置于自然法传统的经院派的支脉之中。的确,是亚里士多德的形而上学启发了这个传统的某些经典作品,比如胡克的《教会国家组织的法律》(*Laws of Ecclesiatical Politie*)(1597年)和苏阿雷兹的《论法律及神作为立法者》(*De Legibus ac Deo Legislatore*)(1612年)。黑格尔完全意识到他从亚里士多德式的自然法传统受益良多,而他也刻意保存和延续这种传统。确实,正是出于这个原因,他为《法哲学》配的副标题是"自然法和政治科学概要"。然而,把黑格尔的理论仅仅看作传统的经院主义学说的复兴,将会是一个严重的错误。因为,在两个基本的方面,黑格尔改造了那个传统,以使它和现时代协调一致。首先,黑格尔并没有把形式—目的因等同于完美这个传统的概念,而是把它等同于自由自身,而自由又和卢梭、康德以及费希特给出的关于人性的现代定义相一致。其次,他是在社会和历史的层面上运用他的内在目的论的,因此,它运用于整个民族精神、整个社会和政治有机体。因此,黑格尔是以亚里士多德的方式接受了历史主义者的核心概念——民族精神(Geist)——并改造了它,结果,它变成了一个国家的奠基性的形式—目的因。当我们把这些观点——形式—目的因是自由,而所有民族都有一个形式—目的因——汇聚在一起之时,我们就得到了黑格尔历史哲学的基本论题:世界历史的目标存在于自由的自我意识之中。由于用这些装备武装起了自己,黑格尔认为他既能够重视历史主义的真理,同时又可以避免它的相对主义的后果。既然自由的自我觉察是世界历史的目标,那么,它就提供了价值标准的唯一尺度。现在我们能够讨论进步,依据诸文化是否促进或者阻碍这个目标的实现来评判它们。

依据亚里士多德来理解黑格尔的规范理论,能够使我们解释乍一眼看起来似乎是一个不可解决的矛盾的东西了:也就是说,黑格尔坚持认为价值的客观身份,而他又主张,价值是人为的。一旦我们回忆起亚里士多德在解释的次序和存在的次序之间所作的区分(第 56 – 57 页),这种表面上的矛盾就涣然冰释了。尽管黑格尔认为,形式—目的因在解释的次序中是第一位的,但是,他的确不认为它在存在的次序中也是第一位的。他论证说,只有通过特殊意志的活动,他才能够进入存在。因此,尽管具有规范性的身份并不依赖于个体的意志,但是这些规范仍旧只能在并且通过个体意志才得以实现或者现实化。那么,意志论者的混淆就是经典的:他断言说,在存在的次序中处于第一位的东西——特殊意志——在本质和解释的次序中也处于第一位。

现在我们终于站在某个立场上以简明扼要的方式理解,黑格尔的社会—历史目的论如何保存了理性主义、意志主义和历史主义的传统。诸价值在自然之中,它们具有客观的身份,在这一点上理性主义者是正确的;但是他们把诸价值看作是凌驾于历史之上的永恒规范,或者自然之中的静止的本质,在这一点是错误的;毋宁说,这些价值只有在历史之中和通过特殊个体的行动才得以实现。意志论者强调自由的核心作用,着重指出意志在把价值带向存在过程中的作用,是对的;但是他们认为单单意志——而非理性——是规范性的来源,亦误入歧途。最后,历史主义者认为规范体现在一个民族的生活方式之中,这是对的;但是他们在把形式—目的因,历史变迁的规范,等同于任何一套特定的社会和历史环境之时,也太不加区别了!因为他们不以历史主义的方式理解历史,所以历史主义者混淆了价值的历史解释和它们的概念性的证明:历史的解释聚焦于事实性的原因,而概念的证明解释奠基性的形式—目的因。

因此,最终,黑格尔的规范学说是匠心独运的、入木三分的和始终如一的。它以某种令人瞩目的方式融合了理性主义、意志主义和历史主义的传统,保存了它们的真理并且去除了它们的错误。但是毫无疑问的是,这个学说从根本上说是思辨的和形而上学的,建立在黑格尔的亚里士多德式的形而上学的基础之上。黑格尔至少提出了三条基本的形而上学的主张:(1)共相存在于事物当中(in re);(2)我们能够把这种形式—目的因应用到自然世界的有机体之中;(3)我们也能把它应用到社会—政治世界的"有机体"之中。所有这些主张加在一起就产生了绝对唯心主义。我们在前三章中已经看到过黑格尔第一个主张的基本原理,在第四章中看到过他关于第二个主张的证明;我们将在第十一章考察他为第三个主张所作的辩护。无论黑格尔的论证的成功之处在哪里，有一点是明白无误的，即，他整个的解说只有作为一种形而上学才是可理解的和可辩护的。因此，如果我们坚持对于黑格尔的社会和历史的理论做一种非形而上学的解读，那么，我们就不能理解这种基础。

马基雅维利的挑战

对黑格尔而言，权利的问题——"我们如何去证成法律?"——从来都不是一个仅仅事关证成模式的问题，而且还是一个它的应用的问题。理性主义、意志主义和历史主义的传统实际上只是在为如何证成法律而争论不休；但是，它们都想当然地认为，它可以应用到政治世界。黑格尔作为政治思想家的最大功绩之一是，他充分认识到它的应用的问题并与之进行斗争。在他后法兰克福岁月的一开始，黑格尔就看到了马基雅维利的挑战的压力(force)：道德原则不能被应用到政治世界之中，因为如果有民族根据道德原则而行动，那么，他们就会自取灭亡。黑格尔的学说中某些最为核心和最具特色的方面就源自于他回答马基雅维利的尝试。

还是一个年轻的观念论者之时，黑格尔对于道德原则在政治世界中的力量抱有绝对的信心。在 1795 年 4 月，他给谢林的信中说，他期望康德哲学给德国带来一场革命。[14]他自认为是一个民族教育家(volkserzieher)，这个民族教育家要向民众大肆鼓吹康德哲学的原则。他相信，只要这个民族觉察到了他们的自然权利，他们就会要求这些权利，并推翻他们的压迫者。不过，黑格尔早期的道德观念论实际上没有像它看起来那么天真幼稚。它基于他的这样一种期望，即，他的祖国维滕堡将会由于法国军队的入侵而获得解放，他们将会强加给维滕堡一部新宪法。1796 年，法国军队已经侵入了他的故乡；尽管它很快就撤退了，但是似乎它的返回指日可待。如果说法国已经在米兰、罗马和瑞士创立了一个新的共和国，那么维滕堡为什么不可以是下一个？就像许多斯瓦布的年轻人，其中包括谢林和荷尔德林，黑格尔同样把自己看作"一个爱国者"。爱国者们相信，斯瓦布的宪法应该依照现代法国精神来进行改革。[15]

最终，这些愿望在现实面前撞得粉碎。随着猛然的醒悟而来的拉斯塔特议会、在法兰西帝国和德意志帝国之间的和平会议，发生在 1797 年 11 月和 1799 年 4 月之间。黑格尔从内部渠道多少了解了这次会议的进程：他的朋友荷尔德林和伊萨克·冯·辛克莱参加了这次会议，并且以报告的形式告诉他其和维滕堡代表之间进行磋商的细节。和荷尔德林与辛克莱一道，黑格尔对于会议的成果有一种深深的幻灭之感。这显示出，法国人根本没有兴趣输出他们的革命，而只对为他们自己获得权力感兴趣。此外，德意志帝国的各国家仅仅代表它们自己国家的利益行动，而不肯为作为整体的帝国牺牲任何东西。对黑格尔和他的朋友而言，议会证实了一个悲哀的现实，即所有人都知道但是无人愿意承认，神圣罗马帝国已经一去不返。

拉斯塔特国会在政治世界方面给了黑格尔一个十分沉痛的

教训:政治家们的行动不是为了实现他们的理想,而是为了使他们的权力最大化。他们也许会订立条约,但是只要是符合他们的自我利益,他们随时会违反它们。黑格尔意识到,站在道德的立场上责备政治家根本上是无的放矢。他们的行动是出自纯粹的必然性,仅仅为了幸存的目的。在政治世界,一个人要么是成功者,要么是失败者,要么是作恶之人,要么是受害之人。既然"应当"意味着"能够",那么,只有在我们能够根据道德理想而行动的时候,道德理想才会应用于政治世界;但是经验指出,我们不能依据它们行动,因为如果我们依据它们而行动,我们就会自取灭亡,而没有人有义务允许他们自取灭亡。

这个经验纯粹是马基雅维利式的。实际上绝非偶然的是,黑格尔很快在他第一部论述政治哲学的重要著作,论述德国宪政的论文,所谓的《宪法论文》(Verfassungsschrift)中援引他的名字。这部著作写于对拉斯塔特议会的幻想破灭之后的 1799 年到 1800 年间。[16] 黑格尔的这本小册子一个最引人注目的特征是他公开为马基雅维利辩护,而在 18 世纪的德国,马基雅维利仍然恶名昭著。黑格尔论证说,如果你在他那个时代的语境中阅读马基雅维利的理论,它将显示自己为"一个最伟大和最高贵的类型的真正的政治头脑的最真实和最伟大的思想"(I, 555/221)。黑格尔对于马基雅维利的心有戚戚,不只是源于他所看到的在他自己的处境和马基雅维利的处境之间的相似性。就像十六世纪的意大利,现在的德国也由于外来的力量而四分五裂;此外,帝国的那些独立的国家就像意大利那些独立的城市,它们仅仅为了自己的利益而行动和扩张它们的武力。在黑格尔的解读中,马基雅维利完全无视立法的兴趣是拯救意大利、结束无政府主义,以及达成意大利的统一(I,556/221)。

毫不奇怪,鉴于他对于马基雅维利的惺惺相惜,某些学者视黑格尔的《宪法论文》为本质上是为实在政治(Realpolitik)辩护。实在政治(Realpolitik)是这样一种学说,即政治家总是出于他们的自我利益而行动,他们的自我利益在于获得、维持并增强权力,道德原则因此而不能应用到政治世界之中。这就是弗里德里希·梅涅克,伟大的德国历史主义学者,归之于黑格尔的学说。[17]对于梅涅克而言,在实在政治的历史上,有三位伟大的人物:马基雅维利、弗里德里希二世和黑格尔。尽管现在在很大程度上已被遗忘,但是梅涅克的阐释已经产生了一些颇负盛名的追随者,其中包括恩斯特·卡西尔,卡尔·波普尔和以赛亚·柏林。[18]

黑格尔真的是实在政治的拥护者吗?这个问题重新挑起了那个古老的争论,黑格尔是进步论者还是反动派?当代学者一致同意,黑格尔是一个自由的改革派,而极端保守的阐释现在已经名誉扫地,以至于它实际上获得了一个神话的身份。[19]但是许多对于黑格尔的更加自由主义色彩的阐释建基于对黑格尔晚期的普鲁士语境的考察之上。它们仅仅考虑他晚期的《法哲学》,而完全忽略了《宪法论文》。[20]这也就仍然忽视了追问,黑格尔实质上是否在《宪法论文》中拥护实在政治的问题,以及如果答案是肯定的,那么我们是否应该借助他早期的著作来解读他的晚期著作的问题。

仔细检查《宪法论文》会暴露大量的梅涅克的阐释的证据。

他的理论的四个方面似乎确凿无疑地证实了这一点。首先,黑格尔坚持说,国家的本质,它的核心的和明确的特征,就是拥有权力,增强和捍卫它的政策和法律的权力(VD I,472—85/153 - 64)。他排除了宗教、文化、政府形式、民族认同等在国家概念中扮演的必要角色。其次,黑格尔论证说,权利无非就在于为条约所确定和固定的国家的优点之中(I, 541/209)。然后,他强调,如果其他国家不依照条约而行动,那么任何国家都不受条约的限制(I, 540;208);他明确提到,其他国家也将不依据它们而行动(I, 565/229)。第三,黑格尔确信,在政治和拳头政治(Faustrecht),亦即强者的权利之间没有真正的区别。当道德理想主义者忽视了在政治中"真理就在强权之中"这个关键事实之时,他们就是自我欺骗(I, 529/199)。第四,黑格尔明显把权利等同于历史的必然性。在《宪法论文》的引言中,他攻击那些道德理想主义者,他们告诉我们政治世界应当如何如何,并且强调这个世界必定会成为的样子就是它应当会成为的样子(I, 463/145)。

在考察这些证据之后,似乎黑格尔事实上就是实在政治的拥护者。但是进一步细勘文本就会发现,下这个结论还为时过早。有三个因素可以缓和这个结论。首先,尽管黑格尔强调拥有权力是国家的核心特征,但是他也强调说,这种权力有一个目标:也就是说,保护它的公民的权利(VD I, 481 - 482,520/161 - 162,192)。国家权力的目标是"不可动摇地维护权利"(I, 543/211),以及防止国家之间的关系蜕变为更强者的权利(I, 542/210)。黑格尔之所以捍卫唯一的中央国家,是因为这是确保基本权利和秩序的唯一手段,它是自由和享有一个人的基本权利和财产的基础(I,550,555,556/217,220,221)。其次,黑格尔认为,国家的权力应该受到严重限制,以至于它只能做对于组织和维持一个中央权威和行政而言必不可少的事情。他既是古老的绝对主义国家的批评者,又是现代革命国家的批判者,因为它们试图自上而下地控制一切事物。国家应该给与公民的自由和首倡精神以空间。因此,他写道:"对于政府而言,真正神圣不可侵犯之事应该是像保证和保护公民的自由行动这样的事情,而非这一点(组织和维持权威机构)"(I,482/161-2)。第三,黑格尔为马基雅维利所作的辩护不是他看到了权力的自身价值,而是他看到了权力有时候是根除无政府主义的唯一手段(I,556/221)。马基雅维利认识到,政府的第一义务应该是维持法律和秩序。而为了要做到这一点,有时候就有必要作出不道德的行动。黑格尔强调说,这种极端的尺度仅仅是在必要的时刻,法律和秩序受到威胁之时,才能证明其正当性(GW,VIII,259).

因此,尽管细致考察《宪法论文》并不使梅涅克的阐释失效,但是它的确显示出一种传统,比他那些自由主义的阐释者所允许的更加接近实在政治的传统。如果黑格尔在政治中也是一个观念论者(理想主义者),那么,他就是一个最具有实在论色彩的观念论者。他仍然想要克服理论和实践之间的鸿沟;但是他认识到,他的理想不得不通过——而且不能放弃——寻求权力才能达到。我们将会在他的历史哲学中考察晚期黑格尔想要接受马基雅维利的挑战的成熟的尝试(第267-270页)。

一个改革者的观念论(理想主义)

黑格尔在《宪法论文》中对于马基雅维利的同情似乎在理论与实践之间造成了一道不可弥缝的鸿沟。如果政治家们只是依据他们的自我利益而行动,如果他们的主要目的是获得权力,那么道德理想似乎在政治领域压根儿就没有任何有效性——当然,除了它只是当作幌子。在《序言》中,黑格尔本人得出的正是这个结论(I,461 – 4/142 – 5)。在这里,他表达了他对于所有想要教导这个世界应该如何成其所是的理想主义者的轻蔑。他主要的靶子是那些老的法学理论家,他们拒绝承认帝国已经崩塌,但却仍然顽固不化地试图在三百个独立的国家的混乱无序的背后发现某种宪政。[21] 但是他也对那些激进主义者和锐意改革者——那些人就像稍早些年的他本人——嗤之以鼻,他们认为,他们能够依据他们的道德理想来改造这个世界。与所有这些理想主义者背道而驰,黑格尔现在训诫一种苦涩的顺从的福音,容忍的默许的福音。他宣称,他的论文的唯一目标是认识帝国崩溃背后更深层次的原因,以及这些事件为什么必定如此发生而不可能呈现其他面目。他解释说,只有我们知道了历史发展进程背后的必然性,这才会促进“对于它的更加镇定自若的展望和不偏不激的忍受”。使我们心怀怨恨的不是实在自身,而是实在没有和它应当所是那样的思想。然而,如果我们认识到,实在正是如它必定所是那样,那么,我们就会接受它实际上正是如它应该所是那样。在这里,黑格尔已经预示了他后来在《法哲学》的序言中的陈述,即哲学的目的不是为世界应该怎样开处方,而仅仅是让我们和世界为什么必定如此之间达成和解。

话说回来,尽管提倡顺从,但是黑格尔并不拒绝理想主义本身。他所批判的只是某种类型的理想主义:这种理想主义训诫事物应当成为什么样子,或者它忽略了人类行动的真正动机。但是他仍然坚执另一种类型的理想主义(观念论),这种理想主义观察历史发展历程背后的目标。当他赋予历史必然性以他的规范性制裁之时,他压根儿不是想同意任何形式的历史发展历程;关于历史在哪里发生,以及它为什么应该如其必定之所是那样,他有一个确定的观念。在《宪法论文》中,他已经暗示了他后期的历史哲学中的核心主题:历史的目的是自由的实现,更具体地说,是人民应该有限地参与到政府之中这个原则。现代的代议制原则——每一个个体都应该参与到国家之中——是从德国的森林之中产生出来的,而最终将统治整个的现代世界(VD I,533/203)。

那么,最终,黑格尔从来没有放弃他的各种理想;他只是把它们读解进历史本身。他不能接受历史的诸种实在,只是因为他相信,它们是朝向进步的进身之阶,是实现历史的更高目的的手段。他从后革命时代学到的最大的教训是,理性不是凌驾于历史之上的永恒规范,而是历史自身的内在目标和内部的必然性。黑格尔关于历史的狡计的著名论点是他面对政治世界中诸种残酷无情的实在时对于理想主义(观念论)的再次肯定。这个论题认为,即使政治家只是为了他们自己的利益而行动,他们也仍然不知不觉地充当了理性的更高目的的工具。他们对于它只有模糊的预感。黑格尔要传递的信息是,与最诡计多端的政治策士们相比,理性要更加老谋深算,与实在政治中各种狡猾的圈套相比,理性要更加聪明灵巧(第267－270页)。

黑格尔关于历史中的理性这个宏大主题不仅仅生自它对于拉斯塔特议会幻想的破灭,而且也生自他想要解决1790年代晚期著名的理论——实践争论的尝试(第31—33页)。他想方设法要在理性主义和经验主义的两个极端之间发现一条中间道路。理性主义者(康德和费希特)强调实践应该服从理论,或者我们应该改变世界以遵从理性的道德理想;经验主义者(莫塞尔,A.E.雷伯格和弗里德里希·根茨)反对说,理论应该服从实践,或者我们应该通过遵从传统来决定我们的政治原则。黑格尔同意理性主义者的是,国家的原则应该建基于理性;但是他反对他们的是,这些原则应该强加诸历史之上。他与经验主义者意见一致的地方是,好的法律和政策应当从历史中产生,并且适应地方的环境;但是在他们强调惯例、特权和传统作为法律的基础之时,他就和他们分道扬镳了。简言之,理性主义者的主要问题是,他以历史为代价来强调理性;而经验主义者的主要困难是,他以理性为代价强调历史。在这两个极端之间的第三条道路是,把理性置入历史之中。法国大革命的基本原则——自由、平等和博爱——实际上就是历史自身的终结(目的)。在理性主义和经验主义的虚假对立背后一个有瑕疵的前提是,历史无非就是一堆历史事实的堆积。这就给与理性主义者以忽略历史的动机,给与经验主义者以忽视理性的借口。双方都没有能够看到,历史之中是有理性的,历史的最终目标是自由的实现,自我觉察到人本身是自由的。

我们现在站在一个更佳的位置上理解《法哲学·序言》中黑格尔那个著名"双向格言"(Doppelsatz)。这个双向格言宣称,"凡是合理的都是现实的,凡是现实的都是合理的"。也许黑格尔的名言警句当中再也没有哪一句比这句产生了更多的评论与争议;但是只要我们记住黑格尔在经验主义和理性主义之间的中间道路,它的基本意思就昭然若揭。前半句格言——凡是合理的都是现实的——意味着,理性是一个自我实现的目的、一个必然要实现它自身的目标。合理的不仅仅是一个关于应当如何的理想,而是必定如是的目的。这条格言是专门针对那些把理想当做绝无实现之可能、堂吉诃德式的或乌托邦式的东西而不屑一提的保守派的。后半条格言——凡是现实的都是合理的——说的是,现实体现了、实现了和发展了理念。它是专门针对那些由于它们的道德理想而想要把过去彻底清除的激进主义者。然而,重要的是注意到,黑格尔在《哲学百科全书》(第六节)中是如何明白无误地描述这条格言的后半部分的。由于急于避免有人提出异议说,他认可了所有形式的现状,因为他说凡是现实的都是合理的,黑格尔解释说,我们必须区分现实性(Wirklichkeit)和定在(Dasein)或者实存(Existenz)。现实性是必然使一个事物的本质得以实现的东西,因此,它就不仅仅是实在或实存,因为后者是偶然的。因此,黑格尔的意思不是同意现存社会和政治世界的每一个方面都是合理的。犯罪、贫困和暴政也许是实在的或者实存的,但是它们从来不是现实的,因为它们不能实现任何理性的理想。

如果从它的这种历史语境中来理解,黑格尔的格言就显示自身既不是激进的,也不是反动的。它之所以不是激进的,是因为它要求政治家以历史的过去为基础;它之所以不是反动的,是因为它强迫他承认历史的进步的力量。因此,黑格尔的格言建议政治家寻求改革的第三条道路。这就是当我们把他置于普鲁士的语境之时期望他所说的东西。尽管黑格尔常常被看作是普鲁士复辟的代言人,但是几个基本的事实拒绝这种阐释。(1)黑格尔在普鲁士和反动的宫廷圈子没有什么关系,而是和斯泰恩、哈登伯格和阿尔腾斯坦的改良政府之间有联系。事实上是阿尔腾斯坦把黑格尔招往普鲁士的,因为他被黑格尔的改良主义主张所吸引。[22]黑格尔没有与反动派并肩战斗,相反他在通信中和在《法哲学》中尖锐地批判了他们。[23]就反动派而言,他们在普鲁士宫廷由考恩特·冯·维特根斯坦领导的圈子肆意骚扰和暗中监视黑格尔和他的学生。[24](2)黑格尔在他于1818年和普鲁士发生关联之前就已经发展出了他关于国家的有机观念的纲要,甚至细节。[25]迟至1805年,黑格尔的观点的基础就已经奠定了,他不是把普鲁士而是把奥地利看作是德国改革的最大希望。[26](3)黑格尔非但没有为现状歌功颂德,相反,他的理想国家的绝大多数方面都和1820年普鲁士的实况有十万八千里之遥。实际上,黑格尔对于立宪君主制、民选议会、地方自治和强大的行政部门的所有呼求都于1819年被普鲁士的反动派挫败。(4)黑格尔的有机政府最接近斯泰恩和哈登伯格提出来的普鲁士政府改革的理想。和黑格尔一样,斯泰恩和哈登伯格支持(a)两院制的等级议会,(b)更多的地方自治,(c)更多的贸易自由和废除封建特权,(d)制定宪法保证所有公民的基本权利,并且限制君主的权力,(e)更大的机会平等,以便军队和行政机关的位置向任何具备足够才能的人开放,(f)更强有力的官僚系统,它并不只是执行国王和内阁的命令,而是也积极制定政府政策。

如果所有这些和普鲁士改革派有着亲缘关系,而又和普鲁士的复辟派产生紧张,那么,把黑格尔的国家理论看作是普鲁士改革运动的哲学,就很有诱惑力了。事实上,这也是黑格尔立场的更为准确的定位。然而,重要的是记住,在这场运动形成之前,黑格尔已经发展出了几乎他的全部想法,因此它们充其量只是它的事后的理性化。[27]

第十章 黑格尔的国家理论

黑格尔的政治规划

以他一个极少能够引人注意的隐喻的方式,黑格尔在他的《法哲学·序言》中写道,"密涅发的猫头鹰要到黄昏才飞起"。黑格尔以一种沉着冷静的音调解释说,哲学总是出场得太迟,只有在一种生活形式已经变老的时候,哲学才把它的"灰色绘成灰色"。如果我们把这些说法应用到黑格尔本人的政治哲学,也许我们会惊诧于它和我们今天之间的那种相关性。毕竟,如果黑格尔的哲学对于他自己的时代都已经陈旧不堪的话,它对于我们自己的时代还能有什么价值呢?

尽管黑格尔政治哲学中的许多内容都已经是明日黄花,但是今天的哲学家们仍然对它推崇不已,因为他提出了许多重要的问题,为当代政治思想中占主流的自由主义提供了替代性的选择项。黑格尔通常被看作是社群主义伟大的当代代言人，以及批判自由主义的先驱。有些历史学家把他的政治哲学看作是自由主义传统思想上最重要的替代者，他们也正是从这样的角度来解释它的历史的重要性。

　　但是关于黑格尔的这幅司空见惯的图像歪曲了他的真实的历史位置。用这样一种角色来塑造黑格尔实在是误人不浅，理由非常简单，这种角色已经被他的许多前行者和同时代人扮演得非常之好。如果我们只把我们自己限制在德国传统之内，那么我们很快就会发现，在黑格尔之前和大约与之同时，有不少思想家批判过自由主义和捍卫过社群主义。他们当中有莫塞尔，A. W. 雷伯格，诺瓦利斯，施莱尔马赫，弗里德里希·施莱格尔和亚当·缪勒。黑格尔对于自由主义的许多批评，他的许多社群主义的理想，是他那个时代的共同遗产的一部分。纯粹为了方便起见，我们可以把黑格尔看作是这个广泛的传统的主要代表。然而，我们切不可得出结论说，这些观念是他独创的，或者是他独有的。

　　由于另一种原因，这幅黑格尔的画像是不准确的：它篡改了他的意图。因为为了社群主义的理由而拒绝自由主义，这从来都不是黑格尔的目的。不像某些对于自由主义更为保守的批评家，比如莫塞尔和哈勒，黑格尔仍旧支持自由主义的基本价值，比如良心自由、机会均等和否决权。尽管这些保守派为了共同体的利益而否定了自由主义的价值，黑格尔却坚持在共同体内部保存这些价值。黑格尔作为政治思想家的意义，与其说是在于他捍卫了社群主义，或者他批判了自由主义，不如说是，他努力要在一个一以贯之的现代国家的观念之中把社群主义和自由主义综合在一起。也主要是因为这一点,黑格尔与当代的社会与政治思想保持着关联。

尽管如此,在这里又一次重要的是认识到,这样一种规划并非黑格尔所独有的。实际上,这是早期浪漫派一代的总体纲领。然而,在黑格尔如何试图达到这种综合之中,出现了某些新的东西:他殚精竭虑要依照理性的纽带而非情感和想象力的纽带把个体统一到国家之中。和浪漫派相反,黑格尔坚持认为,个体可以认同国家,只要国家以某种方式满足批判理性的要求。因此,他拒绝了诺瓦利斯的著名的论点,即国家的纽带应该建立在"信与爱"的基础之上。

黑格尔要把自由主义的和社群主义的传统综合起来的规划似乎提出了虚拟的化圆为方,只要这些传统看起来相互之间根本上如此扞格不通。在18世纪90年代,这些传统之间的战线已经开始成形。它们至少在四个方面相互对立。首先,自由主义者认为,国家的主要目的是保护自由,公民以自己的方式追求幸福的权利。然而,社群主义者主张,国家的主要目的是确保共同的善,共同的善不仅仅是私人利益的总合,而是那些对所有人作为人而言具有根本意义的基本善。其次,自由主义者争辩说,国家是一种从个体之总合中产生的混凝物,每一个个体都是一个自足的单元;而社群主义者认为,国家是一个规定了组成它的个体的同一性的有机整体。第三,自由主义者坚持认为,在合法性和道德与宗教的领域之间应该存在明显的区别:法律只是调整着外部行动的领域,而道德和宗教关心的是内部的良心和选择。既然社群主义者认为，国家只有通过公民的爱国的美德和信念才能维持，而既然他强调国家的角色是教育它的公民具有这些美德和信念，那么，他就否认在这些领域之间有明显的分离。第四，自由主义者采取的是一种消极的自由概念。依照这种概念，自由就在于强制和限制的缺席；社群主义者拥有的是积极的自由概念，依照这种概念，自由在于执行确定的行动，比如参与公共生活。

早在伯尔尼和法兰克福时期，黑格尔就既受到自由主义的影响，又受到社群主义的思想潮流的影响。社群主义的影响主要表现在三个方面。首先，从他对于希腊和罗马共和国的激赏来看，他之表彰它们，是因为它们的公民生和死都是为了共同善。其次，从他关于有机社会的思想来看，依照这种思想，它的历史、宗教和政治组成了一个不可消融的统一体（TE I，42/56）。第三，从他试图发展出一种公民宗教来看，这种宗教作为社会的、政治的和文化的团结源泉服务于国家的每一个公民。自由主义的影响尤其明显地表现在黑格尔早期对于宗教自由的辩护中。青年黑格尔全神贯注于"实证性"问题——通过国家增强宗教信仰，因为他把它看作是对于基督教精神的背叛，而基督教精神则在于道德自律之中。为了抗击这种危险，黑格尔在《实证性论文》中为一种本质上是自由主义的国家观念进行辩护。依照这种观念，国家的本质目的是保护诸种权利，而在其中，最基本的是言论自由和良心，以及人身和财产的安全（N173、183）。国家要求于我的全部东西就是合法性，使我的行为合乎法律；但是它不能对道德提出要求，我的意志只应该遵守法律（175）。基于这些理由,黑格尔强调教会和国家的分离。

这些传统之间的紧张关系在黑格尔自己的早期手稿中的某些矛盾之中显露无遗。例如,对他来说,在《实证性论文》中把他公民宗教的理想和他为宗教自由的辩护弄得协调一致,变得非常困难了。正是解决诸如此类的困难的尝试最终导致黑格尔要把自由主义和社群主义综合起来的总体规划。他的《法哲学》就是他要在一个一以贯之的国家哲学中融合这些传统的最后尝试。

这一章的任务将会是解释黑格尔在《法哲学》中把自由主义和社群主义综合在一起的尝试。为了理解他的规划,我们首先必须检查一下他在每一种传统中解救了什么和拒绝了什么。

对于自由主义和社群主义的批判

我们最好是通过考察黑格尔对于希腊和罗马的古代共和国的观点来估算他对于社群主义的态度,因为对他而言,它们就是完全的共同生活的模型。黑格尔欣赏古代共和国出于好几个原因。首先,它们赋予公共善以私人利益之上的优先性。和马基雅维利、孟德斯鸠、卢梭和弗格森一样,黑格尔表彰古代共和国的美德,公民献身于公共福利,他愿意置共和国的利益于私人利益之前。古代共和国正确地认识到,在发生公共危险之时,公民必定会为了国家而牺牲他的生命与财产。其次,古代共和国看到了至善——生命的目的——是只能通过在国家中的生活才能达到的。因袭卢梭和马基雅维利的看法，黑格尔批判了基督教把至善放置到超越了世俗领域的天堂的永恒救赎之中。他论证说，古希腊人和罗马人并不需要个人的拯救，因为他们在献身于国家之中发现了生活的意义。第三，古代共和国是民主制的，赋予每一个公民以参与国家事务的权利。重要的是看到，黑格尔和十八世纪晚期的大多数德国思想家一样，把民主制和社群主义而不是自由主义联系在一起。自由主义的民主制要到十九世纪晚期才发展出来；黑格尔时代的某些自由主义者，最著名的有雅可比和洪堡，都是君主立宪制而非共和主义的辩护者。尽管黑格尔又一次和他的大多数同时代人一样，怀疑古代共和国的直接民主制在现代世界是否具有可行性，但是他仍然坚持认为，如果人民不能在某种程度上参与到政府中，分享某些权利，哪怕是间接地管理他们自己的事务，现代国家就不可能幸存（第301节补充）。事实上，只有通过公共参与国家事务，个体才会认同国家，把自己当作是共同体的一分子（第261节补充）。

尽管黑格尔对于古代共和国激赏有加，但是他仍然教导说，它们因为两个基本的缺陷而蒙受损害。他在《法哲学》中明确地说明了这两个缺陷。首先，它们没有为个体权利留下空间，尤其是个体对政府持有异议的权利（第124节附释、第138节补充、第186节附释、第260节附释、第261节附释、第299节补充）。其次，古代共和国并不期望公民寻求他们自己在市场上的私人利益，以发现他们自己通往幸福的道路（第46节附释、185节附释、262节补充）。它们期望公民们拥有足够的手段和独立性，以便他们能够审慎考虑国家事务；但是由于在现代世界中奴隶制已经废除,这就不再是一个合理的期待。

　　黑格尔对自由主义的偏袒和他对于社群主义的同情半斤八两。尽管把黑格尔认作一个自由主义者似乎不合情理,但是毫无疑问,他支持自由主义的某些基本的价值观。在这些价值观之中,黑格尔尤其支持自由的市场经济。在自由市场经济中,每个人都有权利追求他们自己的利益,以他们自己的方式寻找幸福(第 185 节、206 节)。尽管黑格尔认为,完全的自由放任(Laissez – faire)是不能维持的,它仍然警告对于市场的过度管理。实际上,《法哲学》背后的一个指导目标是,把市民社会的自由融入到现代国家之中。黑格尔所支持的另一个至关重要的自由主义的价值是人权。这个学说认为,所有人都有作为人而具有的基本权利。他在《法哲学》中明确肯定了这条原则:"人之所以为人,正是因为他是一个人,而并不是因为他是一个犹太人、天主教徒、德国人、意大利人等等。最为思想之目标的意识,具有无限重要性。"(第 209 节附释)和洛克、卢梭或康德不相上下,黑格尔强调,某些权利是不可剥夺的或不可侵犯的,比如我的人身安全、我的财产权和坚持宗教信仰的权利等等(第 66 节附释)。由于忠实于对这些权利的尊重,黑格尔强烈赞成古典自由主义的某些自由:思想、结社和出版的自由。尽管他仍然肯定普鲁士唯一的国家教会的价值,但是他坚持说,国家应该宽容不同的教派,无论他们是教友派信徒、犹太教信徒,还是天主教徒(H225)。尽管国家应该鼓励所有人属于某个教会,但是它应该把选择哪一个教会的问题完全留给个体(第 270 节附释)。尽管黑格尔否认,出版自由应该给与每个人出版任何他想出版的东

西的许可——因为诽谤总是一个问题(第319节附释)——他仍
然强调出版自由在形成公共舆论和赢得关于公共善的认识方面
的作用(第315节)。

就所有他的自由主义价值观而言,黑格尔在几个基本的方
面对于自由主义持有异议。首先,出于我们很快将要看到的原
因(247 - 251),黑格尔质疑古典自由主义的经济学说,即市场力
量的自由机制自然地就会起作用,同等地惠及每一个人。他争
辩说,对于政府而言,确保市民社会的自由的唯一方式是控制市
场的力量(第185节补充、201补充、第243节)。其次,他不能接
受常见的自由主义学说,即国家的目标仅仅是保护自然权利和
市场的自由(第258节附释)。这样一种学说似乎同意把社会瓦
解为大量的互不相干的和寻求自我的原子,而没有任何为了共
同善的归属感或者责任感。第三,黑格尔辩驳了社会契约的理
论。依照社会契约论,国家起源于各个独立的寻求自我利益的
派别的协议。黑格尔基于几个理由质疑了这种学说。(1)在自
然状态中,不存在那种独立的行动者,因为个人的身份是以社会
和国家为基础的。(2)如果进入国家的义务依赖于个体的意志,
那么国家中的成员就会变成任意的和可选择的;个体将会有权
利离开国家,如果国家反对他的自我利益的话,这就使得所有国
家都不可能存在(第258节附释,第281)。第四,黑格尔不接受
自由主义的严格意义上的消极自由的概念。依照这个概念,自
由只在于限制的自由和选择的复数性。正如我们已经看到的,
尽管黑格尔并不质疑这种消极自由的重要性和价值,但是他并
不认为,它提供了关于自由的详尽无遗的或者完美无缺的解释。

他自己的更加积极的自由概念把自由等同于自我规定或者自律，即依照我作为一个理性存在者加诸我自己之上的理性法则行动的能力。

黑格尔对于自由主义的这种模棱两可的态度——对他来说，所有的力量和缺点的来源——围绕着唯一一个基本的原则，它称之为"主观性的权利"或者"主观自由的权利"（第 124 节附释）。总而言之，这个原则说的是，每一个个体都有权利仅仅接受他们的信念和命令，都仅仅执行符合它的判断的行动（第 132 节附释）。这也就意味着，每一个个体自身都是目的，它永远都不能仅仅被当作达到他人的目的的手段（VG, 82/70）。黑格尔给出了这个原则的几条更为精确的阐述，每一条都不相同，甚至都没有共同的边界。(1)它是"认识到没有什么我观察不到的事物是理性的的权利"（第 132 节附释）。(2)"无论它（主观意志）把什么看作是有效的，都应该被它看作为善的"（第 132 节）。(3)它是"……主体在（它的）行动中发现它的满足的权利"（第 121 节；VG 82/70）。(4)"意志能够承认什么东西或者是什么东西，仅仅因为那个东西是意志自己的……"（第 107 节）(5)"对于一个被接受的或者被持以为真的内容而言，人们自己必须积极地与之发生关联，更确切地说，人必须发现这样的内容和他自己的确定性处于一致并处于统一体之中。"（EPW，第 7 节）

无论对它做如何更精确的阐述，黑格尔认为他的原则是不可回避的，对于现代世界而言，是基础性的，也是其基本特征。他追溯它的根源到基督教（第 124 节附释），发现它典型地体现在新教之中（PR VII, 27/22）。这条原则对他而言是现代国家的核心,它必定会以某种方式合并并且满足它的公正的要求。古代城邦灭亡的主要原因是,它不能提供这种权利(第 138 节补充、第 124 节附释、第 185 节附释、第 260 节附释、第 261 节附释、第 299 节附释)。

没有什么比黑格尔在整个《法哲学》中持续不断地使用主观性的原则更能揭示他的政治哲学的自由主义的一面了。黑格尔诉诸主观性原则来证成几个古典的政治价值。(1)个体只是受到他同意的法则或者政策的约束(第 4 节、第 258 节附释)。(2)个体应该有权利参与政府,或者至少在政府中有人代表他的利益(第 301 节附释)。(3)个体应该有权利在市场经济中追逐个人利益,或者他应该有作为市民社会基本特征的选择自由(第 185 节附释,187 节)。(5)一个国家的法律和宪法必须是清楚的和连贯的,对于每个人的知性来说都是同样可理解的(第 211 节附释)。

尽管黑格尔强烈支持主观性的原则,尽管他用它来证成所有自由主义的价值,但是他仍然认为它是极度成问题的。在他眼中,这个原则的主要问题是,它太抽象了,亦即,关于支持什么信仰或者行动,它没有给出任何有效的标准或者具体的指导线索。原则是"纯粹形式的",因为它是和任何内容相兼容的;任何法则和信仰都可以满足它(第 136 – 138 节、140 节)。因此,它没有告诉我们,可以接受什么法则和信仰,而只是无论我们接受的是什么法则和信仰,它都应该和我们的理性或良心保持一致。换句话说,主观性的问题是,它可以是错误的或虚假的。黑格尔论证说,我们知道一个决定或者信念是对的或者错的,只是从它的内容而来的,从它所决定或者它所相信的东西而来的(第 137 节)。黑格尔论证说,因此也有必要承认与之互补的权利,黑格尔称之为"客观性的权利"(第 132 节)。客观性的权利主张,主观性的决断和意见必须是正确的,亦即,它们必须有正确的内容。如何确定客观性的权利的内容,我们将在下一节确定。

这就是以提要钩玄的方式描画的黑格尔对于自由主义和社群主义的基本的同意和不同意。但是最重要的问题仍旧没有回答:是否有可能把黑格尔想要保存的自由主义和社群主义的那些方面统一为唯一的始终如一的思想?这里存在着一个明显的分歧点:如果国家的共同善的概念不被某些个体,甚至是大多数个体接受,怎么办?如果综合仅仅建立在力量的基础上、国家迫使个体服从的权利的基础上,那么,它将会是人为的和不自然的。

有两个策略可以解决这个问题。其中之一是说,在国家的自由概念和它的公民的自由概念之间根本不存在任何冲突的可能,如果国家足够民主的话;那么国家的共同善的观念所代表的的不多不少正是它的公民的意志。另一个是说把共同善的观念径直还原为不多不少组成它的个体的自我利益。因为国家的目标是保证市场的自由,因为它所做的不多不少是确保每一个人都有机会共享市民社会的善,所以,在国家和自由之间压根儿就没有任何冲突。

两种策略都得忍受严重的缺点。第一种策略的主要问题是,我们将会看到,黑格尔的国家不是完全民主的。第二种策略的困难是,黑格尔的共同善的观念比起组成它的个体的利益的总体性来说,要更加实质得多。因此,黑格尔强调,为了它的安全,国家必须有时要求个体行事完全与他的个人私利背道而驰(第324节);他坚持说,不加任何约束的追求个人私利在某些情况下会削弱共同善的基础,定义共同善是政府的目标(第232节)。此外,他的客观善的观念意味着,有些东西具有有效性,而不必顾及人民是否同意它(第126节附释、258节附释)。

黑格尔的综合是否成功最终依赖于他试图满足和平衡客观性的权利和主观性的权利的方式。为了理解他的尝试,我们必须更细致地观察他的现代国家的制度和权力的理论。然而,在我们进行考察之前,我们必须来考察黑格尔的核心和独具特色的概念之一:伦理生活(Sittlichkeit)。

伦理生活

伦理生活的概念在《法哲学》中扮演了一个至关重要的角色。对于这个概念的阐明占据了这部著作超过一半以上的篇幅,使得与之平行的讨论抽象权利和道德的部分黯然失色。这个概念是如此重要,因为它阐述了黑格尔的基本的社会和政治理想(观念):共同体和个体的综合。

但是如果说这个概念是重要的,那么它也是晦暗不明的。这些疑难始于翻译。"Sittlichkeit"这个德语词没有现成的英语对译词。它有时候具有道德的内涵;但是意义可能更加宽泛,包括人类生活的方方面面。这个术语具体的含义是指风俗、礼貌和体面的标准,以及合乎礼仪和传统的(就像在格言中"入乡随俗"【Andere Laender, Andere Sitten】中一样)。这个术语是指一个人或者一个民族的全部生活和行动方式。黑格尔正是在这种宽泛的意义上使用它。他首次是想到把 Sittlichkei 这个词作为希腊语 ethos 的翻译,它意味着一个国家或者民族的风俗、道德和全部生活方式(II,504/159).

尽管黑格尔想要他的伦理生活的概念包括道德行动,但是他在伦理生活和道德(Moralitaet)之间做了一个学术上的区分。道德和个体的内部领域、他的道德意图和宗教良心相关;它有别于抽象权利或者合法性的领域,后者处理的是外部的行为,它们只遵守法律,而毫不顾及行动者的意图(第 104 节补充、105 节)。道德和抽象权利二者都处理作为个体的个人的权利和义务。它们不同于伦理生活,因为它们只是对待每一个独立的个体,而不管它们在社会和国家中的地位。与之相反,伦理生活认为个体是社会和政治整体中一个不可缺少的组成部分。

在伦理生活和道德之间的这种区分,最终涉及在看待个体和社会整体之间关系的不同方式之间所作的一个更加基本的区分。道德是一个抽象的共相:它使得部分先于整体,就好像每一个个体是自足的或独立的。伦理生活是一个具体的共相:它使得整体先于部分,以至于每个个体的身份依赖于它在整体中的位置。因此,黑格尔认为,道德的立场是片面的和抽象的,因为它把个体从他在社会整体中的位置中分离了出来,而社会整体赋予个体以他的身份。

尽管伦理生活的概念本质上是整体主义的,黑格尔强调说,它也包含着个体的利益与权利。虽然整体是先于它的各个部分的,但是离开部分,它也不能发挥功能;事实上,它只有通过以个体的形式存在的他们中的每一个才会实现它自身,只有他们中的每一个仍然保持着作为社会整体的一个必要部分的它自己的单独的身份。在《法哲学》一开始关于伦理生活的解说中(第142 – 157 节),黑格尔强调整体和部分,共同体和个体是如何达成和解与相互依赖的。如果个体在共同体中发现了他们的自我意识和自我同一性,那么,共同体的观念也只有通过具体的个体的行动和内部性情才能现实化(第 142 节)。当黑格尔说,社会整体只有通过个体才能现实化之时,他的意思不是,他们只是实现集体的目的的必要手段;毋宁说,每一个个体自身就是目的,而它奋发成为一个个体就是社会有机体自身的目的(VG 82/70)。一个功能发挥良好的社会整体必须把它的每一个个体成员的权利考虑在内,以便他们的自律和独立得到尊重。

在伦理生活中,黑格尔试图综合主观性权利和客观性权利这二者。因此,他解释说,在伦理生活中,一个民族的法律和习俗既是主观的又是客观的。它们是客观的,是因为它们看起来凭它们自己的权利而存在,独立于个体的意志;在这方面,它们是个体所服从和遵守的权威的来源(第 144 节、第 146 节)。然而,它们也是主观的,因为它们已经内化于个体之中,个体依照他的民族的风俗与法律而行动,就好像它们是他自己的"第二天性"(第 147 节、第 151 节)。黑格尔强调说,它们是他的第二天性,不仅仅是因为他通过受教育和耳濡目染而去做这些事情,而是因为它们满足了他自己的内部确信和反思。如果说伦理生活否定了道德,是就道德试图把个体从整体中分离出来而言,那么,伦理生活也试图保存道德的基本原则,主观性的权利(第154节)。如果个体想要与共同体合而为一,他就必须根据他自己的批判性反思,从他自身内部这样做。因此,黑格尔坚持认为,共同体和个体在伦理生活中的综合不仅仅是建立在信任或者信仰的基础之上(第147节)。

依据迄今为止的解释,伦理生活的概念似乎是一个简单易懂的矛盾。一方面,黑格尔说,伦理生活建立起客观性的权利,以至于个体承认了它的法律和风俗的更高权威,而不再质疑它们。然而,另一方面,他也强调,在伦理生活中,个体并不是在朴素的信任和信仰的水平上,而是在更高的批判性反思的水平上与共同体合而为一。因此,伦理生活似乎既满足了又悬搁了主观性的权利。黑格尔是如何解决这个显而易见的矛盾的呢?

黑格尔是通过援引他在《法哲学》中经常使用的一个区分来解决这个矛盾的:在个体的客观意志和主观意志之间的区分。主观的意志涉及个体选择的权利,他的利益和需要;客观的意志表达了理性的规范,这规范是在社会生活的法律、风俗和道德中实现的。如果我们主张主观的意志在客观的意志复位时就被悬搁起来了,那么,这个矛盾就消失了。

但是这样一种区分似乎排除了主观性的权利,而后者是黑格尔试图授予其以荣誉的。因为问题仍旧悬而未决:如果个体,通过他的批判性反思,并不赞成国家的法律、风俗和道德,怎么办?黑格尔似乎假定,个体的自我反思最终会教导他把他自己个人的利益和观点弃置一边,结果,他会在共同体中发现他的更

高的自由和自我觉察。但是什么可以保证这一点呢？和柏拉图
与亚里士多德一样，黑格尔赋予教化以在把个体和共同体黏合
在一起时极大的重要性。他论证说，只有通过教化，我们才能获
得我们的第二天性和变成理性的存在者（第151节补充，187节
附释）。教化将会完美地把个体国家绑定在一起，只要像《理想
国》中的柏拉图的体系一样，它便详尽无遗、一丝不苟和无所不
包，个体就会被训练成从不质疑国家的人。但是黑格尔本人对
柏拉图的体系抱有怀疑，恰恰是因为它过于集权主义了（第185
节附释）。

对于黑格尔伦理生活的概念主要的怀疑是，它仅仅通过它
隐含的权威主义，仅仅通过偏爱客观性的权利胜于主观性的权
利，就达到了个体和共同体的综合。黑格尔代表伦理生活一面
而反对道德的片面性的独创性论证似乎仅仅是为了确定，它由
于偏爱客观性的权利而有多么大的偏私。他论证说，为了克服
主观性的原则，我们必须用共产主义（公有制）的理想来补充它。
我们可以赋予我们的理性以内容，赋予我们的良心以客观的规
范，只要我们把它们放置在共同体的伦理之中（第146节，148
节）。然后，黑格尔写道，似乎我们只应该接受和遵从共同体告
诉我们去做的东西：

> 一个人应该做什么，应该尽些什么义务，才能成为有德
> 性的人，这在伦理共同体中是很容易说出的。他只需做在
> 他的处境中已经规定了的、明确陈述出来的和他所熟知的
> 事情就可以了。（第150节附释）

这里的危险不仅仅是,伦理生活的法律和习俗可能会被强加给个体;问题要更深刻得多,因为在伦理生活给与他的那些标准或者原则之外,个体也没有任何标准或者原则。他没有更高的道德标准或者原则来批判共同体的实践和制度。毕竟,除去了伦理生活的内容,主观性的权利是纯粹形式的,是纯粹的反思行动。但是它自己究竟有什么价值呢,尤其是如果它是不正确的和错误的?

对于权威主义的怀疑只有在我们认识到以下这一点时才会出现,只要在主观性的权利和客观性的权利之间存在冲突的时候,黑格尔总是毫不犹豫而不容置疑地赋予客观性的权利以优先权。因此,他宣称,无论主观性的权利多么重要,"理性作为客观的东西对于主体而具有的法(权利),依旧岿然不动"(第132节附释)。他还强调说,"主观意志之具有价值和尊严,只是就它的洞见和意图符合于善而言"(第131节)。他还进一步坚持认为,"因为善是……(亦即,特殊意志的)实体,它有一个完全不同于抽象的财产权利和特殊的福利目的的绝对法(权利)"(第130节)。黑格尔论证说,我们从未宣称过反对国家的主观性权利。我的特殊性根本上是一种权利,只是因为我是自由的;因此,我不能断定它和"它建立于其上的实质性基础(亦即,伦理生活)"处于矛盾之中。(第126节)。他解释说,"坚持认为私人权利和私人福利是与国家的普遍性相对立的、自在自为的有效的东西,(这是)抽象思维最常见的错误之一"(第126节附释)。

权威主义的问题也可以从这个角度看待:黑格尔和康德一

样，并不把现实的同意，而只把可能的同意看作是一个人接受法律的标准。起决定作用的不是任何种类的同意，而是理性的同意（第4节补充、第29节附释、第258节附释）。因此，如果一个人能够同意法律，即使他事实上碰巧不同意它们，法律也仍然是具有合法性的。只要一个人是理性的，就能够被看作是已经对于法律表示同意。但是问题又来了：依据谁是理性的？我们现在又被带到洛克的关键问题面前：谁应该是法官？黑格尔的回答似乎特别清晰：它应该不是人民，而是政府。在确定法律是否是理性的，甚至认识他自己的利益等方面，他从来没有特别信任过普通人的判断（第310节附释、第308节附释、第317节附释）。他坚持说，只有一个普遍的阶层，政府的官僚机构，它知道所有阶层的最大利益，即使它们从来没有把它们清晰地表达出来（第289节，第301节附释）。

然而，所有这些怀疑都是不成熟的和没有说服力的。因为我们不能解决权威主义的问题——黑格尔是否成功地把社群主义和自由主义综合在一起这个完整的问题，如果我们首先不考察他关于国家的一般理论的话。尽管黑格尔的确赋予官僚制度以很大的权力，但是他对于权力的解释是植根于一个更广博的关于政府部分之间的权力划分、制约平衡的理论之中的。那么问题就将是：黑格尔是否给与管理体制的权力以足够的限制，以防止它变成暴政或者权威？重要的是认识到，伦理生活的一般概念自身就是抽象的；它假设了个体和社会的同一性；但是它仍然不会向我们指出如何实现它。但是，关于伦理生活如何在现代国家的结构中实现，黑格尔的确有一个更复杂的解释。现在是我们必须转向这个解释的时候了。

有机国家

黑格尔关于国家结构的解释用本质上是有机的方式解释了国家。通观整个《法哲学》,黑格尔不断地把国家看作是一个有机体,用这个概念来定义与其他观点相对立的他自己的国家观。黑格尔用国家的"概念"或"理念"所指的东西,实际上就是国家的有机结构。依照国家的概念或理念来解释它,是与解释国家的历史起源相对立的,它也就是演证国家的有机结构,显示它的所有部分是如何在整体中发生必然的作用的。有机的国家概念在 18 世纪 90 年代得到广泛传播,然而它实质上是共和派的传统和浪漫派的传统的主要支柱。由于对于这个概念自身还没有一个确定的意义,又由于它的具体的含义依赖于思想家,所以我们不得不更为细致地把捉黑格尔赋予它的意义。

黑格尔把三个基本的和一般的特征归之于有机国家。整体之于它的每一个部分,就像它的每一个部分之于整体。换句话说,对于国家而言,个体既是手段,又是目的(第 269 – 270 节)。其次,在国家的每一个部分都必定存在着生命,因此,每一个部分都有一定程度上的自律和独立(第 272 节、303 节附释)。第三,每一个部分在维持自身和寻求自我利益之时,也促进了整体的利益(第 184 节、286 节)。

黑格尔把某种更具体的整体意义读进了所有这些一般特征

之中。第一个特征意味着，在关于"国家的目标"问题上，在自由主义和社群主义之间应该没有争论。既然整体是为它的部分而存在的，那么，自由主义在下面一点是对的，即国家应该促进作为个体的每一个个人的权利和利益；但是既然部分也是为了整体而存在的，那么共产主义在以下这点上就是正确的，即个体应该献身于国家的事务，因为这样做最终也符合他的自我利益。第二个特征意味着，国家必须尊重个体作为个体的权利，在国家之中应该有一些独立的群体，独立于中央的管理和控制之外，它们代表着经济利益并且参与到当地政府之中。第三个特征意味着，在自我利益和公共善之间应当存在着冲突。黑格尔论证说，现代国家超过古代国家的伟大力量在于，个体被系缚在国家之上，不是通过美德，而是通过自我利益。个体能够认识到，他自己的私人利益依赖于他参与到公共生活中去，他并不必须为了公共善而牺牲他自己（第 260－261 节）。

如上所述，有机的概念还是太抽象而不能确定，黑格尔试图如何把自由主义的自由和共同体的价值融合在一起。有机概念看起来提供的所有东西是某种对于综合的亟需，而非解决它的实际手段。我们仍然不知道把私人利益和共同体的善绑定在一起的确切的宪政的或者制度的机制。在后面的章节中，我们会更加详实地考察这些机制中的几个。然而现在，我们应该强调一个对于黑格尔的综合而言至关重要的一般特征：它的多元主义。

对黑格尔而言，就像所有浪漫派一样，有机概念首先意味着一个国家有一个统一的而又有着内在区分的结构（第 269－71

节）。用黑格尔的行话来说，国家必须拥有"差异中的统一性"。统一的环节必须是一个集中的权威，它由君主、国会和行政部门或者管理部门组成。差异的环节代表着市民社会的所有领域，在这个领域之中，个体在市场中相互竞争，他们有权利相互反对以保护他们的财产和自由。把统一性的诸环节和差异保持在一切的东西——统一性和差异的统一性——就是独立的身体的多元性，比如地方议事会、贸易团体、社区协会、行会等等。黑格尔把关键性的角色赋予了他的国家中的同业公会和立法会，它们在调解共同体和自由的各种主张之间的冲突时发挥关键作用（第289节、290节补充）。一方面，他们回应共同体的需要，因为他们提供财物的来源，变成了"第二家庭"（第252节）；但是另一方面，他们也回应自由的要求，因为他们独立于中央的控制，代表地方的和民众的利益。

和许多浪漫派一样，黑格尔认为，现代国家中独立的社团的缺席是旧制度下的绝对主义国家和现代法国的革命国家二者的共同不足（第290节；VD I 481 – 5/161 – 4）。绝对主义和雅各宾主义都误入歧途，没有在国家内部提供足够多的自我管理形式。他们径直把国家还原为一个核心化的权力和大众，废除了所有在他们之间的中间团体。这是持续的不稳定的来源，因为大众很容易为统治者所操纵，而统治者又很容易为大众所废黜。预防这种不稳定性——暴君制和暴民制这两种极端——的唯一道路，国家之中要有许多中间团体，因为他们组织和控制人们，但是只是作为对抗中央压迫的壁垒。

由于有了这种多元主义的结构，黑格尔的有机国家令人不禁回忆起中世纪的同业工会,它具有所有协会、庄园和自我统治的城市。就像许多浪漫派和汉诺威的辉格党一样,黑格尔认为,有些德国中世纪的古老制度,如果组织得当的话,能够在后革命的时代中为政治变迁提供稳定的基础。尽管浪漫派对于中世纪的向往是反动的,这是马克思主义历史编纂学中的老生常谈,但是黑格尔和浪漫派把中世纪宪法的某些方面尊重为自由的卫士和反对暴政的壁垒。弗里德里希·施莱格尔有一次写道:"从来没有什么时代有比中世纪更多的自由、平等和博爱。"黑格尔也相信,中世纪的世界是动摇现代世界的所有自由观念的源泉。法国大革命是和中世纪过去的彻底断裂,这对他来说是"一个最愚蠢的观念"。

然而,在现代国家到底要在什么程度上以它的中世纪过去为模型问题上,在黑格尔与浪漫派之间存在着分歧。黑格尔语气强硬地认为,现代国家不可能只是建立在中世纪政府的原则上。他批判中世纪的政治秩序缺乏一个强有力的中央权力,它的可以继承的各种特权,它对认识市民社会的基本自由的无能。如果我们想要回到古老的中世纪行会,他强调说,它们必须加以改革,废除各种限制性的贸易管理和等级特权。

如果黑格尔的国家结构是多元主义的——它既包括中间集团也包括整个的市民社会,那么,在这里这一点就很清楚了:我们司空见惯的对于黑格尔的自由主义式的批判,把它说成是绝对主义的捍卫者、或者现代集权主义的先驱,是多么无的放矢。这些批评中极其不公平的是说,黑格尔分享了自由主义对于集权主义的仇恨,并且发展了有机国家的模型来预防它。它的有机国家的主要目标之一,就是避免普鲁士绝对主义国家或者法国雅各宾主义的"机器国家"。在这种国家中,一切事情都被自上而下地控制住,没有给地方的自制或者独立的同业公会留下任何空间。与自由主义相比毫不逊色的是,黑格尔坚决反对把社会主义当作治疗现代市民社会各种疑难杂症的良药。如果我们决心寻找黑格尔国家观在 20 世纪的对应物,我们最好是看看现代多元主义的辩护者,比如德·托克维尔和涂尔干。

市民社会

黑格尔政治理论中最重要的一个方面是他在《法哲学》中广泛讨论了市民社会(buergerliche Gesellschaft)(第 182 ~ 256 节)。黑格尔关于市民社会的分析声誉卓著,是近来大量研究的焦点。有学者已经指出了苏格兰学派政治经济学——亚当·弗格森,詹姆斯·斯图亚特和亚当·斯密——在黑格尔历史和政治观点发展过程中的重要性。他们表彰黑格尔对于德国刚刚萌蘖的工业社会那鞭辟入里的理解以及入木三分的批评。在这个方面,他们把黑格尔看作远远超前于他的时代,而且事实上是马克思最重要的先驱之一。黑格尔大概是现代德国传统中第一位认识到经济对于社会、政治和文化生活的重要性的思想家。

不幸的是,这样一种丰盛的赞誉由于一种更宽泛的历史视野而消失不见了。黑格尔不是他那个时代第一个观察甚至分析现代社会的各种困难的人。在 18 世纪 90 年代晚期,早期浪漫派已经做过这一工作了。因此,在这一方面,黑格尔也只是他那个时代有代表性的一位。此外,黑格尔没有提供关于现代政治经济学的翔实解释。而在这方面,他甚至于落后他的某些同时代人。例如,亚当·缪勒在《国家艺术的要素》(Elemente der Staatskunst,1809 年)中关于货币、劳动和交换的分析就超过了黑格尔公开发表的著作和侥幸保存下来的手稿中所有东西。

然而,这些观点并不足以贬低黑格尔关于市民社会的讨论的重要性。尽管认识到市民社会的重要性并不具有原创性,尽管它并没有给出关于它的经济规律的详尽无遗的分析,但是,它的确包含着某种想要在市民社会的价值和共同体的需求之间达成和解的有趣尝试。在评估黑格尔把自由主义原则和社群主义理想结合起来的纲领的全部意义时,"市民社会"这一章是最为重要的章节之一。黑格尔讨论市民社会时最引人注目的是,他对于市民社会的客观公正的评价——他试图既保存它,又否定它。黑格尔是激进乌托邦主义者的批判者。乌托邦主义者想要把市民社会当作极端自由主义的东西驱逐出去,因为极端自由主义者要消除所有对于市民社会的限制。在这一方面,《法哲学》仍旧有重大意义且是条分缕析的。

在早期现代阶段,"市民社会"这个术语有一种非常一般的含义。它是指这样一种社会,它有法律进行统治;因此,市民社会是和自然状态两相对峙的。在 18 世纪晚期,这个术语开始获得了它的更狭隘的当代意义。现在,它指的是现代社会的一个方面,也就是资本主义经济,就它建立在私人企业基础之上而言的社会,自由市场和现代形式的生产与交换。黑格尔正是在这种狭隘而现代的意义上使用这个词的。

依照黑格尔的体系,市民社会被归摄到伦理生活的范畴之下。伦理生活包含三个基本的环节:家庭(直接的统一性);市民社会(差异);国家(差异中的统一),在国家中,市民社会的所有差异都被保持在一个更加综合的和组织良好的整体之中(第157节)。这种明显敷衍了事的和矫揉造作的分类中有着重大意义的是,它显示了黑格尔多么想要在现代国家中保存和限制市民社会。一方面,黑格尔对于古代政治哲学——尤其是柏拉图的政治哲学吹毛求疵,说它们没有在国家中赋予经济活动以重要的角色(第185节附释)。然而,另一方面,他也批评现代自由主义,它使得保护市民社会成了现代国家的唯一目标(第258节)。在把市民社会放入伦理生活的范畴之下时,黑格尔想要说的是,它自己就是一个已经预设了更为实质性的伦理生活的统一性的人为抽象(第182节附释)。

黑格尔在开始讨论市民社会时,就大胆地提出了它的两条主导原则(第182节)。第一条是追逐自我利益。在市民社会中,每一个人都寻求他们自己的善,认为所有其他人都只是他们达到自己目的的手段。第二条原则是,每一个人只有在他也工作以满足他人的自我利益之时才能满足他的自我利益(第199节)。因此,严格地说,人们是在相互的自我利益的基础之上彼此建立起关联。因为他们把公共生活仅仅看作是满足他们自己的需要的手段,黑格尔把市民社会描述为"伦理生活异化"(Entfremdung der Sittlichkeit)的阶段(H 149)。

黑格尔赋予市民社会以巨大的价值,主要是因为它是自由发展历程中一个必要的阶段。他把市民社会看作是现代世界的基本原则——主观性的权利或者个体自由——的另一个显灵（第185节附释）。因此，他表彰了它的许多自由：机会均等，追逐个人私利的权利，市场上的买卖自由。他论证说，古代城邦（polis）的主要缺点是，它不允许这些自由，而且最终屈服于它们（第185节附释、260节附释、261节附释、299节附释）。然而，市民社会的自由并不是完全意义上的和积极意义上的自由；它只是某种形式的消极自由，亦即，独立于他者的干涉的追求利益的权利（H150）。黑格尔有时候把市民社会的自由描述成纯粹形式的和抽象的，因为我们的目的的内容仍然是由我们的欲望和禀好给与我们的（第195节）。因此，它不像国家的积极自由，在积极自由中，我们的目的的内容——国家的法律和生活方式——是有理性规定的。

　　黑格尔在《法哲学》中为市民社会所作的辩护使得他有必要处理他的年长的导师，让·雅各·卢梭。在"市民社会"的整个开头章节（第182－208节）中，黑格尔以多多少少晦暗不彰的方式（第187节、194节）对卢梭的看法提出异议。众所周知，在《第二论文》中，卢梭论证说，市民社会破坏了自由，因为我们失去了我们自己满足我们的需要的力量；相反，我们获得了新的人为的需求，甚至依赖于他者来满足我们的自然需要。和卢梭完全不同的是，黑格尔强调说，通过市民社会，我们没有失去，而是赢获了自由。黑格尔看到卢梭论证背后一个虚假的前提：自由在于自然的独立之中，在于有力量通过我们自己满足我们的自然需要。黑格尔与之针锋相对地认为，与自由相关的是把我们从自然的需要中解放出来并且依照理性的原则而行动的力量（第187节附释）。尽管这种更高的自由只有在国家的伦理生活中才能呈现出来，但是市民社会是我们朝向它的教化的一个重要部分。在市民社会中，我们开始通过工作把我们从自然中解放出来，工作给与我们力量以根据我们的概念形成对象（第194节）。因为为了满足我们的需要，我们必须把自己变得对别人有用，所以我们被迫发展自己的才能和技能（第195节、197节）。卢梭谴责人为的需要，因为它们削弱了我们的自然独立性；但是黑格尔大肆颂扬这一点，因为它们是我们自由的行动而非自然的产物（第194节）。在卢梭哀叹作为自尊（amour‐propre）的活动的模仿和竞争的情况下，黑格尔却把它们看作把自我教化成为一个更加理性的存在者的重要阶段（第193节；VNS 第96‐6节）。

在为市民社会进行辩护时，黑格尔不得不因为另外一个棘手的问题而反抗卢梭：不平等。卢梭由于市民社会的不平等而攻击它，因为它标志着从天堂般的自然状态中跌落下来，在自然状态中，每一个人都平等地运用自己的能力满足他们的自然需要。黑格尔对于这样一种原始的平等状态的存在提出异议。他反对卢梭说，自然是不平等的来源，因为人与人之间在才能上有着自然的区别（第200节附释）。使得人们平等的，不是自然，而是自由——他们通过他们自己的活动获得习惯和美德的力量。然而，与卢梭一样，黑格尔意识到，在市民社会是不可能达到完美的平等的，即使我们给与每个人最大的机会来发展他的才能。问题在于，在人们之间存在着天然的体力上和智力上的不平等，这就会导致他们将要带入市民社会的技能和资源上的不平等（第200节）。那么，人们从市民社会中得到的是和他们带入到市场中的东西成正比的。

黑格尔接受市民社会中的不平等最明显地体现在他的阶层或者阶级（Staende）理论之中。在《法哲学》中，他强调，社会必须被分化为三个不同的阶层：农业的等级或者农民，商业的等级或者资产阶级，以及普遍的等级或者官僚阶层（第201－5节）。黑格尔试图把这种分类建立在概念的结构上（第202节）。农民是自然的等级，因为它生活在和自然的直接统一中，并且依赖于自然；资产阶级是反思的等级，因为它在市场上和在把自然变成商品时使用它的反思的力量；而普遍的等级是最全面综合的，在这个等级中，我们的理性力量被用来追求共同的善。尽管这种划分看起来非常传统，但是黑格尔的划分彻底远离了那种把社会划分为神职人员、贵族和权贵（clergy, nobility and aristocracy）的古老做法。这种划分中最引人注目的是，它完全是功能性的或者经济的。黑格尔完全排除了神职人员，因为他们在市民社会中不是生产性的（H 265）；他承认贵族是一个普遍的阶级，只是因为他们在政府中扮演了生产性的角色（H270）。阶层社会的不平等和分层对黑格尔来说是可容忍的，本质上是因为他强烈肯定机会均等的观念（第206节，VN第106节）。由于他忠实地相信自由具有平等化的力量，黑格尔认为，个人的社会角色和地位最终是由他的选择、努力和能力规定的。黑格尔公开表示厌恶世袭制度或者等级特权，他认为它们是最糟糕的压迫形式（VNS第106节附释）。

　　尽管黑格尔极其愿意支持不平等,但是他也有他的限制。与卢梭相比毫不逊色的是,他哀叹财富和贫困的极端现象,他把它看作是伦理生活的公共价值的威胁。他对于贫困现象抱有某种悲观的情绪,认为它是市场规律不可避免的后果(H 193)。供求规律有时候会导致这种状况,对于某些商品的需求消失不见,整个的工业部门被破坏,大量的民众走向贫困。贫困的最大危险是,它产生了一批贱民,他们入不敷出,不足以维持生存(第244节)。造成一个贱民的,不仅仅是贫困,还有一种叛乱的态度(第244节补充)。贱民们失去了"通过自食其力而获得的正义、正直和荣誉的情感"(第244节)。这里的问题是,它剥夺了一个人的自由,他们享受市民社会的自由的权利(第243节)。

　　黑格尔对于市民社会最大的保留意见与它的生产方式相关。他在耶拿时期《精神哲学》的第一手稿中,讨论了现代劳动分工的几个令人不安的影响。广大的人民群众被"诅咒"到现代工厂和矿山中各种不健康的、不安全的和有生命危险的状况中工作(VIII,244)。尽管劳动分工使得工作大大提高生产效率,但是它也使工作变得更加机械、更加无聊和毫无生气(VIII,243;VI,321)。技术的全部目标就是通过把人从自然的束缚中解放出来而解放人类;但是自然却通过使人变成机器的奴隶而对他进行报复(VI,321)。人们非但没有工作得更少,而是必须在索然无味的日常任务中工作,以和竞争保持同步。黑格尔也注意到,现代工人已经在何等程度上和他自己的需要相疏远了:他工作,不是为了满足他自己的需要,而只是为了获得满足它们的手段;工作因此只是创造一种满足他自己的需要的手段(挣钱)的手段。工人不得不创造某些特定种类的剩余产品,结果,他生产了他不需要的东西,而需要他不生产的东西(VI,321 – 322)。工作也已经变成非常不安全的了:一个人学习某项特殊的技能,这项技能随着市场上发生的变化而变得多余(VIII,244;VI,2)。尽管黑格尔没有直接把异化(Entfremdung)这个词用于现代劳动,但是他自己的分析已经在好几个关键的方面预言了马克思本人在《1844 年手稿》中的论述。

尽管在黑格尔的著作中,市民社会似乎仅仅存在于独立的寻求自我的原子的集合之中,这些原子只是通过自我利益的纽带才连接在一起,重要的是看到,他也认为,市民社会预设了国家的更为具体的同一性(第 184 节附释)。这就是黑格尔批评自由放任的自由主义的基础:市民社会的秩序不是自足的或者说自制的,而是根本上需要国家的积极干预为前提,以便能够发挥功能。黑格尔驳斥了标准的自由主义观点,即共同善会自然而然地和势不可挡地从市民社会的经济力量的游戏中产生。尽管他同意亚当·斯密的观点。追求个人的利益会自然而然地创造某些社会秩序和相互依赖(第 184 节附释、187 节、189 节)。但是他否认这种秩序是为了所有人的共同善。为了赢得那种善,黑格尔论证说,市民社会的市场力量必须得到国家的控制和调整(第 185 节补充、210 节补充、236 节、243 节、246 节)。市民社会是"一只需要不断地严格加以驯化和控制的野兽"(GW VI,324)。

黑格尔为干预给出了几个论证。(1)和抽象法一致的行动仍然可能总体上对公众造成伤害(第 232 节)。生产者和消费者的利益可能彼此之间形成冲突,因此,必须有一个凌驾于两边之上的外在动力来调整它们的事务(第236节)。他给出的一个例子是,公众有权利检查商品,而不受欺骗。(3)工业的大部分部门是依赖于它们不能控制的环境的,它们的活动经常会对公众健康造成他们不能预见的影响(第236节)。供求的波动可能会破坏整个贸易和工业的部门,把很多民众推向贫穷的境地(第244节)。

引人瞩目的是,黑格尔关于干预的论证是完全内在的,这些论证依据市民社会自身的标准评估了市场的作用机制。在指出一个不受规范的市场的诸种问题之后,它不是论证它们会腐蚀共同体,而是论证它们会削弱个体自由和追逐个人利益的基础。因此,他抱怨说,尽管市民社会增加了我们的需要,但是它也把它们的满足让给运气(第185节);他抨击贫困,因为贫困剥夺了一个人享受市民社会的诸种自由的权利(第243节)。

为了对付现代性的市民社会的疾病,黑格尔为国家提出了所有类型的措施:它应该向利润收税,甚至限制利润;它应该通过公共工程项目帮助穷人(第241节);它应该为穷人提供教育,以便他们在工作中有竞争力(第239节);它预测供求循环以帮助形成工业计划;它通过殖民而为工业创造新的市场(第246-8节)。除了调整市场力量,黑格尔认为,国家应该在不能让市场受益的领域促进公共善,也就是说,公共健康、街道照明、桥梁和道路建设等等领域(第236节补充)。

把自由主义的传统和社群主义的传统融合在一起,对于黑格尔的总体努力来说是极其关键的,他想要在市场中使管理和自由保持某种平衡。如果说太少的管理会削弱共同体的基础，那么，太多的管理会扼杀自由。意识到这个问题之后，黑格尔强调必须在什么都管和什么都不管之间寻求中间道路（第 236 节补充）。然而，黑格尔否认关于在哪里为干预和自由之间划一条界线这个问题可以形成一条一般性的规则（第 234 节）。他论证说，这条界线是根据必然性依赖环境而不断移动的。黑格尔认为，无论国家进行什么样的调整，它都应该力求市场的公正和稳定。如果一切任其自身，市场就可能是不公平和不稳定的，会导致民众陷入贫困，结果是他们就不能竞争稀缺的工作和资源。那么，国家的任务是保证每一个人都至少有工作机会，自食其力。因此，黑格尔以毫不含糊的语气说，如果市民社会有一定的权利，那么，它就也有一定的义务（第 238 节补充、240 节补充）。它有义务确保所有人都有权利工作，他们能够自给自足（第 240 节补充）。首先，它有义务确保每个人享受它的优点与自由（第 243 节）。

迄今为止，似乎黑格尔在论证国家有权利控制工业时是一个原始社会主义者。然而，至关重要的是看到，他对于市民社会的问题的解决方案并不限于依赖国家。就像他认为国家必须控制市场，他也同样担心授予国家太多权力。由于保持多元主义的眼光，对于市场经济的诸问题，黑格尔提出了非社会主义的解决方案：同业公会（Korporation, Genossenschaft）。同业公会就是一个民众群体，它共享同样的贸易和职业，为国家正式承认，但又独立于它。就像很明显它以之为模型的中世纪的行会，同业公会将组织、支持和承认所有在它们的贸易或者职业中有竞争力的个体(第252节)。它能够解决社会异化的问题,因为它将变成个体的"第二家庭",在他有不时之需时帮助他,为他提供归属感。而它也将解决政治异化的问题,因为它将组织和代表工商业(Estate Assembly)中的个体的利益。

国家的结构和权力

在《法哲学》(第283 – 329节)中,黑格尔提供了一个关于他的理想国家的详尽的理论。黑格尔理论的核心主题是,理性的国家形式是君主立宪制(Constitutional Monarchy)(第273节附释)。看起来,这样一个主张是反动的,而且它一直被沿着这个思路进行阐释。然而,在19世纪10年早期,这样一个主张是一个标准的改良主义的学说。它是汉诺威的辉格党和普鲁士的改革派——实际上是所有想要自上而下地改革旧制度下的国家的人的观点,以便他能够适应那个时代的革命思潮。改革派对于君主立宪制的信念必须和反动派对于绝对君主制的捍卫放在一起对比以形成反差,后者试图把君主从宪政的卫士那里解脱出来,使他的意志成为法律的源泉。普鲁士绝对君主制的主要代言人是K. L. 冯·哈勒,他的《国家科学的复辟》(Restaurationsder Staats – wissenschaft)成了复辟事业的主要宣言。黑格尔和保守派的事业保持距离尤其明显体现在他在《法哲学》中对于哈勒所展开的冗长而富于雄辩的猛烈抨击(第219节附释,258节附释)。

然而,黑格尔强烈支持立宪君主制在某种程度上还是令人奇怪的,因为他颇为倨傲地对待关于理想的政治的争论。而且因为他赞同孟德斯鸠的学说,一个国家的最佳政制依赖于它具体的文化、历史、气候和地理条件(第3节附释、第273节附释)。黑格尔不仅仅强调立宪君主制是适合于普鲁士的最佳政制,或者唯有它适合普鲁士历史发展的这个阶段。毋宁说,他坚持认为,立宪君主制是国家的理性形式,因为和所有其他的政府形式不同,它实现了自由的理想(H 238)。如果我们考察一下黑格尔最清晰地在海德堡的讲稿中表达出来的观点,唯有立宪君主制才能保证作为现代世界基本特征的个体权利,那么,他的主张就变得更加可以理解了(VNS 第135节附释,137节附释)。和康德、洪堡、雅可比、席勒以及许多其他人一样,黑格尔担心,激进的民主制赋予人民的意志以无限的权力,并不必然同样尊重每个人的基本权利。在这一点上最重要的例子就是雅典对于苏格拉底的迫害。

对于黑格尔而言,立宪君主制的最大长处在于,它是一个混合政制,融合了所有三种政府形式的优点。他强调说,立宪君主制是君主制、贵族制和民主制的综合(第273节附释)。立宪君主制由三种基本的权力构成:君主,他在形式上批准法律生效;执行者,他执行和实施法律;立法者,他制造法律(第273节)。因为君主是一个个体,因为执行者由好些个体组成,而立法者是许多个体,所以每一种权力都代表了政府的一种形式:君主制、贵族制和民主制(第273节附释)。

在黑格尔看来,混合制政府的主要优点在于它的权力划分。

既然这种政府可以防止任何单一的权力控制其他权力,它就可以为自由提供最好的制度保障。在这方面,值得注意的是,黑格尔再次肯定孟德斯鸠著名的关于三权分立的学说,因为,"从它的真实意义上来理解的话,(它)就能被正确地看作是公共自由的保障"(第272节附释)。尽管黑格尔警告说,诸权力的极端分离将会削弱国家的统一性(第272节附释、第300节补充),但是他仍然认为,只有在现代国家包含着功能的区分和不同政府领域的分离之时,它才把自由现实化了(VNS第132节、H231)。

黑格尔提出了一个更加系统而且更加形而上学的主张为立宪君主制进行辩护:唯有它才实现了国家的理念(第272-3节)。立宪君主制的每一项权力都代表了这个概念的一个环节:因为立法制定批准了普遍的法律,所以它是普遍性;因为执行者把法律应用到具体事务当中,所以它是特殊性;因为君主在一个单个的人身上融合了立法者和执行者,所以,它是个体性。尽管黑格尔花了更多力气在关于最佳的政府形式的系统论证上,而非任何谨慎周到的考察上(第272节),那么事实就是,他的系统论证最好借助于他以下这个主张来理解,即君主立宪制为自由提供了最佳的制度保障。因为国家的理念是建立在自由的基础之上的,因为立宪君主制而不是任何其他形式的政府实现了自由,这就可以推断出,立宪君主制是国家理念的最高实现。

为了理解黑格尔的政治价值,为了评估把他指责为权威主义的做法,为了准确地理解他如何尝试让自由主义和社群主义联姻,有必要更加详细地认识他理想的国家的结构。我们应该进一步考察君主立宪制的每一种权力。

王　权

王权就是君主。黑格尔为作为理性宪政的一部分的君主制进行辩护,因为它为国家提供了主权的唯一来源。因为君主是一个人,他是不可分割的权力,因此他要比议会(一群人)更好地代表和执行主权,因为后者可能会在内部产生分化(第279节)。他坚持认为,主权的唯一来源是现代国家的必然性。中世纪宪政的问题是,它的许多独立的同业公会和自治团体缺乏一个单一的主权的来源,因此就甚至不能首尾连贯地行动以捍卫它自己(第278节)。

黑格尔之支持世袭君主制是基于以下理由,它能够保证稳定的连续性以及超然于所有的集团冲突之上(第281节附释,VNS 123节)。虽然君主是最高的权威,但是黑格尔否认了他仅仅是国家的最高官员,就好像他以某种方式对人民负责,通过和人民的契约来约束自己(VNS第139节)。他否认君主要为他的行动负责,他把所有的行动的责任安排给他的咨议机关(第284节;W第140节)。他归之于君主的是这样一个崇高的地位,以至于它甚至阐明他自己的思辨形式的神圣权利学说,依照这个学说,君主代表了大地上的神(第279节附释)。

尽管黑格尔为神圣权利学说所作的辩护似乎赋予了君主以绝对的权力,但是他还远不是要捍卫古老的绝对主义。相反,他主要关心的是把君主和宪法系缚在一起。他强调说,在一个理性的国家中,君主的人格是不相干的,宪政的理性正是存在于君主个人的无关紧要中(VNS第138节)。他允许君主拥有的唯一真实的权力是特赦罪犯和任免最高咨议机关的权力(第 82 – 3 节)。他坚持认为,君主拥有主权,仅仅是就他受到宪法约束而言(第 278 节)。君主必须遵从他的咨议人员提出的建议,以至于他除了说"是"和签署提呈给他的具体措施之外别无其他作为(第 279 节附释、280 节补充)。仅仅出于这个原因,黑格尔才说,君主不能被作为一个个人对事务负责(第 284 节);因为归根结底,所有真实的责任都应该压在他的咨议人员身上。最后,在一个黑格尔式的国家中,君主所起的本质上是一种形式的作用,充当"正式决定的最高程序"。但是,这种象征性的角色对于黑格尔来说,具有最为重大的意义,因为他代表了人们的统一性、主权和文化(第 279 – 280 节)。

行政权

行政权的目标是执行和实施国王的决定(第 287 节)。执行权存在于警察、法官和公务员之中(第 287 节)。行政权的基石是公务员或国家官吏,他们的主要任务是调节同业公会的特殊利益和国家的普遍利益(第 289 节)。在黑格尔的国家中,国家官吏拥有巨大的权力:它的建议不仅制约君主(第 279 节补充),而且它还认识到同业公会的真实利益,即使它们没有把它们的利益直接表达出来(第 289 节,301 节附释)。尽管如此,我们不能把黑格尔算作是士绅国家或者官僚国家的无批判的支持者。他也觉察到官僚机构腐蚀的危险(第 295 节)、官僚机构变成国家的统治权力的危险。因为,他强调,它的权力应该受到限制,它的活动应该受到监督,这种限制和监督既可以自上而下来自君主,也可以自下而上来自同业公会(第 295 节,297 节;VNS 第145 节)。他建议说,立法机构中的反对党有权利质疑各位部长,因为这将会使他们对公众负责(VNS 第 149 节)。

立法权

立法权存在于以英国为模型的两院制的国会(立法团体)(第 312 节)。有一个上议院,它由贵族组成,他们的职位可以继承;还有一个下议院,它由平民组成,他们的官职是选任的。黑格尔认为,这样一个双重的议会因为创造出多重的审议,为成熟的决定提供了保证,并减少了和执行权之间的冲突机会(第 313节)。国会代表了市民社会中的两个等级:农业等级或者地产贵族、贸易和工业的等级或者资产阶级(第 303 – 304 节)。尽管下议院的成员是通过同业公会和自治团体选举而来的,但是他们并不接受他们的发号施令(第 309 节补充)。国会的主要作用是培养公众对于政治问题的意识,形成民众和君主之间的关联(第301 – 302 节)。他们也提供政府和民众之间的重要的缓冲。他们一边通过组织和代表民众的利益,保护人民免受暴政的侵害;一边通过控制、指导和引导民众的利益和活力,防护政府不受"暴民"的侵害。

黑格尔的立宪君主制怎么会是民主的? 也许不用存在疑问,黑格尔是支持立宪君主制中的民主要素的。他经常论证说,共同的伦理生活(Sittlichkeit)或者共同体的可能性依赖于大众的参与;因为只有在人民参与到国家中时,他们才能认同国家并且关心国家(第 261 节,308 节附释)。相应地,黑格尔式的国家提供了某种真实的民主程序。黑格尔指望的不仅是下议院的民选代表,而且还有国会中相互竞争的党派(VNS,第156节附释)。这些政党还不是现代意义上的政党,因为他们并不相互竞争以赢得民众的选票;但是他们的确代表了增强责任的相互对立的观点。黑格尔设想有三个政党:一是为民众的政党,一是为政府的政党,一是在前二者之间起调节作用的中立的政党。他进一步强调,政府应该支持国会中的多数党(VNS第156节)。

尽管如此,重要的是认识到,黑格尔并不支持现代普选权意义上的民主制。终其一生,他都对直接选举持怀疑态度,因为他怀疑民众的智慧,他们没有足够的知识以确定他们最大的利益。和他的许多同时代人大体一致的是,黑格尔坚持一种有限的选举权,它把工人、仆人和妇女排除在外。此外,他反对以下这种激进的观点,任何到了一定年纪、具有一定收入的男人都应该被赋予选举权。他提出两个论据以反对这种观点:首先,个体不会仅仅由于他的年纪和财富就知道他的最大利益;其次,它会导致选民无动于衷,因为如果选民只能是身价百万的人,如果他只能为偌大的国会中某一个人投票,那么个体就会感觉他的投票是毫无意义的。黑格尔支持依据社团关联(group affiliation)或者职业礼仪进行投票,而不是依据普选权或者地理区域进行投票;换言之,他认为,一个人应该不是直接作为一个抽象的个体,而是作为某个群体的成员投票的。因此,是同业公会,而不是一群个体的凑集,把一个代表选进国会。黑格尔争辩说,这样一个体系具有几个优点:他组织、指导并且控制民众的利益,否则,民众

就会转变成一群暴徒;它也可以放置冷漠,因为个体感觉到他的
投票是作为一个团体的成员做出的,与一个单个的个体相比,这
个团体具有更大的代表力量(第302节补充、第303节附释、311
节附释)。

　　尽管黑格尔的宪法民主制(怀疑原文当作"君主立宪制")
的确有些真正的民主制的元素,但是有人也许会问,这些元素
对于黑格尔的伦理生活的观念来说是否足够。那个观念的前
提是,每一个人都应该认同国家,每一个人都应该在其中发现
他们的目标感和对于生活的归属感。黑格尔本人强调,发展
出那样一种认同,那样一种目标感和归属感,前提是要参与到
国家事务当中去。但是黑格尔的有限选举权的观念,黑格尔
对于完全民主制的保留,产生的效果是把大量的人群排除出
公众生活的参与之外。农业等级的农民实质上在国会当中就
没有被人代表;如果说根本上有人代表他们,那么,它也是通
过根本不需要被选举的贵族代表的(第307节)。黑格尔还对
以下这点有所疑虑,那就是,商业等级的实业家是足够自由
的,知识足够丰富,能够献身于国家事务(第308节、310节补
充)。尽管他强调同业公会对于发展出归属感的重要性,但是
他也把劳工排除出同业公会,由此而剥夺了他们的公民权。
就这样,他否认了那个最需要社会的群体应融入社会之中,使
得伦理生活的前景堪忧。

　　因此,即使黑格尔的政治哲学并不犯有向他控诉的最恶毒
的集权主义的罪过,即使它的确支持自由主义的基本价值,它是
否满足了他自己的共同体的观念这个问题仍旧未得到解决。因

此，说来奇怪，实际上常常是社群主义者而非自由主义者向黑格尔提出各种抱怨。最终，黑格尔宏大的综合以失败告终，并非因为他为共同体做得太少，为自由做得不够，而是因为他为自由做得太多，为共同体做得不够。

第五部分

文化哲学

第十一章　历史哲学

黑格尔与历史主义

在他 1830 年的《哲学百科全书》(他的体系那圆熟慎重的阐述)中,黑格尔对于世界历史的处理却有些敷衍了事,仅仅给它分配了五个段落(第 548 – 52 节),其中最长的段落实际上是讨论国家与教会的关系的(第 552 节)。读者可能会从这一点中推断说,历史对于黑格尔来说并没有那么重要。但是在这里,这些人一如既往地把论题的重要性和处理问题的篇幅等同起来,实在是天真无知。尽管黑格尔在《哲学百科全书》中只给了历史五小节的篇幅,但是历史在他的哲学中的地位举足轻重。因为他的哲学最具特色的主题是精神(第 110 – 112 页),而精神最重要的领域是历史。黑格尔强调说,凌驾于生活之上的精神,其与众不同的特征就是自由;但是自由只有在历史中才实现自身。

历史哲学对于黑格尔来说是如此之重要,以至于他在柏林期间曾经五次讲授这个主题。我们现在几乎完全是从他的一些残篇和学生的听课笔记中认识他的历史哲学的。这些讲座因为清通可读,现在成了他的哲学中最流行的导论。这些讲座的广泛流传,以及黑格尔在 19 世纪 20 年代如日中天的声望,在他作为一个历史主义的哲学家的名声传播上与有力焉。某些学者甚至把历史主义看作是黑格尔对于哲学的主要贡献。极有可能是由黑格尔第一次把理性历史化了,他把发展的观念引入到历史自身之中。[1]

黑格尔作为一个历史主义哲学家的名声需要审慎地评估。在这里,在很大程度上依赖于其赋予了"历史主义"这个含糊不清和模棱两可的词以一种精确意义。我们已经定义了这个术语的原初的和普泛的意义(第 29 – 31 页):它是这样一种学说,在人类世界中的所有事物都有历史,社会有一个有机结构,所有的人类信念和实践都必然地源自它们具体的历史语境。在它原本的形式中,历史主义并没有后来经常与之联系在一起的意义:"历史的发展是不可避免的并不断进步的"这个论题。由于担心把社会与历史普遍化为一个整体,孟德斯鸠、哈曼和莫塞尔,历史主义之父,总是坚持历史语境的个体性与独一无二性,以致于不可能为所有文化规定一个单一的进步尺度。然而,早在十八世纪晚期,已经存在这种后来的历史主义学说的清晰踪迹。莱辛、康德、谢林、施莱格尔等人强调,存在着历史的规律,而在历史发展中也存在着进步。谢林、赫尔德把有机的类比推扩到历史,因此每一种文化都有其诞生、童年、成熟与衰亡的历程。

如果历史主义是在上述两种意义上得到理解的,那么,黑格尔的确是一个历史主义者。他不仅同意这种学说,还提出了"历史是不断发展的"这个论题。我们不能在这个意义上说黑格尔是历史主义的创立者,因为这种学说在他之前就有一段漫长的历程;但是我们可以说,由于它的影响力,他成了历史主义的一位举足轻重的传播者或者宣传者。因此,如果仅仅从这个意义上来说,黑格尔作为一位历史主义者的名声是名至实归的。

然而,"历史主义"这个词在这个阶段还有另外一种意义,在这种意义中,它意味着一种具体的道德的和法律的学说。依据这种学说,并不存在普遍的道德法则或者法典,因为道德与法律唯一的基本原理必定存在于具体的历史与文化语境之中。这样一种相对主义的学说,似乎是在普遍意义上的历史主义不可避免的后果:如果所有的法律都是具体教会和历史语境的产物,那么它们就与那种语境不可分离,并且适宜于它;因此,它们就没有在它之外的有效性。如果我们把这些法律普遍化,就好像它们可以适合所有的人类,那么我们就犯有种族中心的罪过,依据我们自己的标准来判定所有文化的过错。这种道德与法律学说是由莫塞尔、哈曼和赫尔德发展出来的,他们用它来削弱启蒙运动的理性主义的基础。它最终在十九世纪早期的历史主义法律学派中达到顶峰,这个学派的主要支持者是 F. K. 萨维尼和艾希何恩(K. F. Eichhorn)。

重要的是看到,在这种意义上,黑格尔不是一个历史主义者,事实上他是反对这个学派的中坚人物。黑格尔哲学的一个核心目标是支持理性的权威,以反对历史主义的相对主义。因此,他的认识论想方设法要恢复理性的批判,而他的法哲学则是面临历史主义时再次尝试自然法的重新建构。尤其使黑格尔作为历史主义者的名声如此误导人的是,历史哲学的核心论题"历史中存在着理性",在一定程度上反作用于暂露头角的历史主义。

总而言之,黑格尔在历史主义发展进程中的作用是模棱两可的,他既是它的捍卫者,又是它的批评者:他捍卫的学说是,所有的人类活动都是历史的产物,而历史遵从着某些法则;但是他又是历史主义的相对主义的批评者,因为历史主义试图削弱理性的普遍权威。在这种模棱两可中,我们能够再次察觉到黑格尔保存并改造启蒙运动遗产的努力。

历史中的理性

在世界历史哲学讲座的导言中,黑格尔声明,哲学带入历史之中的基本理念是理性的理念,更加具体地说,即"理性统治世界,因此世界历史是一个理性的过程"(VG28/27)的理念。这个论题可以直截了当地从他的绝对观念论中推导而出,依据绝对唯心论,所有事物都是绝对理念的显现。历史哲学本质上是把绝对唯心论应用到历史自身之中。对于所有想要把黑格尔的社会与政治哲学同他的形而上学分离开来的人来说,这个基本的观点都是一个绊脚石。

到底什么是黑格尔的历史中的理性的确切含义?在最基本

的水平上，他的意思是，历史遵从各种规律，或者历史中的一切事物都依据必然性而行动。因此，黑格尔把理性的形式等同于必然性（EPW，第 1 节，第 9 节）；他把他"理性统治历史"的论题和伊壁鸠鲁的传统理论对立起来，依照这个传统理论，所有事物都是由于机运而偶然发生的（VG，37/34 页）。

当然，黑格尔的论题所意味着的东西远远多于"历史被诸种规律所统治"。因为黑格尔牢记在心的是一种特定类型的规律。这些规律不仅仅是机械的，通过它们的直接语境来解释事件，而且也是目的论的，通过它们的目标或目的来解说它们。因此，说历史中存在着理性，对于黑格尔意味着，事件遵从着某种目标或者设计，或者它们出于必然性而实现一个目标（VG50/44 页）。因此，黑格尔强调说，历史哲学家绝对不能满足于外部的必然性，"这种必然性起源于它们自身，而不是外部的环境的原因当中"（VG29/28 页），而他应当力争解释事物的内部必然性，它们为什么从它们的奠基性的目标或者固有形式中产生。

在他的《逻辑学》中，黑格尔关于机械的和目的论的解释有一个非常具体的论述。此论述对于他的历史哲学非常重要。机械的解释使得事件的理性成为时间中在先的原因；这是假设的或者有条件的：如果一个更早的事件发生了，另一个较晚的事件必定也会发生。然而，目的论的解释假定说，一个事件的理性是某个目标，它不是时间中在先的。和亚里士多德一样，黑格尔把目标等同于事物的固有形式或者本质——它的"形式—目的因"。他也强调，这种形式—目的因只是在解释的次序上，而不是在存在的次序上是第一位的；只有通过特定行动者的活动，它

才会实现,或者进入存在:

> 我们必须观察的第一件事情是这一件:我们称之为原则、最终目的,或者天职的东西,或者在自身中是精神的东西、它的本性、或者概念——只是某种普遍性的或者抽象性的东西。一个原则,因此,一个基本的命题或者规律,是某种普遍的东西或者内部的东西。那个东西自身,无论在自身之中多么真实,仍然不是完全实现了的。……对于它的规定性而言,另一个环节必须添加进来,而这就是颁布,现实化,它的原则就是它的意志,世界中的人的活动。只有通过这种活动,这些概念,隐含的规定性,才会实现。(VG81/69－70)

在强调历史中目的论解释的重要性之时,黑格尔并不是说要排除机械的解释。他认为,机械的解释对一个整体中的所有部分而言是十分有效的;但是,从整体自身的立场来看,它是不充分的。如果我们考察整体的立场,我们必须把它的目标或者设计考虑在内。黑格尔认为,我们需要目的论的解释,以解释为什么最初所有的部分都是在场的。机械因果性的机制只是历史的目标借助被实现的手段或者工具。

当黑格尔宣称,历史遵从目的论的规律时,他的意思是说,在最基本的水平上,它遵从与自然自身同样的有机发展的规律。他把历史的对象——民族、文化和国家——当作有机体来对待,它们都与自然中的所有东西一样,服从于同样的有机生长的过程。国家的精神是一个自然的个体;因此,它开花,健壮,逐渐凋谢,然后死亡。(VG67/58)像任何有机体一样,历史的发展是辩证的,包含着三个运动:最初的统一性、分化(差异化)、再次统一或者差异中的统一。

然而,黑格尔小心翼翼地附加说,历史不仅遵从有机的规律,而且符合更加具体的精神的规律。黑格尔认为,正是因为历史涉及精神发展的规律,所以才有可能谈论历史中的进步,谈论某种对于作为生活基本特征的圆圈式发展来说更高的东西(VG 70页,149-55页/61页,124-31页)。因为精神不仅仅是生活,而且是对生活的自我觉察,所以历史的规律必定与它的自我觉察的发展相关。这些规律涉及外在化和重新内在化的辩证法,丧失和自我发现的辩证法,自我正是借助这种辩证法而觉察到它自身是一个理性的存在者(第114-5页)。

因为历史的规律与精神的自我觉察相关,因为精神与众不同的特征就是自由,所以历史的规律与对于自由的自我觉察相关。事实上,这种自我觉察就是历史自身的目标或者目的(VG,63/54)。黑格尔正是依据这个目标测量历史的进步。他把世界历史划分为三个主要的阶段,它们是在对于自由的自我觉察的发展过程中的具体阶段。其中,有东方的时期,它理解到只有一个人是自由的,他就是统治者或者专制君主;有希腊的时期,它认为,有些人(公民)是自由的;有日耳曼时期,它认识到,所有的人,或者说人性本身,是自由的。虽然这个图式有些简单化,对黑格尔而言,它带有某种强制性。黑格尔认为,独一、有些和一切是三个量的范畴。因为历史是由理性统治着,所以它必须展示所有这三个范畴。

重要的是看到,在黑格尔的"历史中的理性"这个词组中包含着双重意义。这个词组不仅指"历史的形式"——它遵从某些规律或目的,它还指历史的内容——历史的具体目标。因为对于自由的自我觉察是历史的目标,也因为自由是理性的独特的特征,所以,历史的目标也就是理性自身的自我觉察。因此,历史之被理性统治着,既因为它有一个目标,也就在它的目标之所是之中。说在历史中存在着理性,既意味着,历史遵从某种目标或者设计,也意味着,目标或者设计是理性的自我实现。

理性的狡计

如上所述,"历史中的理性"这个黑格尔的宏大主题似乎容易受到两个异议的攻击。首先它似乎天真幼稚又不合情理地假定,人是依照观念或者原则而行动的,就好像他们那明确而自我意识的目标可以实现自由。其次,它没有给予自由任何空间,因为如果所有的事情都出自必然发生,那么我们可以做什么选择?尽管黑格尔认为,历史的目的是自由的自我觉察,他也强调,历史遵从诸种规律,因此这种目的的实现就是必然性。但是自由似乎根本就不是自由。

当然,黑格尔觉察到了这些疑难,而他对这些疑难的回应是他的历史哲学中最具有启发也最众说纷纭的观念之一:理性的狡计(List der Vernunft)。简而言之,"理性的狡计"的意思是,理性用个体的自我利益来实现它的目的（VG 84 - 8,105/71 - 4,89）。即使每个个体之间不存在相互协调的集体性行动,即使他们并没有有意图地或有意识地对他们自身形成这些目的,他们在追逐他们的私人利益之时仍然下意识地在实现它们。因此,从私人利益的混沌之中,仍然会形成理性的秩序和共同体目的。

这样一个主题似乎解决了这两种困难。首先,它没有假定,人们是出于道德原则而行动;因为,甚至他们在遵从他们的自我利益之时,他们仍然在实现理性的目的。其次,尽管一个人为了理性起见而出于必然性行动,他或她在这样做时也是遵从自我利益。因此,强迫一个人做他（她）不想要做的事情,或者阻止他（她）做其想要做的事情的,就不是在个体之外的某种更高层次的命运。

黑格尔历史哲学中一个最大的反讽是,尽管它使得观念变成了统治历史的力量,但是实际上它根本上不是观念论的。因为理性的狡计意味着,人的行动的动机——和实现理性的主要工具——是自我利益,而非道德原则。事实上,黑格尔非常明确,在理性在历史中实现的过程中,道德观念论不应该扮演任何角色。他断言,"在活生生的实在中,没有给诸如,为了自身之故而追逐善,等空洞的观念留下任何空间"（VG 第 94 页/第 80 页）。他还警告不要用我们关于对与错的观念来测度历史,因为这只会导致不满（VG 第 107 - 8 页/第 91 页）。更为基本的是,他说世界历史是在比道德更高的层面上起作用的：

因为世界历史在一个比道德恰当地归属于它的层面更

高的层面运动,道德层面是关乎私人确信、个体的良心和他们自己的特殊意识与行动模式的层面。……必须作为前提并且通过精神的最终目标达到的东西,天意所要完成的东西,远远超过与伦理生活相关而最终落实到个体性的义务、责任和个体性。(VG 第 171 页/第 141 页)

黑格尔历史哲学中另一个反讽是,就所有它的理性主义而言,它使得历史背后的推动力变成了激情,而不是理性。理性的狡计把实现历史的目的中的基本角色指派给了激情。因为理性只有通过自我利益才能实现,因为激情在追逐自我利益过程中是最积极的,所以,激情证明是实现历史的目的过程中最重要的。因此,黑格尔鼓吹,激情是人类行为中最强大的力量:"……激情的自然力量对于人的控制,比如秩序、节制、正义和道德这些人为的和费尽九牛二虎之力才能获得的纪律而言,更加直接。"(VG 第 85 – 86 页/第 73 页)然而,在这些段落中看不见任何浪漫派的东西的影子,因为黑格尔的激情概念来自于自我利益而不是道德观念论。就这样,黑格尔解释说,他是在宽泛的意义上使用"激情"这个词的:"就我绞尽脑汁要表达的东西而言,'激情'这个词并不十分恰当。我在这里使用它是为了表示所有的特殊利益、特殊目标。如果你愿意,你也可以说,'被自私化的意图''所统治的人类活动'……"(VG 第 85 页/第 72 页)。

黑格尔刻意贬低道德观念论,有意抬高自我利益,从而提出了一个不可回避的问题:"个体在什么时候,又是如何开始意识到历史的目标?"可以确定,他们一定是在某个点意识到历史的目标,因为黑格尔坚持说,理性的目的只有通过个体才能实现,如果他们没有根本上觉察到目的,那么,实现它们也就无从谈起。正是在回答这个问题时,黑格尔陈述了历史哲学另外一个著名的主题:世界历史人物(VG 第 97 – 103 页/第 82 – 89 页)。他们是诸如苏格拉底、路德、凯撒和拿破仑这样的人。唯有他们才有举世无双的力量可以超越他们自己时代的有限眼界,看到历史朝着哪个方向前进,处在实现了自由的自我觉察中的更高阶段。他们是其他人的引路人,其他人没有力量抵制他们,而是团结在他们的旗帜周围(VG 第 99 页/第 84 页)。尽管因为他们都是行动的人,他们没有哲学家的精确知识,但是他们仍然有力量把握住时代新的需要,以及看到必须做什么才能满足它们(VG 第 98 页/第 83 页)。

只有在世界历史人物的情形中,黑格尔似乎在历史的现实化中允许某种程度的道德观念论。因为他说,这些人物把他们自己等同于他们的原因:"……他们想要的是普遍;这就是他们的激情……"(VG 第 101 页/第 86 页)。他反对那些把他们的动机还原为一种纯粹自私自利的或者纯粹个人的东西,例如尊重和荣誉。因此,对于歌德著名的箴言"仆人眼中无英雄",他添加了一种解释,即这是因为仆人就是仆人,而不是因为英雄实际上并不是英雄(VG 103/第 87 – 88 页)。但是甚至在这里,他也警告我们不要把这些英雄看作道德理想主义者;因为他们的行动仍然更多地出于激情而非原则,他们没有让道德上的顾虑挡住他们的使命:"伟人想要满足他们自己,而非他人的善意"(VG 第 104 页/第 89 页)。

如果这些学说看起来排除了黑格尔历史哲学中的诸多困难，那么，它们自身似乎也产生了许多它们自己的困难。理性的狡猾似乎促进宿命论。因为如果理性只有通过自我利益才能实现自我，那么，为什么我根本上应该试图成为道德的人？如果理性只有通过我的所有行为才能实现自身，那么，为什么我应该成为一个负责任的公民？这两种学说似乎都支持一种几乎残酷无情的实用政治（Realpolitik），削弱了政治领域中的道德主张。就这样，黑格尔告诉我们，世界历史是在一个比道德更高的层面上运行，我们不应该根据道德观念来测度历史的必然性，理性把人们仅仅当成达到它的目的的手段。在他的讲座中的好几个段落里，黑格尔认识到主观性的"无限的权利"，每一个和所有主体的价值；但是，在面对他那冷酷无情的陈述——世界历史人物"必须把很多天真无辜的花朵践踏在脚下，在通行理性的道路上横扫千军"（VG 第 105 页/第 89 页）——时，这些段落听起来非常虚伪。

然而，尽管它具有命定主义和非道德主义的蕴含，理性的狡计还在某种意义上是极端道德主义的。这个概念的全部目的是在指出，理性最终会在根本上战胜道德上的犬儒主义，因为它说的是，理性比从事实用政治的最聪明的政治家们更加狡猾（第 220 页）。甚至在追求国家理由（raison d'etat）时，政治家也将会是理性实现最高目的的工具：人自我觉察到自身是自由的。

恶的问题

在他论述世界历史的讲座中,黑格尔把他的核心主题"理性统治世界"等同于传统基督教的天意理念(VG 第 77 页/67 页)。他把统治历史的理性和在它背后的神圣计划联系起来,就好像理性来自于上帝的意志。他解释说,世界历史哲学的基本任务就是理解"上帝统治世界"。因为世界历史无非包含着"它的统治和(神圣的)计划的执行过程的内容"(VG 第 77 页/67 页)。

尽管黑格尔试图恢复传统的天意理念,但是他也赋予它以完全内在的或者此世的意义。依照基督教传统,尘世的生活仅仅是通往更高的目的——永恒的得救——的手段。历史仅仅是通往上帝之城的道路上的一段朝圣之旅,一段审判之路(a trial of passage)。黑格尔忠实于他的内在目的论,否认有一个在历史之上的,并且赋予历史以目标、意义和价值的超自然领域。因为历史的目的本就不在历史之外,所以,必须在历史之中获得救赎。

对于天意的任何信仰——无论是内在的,还是外在的——来说,基本的疑难是恶的存在。如果存在着恶,那么,怎么可能存在着天意? 因为为什么无限而善良的上帝居然会创造出或者甚至允许恶的存在? 黑格尔历史哲学中一个巨大的野心是想要解决棘手的问题。因此,他把他的历史哲学描述成一种神正论,描述为证成上帝通往人类之路的尝试(VG 第 48 页/第 42 页)。

在沉思了历史的悲剧之后,黑格通过追问"……这些惨绝人寰的牺牲到底是为了谁,为了什么样的终极目的……而制造出来的"(VG80 页/69 页)而明确地提出了这个问题。黑格尔必须面对恶的问题,因为他明确断言支持这个问题的两个前提。首先,他强调说,上帝本质上是善良的,不仅仅在他为世界所作的设计之中是善良的,而且在他执行这个设计的所凭借的力量中也是善良的(VGdi 77 页/第 67 页)。其次,他完全承认恶的实在性。在某些过目可诵的段落中,他宣称,历史是"屠宰凳"(Schlacht-bank),在屠宰凳上供奉着大量的牺牲(VG 第 80/第 69 页)。在历史书中,幸福的时期都是空白的页码。(VG 92/79)

尽管恶的问题起源于任何对于上帝的信仰——对无神论和自然神论以及绝对观念论来说亦为是——是一个尖锐的问题,出于两个理由,它对于绝对观念论而言是一个尤其尖锐的问题。首先,绝对观念论将神性与世界联系起来,使自然与历史中的所有事物都是神性的显现;因此,历史中的恶性事件不仅是神性所允许的,而且它们会是其本性的一部分。其次,绝对观念论似乎使得恶,就像自然与历史中的所有事件一样,是不可避免的,是理性规律的必然显现。无论一个男人还是女人做什么,都是上帝通过他或她的行动所做出来的事,而且也是神圣的自然所必然做出来的事。这就提出了命定主义的危险,因为似乎一切都别无可能。

黑格尔试图怎样处理这些困难呢?他又是怎样解释恶的存在的呢?黑格尔忠实于他的此世的天意的思想,他的神正论试图在历史的领域之内解释恶或者为受苦受难赎罪。他关于恶的解释是,它是历史进步中必不可少的东西,是通往自由的自我觉察之路上虽有所遗憾但却本质的阶段。就像康德、席勒和赫尔德一样,黑格尔也是用一种基督教的"天真—堕落—救赎"的剧本的世俗化版本来解释历史[2]。他依据几个具体的历史时期来解释每一个阶段:天真是古希腊世界,在那里,人们生活在与他自己、他人和自然的统一性之中;堕落随着基督教的开端一同来临,在这个时期,个体赋予其自身的除共同体和自然之外最高的意义。救赎——仍然有待于在日尔曼世界之中达到的——到来之时,人类在更高的层面上恢复了它的统一性,又保留了个体的权利。恶随着堕落——从天堂的统一性中偏离正道——而来。这种堕落是必不可少的,因为,为了实现自由,人类必须发展供自身反思的力量,它为自己而思考自我的能力。但是在发展这样能力之时,它已经把它自身同它原本的统一性分离开来了,已在世界上不再有在家之感。

黑格尔神正论的核心最终还得靠他的精神概念。在精神通往自我实现的路途中,恶是在差异的环节内部分化的环节的过程中显现的,这时精神从它自身中外化出去。我们已经看到精神如何在只有把他者融入自身之时才能实现它自身,以及为了做到这一点,它必须首先把自身与他者对立起来(第114–115页)。更具体地说,划分的阶段有两个方面:首先,自我将它自身与他者对立起来;其次,自我仍然依赖他者,自我同他者相斗争以肯定它的独立,而没有意识到只有在他者之中并且通过他者,它才能实现它真实的独立。因为自我在同他者相斗争之时,自我的更高的同一性只能来自于把他者融入自身之中,它就在它自身之中发生分化。这就是恶的环节,因为,在试图破坏对它自身而言的本质之物时,自我经受着折磨与苦难的痛苦;它是它自己最坏的敌人,尽管它仍然不能充分地理解为什么会这样。如果我们把恶理解为精神的内部分化,而它又是精神的自我实现的过程中一个必要的阶段,那么,我们就能把握恶自身的必然性了。然而,我们还能够理解,恶怎样证明其正当性,并且被救赎的,因为分化的阶段是可以被克服的,就在自我最终将他者融入自身之中,并使其自身重新变成整体之时。

在试图将恶融入他的历史哲学之时,黑格尔发展出了一个独具特色的进步概念。他的进步概念同启蒙运动的进步概念对立起来:依据后者,历史就存在于循序渐进的改善之中,文化的日益精致美化之中(VG150 页/125 - 126 页)。他认为,这种纯粹是量的进步概念,并没有能够把握住为了精神性自身的发展而必然产生的冲突和斗争。然而,如果我们拥有一种质的进步的观念,并据此认定斗争与冲突对于精神的发展而言是必不可少的,那么,我们就可以看到恶自身存在的必然性。在黑格尔对乐观主义本质的解释中,在历史的领域里没有什么会丧失殆尽,或者没有什么会徒劳无功。过去的所有斗争都作为通往自由的自我觉察的必然环节而被保存起来。黑格尔希望,一旦我们认识到恶的必然性,以及它被克服的必然性,那么我们最终就能让我们自己和历史达成和解(VG67/78)。只有在我们站在历史之外,并且依据外在的道德标准来评判它,那么,我们就不能让我们自己和历史达成和解。然而,一旦我们认识到它的内在目的的必然性,以及这种目的通过恶及对它的救赎这两者可以实现,我们对于历史上的恶的全部愤慨(indignation)都将会烟消云散。

　　从它最粗糙的纲要上说,这就是黑格尔的神正论。尽管它是一个自我意识的基督教式规划。但是,它是具有高度原创性的,它至少在三个方面彻底地离开了基督教的传统。首先,它试图只在此世之中为恶寻求救赎,避免所有诉诸一个超验领域的作法。其次,它不是二元论的,因为它把善与恶看作同一个精神运动的两个方面。第三,它不仅强调恶的实在性,而且强调恶的必然性。黑格尔的理论与人们常常归之于他的那种理论——恶的实在是一种幻相,在我们把握到宇宙整体时它就消失不见了——大相径庭。

　　但是,就它的所有原创性而言,黑格尔的神正论也经受许多来自于它自身的困难。值得注意的是,理论在不同的水平上,个体的和宇宙的发生作用,就恶的存在而言,这些水平涉及互不相容的解释。在个体的水平上,关于恶的解释只是来自于人的选择。黑格尔解释说,在意志选择依据它的自然欲望而非依据理性的道德法则行动时,恶就产生了。自我有力量选择善而非恶;但是它仍然选择恶,即使在它有力量另作选择之时。在黑格尔试图避免把恶归咎于上帝,并只把恶的责任移交到人类意志之时,他强调了这一点(VPR,第三卷,298 页/222 页;PR 第 139 节附释和补充)。在宇宙的水平上,对恶的解释来自于神的本性。它认为,恶存在于神的本性的内在分化中。黑格尔强调说,这个否定的环节并非某种只是碰巧发生的偶然的东西;毋宁说,它对于神的本性自身来说是本质的东西,是它的自我实现中必不可少的(PG9/9/775 - 776;VPR 第三卷,306 页/229 页)。问题是,这两种解释彼此互不相容：第一种解释把人的意志看作是恶的唯一来源，而第二种解释把它变成神的本性的一个本质环节。第一种解释把恶看作是偶然的东西，依赖于一个既可以这样又可以那样的选择行为；第二种解释把它看作是某种必然的东西，精神的自我实现的不可或缺的条件。

除了这些疑难，还有另外一些理由可以质疑黑格尔的神正论。首先，我们可以问，是否任何目标，朝向它的任何数量的进步，都可以救赎无辜者的受苦受难？如果目标与进步的实现要以这种恶为前提，那么，宣布放弃这些目标或者进步，难道不是更好吗？黑格尔的作为自我否定的恶的概念似乎仅仅可以解释某一种恶，那种从内部斗争中升起来的恶；但是还有其他类型的恶并非内部斗争的形式；例如，所有形式的犯罪，比如谋杀，虐待，种族大屠杀等。正是这种习以为常却又蛮不讲理的形式的犯罪，使得恶的问题似乎不可解决。第三，黑格尔的理论似乎鼓励面临恶时保持缄默。绝对观念论使它的信众镇定自若地接受它，而不是请求民众与恶相斗争，因为他们心悦诚服地接受它的必然性。威廉·詹姆斯争辩说，信仰这样一种学说的结果是，我们接受有限的恶，"就好像它是潜在的永恒"，所以，我们就取消了我们与之作斗争的所有责任。[3]

鉴于二十世纪的所有恐怖事件，黑格尔神正论的乐观主义看起来既是明日黄花，又是天真可笑。爱弥儿·法肯海姆以最强烈的方式提出了这个问题：

> 黑格尔的理性的实现，仅仅为具有世界历史意义的恶

留下空间,把它处理为再度堕落到宗派意识或者野蛮主义。在他们的后启蒙时期的乐观主义中,除了少数几个以外的全部现代哲学家都忽略了或者否定了恶魔般的存在。黑格尔的哲学……是这种现代倾向最彻底的且因此是最严肃的表达。……任何对于(黑格尔哲学的)真理的探究,必须使它的主张与奥斯维辛的毒气室当面对证。[4]

如果黑格尔的进步概念是质的意义上的,那么,我们就必须质疑法肯海姆的主张,即历史上的诸种恶仅仅是故态复萌。但是,法肯海姆的主要观点仍然是无可指责的:因为什么才能为这种恐怖提供救赎? 也许我们可以这样来表述法肯海姆的观点:奥斯维辛否定了这种双重否定,否定了试图超越它自身精神的力量。

生命的意义

黑格尔有意复兴传统的天意概念,不仅仅是因为他把它看作关于生命的意义如此宏大的生存论问题唯一可行的解决方案。这个概念一直在为那个令人焦虑的问题提供现成的且令人欣慰的答案。依照基督教传统,生活的意义就是完成上帝在创造我们之时的目标。上帝在创造我们每一个人和所有人之时有一种理性(理由),使我们身处此时此地的理性(理由),即使我们几乎不可能对之追根究底。然而,我们依旧知道,上帝期望我们完成我们在国家和社会中的角色,因为社会和国家,以及它们之中所有具体的角色,都是天意的一部分。因此,依照我们的岗位以及它的职责而行动就有了神圣的支持。

尽管黑格尔净化了基督教天意概念中传统的超越意义,但是他仍然保存了它的基础性论题,即生命的意义或者目标来自于履行我在神圣的秩序中某个位置的职责。他并不接受现代生存主义者的学说,即使存在是荒诞的,或者即使生活没有目标,生活都可能有一个价值或意义。[5] 在他看来,没有任何个体单凭自己就有力量赋予他的生命以意义,创造出他所借以活下去的诸价值。他的生命的目标必须是由社会、国家和历史这个更大的整体为它设定的,这个更大的整体赋予每个个体一个特定的角色去扮演。黑格尔坚持说,他的内在目的论能够赋予我们尘世的生命比他们在基督教传统中曾经有过的生命更大的意义和重要性。既然上帝不在历史之外存在,既然它仅仅通过历史而意识到自身,那么,我们的功绩和斗争对于神性的实现而言就是必不可少的。我们尘世的生命不仅为我们准备好了上帝的王国,就像在传统的基督教思想中一样:他们还创造了那个王国。关于这点,黑格尔毫无疑义:

> 精神的范围是由人自身创造的;关于上帝的王国,无论我们形成的是什么样的理念,它必定总是保持为精神的王国,这个王国是在人当中实现的,人被期望着把它转变成现实。(VG 60 页/44 页)

启发黑格尔的内在目的论的,既有基督教传统,同样程度上也有异教传统。如果说基督教传统给与黑格尔他的天意概念的话,那么,异教传统使他把这个概念转向此世的政治目的。由于忠实于异教传统,黑格尔坚持认为,生命的目标应该在尘世的某种特定的生命形式中发现:它的政治的形式——国家。与柏拉图和亚里士多德一样,黑格尔认为,最高的善(至善)——生命的最高价值——只能在国家制造获得,国家不仅塑造了每一个个体的同一性,而且塑造了他的生命的目标与目的。因此,他宣称:"人应该把他的存在归功于国家,他只有在国家中才拥有他的生命。无论他拥有什么样的价值和精神实在,都是他单单凭借国家取得的。"(VG 第 94 页/第 80 页)黑格尔相信,我们的生命在国家之外有任何意义和目标,这个想法建基于某种虚假的抽象之上。建基于这种假定之上,个体在他本是其中一部分的社会和政治整体之外具有某种身份。除了我们在社会和在国家中的具体位置之外,我们不是通过我们个体的选择行为而赋予我们的生命以意义的生存论的英雄。

只有在我们把它们放进黑格尔的发展的语境中进行解读之时,这些陈述的恰切意义才会显露无遗。它们反映了他对传统的基督教伦理学的批判,这种批判源自于马基雅维利和卢梭的共和国传统。在他的《伯尔尼残篇》和《实证性论文》中,他论证说,在古罗马共和国和希腊城邦中,个体在为国家服务时发现了他的生命的全部意义。公民只有在帮助创造和执行法律时,以及在乐于为共和国献出生命时,才会发现这种意义。黑格尔写道,这种思想从未掠过那种公民的脑际,他的生命在国家之外还可能有某种意义,更别说存在了。他论证说,基督教的拯救伦理仅仅是在古代共和国衰亡之后才兴起的。当国家不再服务于公共的善,而被私人利益所接管时,个体就在尘世的领域之外的他个人的永恒得救中寻求至善了。成熟的黑格尔从来不曾偏离他对于传统的拯救学说的批判,并对他早期的信念——生命的目标必须在国家之中才能发现——保持着忠诚。然而,他的确通过把国家之中的生命看作天命论的本质部分而赋予这种学说以一种新的宗教意义。

黑格尔反对存在主义者

因为黑格尔的影响与声望,他的历史哲学最终变成了他的两个最著名的批评者——索伦·克尔凯郭尔和弗里德里希·尼采——的核心靶子。克尔凯郭尔在《非科学性的结论附言》一书中,以及尼采在他的《不合时宜的沉思》一书中,激烈抨击黑格尔,因为他在理解自我和在回答生命的目标问题时赋予历史以核心的作用。他们对于黑格尔把自我构想为本质上是社会的和政治的动物持有异议,他们反对他主张生命的目标在于履行他在国家和社会中的角色。正是在他们对于黑格尔的历史主义的批判中,我们可以窥测到后来存在主义的微光。[6]

尽管作为思想家,克尔凯郭尔和尼采不无差别,但是在批判黑格尔这一点上却是惊人的相似。他们俩都在黑格尔对于历史的强调中看到同一种基本的危险:人们有可能迷失在历史之中,而丧失了他作为个体的存在。在他们眼中,黑格尔的历史主义削弱了我们个体的自律,削弱了我们每一个人为我们自己思考生命的基本问题的需要。因为规定我们在社会和历史中的位置,这仅仅教导我们从前他人思考过什么;它不应该规定我们每一个人现在应该为我们自己思考什么。黑格尔假定,我们通过规定我们在社会和历史中的位置而发现我们自己;但是实情正好与之相反:我们只会丧失我们自己,因为我们是谁,最终是由我们的纯粹个体性所规定的,这种个体性抵制被还原为社会和历史的角色。克尔凯郭尔和尼采论证说,只有通过从社会和历史中撤离出来,我们才能最终面对永恒的生命存在的问题,每一个个体必须最终为自己解决这个问题。为了解决这些问题,尼采建议我们寻求一种"超历史的"立场。在这个立场上,价值是永恒的,不会受到历史的兴趣和不公正的污损。[7]

在抱怨黑格尔的历史主义忽视甚至削弱了个体性的价值之时,克尔凯郭尔和尼采的理由充分吗?在黑格尔的《历史哲学》中有很多片段看起来坐实了他们的抱怨。我们已经看到,他是如何思考个体价值就在于他履行他在社会和国家之中的义务之中的。但是,这绝非事情的最终状况。黑格尔有时写作起来,就好像个体只是社会和历史目的的手段:"理性不能停下来考察单一的个体所承受的伤害,因为目的的特殊性被淹没在目的的普遍性之中"(VG 第 48－49 页/43 页)。在他说个体性应该从属于普遍性,而且他应该被看作是"属于手段而非目的的范畴之下"之时(VG 第 60 页/第 52 页),他似乎犯了克尔凯郭尔和尼采归罪于他的那种过错。他坚持说,除了寥若晨星般的几个精英,

"个体逐渐变成普遍的实体旁边的微不足道之物"(VG 第 60 页/
第 52 页)。黑格尔真正关心的个体只是为数极少的世界历史性
的个人;他们可以完美地为他们把其他个体仅仅当做通往他们
的目的的手段进行证明(VG 第 105 页/第 89 页)。

然而,这个问题要错综复杂得多,因为在很多片段中,黑格
尔的确赋予个体性以极大的重要意义,他甚至在那些段落中强
调,个体性具有要在历史中得到满足的"无限的权利"。就好像
它可以招架住克尔凯郭尔和尼采猛力投掷给他的异议一样,他
坚持认为,个体性具有内在的价值,我们必须把每一个个体看作
是他自身之中的目的(VG 106 页/第 90 页)。在这一点上,黑格
尔再次肯定了"主观性的权利",它主张,个体性具有无限的价值
(第 230 - 1 页)。无论每一个个体什么时候为了社会的、政治的
或历史的目的而行动,他也有"需要满足的无限权利",而且是在
以下意义上,他自己的个人的利益与需求必须也得到满足。因
为他们自己的个体性必须在为了普遍的目的的行动中得到满
足,所以,他们从来就不仅仅是通往这些目的的手段,而本身就
是目的的一部分。那么,看起来尼采和克尔凯郭尔对于黑格尔
的批判最终是建立在对于黑格尔的误读的基础之上的:它没有
能够看到黑格尔如何设法把主观性的权利或者个体性整合到历
史之中。

然而,重要的是看到,黑格尔在这个至关重要的问题上是含
糊其词的。如果说,在某些方面,他试图把个体性整合进历史之
中;那么,在另外一些方面,他却承认个体退出了历史之外。他
越是强调主观性的权利,他越是把个体性置于整个的历史领域

之外。就这样，他承认，甚至"一个受限的生命领域"的宗教与道德，比如，牧羊人或农民的宗教与道德，除了他们在历史中的角色之外，也具有"无限的价值"（VG 第 109 页/第 92 页）。他承认，"道德和宗教的内在核心，个人源泉"，"对于世界历史的喧嚣吵嚷而言保持为未被触及的和受到保护的"（VG 第 109 页/第 92 页）。从黑格尔的方面来看，这些似乎都是决定性的妥协，因为它们基本上把生命的目标和价值问题放置在社会和历史的领域之外，就像克尔凯郭尔和尼采所坚持认为的那样。

除了这些让步，黑格尔对于克尔凯郭尔和尼采的批判还有一个强有力的答复。他可能会主张，他的批评者拥有的是一种不合情理的反社会和反历史的个体性思想。他们假定，一个人的个体性在某种程度上可以和社会与历史中的特殊位置分离开来；但是他可以论证说，这样一种观念是依照虚假的抽象，因为个人的身份最终依赖于他在社会和历史中的位置。如果我们试图把个体从这种位置中抽离出来，那么我们得到的就不是一个人，而只是纯粹的密码。此外，就一个个体是一个个体而言，根本就不存在仅对他有效的一套永恒的问题和关切；因为这些问题和关切完全依赖于个体的社会和政治语境。令人触目惊心的是，当克尔凯郭尔列举了应该关系到每一个具体生存着的个体的问题时，这些问题证明是受到历史和文化调节的。"成为不朽是什么意思？""感恩上帝是什么意思？"这样的问题只是令那些相信基督教的拯救学说的人感兴趣——黑格尔质疑这种学说，并把它放进衰落时期的罗马文化之中。那么，黑格尔可能向克尔凯郭尔和尼采提出一种困境：似乎是，我们把个体变得愈加具体,它越会转变成一个社会的和历史的动物;我们越是讨论个体本身,个体也就越会变成一个纯粹的抽象。

可以论证的是,存在主义的传统从来没有把自己从拯救的伦理学中解放出来,而黑格尔已经对这种伦理学提出了如此严厉的批评。例如,克尔凯郭尔和尼采他们俩把至善看作是个人得救的形式,看作是只要通过在共同体之外的个体就可以获得的理想。在黑格尔的眼中,这样一种至善的观念不过是社会和政治崩溃的结果,而且它生自于一个人从他在社会和历史的具体语境中虚假的撤离。毫无疑问,黑格尔似乎已经援引亚里士多德的著名评论来反对他后来的批判者:"离了城邦,人非神即兽。"陪伴琐罗亚斯德的只有一鹰一蛇,这绝非偶然。

第十二章　美学

黑格尔美学的悖论

在黑格尔的所有著作中,《美学讲演录》是最为流行的。无论是它的主题还是它的阐述都使它比他的其他著作更容易理解。由于它是一个课堂讲义和学生笔记的混合体,其阐述比黑格尔正式出版的著作更加不拘形式和通畅可读。文本捕捉到了黑格尔口头讲演的一些生气和率真之处,以及他与广大听众交流的尝试。毫不奇怪,《美学》也是黑格尔最有影响的著作。黑格尔是一个在艺术史上具有开创性的人物,而事实上,他亦被视为现代艺术史之父。有一点极为引人注目,他在文学批评家和艺术史家当中影响巨大,然而直到最近,研究黑格尔的学者仍未予《美学》以足够的关注。

黑格尔的第一个传记作者,卡尔·罗森克朗兹(Karl Rosenkranz）证实了黑格尔满怀激情地投入到诸种艺术之中。他声称，说黑格尔深奥的思想削弱了他的审美敏感性，是一个神话（myth）。他认为，在所有伟大的体系哲学家当中，黑格尔是唯一一位深入全部艺术领域的。我们知道，他是多么热爱音乐、戏剧、诗歌、绘画和雕塑。每当他在旅行中到达一个新城市，他都不会放过任何一个机会去参观博物馆、欣赏歌剧、听音乐会和观看戏剧。他爱慕一些歌手和女演员，并煞费苦心地去与他们结识。黑格尔的很多同时代人，都被他的审美敏感性、阐释的力量和批判性的鉴别力所深深打动。

《美学》不仅仅为黑格尔对艺术的热爱提供了充足的证据，单是这部著作的部头似乎就足以使它成为黑格尔体系中最重要的部分。在黑格尔著作的绝大部分版本中，它占据了三卷，比体系的任何其他部分——甚至包括《逻辑学》在内——都要多。《美学》甚至比作为体系之整体阐述的《哲学全书》部头还要大。在编辑著作集（Werkausgabe）之时，它扩展到超过 1500 页，比《哲学全书》还长 200 页。我们可以把这部著作的长度归咎于黑格尔著作编者的变幻无常；但是，除了它的部头，著作的内容也毫无疑问地表明了黑格尔对艺术的非凡热爱和关于它的渊博知识。这部著作有着惊人的广度和深度。前半部分是对艺术史的一个考察，它涵盖了有史以来的每一种文化；后半部分是对各门具体艺术的深入讨论，详细解释了诗歌、绘画、戏剧、雕塑和音乐。毫无疑问，《美学》是该领域中一本最伟大的著作，至少可以与康德的《判断力批判》和席勒的《美育书简》平起平坐。

但是，如果黑格尔对艺术的热衷是毋庸置辩的，它同样也是令人困惑不解的。《美学》的任何读者最终都不得不忍受这样一个不同寻常的事实:黑格尔一有机会就极力贬低艺术的重要性,这种尝试自始至终、坚持不懈。无论如何,这是黑格尔两个核心论题明确无误的要旨。首先,黑格尔认为,作为知识的一种中介,艺术低于哲学;艺术通过模糊的感官中介瞥见之物,哲学则通过透明的思想中介把握之。第二,黑格尔认为艺术没有未来,它已经失去了传统上的重要性,在现代文化中不再有用武之地。一旦他沉思这些论题,读者就面临一个悖论:既然黑格尔如此热衷于贬低艺术,他为何还要为之投入如此多的篇幅和努力? 既然艺术低于哲学并且注定是要过时的,为何他还要写一部三卷本的著作来讨论艺术? 当然,这种悖论在哲学史上并非独一无二。柏拉图在《理想国》(Republic)里把艺术家从他的城邦中驱逐出去,却在《斐德若》(Phaedrus)中唱响美的赞歌;卢梭在他的《第一论文》(First Discourse)和《给达朗贝尔的信》(Letter to D'Alembert)中对艺术极尽攻击之能事,纵然他是一位著名的作曲家,并且写了 18 世纪最优美的一部小说《新爱洛依丝》(The New Heloise)。然而,将黑格尔置于这样的行列中并未取消这个悖论:它只是表明这个悖论对他和别人同样适用。

　　解决这个悖论的一个策略是,关注《美学》背后的论战性的意图和语境。在他晚年的柏林岁月,黑格尔反对浪漫派的敌意(animus)愈演愈烈。他在《法哲学》的好几个地方抨击弗里德里希·萨维尼(Friedrich Savigny)。他与施莱尔马赫(Schleiermacher)有一场著名的争吵,并经常跟他发生激烈的论战。黑格尔从来都不喜欢弗里德里希·施莱格尔(Friedrich Schlegel),他对后者的嫌恶(aversion)多年来发展成一种深深的憎恨(loathing),以至于会不厌其烦地批评他。所有这些敌意在《美学》——这一针对浪漫派的难以捉摸和坚持不懈的论战中臻于极致。《美学》中反浪漫派的方面是广大深远和无处不在的。黑格尔的两个论题都直接针对浪漫派艺术至上的信念。第一个论题是抨击浪漫派的如下主张,艺术作为真理之一种中介高于哲学;第二个论题抨击浪漫派的这种学说,即艺术家在形成现代文化的意识形态方面应该取代牧师和哲学家。除了这些论题,整部作品前半部分的整体结构似乎也有意反对浪漫派。这个结构以黑格尔对艺术史时代之划分为中心,而这种划分似乎是为证明两个反浪漫派的观点而专门设计的。这两个观点是:第一,艺术的最高成就在古希腊;第二,现代浪漫艺术意味着艺术的解体。那么,根据这个解释,黑格尔在《美学》中对艺术的热情投入实际上只是表面的;只是由于他反浪漫派的敌意才使他在艺术上耗费如此多的时间和精力。

尽管这个解释有些道理,但并不完全正确。黑格尔长时期地关注艺术并不只有消极的原因,也有积极的原因。归根结底,他对艺术的态度是矛盾的:他既衷心鄙视那些以艺术的名义提出的过甚其辞的主张,又深深地钦佩艺术背后的活动。艺术确实在其体系中占有一个关键地位。艺术、宗教和哲学是绝对知识的三种中介,凭藉每一种中介,精神都可以获得自我意识。尽管艺术处在这个等级体系(hierarchy)的最底部,但毫无疑问,重要的是它处在这个等级体系中。尽管它位于金字塔的最底层,但是在那里,它可以支撑宗教和哲学。艺术是精神达到其自我意识的第一个中介，是精神超越自然和历史的领域并回到自身的第一个层面。尽管与浪漫派有诸多论战，黑格尔还是接受了浪漫派共同的观点，即艺术家是人类的第一任教师，而诗歌是人类的母语。总的来说，黑格尔赋予了作为文化自我意识之中介、作为一个时代之精神的展示和表达的艺术作品以极大的重要性。这里我们只需要提及他在《精神现象学》中分派给文学作品的关键角色就够了：用索福克勒斯的《安提戈涅》（Antigone）揭示希腊的民族精神（Volksgeist），以及借狄德罗《拉摩的侄儿》（Rameau's Nephew）披露法国革命前的精神状态。

　　如果我们要用几句话解释《美学》的历史意义，我们就必须强调在一个后康德和后浪漫主义时代，黑格尔在复兴温克尔曼（Winckelmann）遗产的过程中所起的作用。纵观《美学》全书，温克尔曼的影响是显而易见的：在黑格尔毫不妥协的古典主义中，在他对艺术之形而上学意义的信念中，以及在他把艺术置于其文化语境的尝试中，这一点显而易见。在我们阅读黑格尔对古典美的描述时，我们能清楚地听到温克尔曼的回声。尽管黑格尔对温克尔曼并非毫无批判，他还是对他赞赏有加。他说，正是温克尔曼发明了一种全新地看待艺术的工具（organ）、一种理解艺术的全新的视角（W，XIII，92/63）。黑格尔的使命就是重申温克尔曼的遗产以反对康德和浪漫派，后者在 18 世纪 90 年代对前者加以攻击。与浪漫派背道而驰，黑格尔重新肯定了那被浪漫派认为不适用于现时代从而拒绝了的温克尔曼的古典主义。尽管黑格尔与浪漫派一道，反对温克尔曼认为古典价值在现时代已经无法恢复的观点，但他却与温克尔曼一起，反对浪漫派而相信古典主义是艺术最高成就的化身(epitome);黑格尔关于艺术终结的命题不过就是温克尔曼的古典主义,只是不包括后者的摹仿说。不同于康德,黑格尔恢复了温克尔曼将艺术置于其文化语境中的方法,而康德通过将审美经验置于一种超越社会和历史的先验领域而削弱了这种方法。

从属论

黑格尔美学中最有争议的一个方面是他的从属论,即他认为艺术作为真理的中介低于宗教和哲学。这个学说主要因其过于具有还原论色彩而受到攻击,显示出对艺术独具一格的地位缺乏欣赏。对于很多人来说,似乎黑格尔想把诗歌还原为散文,似乎任何以艺术为中介而说出的东西都可以用哲学更好地说出。这种学说因而被谴责为在美学方面巨大的退步,从康德的艺术自律论的一种倒退,而后者似乎为理解现代艺术提供了一个更好的基础。对一些人来说,黑格尔似乎想把美学带回糟糕过时的前鲍姆伽通(pre – Baumgartian)时代,在那里,审美体验仅仅等同于"一种混乱不堪的知性表象"。也有人可能想通过指出黑格尔也明确肯定康德的自律原则来为之进行辩护;但是这并不能帮他反对他的批评者,后者声称这个理论与从属论势同水火。他们争辩道,毕竟,如果艺术只有依据宗教和哲学才是可解释的,那么它如何自律呢? 黑格尔对从属论和自律原则的同时肯认被视为他的美学理论中的一种根本的张力。

这些异议是否根基稳固，只能通过对黑格尔从属论做一个详尽的考察才能确定。我们已经在讨论宗教时考察过这一论题（第 146 ~ 152 页）。现在有必要在艺术的情况中考虑它，后者提出了它自己特殊的难题。

黑格尔对艺术在其体系中地位的正式论述出现在 1830 年《哲学全书》的几个晦暗不明、难以索解的段落中（§§556 – 63）。艺术、宗教和哲学是绝对精神的三个阶段，是其自我意识的三种形式。这些阶段应该主要被理解为概念的，理解为一种自我认识层面的认识论分类。然而，黑格尔也通过用历史的术语构想这些阶段而使事情复杂化了，因此每个阶段都能代表一个特定的历史时代。艺术的时代是古希腊，宗教的时代是中世纪，哲学的时代是现代性。这种概念物和历史物的混合被看作一种混淆（confusion）。但是鉴于黑格尔绝不会接受认识论与历史之间的严格区分，所以这种反驳只是回避了问题。

如果我们遵循《哲学全书》的论述，那么，黑格尔认为，艺术因为处在一个自我意识的更低的层面而从属于宗教和哲学。因此，我们现在必须问：为什么与宗教和哲学相比，艺术是自我意识的一种更低的形式？黑格尔在《美学》中的解释遵循了他的一般的精神理论。根据这个理论，精神达到它的自我意识，首先是通过外化，即越出自身并进入他者之中；然后通过再次内化，即从它的他者返回到自身（第 114 ~ 115 页）。黑格尔解释说，艺术属于自我外化的第一步，主要是因为它的中介向诸感官显现，其次是因为它的对象存在于艺术家之外。尽管对象外在于艺术家，但是它也体现了他的创造性活动，而且因此艺术家在其对象中看到了自己,对象由此而标志着自我意识的一个阶段。宗教和哲学由于它们的中介是普遍的,并且将其实存只归功于思想活动,因而属于后一阶段的再—内在化(re‑internalization)。当精神与这样的中介打交道的时候,它是在一个完全由自己所创造的领域内,因而享受更大的独立性和更高层次的自我意识。黑格尔在此所做的的部分论证是,审美经验并不涉及精神的有差异的同一(identity‑in‑difference)的特征。那种结构的前提是,自我和他者、主体和对象具有相同的地位;但是在艺术的情况中,对象是某种僵死的和外在的东西,因而并不能与主体等量齐观(on the same footing)。因此,黑格尔解释了艺术家何以能够疏离他的对象,嘲弄甚至毁灭对象(VPR XVI, 137)。通过使浪漫派的反讽概念反对它自身,他提出,如果艺术家能够和他的作品相外化,他就不能通过作品获得完美的自我意识。

　　黑格尔对艺术在其体系中的体系性地位的最好论述,似乎并不在《哲学全书》那浓缩而晦涩的阐述中,而是在他1827年和1831年关于宗教哲学的讲座中。在这里,艺术、宗教和哲学的区别并不是就自我意识而言,而是就知识的种类或理解的程度而言。现在黑格尔认为艺术、宗教和哲学全都具有相同的对象,即绝对或真理自身;但是它们呈现为不同的知识形式。艺术以直接直观(Anschauung)的形式呈现绝对;宗教以表象(Vorstellung)的形式呈现它;哲学以概念(Begriffe)的形式呈现它。

　　意识的每种形式都要求阐释(第147～148页)。在选择"直观"这个术语描述艺术阶段之时,黑格尔只是遵循了浪漫派的用法,后者认为审美经验是一种直观。与康德和浪漫派相同,黑格尔将直观理解为一种在感觉经验中关于特殊的直接(direct)或当前的(immediate)表象;这种表象与作为关于特殊的间接表象的概念形成对照,因为概念是一个关于许多个体表象的普遍表象。由于直观是一种感知觉(sense perception)的形式,因此涉及到所有视、听、触的行为,其表达的中介将会是图像、可感世界的某种具体的形状或形式。因而艺术的中介将会是各种图像;在音乐中将会是声音、在雕塑中将会是形状、在绘画中则是颜色和形状,如此等等。艺术直观的对象是特殊的,与此不同,宗教的表象已经是普遍的,它们涉及到一种原始的抽象形式。在宗教中,我们已经开始以排除了它们的对立物的有规定的术语来表达神圣。例如,我们把神圣称为与有限对立的无限。最后,哲学的概念不仅是普遍的,而且也是具体的;它们不像宗教的表象一样是抽象的,因为它们不仅仅将一物与他物区别开,而且涉及到认识每一物在一个完整的体系中如何依赖于他物。

重要的是看到,艺术、宗教和哲学全都是具体普遍性的形式。换句话说,它们认识到,它们的对象作为一个整体或统一体先于它的部分;因而它们不同于知性(Verstand)的纯粹理智的活动,后者将整体析解为彼此独立的部分。然而,在对这个整体或统一体领会的程度上,它们彼此不同。直观将它的对象看作一个整体或统一体;但是它并没有对整体的一种清晰而连贯的(articulate)把握,因为它没有确定无疑地看到它的每一部分。表象清楚地看到了整体的各部分;但当它形成一个普遍物时,它将整体的一些方面或特征抽象掉了;然而,对于所有这些部分如何形成一个整体,它只有一种模糊的把握。哲学由于在整体的每一部分中把握整体而高于艺术和宗教；它不仅看到了整体，而且看到了每一个个别部分如何依赖于它。因此，黑格尔的等级制度（hierarchy）完美地反映了概念的三个阶段：普遍性、特殊性和个别性。

一旦我们以这些术语理解等级制度，我们就会清楚地发现对黑格尔还原主义的指控是在回避问题。由于黑格尔认为哲学的概念领会并非分析而是重构审美直观的整体。因此，它不是那种将整体还原为分离的各个部分的抽象理解形式；毋宁说，它是一种尝试，尝试着更确定无疑地解释整体的各个部分、各个部分如何依赖于整体以及如何形成一个不可分割的统一体。这里的关键是看到，黑格尔的概念领会形式应该尊重——而非还原——审美整体的完整性和个体性。黑格尔自己的阐释实践是否与这个理念相符合是另一个问题；但是原则上，我们不能指责黑格尔想要破坏或还原审美经验的统一性。那些抱怨黑格尔以过于理智主义和理性主义的观点看待艺术的人，都没有能够观察到他在抽象的和具体的普遍之间的区分。

不管我们是就自我意识还是就领会的程度来理解黑格尔的等级制，以下一点应该是清楚的，即至少就他所理解的层级制来说，后者与他对自律原则的肯定相一致。正如黑格尔在《美学》中对这个原则的解释，它意味着两件事情。首先，艺术不应服务于它自身之外的目的。因此，黑格尔拒绝戈特舍德（Gottsched）认为艺术意在道德说教的陈旧理论（XIII, 75 - 7/50 - 1）。第二，各种各样的艺术中介有它们自身内在的特质，而这些特质应该由于其本身而被欣赏。因此，黑格尔警告我们不要把一首诗或一个戏剧的寓意弄得过于露骨或者过于直白,以防中介变得肤浅(XIII, 77/51)。黑格尔的从属论实际上是关于艺术作品的内容(content)的,后者要求能用概念的术语进行重构。它并不主张艺术作品应该服务于外在目的,更没有说它的形式或中介不具有其自身内在的特质。每种艺术中介都具有自身独特的特点,这是黑格尔在处理具体的艺术之时一再强调的。

尽管到目前为止,对黑格尔从属论的诸种异议都不堪一击,但它们可能会以强化版的形式重新出现(reformulated)。其主要的靶子是黑格尔关于艺术、宗教和哲学都具有相同的对象的假设;只是出于这些理由,黑格尔才能够将它们依次置于一个等级制中。但是人们可以通过主张每种意识形式都有其特殊的对象来质疑这个假设。确实,如果艺术包含形式和内容的统一,那么,我们如何能够将内容与其形式分离开来呢?黑格尔自己承认这种十足的可能性(EPW §3),并且不太清楚他如何设法避免这种可能性。他甚至主张,艺术的不同阶段涉及完全不同的关于其对象的概念,罔顾它们如何成为同一事物的概念的问题(XIII, 105/74)。因此,看起来我们仅仅通过强调每种艺术都具有自己的对象,并且须以自身特殊的方式认识它,就可以拒绝从属论——但仍然坚持艺术是一种认知形式。

但是,这仍然并非问题的终结。因为黑格尔可以以其理性主义学说为他的从属论辩护,即直观和表象只是潜意识的和不成熟的思想形式。我们已经看到黑格尔是如何通过康德的认识论,赋予这种陈旧的莱布尼茨学说以一种新的强有力的理论说明(页150–151)。然而,这种学说是否正确,是一个我们在此处无法继续追寻的棘手问题。

艺术作为认知

尽管黑格尔使艺术从属于宗教和哲学,尽管他甚至宣称艺术过时了,事实上他仍然赋予艺术以基本的重要性。艺术是绝对知识的第一个中介。因此,黑格尔将其认知能力置于经验科学和历史之上(XIII, 20 - 2/7 - 9)。如果说上述两者仍然局限于有限的世界,艺术则可以把握无限,在自然和历史的过眼云烟中瞥见永恒。事实上,黑格尔给予艺术一种高于知性的认知地位。知性只停留于抽象之中而与感性相对立,而艺术则可以把握具体的普遍并调和知性与感性(XIII, 21/8, 82/55)。此外,艺术可以彻底把握(fathom)知性无力把握的真无限,尽管是通过感性图像这副墨镜。

通过将这样的认知地位授予艺术,黑格尔重新肯定了浪漫派的遗产,尽管他与之存在着诸多分歧。他同意谢林、弗里德里希·施莱格尔、施莱尔马赫和荷尔德林的观点,即艺术是比知性更高的一种知识形式。他也认为艺术的洞见不能被还原为我们能够根据抽象的概念、判断和三段论,纯粹通过推论而知道或解释的东西。但是,在黑格尔看来,浪漫派误入歧途之处在于把艺术置于哲学之上。他认为,他们之所以这样做,只是因为他们将哲学局限于知性的抽象概念之上。因而,他们没有对理性的辩证形式做出恰如其分的评价。出于两个理由,黑格尔认为辩证法是一种比艺术更为恰当的、具体普遍性的形式。首先,它可以明确和有意识地把握艺术只能含蓄和下意识地把握到的东西。其次,纵然艺术的直观可以看到整体的统一性,但是辩证法还能把握有差异的同一,即它能看到整体的各个部分以及各部分是如何依赖于整体的。

不管黑格尔出于什么原因与浪漫派分道扬镳,基本的问题仍然是为什么他仍然完全忠实于他们。换句话说,黑格尔为什么继续支持艺术的认知地位,它把握绝对的力量? 在 19 世纪早期,这个立场仍然是充满争议的。毕竟,18 世纪美学的总体趋势是走向主观主义。根据主观主义,艺术只是表达艺术家的情感(feelings)或取悦观看者的感官(senses)。这个趋势最重要的代表是康德,他在《判断力批判》里提出,对于何种对象能够取悦感受者,审美判断只具有一种主观的有效性;尽管这些判断具有一种普遍的有效性,它们仍然只关涉与对象本身的质无关的愉悦的情感。当然,对艺术之认知地位的挑战是更为令人肃然起敬的,至少可以追溯到柏拉图,他将艺术家从他的理想国(republic)中驱逐出去,因为他们的作品只能经营幻相。如果我们考虑到对黑格尔的立场所构成的如此有力的挑战,我们必须问他是如何回应他们的。

在《美学》的导论部分,黑格尔的确对这些问题做一个颇为有趣的回应,在他的批评者面前捍卫艺术的认知地位。然而,他的解释并没有足够详细地展开,部分是因为其认识论和形而上学的前提是在他的其他著作中奠定的。由于黑格尔的处理方式没有一以贯之或不成系统,它已经被视为派生的,实际上是基于谢林在他的《先验观念论体系》(System of transcendental Idealism)和《艺术哲学》(Philosophy of Art)中所给出的基础。但这是一个错误。尽管黑格尔确实从谢林那里受益良多,但其立场背后的前提是基于他自己的认识论与形而上学,后者与谢林有着实质性的差别。我们目前的任务是,通过将艺术置于黑格尔的认识论和形而上学这个更广阔的语境之中,来重建他关于艺术之认知地位的立场。

黑格尔关于艺术之认知地位的命题,在他对美的定义中,有着最为普遍和明确的表述:"理念的感性显现(Scheinen)"(XIII,151/111)。这个表述背后最重要的主张是它重新评价了现象的概念。现象可能是幻相的领域。在这个领域中,真理被伪装或隐藏;但它也可能是揭示的领域,在其中,真理被展现或揭露。众所周知,柏拉图在前一种意义上理解现象。出于这个原因,他把艺术逐出他的理想国。他明确区分了理念的可知王国和感官的领域;由于艺术家只能模仿感官的对象,他的作品充其量是现象的现象,所以距真理有两步之遥。在《美学》的导言中,黑格尔通过明确宣布他的相反的现象概念——"现象对于本质来说是本质性的;真理不会存在,如果它不表露或显现……"(XIII,21/8)——反驳了柏拉图的论证。黑格尔同意柏拉图的观点:我们不能将感官的对象本身当成实在;他承认,如果艺术所能做的只是摹仿这些对象,那么,它确实会远离现实。然而,艺术是有重大意义的,黑格尔论证说,正是由于它的感性形式表明了一种位于其背后的更实质性的现实。

黑格尔对现象领域的价值重估有什么正当的理由? 它的基

础在于他的有机主义的形而上学(organicist metaphysics),更确切地说,是他的亚里士多德式的关于普遍的思想(conception),后者我们已经在上文考察过了(第56~57页)。根据这个构想,普遍不是一个纯粹的抽象术语,一系列既有差别又相类似的特殊构成的一个集合名词,一如它在唯名论传统中所是;它更不可能是一个原型(archetype)或永恒形式(eternal form),完全超越于感官特殊的变动不居的世界之外,犹如在柏拉图传统中那样。毋宁说,普遍是具体的,是对象的内在形式,它的形式因和目的因。这就意味着,感官特殊把普遍具体化或显示了普遍;它们正是普遍得以产生的那个过程的一部分,是普遍在世界中实现自身的具体形式。因此,可感世界的现象并非幻相,而是揭示,因为它们具化和实现了对象的实质性的形式。所以,就艺术处理可感的现象而言,它具有揭示对象的内在形式的力量。

黑格尔对艺术的认知地位进行解释的最协调一致的努力,出现于他对审美沉思观点的叙述中(XIII, 58 - 9, 152 - 4/36 - 7, 113)。在这里,他的亚里士多德式的形而上学再一次发挥了关键作用。像康德一样,黑格尔将审美沉思与实践的和理论的观点区分开来。在实践的观点中,我们使一个对象符合我们的目的;而在理论的观点中,我们将对象看作一些普遍或一般法则的例证。这两种观点都把普遍看作外在于对象的:实践观点的普遍是我们强加在对象上的某种目的;理论观点的普遍仅存在于观察者的知性或反思中。然而,在审美沉思中,我们将普遍看作内在于对象的,看作从其内在本质中派出来的(XIII, 154/113)。黑格尔认为,审美沉思的基本特征是,将对象看作自主的,它实现自身的内在目的,只按照自身本性的必然性而行动。

在这里,我们看到了黑格尔与康德分道扬镳的基础。由于审美沉思使我们对对象的固有形式有了深刻认识,所以它给了我们关于那个对象的知识,关于那个对象自在(in itself)地是什么的知识。在《判断力批判》中,康德将审美判断与目的论判断区分开,并且坚持认为,两种判断形式都严格地是调节性的,即我们必须只是似乎把它们当作对象本身的真实性来对待。在赋予审美经验以把握对象内在形式的力量时,黑格尔与康德的上述两个观点背道而驰。审美经验是目的论的一个种,它给与我们关于对象的知识,因为它把握了对象的内在目的,它的形式——目的因。因此,黑格尔背离康德——因为他超越了康德哲学的界限并赋予艺术以认知地位——的最终基础存在于他对目的论的建构地位的辩护之中(参见页100-7)。

黑格尔关于艺术的认知地位的理论,必须被置于他对摹仿说的复杂态度这一语境之中。几百年来,模仿说已经成为关于艺术的客观地位的主要理论。鉴于他尝试着捍卫艺术之客观性,人们会期望黑格尔对摹仿理论持同情态度。但事与愿违。他有时候提到摹仿说时,好像它已经完全过时了,已经被强调主体的创造性活动的现代学说超越了。他断然拒绝这种学说的一个版本,根据这个版本,摹仿存在于"复写自然的形式——一如它们呈现给我们的那样——的才能"中,好像艺术家应该只是把被给与感官的东西加以复制(duplicate)一样。黑格尔对这个版本的模仿说提出了一系列反对意见(XIII, 65-9/41-4)。他首先指出这种学说使艺术变得多余:为什么要简单地复制已经被给与我们的东西？然后，他补充说，它也使艺术的雄心变得荒谬绝伦；假定艺术凭借一种感性的中介再创造那在自然中已经被给予我们所有不同感官的事物，那么，我们再也不能通过艺术的手段重现自然的丰富性和特殊性。在指出这些难题之后，黑格尔抱怨摹仿将艺术还原为某种纯形式的东西；因为问题的关键是事物如何被摹仿，而非什么被摹仿，甚至丑陋和琐碎的事物都可以成为艺术的题材。最后，黑格尔指出摹仿并不适用于所有的艺术门类，例如，建筑和诗歌就很难说是摹仿性的。

然而，黑格尔对摹仿的态度，比他的一些辩论中所提及的要复杂得多。当他讨论在他的时代非常热门的问题，即艺术应该理想化自然还是摹仿自然的时候，复杂性就出现了（XIII, 212/160）。在这里，黑格尔似乎站在那些持艺术家应该理想化自然的现代理论的人一边，而且他确实被解读成一个这种进路的单边支持者。但是对文本的进一步阅读表明，他希望对争论的双方都保持完全的公正。别忘了，他还为一种版本的摹仿说背书。

当黑格尔强调艺术家的创造性活动的时候，以及当他坚持审美对象取悦我们，是由于其形式是被创造而非被给与的时候，他似乎与那些坚持艺术应该理想化自然的人站在了一边（XIII, 216/164）。他认为，在普遍性中把握主题是艺术家的任务，而这仅仅通过复写所有那些被给与感官的外在的和偶然的特征是达不到的。因而，立刻变得明显的是，黑格尔并不将这种理想化看成一种虚构（fiction），而是看成现实本身的一种更深刻更充分的表象。艺术家所表象的不是对象的特殊性、外在性和偶然性，而是其固有的实质形式。由于这种形式不被给予感官，所以必须由理智自身将之再造出来（XIII，221，227/167，172）。黑格尔在宗教哲学讲演中对艺术进行说明之时，解释了艺术能够符合其对象的两种不同意义。真理能够存在于正确性（Richtigkeit）之中，在这里，作品是对被给予感官的对象特征的准确无误的摹写；它也能存在于作品与对象之内在概念的一致性中（VPR III，144/I，235）。黑格尔认为，只有在后一种意义上，艺术才能够宣称拥有真理；但也是在这个意义上，他可以说接受了某一种版本的摹仿说。

但是黑格尔对传统摹仿说的批判，以及他对艺术家的创造性力量的坚持，留下一个令人困扰的问题。艺术如何给我们关于现实的知识，如果（1）艺术家必须创造他的对象，并且如果（2）他不应该就对象被给与他的样子模仿对象？正是出于这些原因，很多美学家完全拒绝艺术的认知地位，相反，他们认为艺术的目的无非是取悦我们的感官或表达情感。黑格尔重施故伎，似乎想让双方都能买他的账。他准许艺术家表达他们的创造力和想象力，又赋予他们如此这般做以一种形而上学的意义。

为了理解黑格尔对这个难题的解决方案，我们必须再次将之置于其形而上学的语境之下。黑格尔认为艺术家是自然和历史的有机整体的一部分，而这个整体与其各个部分都密不可分并且在每一部分中都完全揭示了自身。此外，艺术家，作为人类自我意识的工具，是这个有机整体中全部力量的一种最高形式的组织和发展。这意味着艺术家的活动纯然是自然和历史中起作用的全部有机力量的最高表现和发展之一，因此，艺术家所创造之物是自然或历史通过他而创造的。正是出于这个原因，艺术家的作品意味着精神之自我意识的一个阶段；不仅艺术家通过其作品意识到自己，而且全部历史和自然的精神也通过他意识到自己。如果我们假设相反的情形，是一种笛卡尔式的形而上学。根据这种形而上学，艺术家的心灵是思维物（res cogitans），自然是广延物（res extensa），那么就无法理解艺术家如何了解自然的一切。因为两种如此不同的实体如何在一种认识行动中彼此对应呢？所以，根据一种笛卡尔式的形而上学，艺术必须具有完全主观的地位，除去揭示一个脱离肉体的心灵之情感和幻想，别无它用。然而，如果我们采纳与之对立的有机的自然观，根据这种自然观，心灵的活动只是自然之生命力组织和发展的最高程度，那么，艺术家的表象就会显示、体现和揭示这些力量。他们不只是从外在的观点复写或反映（mirror）这些力量；毋宁说，他们是这些力量的显示或表达，它们最高的组织和发展。艺术家创造之物是自然通过他创造的，所以，艺术家的自然表象，是自然通过艺术家对自然本身之表象。

正是这同一种形而上学，允许黑格尔消解艺术的认知地位与审美自律原则之间明显的张力。表面看来（Prima facie），这些学说似乎是不相容的，因为如果艺术表象外在于它自身的实在，它就具有了一种外在于自己的标准，因而丧失了它的自律。事实上，正是基于这些理由，黑格尔的表象说一直被视为康德自律说的对立面（antipode）。然而，黑格尔的形而上学允许他把这些学说结合起来，因为它暗示了，作品的表象性的或认知的地位仅仅存在于作品自身之中。作品并未表象或反映自身之外的某种原型。毋宁说，作品就是绝对的创造性活动是如何向自身显现的那个过程(how),因而其意义就在其自身之中。

艺术之死

黑格尔美学中最有争议的方面是他那臭名昭著的关于"艺术的终结(the end of art)"的理论。在他关于美学讲座的导言中,黑格尔断然宣称艺术已经过时,震惊了他的第一批听众以及后来的所有读者。他似乎是在说,艺术已经耗尽了自身。它没有未来,在现代文化中不再起重要的作用。艺术曾经在古典时期和中世纪之所是——它的最高抱负和基本价值的表象——现在可以经由哲学更好地达到。

自1828年以来,黑格尔的这个宣言从未失去它扰乱人心的力量。直到今天,它仍然不断地发现它的拥护者和诋毁者(detractors)。黑格尔的理论甚至成为有关现代艺术争论的某种避雷针。那这些认为现代艺术已经耗尽自身的人经常宣称黑格尔是他们的先知(seer);但是那些认为现代艺术仍有光明的未来的人把黑格尔看作是他们的死对头(bête noire)。

由于这一学说一直饱受争议,并且经常遭到误解,因此重要的是去确切地考察黑格尔说了什么及其言外之意(what follows from it)。

值得注意的是,黑格尔本人没有使用过那个经常被归于他名下的"艺术之死"的说法。而且,他甚至没有谈到过"艺术的终结"。但是,他确实明确地指出艺术现在是某种对我们来说过去了的东西(XIII, 25/10),并且它已经被哲学取而代之了(XI-II, 24/10)。他解释道,艺术不再表达"我们最高的需求"(XIII, 24, 142/10, 103)。不管确切的措辞是什么,黑格尔的主要观点很简单:艺术在现时代不再具有它曾在古典时期和中世纪具有的核心意义。艺术在这些文化中起着关键作用,因为它是它们的宗教、伦理和世界观之表象的主要中介。由于现时代更加理性化,艺术的传统功能现在被哲学更好地执行了。

同样值得注意的是,黑格尔的观点仍与艺术的未来相兼容。说艺术在现代文化中不再起到核心作用,并不就是说它应该或将要终结。黑格尔从未做出如此轻率的声明;事实上,他希望艺术家继续创造并努力使作品臻于更加完善(XIII, 142/103)。他还说,在每个民族的发展历程中,都会有一个艺术超越自身的时期(XIII, 142/103),这意味着,艺术在现代文化中的衰落可能是一个暂时的现象,也许会继以另一时代的艺术之复兴。

但是如果说我们不应夸大黑格尔理论的诸多含义,那么,也不应低估它们。很多学者试图缓和它的蕴含,好像黑格尔的意思实际上不是他所说的意思。他们坚持认为,尽管黑格尔给予了哲学比艺术更高的地位,他仍然认为艺术是绝对认识的一种中介,所以它应该在现代文化中扮演重要角色。通过将他们的论证建立在辩证法的一般结构之上,他们指出黑格尔用了他的专门术语"扬弃(aufheben)",这意味着在一个更高的综合中,某物被保存也被取消了。由于艺术被保存在辩证法中,他们推断它应该在现时代继续存在,甚至继续葆有其古老的功能,即作为表象绝对的形式之一。

　　然而,进一步的考察表明,黑格尔的理论所具有的含义,比这些学者所承认的要更加刺耳。辩证法的一般原则关于艺术在现代社会的持存没有确立任何东西,更不用说它的意义了。虽然辩证法确实保留了它的前阶段,但这些阶段的保留并不意味着它们的继续存在,只是说它们塑造了现在。因此,艺术的完全消失与辩证法的结构完美兼容。然而,更为重要的是,黑格尔并不认为艺术将要在现代世界中发挥核心的作用。因为,正如我们即将看到的,他认为现代艺术家与社会、文化和国家如此地相异化,已经无可挽救地丧失了他作为它的基本信念和价值的代言人的角色。尽管艺术事实上将会继续存在,但它将扮演一种大大弱化了的角色:它将只不过是个体自我表达的一种形式。

　　假使黑格尔的理论有如此严格的含义,那么他为何要一开始就陈述它呢? 他有什么理由认为艺术在现代世界过时了呢? 黑格尔理论背后的前提错综复杂。有些是历史的,有些是认识论上的,还有些是文化上的。有些比他的诋毁者所设想的更有力,有些则比他的拥护者所承认的更微弱。

　　黑格尔关于艺术过时的信念早已成为他对艺术史时代的一般划分,这一部分内容构成了《美学》的整个上半部分。他看到了艺术史的三个基本时期,每一个时期都与理念发展过程中的一个环节(moment)相对应。(1)第一时期是出现于古代波斯、印度和埃及文化中的象征的(symbolic)时期。这个时代的对象是自在的理念(the idea in itself),理念尚处于不发达和未完成的阶段,无限尚未在有限世界中具体化自身。理念的这一阶段在东方的(the Orient)泛神论宗教中得到表象。因为这一阶段的理念仍然是抽象和无规定的,它不能充分或完全地通过艺术的感性中介被表象,因为后者是具体和有规定的。因此,在象征型艺术的理念和感性表象之间不相匹配,甚至存在着一道鸿沟。象征型艺术的中介是象征(symbol),一种具有对象的某些特点的图像;但由于图像还具有与其象征的对象无关的其他特点,因此它绝不会是对象的一个完美的表象。由于象征与其对象之间匹配比较蹩脚,黑格尔将象征型艺术视为一种"前—艺术(pre – art)"的形式,这种形式尚未实现所有艺术的理念,即形式和内容的完美统一。(2)第二个时期是出现于古希腊的古典的时期。这个时代的对象是外化阶段的理念,它将自身展现于有限世界中。理念的这一阶段在古代世界的神人同形的宗教中得到表象。由于理念现在处于外化阶段,在具体的形式中显示自身,因此它通过艺术的感性中介被完美表象。艺术的对象不再只是一个神圣的象征;而是神圣的显示和显现。因而黑格尔认为,古典型艺术完全实现了美的理念:形式与内容之间完美的统一。(3)第三时期以基督教时代为标志,是浪漫的时期。理念现在已经创造了一个精神内在性(spiritual inwardness)的领域。在感性世界中显示自己之后,理念又回到了自身之中。由于基督教的上帝是纯粹精神性的,并且由于艺术的中介是感性的,因此它不能在艺术形式中被表象。在象征型艺术那里存在着的审美中介和其对象之间的鸿沟现在又回来了。全部浪漫型艺术所能表达的无非是基督教爱的伦理,因为爱确实有一个感性的显现和具体化。

黑格尔上述划分背后的辩证法是独特的,没有表现出它的结构所特有的生长性和发展性。这种辩证法的结构是抛物线式的,以艺术的表象性力量的逐渐上升、达到顶峰以及最终衰落为标志。黑格尔以这种抛物线式的术语描述了三个阶段的特征。正如他所说的,象征型阶段标志着对美的理念的一种奋进(striving);古典型阶段标志着这种理念的完成(achievement);而浪漫型阶段则标志着对于这种理念的超越(surpassing)(XIII, 114/81)。

无论多么不同寻常,此处黑格尔辩证法的直接含义是显而易见的:艺术没有未来。艺术在现代世界的基本问题是,它不再能表象其特有宗教——基督教——背后的基本真理。由于基督教仍然是现代世界的主导性宗教,并且其精神性的真理抵制感性的表象,因此,艺术不再是一个表达我们的基本信念和抱负的合适中介。如果我们要领会基督教的精神性真理,我们需要纯粹理智性的思维中介,所以在现代世界,哲学应取艺术而代之。

显然,黑格尔关于艺术史时代的划分,暴露了他的古典趣味。对黑格尔来说,艺术本质上围绕着美的理念而展开,它包括形式和内容的完美统一,即理念在感性形式中的显现。像温克尔曼一样,黑格尔认为这个理念在古典希腊艺术中曾经完美地实现过。黑格尔解释道,古希腊人之所以能够实现这个理念,主要是由于他们的宗教。在古希腊艺术中,理念和它的感性形式之间并无鸿沟,因为古希腊宗教根本上是人神同形的(XIII, 102, 111/72, 79)。由于古希腊人以人的形式设想神性(divinity),因此他们可以通过人体完美地表达神圣(divine)。因而,对于黑格尔,正如对于温克尔曼,古希腊雕塑代表了其美学成就的巅峰（XIV，87，92/486，490）。在此之后，艺术断无可能取得更高的成就；艺术事实上达到了它的终结（end）。因此黑格尔宣布："古典的艺术形式已经达到了通过艺术的感性化能够达到的最高峰；如果它仍有什么不足的话，那仅仅是由于艺术本身以及艺术领域的局限。"（XIII，111/72；XIV，127 – 8/517）

有了这样的声明，黑格尔关于艺术过时了的理论就显得不足为奇了。这个理论是他对古典理想之失落的挽歌。艺术没有未来仅仅因为它的光荣留存于过去，而它的过去再也不可恢复了。不同于温克尔曼和新古典主义者，黑格尔不相信摹仿古希腊艺术是可能的。任何试图复兴古希腊艺术的努力都注定走向矫揉（artificiality）和做作（affectation），因为古希腊艺术是那已经一去不复返了的时代和地方的独特产物。由于古希腊艺术的成就取决于它的人神同形论的宗教，因此，在一个民智觉醒、更加开明的时代去复兴它是不可能的。黑格尔问道，现在谁人还相信诸神（XIV，233/ 603）？现时代如此具有批判性（critical），以至于它绝不会接受那曾经是古希腊宗教之核心的美丽神话。因此黑格尔拒绝了一个新神话的浪漫梦想。

正如迄今所解释的，黑格尔的理论似乎依赖于一些可疑的前提。它假设古典艺术是艺术成就的缩影，艺术必须有一个宗教的使命，并且基督教仍将是现代世界的主导性的意识形态力量。引人注意的是，所有这些前提都受到席勒（Schiller）和早期浪漫派的质疑，他们认为，正是由于基督教的衰落，艺术才在现代世界具有持久的重要性。由于基督教已经成为启蒙运动的批判之牺牲品，艺术应该取代宗教，因为只有艺术才能以一种大众化的方式诉诸心灵和想象力,以支持道德。哲学,由于其抽象的概念和深奥的推理,永远不能扮演这个角色。

但是,无论这些前提可能多么成问题,它们对黑格尔的理论来说并非本质性的,他的理论是独立于他的古典主义和他关于艺术时代的划分的。他的理论更深的理据存在于他对现代文化和社会之趋势和价值的诊断中(页231－3)。在他对艺术过时的公开叙述中,黑格尔解释说,因为文化根本上是如此理性化的,所以艺术在现代文化中已经失去了地位。黑格尔将现代文化称为反思文化(Reflexionskultur),在这种文化中,"反思(reflection)"意味着我们的批评和抽象思维的力量。他解释道,这样一种文化是不利于艺术的,因为艺术表达了我们的感性,但是我们想要用抽象的形式,即用法则、规则和准则来表达真理(XII,24－5/10)。整个现代文化更适合于美学(aesthetics),即对艺术的思考而非艺术产品本身。如果哲学只有在一个时代已经衰老的时候才会出现,那么美学,即艺术的哲学,也应该只有在艺术已经辉煌不再了的时代才会出现。

然而,当我们更加仔细地考察黑格尔的论证,我们可以清楚地看到,现代文化的问题并不是它的理性主义本身,而是这样的理性主义对艺术家的影响。由于理性主义要求个人总是批判地和独立地思考,这使他或她与共同体相异化。现代人与其说认同其习俗、法律和宗教,不如说是在不断地质疑它们,严格按照它们是否满足了他或她自身良心和理性的要求,来选择接受或拒绝它们。作为古典时代艺术之前提的个人与社会之间的水乳交融(happy harmony),在现代社会荡然无存。由于古希腊艺术家并未与他的民族的宗教和文化相异化,因此他成为他们的代言人,甚至他们的祭司(priest)(XIV, 25－6, 232/437, 603)。古典艺术的内容是通过民族的文化和宗教而给予艺术家的,现代艺术家则必须创造他或她的内容,后者因此只具有一种个体的意义。对他们的艺术内容,他们只是加以把玩,以完全漠不相干的态度对待它,就像一个剧作家对待剧中的人物一样(XIV, 235/605－6)。

在黑格尔看来,艺术家与其共同体相异化的一个缩影就是当代的浪漫型艺术。艺术之异化的审美观即是浪漫派的反讽。由于浪漫派艺术家充分发挥了他的批判性力量,因此他遗世而独立。他的反讽表达了他的超然(detachment),他急切地从一切内容中站出来并且批评一切。没有什么能够超越他自身的创造力,后者可以将任何东西做成一件艺术品。结果是艺术失去了它的主题——一种文化的基本价值和信念——并且因此不再表达它的基本需求和抱负。现在艺术已经退化成几乎是一种纯粹的自我表达,并且有多少要表达自我的个体,它就呈现为多少种不同的形式。然而,如果艺术只是自我表达,那么它就不再在文化或历史中登台亮相了。可以肯定的是,艺术并没有死亡,并且只要艺术家继续表达他们自己,它就会继续下去。但关键问题是艺术是否仍然重要,它是否还有任何超出个体之自我表达的重要性。在这里,黑格尔的回答是一个坚定的"不"字。

因此黑格尔关于艺术过时的理论最终基于他对现代政治和文化特有的异化之诊断。而他的理论独立于他的古典主义,甚至独立于他对基督教持久生命力的信念。艺术在现代世界面临的基本挑战与国家面临的挑战一样：主体性权利所具有的强大的异化力量。正如那个权利将个体与国家相分离，它同样将艺术家与他时代的文化相分离。由于主体性的权利是现代世界的基础和特征，因此病灶无法移除。

人们可能会问：为什么黑格尔不认为在现代艺术家和他的时代之间会达成和解，就像现代个人和国家之间可能会有的那样？为什么不是一个新的更高的综合，在那里，艺术家在一个更高的层次上，表达其文化的基本信念和价值？但正是在提出这个问题的过程中，我们看到了黑格尔对艺术的悲观主义的深层次原因。因为他总是强调现代个人与社会和国家的和解只能发生在反思的层次上。现代社会和国家的的结构必须满足批判理性（critical rationality）的要求，而艺术恰恰满足不了这些要求。艺术诉诸感官和感觉，而非一个超然的批判理性（critical reason）。现代人最终需要的是一种解释、一个理由，而不是一个寓言、一本小说或一部戏剧。

后记:黑格尔学派的兴衰

　　黑格尔《法哲学·序言》中那句著名的格言——每一种哲学都是对它的时代的自我意识,当然也是有意地自反性的,适用于他自己的哲学。黑格尔借助这条格言坦承他自己的哲学实际上也不过是他自己时代的自我意识、它的最高理想与抱负的系统表达。他的时代就是普鲁士改革运动的时代,在从 1797 年到 1840 年弗里德里希·威廉三世统治的时期,那运动主宰着普鲁士的政治生活。尽管它的观念中有许多迂阔而远于事情,尽管改革的希望在 19 世纪 20 年代与 30 年代一次又一次以失望告终,但是,这些希望与观念至少还活跃在年青人的脑海与心中。这几十年里,他们热忱地期望他们的君主最终会将他改革的承诺付诸实施。只要这种期望还保存着,黑格尔派哲学就可以声称代表它的时代,虽然也许不在现实之中,但起码是在抱负之中。

　　就这样,黑格尔的哲学在普鲁士大部分改革的时代,主要是从 1818 年到 1840 年,占据至高无上的地位。它的勃然而兴、崭露头角始于 1818 年黑格尔任职于柏林大学。黑格尔和他的门徒受到了来自于普鲁士文化部——尤其是来自两位位高权重的部长,巴隆·冯·阿尔特斯坦和约翰纳斯·舒尔茨——的强有力的官方支持。他们之所以支持黑格尔的哲学,很大程度上是因为他们把它看作是支持他们自己的改革主义主张而反对反动宫廷圈子的手段。在 1827 年,黑格尔的学生开始组织起来,形成他们自己的社团柏林批判协会(Berliner kritische Association),编辑同仁刊物《科学批判年鉴》(Jabrbücher für wissenscheftliche Kritik)。在黑格尔于 1831 年去世之时,与他过从最密的一批学生开始准备完整地编辑他的著作集。

这些学生在黑格尔的哲学中看到了什么? 他们为什么自认为属于黑格尔学派? 几乎所有黑格尔早期的学生都把他的哲学看作是普鲁士改革运动的理性化,他们共享这场运动的观念。在极大程度上,他们把自己看作是忠诚的普鲁士人,尽管并非是在任何无条件的服从的意义上,而是因为他们相信,普鲁士政府会通过渐进式的变革最终实现法国大革命的某些主要观念。他们因为普鲁士国家的政治传统而自豪,这些传统似乎体现了宗教改革和启蒙运动(Aufklarüng)所有进步的倾向。和黑格尔一样,大部分青年黑格尔相信君主立宪制的诸种优点和自上而下的改革的必然性。黑格尔派运动的激进化要到弗里德里希. 威廉四世继位后和 1840 年之后才开始。然而,就几乎所有 1840 年以前的黑格尔派而言,黑格尔哲学代表了反动与革命之间名副其实的中间道路(via media)。对于那些不可能接受反动派乞灵于传统或者浪漫的革命派号召感伤的爱国主义等做法的人来说,这似乎是唯一的选择。令他的门徒们高兴的是,黑格尔看到伦理生活的观念体现在现代国家的宪政中,而非旧制度(ancien régime)的传统中或者民族(Volk)的情感纽带上。

　　尽管他们惺惺相惜,但是从一开始,在黑格尔的追随者们之间就存在深度的紧张。然而,只有到了19世纪30年代,这些紧张才变成完全公开的和自我意识的。1835年,大卫·弗里德里希·施特劳斯出版了《耶稣传》。它论证说,圣经中耶稣的经历本质上是神话式的。到了这时,不同战线开始形成了。有些人认为施特劳斯的论证是对于黑格尔遗产的背叛,而另外一些人则把它看作是它的完成。他们所争论的基本问题关涉黑格尔的哲学与宗教的真正关系。在何种程度上,黑格尔的哲学将传统的基督教信仰,对于不朽的信念,基督的神性和位格的上帝等理性化了?如果这些信念被整合进了黑格尔的体系,那么,它们的传统意义是继续保存着,还是被否定了?对这些问题的相互对立的回答所产生的后果尽人皆知,那就是黑格尔学派分化为左、中、右三翼。这种区分并非犯了年代错误,因为这是黑格尔学派自己做出的。依据施特劳斯的看法,存在着三种与此问题相关的立场,传统的基督教的信条,要么是全部,要么是一部分,要么是一点也不,可以被整合进黑格尔的体系之中。然后,他运用一种政治的隐喻来描述这些立场。右翼认为所有,中间派认为有些,而左翼认为没有任何基督教的信条可以为黑格尔的体系所容纳。主要的黑格尔派右翼是亨利希·荷托(1802-1873),莱奥帕德·冯·海宁(1791-1866),弗里德利希·福斯特(1791-1868),赫尔曼·宁里希斯(1794-1861),卡尔·道布(1765-1836),卡司来尔·康拉迪(1784-1849),菲力普·马尔海涅克

(1780－1836)和尤里乌斯·复勒尔(1810－1868)。在稳健的或者中间黑格尔派中有卡尔·米什勒特(1804－1872),沙诺尔德·卢格(1802－1880),大卫·弗里德里希·斯特劳斯(1804－1874),马克斯·斯蒂纳(1806－1856),以及晚年的布鲁诺·鲍威尔(1808－1882)。左翼黑格尔派第二代包括卡尔·马克思、弗里德里希·恩格斯和米哈伊尔·巴枯宁。

尽管黑格尔派之间的战线首先是在神学问题上开始明确化和有自我意识,但是,他们的宗教分歧最终成了对于他们更加深刻的政治分歧的反思。这些政治紧张在 19 世纪 20 年代早期就已经凸显出来了,但是它们在 19 世纪 30 年代愈加表面化。这里的关键问题关涉到普鲁士的现存状况在何种程度上实现了黑格尔的观念。在这里又一次,施特劳斯的隐喻证明有利于描述这场论争中的不同立场。右翼认为,如果不是普鲁士的所有状况也是大部分状况符合黑格尔的观念;中间派声称,只有一些状况与之相符;而左翼则认为如果不是完全不符合的话,只有极少一部分符合。尽管在左翼和右翼之间有着明显的分裂,但是他们之间的争论仍然发生在黑格尔改良主义的广阔范围之内。所有党派都仍然忠实于黑格尔的基本原则和观念;他们仅仅是为这些观念与原则在普鲁士的实现程度而争吵不休。尽管幻想已经破灭,但是黑格尔左派在整个 19 世纪 30 年代都继续赞同他们关于理论与实践相统一的信念。他们仍然相信,即使现有的状况同黑格尔的观念相冲突,由于历史的辩证法,它们也将不会继续保持那个样子。

在黑格尔学派之内的这些宗教与政治的争论不会轻而易举

地得到解决,因为它们牵涉到关于黑格尔形而上学的阐释中一个明显难以驾驭的问题。也就是说,黑格尔的具体的共相的本性,他的观念与实在、普遍与特殊的综合的本性是什么?左派和右派都能从黑格尔学说中寻章摘句以支持他们的立场。右派从自己的角度论证说,黑格尔坚持认为,普遍仅仅存在于特殊当中,理论必须符合现实,实在是理性的或观念的。黑格尔哲学的这个面相似乎显示出,基督教的历史事实,和普鲁士的当前状况,实际上都是黑格尔的某些观念的实在化。他们指责左派由于僵硬地区分观念与事实,而创造了一个抽象的普遍,理论与实践之间的鸿沟。另一方面,左派争辩说,黑格尔认为普遍、观念或者理性是历史的目标,任何事物最终必须符合这个目标。他们回敬右派说,假定观念在只有通过整个的历史过程而被实现之时必须仅仅存在于特殊之中,这是一个错误。事实上,从他的早期耶拿岁月以来,这些问题一直困扰着黑格尔本人。哲学体系能够在何种程度上解释或者整合所有的经验偶然性或者特殊性,这证明是一个难以驾驭的问题。看起来似乎一个体系必须包括所有特殊性,因为只有在那时,它才是具体的和无所不包的;但是,它看起来似乎也必须至少排除某些特殊性,因为理性从来不可能导出所有具体的经验事实。因此,众所周知,黑格尔区分了现实性(Wirklichkeit)和实存(Existenz),现实性符合理性的必然性,而实存却不然。但是我们如何区分现实性与实存呢?黑格尔没有给他的门徒留下一丁点具体的指引;因此在他们之间展开了争论。

对于黑格尔派内部争论的这种解释似乎应该追随——或者

至少要遵从——恩格斯在他的《路德维希·费尔巴哈和德国古典哲学的终结》一书中著名的陈述。依照那种陈述,在黑格尔左派与右派之间的划分本质上是激进派与反动派之间的分裂。激进派采纳了黑格尔的方法和他的格言合理的就是存在的,反动派则奉他的体系和格言凡是存在的都是合理的为圭臬。恩格斯的解释的确包含某些重要的真理之胚芽:这场运动的基本分裂源自于黑格尔哲学的模棱两可,以及它关系到普鲁士当前状况的合理性问题。(1)整个 19 世纪 20 年代和 30 年代,左翼与右翼的分化并非激进派与保守派之间的分化,而是一个宽广的改良主义政治中相互对立的两翼之间的分化。黑格尔左翼的激进思潮只有在 19 世纪 40 年代威廉四世退位之后才发展出来;而且即使在那时,也并不存在着那么大程度的分裂,因为黑格尔主义的左、右翼实际上消失不见了。(2)在方法与体系之间的区分不仅是人为的,而且亦不足以区分黑格尔左派与右派。在 19 世纪 40 年代之后,左派以与拒绝体系的同等程度拒绝了方法,因为他们失去了对于历史辩证法的信仰。(3)恩格斯是从狭隘的政治方面来阐释这种分化的,尽管宗教的差异在导致分裂方面并不占据首位。

最终粉碎并且消解了黑格尔主义的不单单是它的内部争论,它的离心的倾向。因为,正如我们已经看到的,19 世纪 30 年代的争论继续停留在黑格尔的框架之内,从来没有放弃理论与实践的统一这个黑格尔式的宏大观念。真正击败黑格尔主义的是它的导师最爱玩的牌:历史。在 1840 年,普鲁士改革运动走向了终结,在那个生死攸关的一年,阿尔腾斯坦与威廉三世相继

去世。改革的希望随着弗里德里希·威廉四世的登基又重新点
燃起来了。事实上,他刚登大宝之时实施了一些颇受欢迎的自
由主义措施:大赦政治犯、公开出版省议会讨论记录,放松出版
审查等。然而,它并没有很好地预示,这位新国王的政治非常反
动。他支持由老的贵族议会把持的政府,反对制定新宪法的计
划,坚持保护国家宗教,甚至捍卫国王的神圣权利。可以肯定的
是,有许多非常不祥的发展。在1841年,弗里德里希·威廉通
过邀请谢林到柏林"以和黑格尔主义的龙种作斗争"来宣告他的
真正的政治色彩。然后,在1842年,政府开始加大审查制度的
力度,迫使黑格尔学派在普鲁士境外出版他们的主要刊物,《哈
雷年鉴》(Hallische Jahrbücher)。那么,对于1840年代的黑格尔
派来说,这些事件的发生可能让人极端灰心丧气。并未像黑格
尔假定的那样,历史在大步流星向前迈进,相反,历史似乎在往
后退缩。

一旦反动的力量开始维护自身,那么,黑格尔哲学的衰落就
是不可避免的了。毕竟,黑格尔的学说的真正本质使它很容易
受到历史的拒斥的影响。黑格尔体系的巨大力量在于它的大胆
的综合——理论与实践的综合、理性主义与历史主义的综合、激
进主义与保守主义的综合。因为,这些综合似乎超越了党派精
神,允许每一种立场都在整体中据有一个必不可少的——虽然
是有限的——位置。但是,黑格尔哲学的巨大力量也是它的巨
大的缺点,它的悲剧性的瑕疵,正如我们已经看到的那样(第219
~223页),所有这些综合都建基于单一的乐观主义前提之上:
理性在历史之中是一以贯之的,历史的规律与潮流将不可避免

地实现法国大革命的各种观念。但是,为19世纪40年代早期的各种令人理想幻灭的事件所拒绝的,似乎正是这种乐观主义。黑格尔把整个体系的赌注都押在历史这个宝上;但是,他最终失败了。

那么,发现1840年代新黑格尔学派的争论呈现出一个新的维度,就不必大惊小怪了。问题不再是如何表彰或阐释黑格尔,而是如何改变并且埋葬他。1841年,费尔巴哈发表了《基督教的本质》,使许多人相信必需超越黑格尔。在1842年,阿诺尔德·卢格,黑格尔左翼的领军人物,出版了他第一部对于黑格尔的批评性论著。接下来,在1843年,马克思和恩格斯将开始在《德意志意识形态》中"清算"他们的黑格尔的遗产。内部的争斗失去了它先前的能量与意义。许多黑格尔派右翼已经由于事件之进程而理想破灭,他们也加入到左翼兄弟的阵营,同心戮力,组成反对他们的反动派敌人的统一战线。19世纪30年代的论争的共同框架也在瞬间消失了。许多黑格尔派成员不再重新肯定理论与实践相统一的观念,他们转而维护理论高于实践的权利。例如,对布鲁诺·鲍威尔而言,在弗里德里希·威廉三世的普鲁士中在观念与现实之间日益增大的间隙似乎只有通过"纯粹理论的恐怖主义"才能被克服。

到1840年代即将结束之时,黑格尔主义已经迅速变成一个逐渐淡出的记忆。由于它已经变成了一次惨遭失败的改革运动的意识形态,它不可能成为1840年革命的意识形态。就这样,19世纪最宏大的哲学体系、影响最为深远的一场哲学运动,消失在历史之中了。密涅发的猫头鹰已从她筑在黑格尔坟墓上的窝巢飞起。

术语表

　　与从沃尔夫到康德的德国学院哲学的传统不同,黑格尔给他的术语下一个技术性定义的时候极其罕见。黑格尔在极为宽泛的意义上使用它们,它们的确切含义端赖于具体的语境。黑格尔的术语根本就不存在适合每一个语境的完美定义。

　　这不是一个完全的术语表。它提供的只是对于某些最为重要的术语的某些含义的一个简要说明。我只定义这样一些术语,黑格尔频频使用这些术语,并且赋予它们以特殊的意义。至于更加详细的术语表,读者最好是参考米凯尔·英伍德的《黑格尔辞典》(牛津:布莱克维尔,1992 年)。要指出黑格尔使用一个词是在哪些语境和段落中,使用赫尔姆特·莱尼克编辑的《二十卷黑格尔著作集》的附卷《索引》是极有帮助的。

　　绝对(Absolute, das Absolute):“绝对”是黑格尔为哲学的主题挑选的技术性术语。他有时候极为松散随意地使用这个词,把它当做“上帝”或者“真理”的同义语。更确切地说,绝对是这样一个东西,它具有自足的或者独立的存在或者本质;它不依赖于任何其他存在或者拥有本质或者本性的事物。在这个意义上,绝对是黑格尔用来表达传统的实体概念的术语,而实体是自亚里士多德以来形而上学的主题。

异化,外化(alienation, Entfremdung, Entaeusserung):这个术语指的是精神发展的一个阶段,在这个阶段上,无意识地外化、异化出或者对象化它自身的某些方面,而它有意识地把它看作是外在于它自身或者它自身的敌对物。异化是自我奴役的悖论性现象,这个问题是卢梭在他的著名格言"人生而自由,却又无往而不处在束缚之中"中提出来的。异化的根源在于根本原理或者物化之中,比如,把我们自己创造出来的东西看作好像是独立于我们而且我们必须服从的事物。

显现(Appearance, Erscheinung)黑格尔使用这个术语不是在幻相的意义上,也不是在实在性自身如何向任何意识显现的意义上。相反,一个事物的显现在黑格尔那里意味着它的实现,它如何从可能性变为存在。一个事物之显现并不遮蔽或掩饰它的本质或本性,而是揭示或者显示它的本质或本性。显现并不必需只对某些意识才存在,就像在主观唯心主义那里那样。

概念(Concept, Begriff)一个对象与生俱来的形式或者内在目的,它的形式因或者目的因。形式因是一个事物的本质或者本性,就它是它的行动原因或者理由而言;目的因,是它的目的、它的发展的目标。黑格尔认为,在概念中存在着相互关联的各种形式的因果性,因为一个事物的目的因就是要实现它的本性或者本质。黑格尔强调,概念是一个具体的普遍物,因为它内在于这个事物,而不是一个抽象的普遍物,抽象的普遍物外在于事物,只是对于试图解释它的意识才是真实的。

在比较老的英文翻译中,这个术语常常被译成"Notion",因为"Concept"看起来具有某些抽象性的内涵。但是克里斯蒂安·沃尔夫把十八世纪德国哲学术语规范系统化了,他使用 Begriff 来翻译拉丁词汇"conceptus"。康德遵从了沃尔夫的用法。使得陈旧的英译尤为误导人的是,黑格尔用概念意指它所蕴含的推论的某些内涵。他把概念思维(das begreifende Denken)和直接知识的要求对立起来。

具体(Concrete, Konkret):黑格尔在两种意义上把具体与抽象对立起来。首先,具体是在整体的语境中得到理解的某种东西;而抽象是某种东西在它的语境之外显示自身。其次,具体是先于它的部分的或者使它的部分得以可能的普遍或者整体;而抽象是随它的部分而来的普遍或者整体,是部分使得普遍或整体得以可能。在具体的普遍和抽象的普遍之间所作的区分也就是传统的经院学者在组成部分(compositum)和整体性(totum)之间所作的区分。康德在《判断力批判》第 77 节引入这一区分,把它看作在分析性普遍和综合性普遍之间的区分。

理性的狡计(Cunning of Reason, List der Vernunft):黑格尔历史哲学中最著名的一个词组,这个词组指的是,统治历史的理性如何利用个体的理性以达到自己的目的,而那些个体对此毫无意识。在这个概念背后有一种反马基雅维利的论点:政治的狡计,比如,为政治权力而进行的斗争,仍然效力于理性的更高目的。因此,理性比所有实在政治的力量都更加狡猾。

辩证法（Dialetic, Dialektik）:这个术语表明黑格尔独具特色的方法论,他尝试着指出,各种人为的抽象和它们自己相矛盾,它们的矛盾只有在把它们放置在一个体系或者整体之中才能得到解决。黑格尔在两种极有特色的意义上使用这个术语,一种是逻辑的意义,而另一种是形而上学的意义。在逻辑的意义上,它指的是一种悖论,比如,在其中正题和反题都必不可少的那样一种矛盾;在形而上学的意义上,它指的是与相互冲突的倾向与力量相关的发展过程。

经验（Experience, Erfahrung）:黑格尔是在宽泛的意义上使用这个术语的,用它不仅指我们通过感官知觉所学习到的任何东西,也指我们通过探查和生活所学习到的任何东西。它指一个人通过试误法,通过探查和考察,所学习到的任何东西,无论它是通过理论还是实践得到的。这个术语应该从它的字面意义来理解:它是一次旅行(fahren)或者冒险,最终达到一个结果(er－fahren)。黑格尔把他的现象学称为经验的科学,因为它描述意识所经历的东西和意识通过它的自我考察所学习到的东西。

自为（For itself, Fuer sich）:某物只有在它是自我指导的和自我意识的时候,完全意识到它的行动和目的,并且奋力实现它自身的时候,才是自为的。它与仅仅自在(in itself)的事物相互对立,后者只是潜在的,没有达到自我意识。

观念论（通常译为唯心主义）（Idealism）:绝对观念论对于黑格尔来说是这样一种学说,任何事物都是普遍的、神圣的理念的显现。理念不仅仅是柏拉图式的形式或者原型,而且也是亚里士多德意义上的目标或者目的因。那么,绝对观念论是这样一种学说,自然和历史中的所有事物都符合目的。在黑格尔看来,主观唯心论(主观观念论)是这样一种论题,所有的合理性,所有对于法律的遵从,都在主体的创造活动之中有它的根源。客观唯心论(客观观念论)是这样一种论题,合理性并不是主体强加在世界之上的,而是作为它们内在的目的或者形式存在于它们自身之中。

直接性(Immediacy, Unmittelbarkeit):黑格尔在本体论的和认识论的语境中使用这个词语(原文误做 work)。在本体论(存在论)的语境中,它意味着存在于自身之中的东西,而撇开了和其他事物之间的关联;在认识论的语境之中,它指的是对于特殊物的直接直观,而无需概念的中介。在这里,黑格尔遵从的是康德的用法:康德把直观定义为对于特殊物的直接表象,而把概念定义为对于特殊物的间接表象或者有中介的表象,因为它是从许多特殊物的表象中抽象出来的表象。因此,认识一个特殊物只能通过它和其他事物之间的关联。黑格尔否认存在着无论哪一种意义上的纯粹的直接性:所有的对象都是由它们与其他事物之间的关联构成的,而所有对于事物的意识都涉及概念的运用。

自在(In itself, an sich):这个词组有两个意思:一个是存在于它自身之中、撇开了它与其他事物之间的关联的东西;另一个意思是某种潜在的、处于萌芽状态的和未发展的东西,它还没有自我意识,且不是完全自我指导的。在这后一种意义中,它和自为的东西相对立,后者还不是现实的、有组织的和发展了的,但是也有了自我意识。

无限(Infinite, Unendliche)：无限就是没有限制的东西，或者根本不包含否定的东西，比如，我们不能通过它不是什么而只能通过它是什么来设想它。黑格尔认为，只有一种东西能够满足这个要求；作为整体的宇宙；任何达不到整体的东西都只能仅仅被设想为不存在的东西，仅仅被设想为不能被包含在自身之中的东西。有两种意义上的坏的无限：一种是超出有限或者否定有限的无限，另一种是永远没有终点的无线系列。第一种意义是坏的，因为无限仍然受到否定）也就是在它自身之外的有限）的影响；第二种意义是坏的，是因为它不是一个完整的或者自足的整体。

生命(Life, Leben)：黑格尔是在标准的意义上使用这个词来指代有机的自然。但是对他来说，这个词有一种特殊的形而上学的重大意义，因为它指的是贯穿全部自然的单一的活生生的力量。在黑格尔早期有机形而上学之中，生命是一个核心概念；后来，它失去了它的重要性，并被精神这个概念取而代之，精神包括生命而且作为生命的自我意识站在比生命更高的层面上。在黑格尔看来，生命的概念意味着发展中某一特定的阶段：内在的事物外在化的阶段，和外在的事物内在化的阶段。

中介(Mediation, Mittelbarkeit)（原文疑有误，作 Unmittelbarkeit)：和"直接性"一样，这个术语也有本体论的和形而上学的两种意义。在本体论的意义上，它意味着某种在它与其他事物之间的关联中并且通过这种关联而存在的东西；在认识论的意义上，它指的是某种表象，这种表象和其他表象相关联，并且被置于语境之中。

现象学(Phenomenology, Phaenomenologie) : 黑格尔把现象学定义为意识经验的科学。现象学把事物看作这样一种东西,它逐渐显现,它显示它的内在本性。哲学家克制自己不要盲从预先设想的观念和标准,而仅仅观察和描述对象的各种显现。

表象(Representation, Vorstellung) : 黑格尔并不是在大部分十九世纪哲学共同接受的宽泛意义上使用这个术语的,在他们那里,表象等于任何一种类型的意识,感觉的、概念的和思想的意识。他是在一种狭窄得多的意义上使用这个词的,它指的是某种特殊类型的意识,既不同于感觉又不同于概念的意识。表象比感觉要更加抽象,后者是对于特殊物的意识;但是它又不如概念抽象,因为它包含了限制它的适用范围的意象或者图像内容。表象就是在事物的总体语境之外以分离的方式对于事物的意识,而概念是在事物的总体语境之内把事物把握为一个整体。

理性(Reason, Vernunft) : 黑格尔既在形而上学又在认识论的意义上使用这个术语。在形而上学的意义上,它指的是统治者宇宙的目的论的法则,所有自然和历史的目标与目的。在认识论的意义上,它指的是那种能力,它把事物领会为一个整体或者在语境中把握事物;他把它和知性(Verstand)对立起来,后者把一个事物析分为或者划分为它的诸部分。这种区别常常被认为是黑格尔匠心独具的,但是在十九世纪它是老生常谈,是沃尔夫形而上学的遗产。

精神(Spirit, Geist) 这是黑格尔哲学的核心概念,尽管他是在变化无定的意义上使用它的。这个词最常见的使用的最简单的同义词是自我。因为黑格尔认为,自我性是由人际关系组成的,有一种互主体性的结构,所以,他称之为"我就是我们,我们就是我"。有时候黑格尔也会使用精神指代主体性的领域,以和客观性或有机自然相对立。在这种情况下,精神指的是合理性或者主体性的确定特征,也就是说,自我意识和自由。他还使用这个词指一整个民族、文化或国家的独一无二的、与众不同的特征,这种意义在孟德斯鸠的《论法的精神》中有其起源。

实体(Substance,Substanz):这个术语的基本含义遵从斯宾诺莎在《伦理学》中的定义:"在它自身之中存在并且通过它自身而被设想的事物"(第一部分,定义3)。但是黑格尔把这个概念放置到他的有机形而上学的语境之中,它指代绝对的发展历程中的一个阶段:处于潜能之中、实现自身之前的普遍整体。更为松散和更为一般地说,它指的是和它的部分没有关系的整体,和它的特殊没有关系的普遍。

主体(Subject,Subjekt):黑格尔认为主体性或者理性的动力有两种确定的特征:自我意识和自由。这两种特征汇集在一起:只有当主体自我意识到了他们的自由之时,他们才能实现他们自身。因此,历史的目的也就是自由的自我意识。

苦恼意识(Unhappy Consciousness,Ungluekliches Bewusstsein):这个著名的词组是《精神现象学》一个章节的标题。黑格尔使用它指代基督教的异化,一种信仰:大地上的生活没有意义,所有的救赎存在于来生。更为具体地说,黑格尔使用这个词指代基督对于十字架的信念,他已经被上帝抛弃。

注　释

前　言

1 系指英文版页码,亦即中文版边码。下同。——中译者注

2 马特洪峰(Matterhorn),位于瑞士与意大利之间的奔宁阿尔卑斯山脉,接近瑞士小镇策马特(Zermatt)和意大利小镇布勒伊‐切尔维尼亚(Breuil‐Cervinia),海拔4,481.1米(14,692英尺),是阿尔卑斯山最美丽的山峰。——中译者注

导　论

1 叔本华《附录与补遗》§295,载《全集》第V卷,第635页。

2 Emile Fackenheim (1989)在第72页上把这个说法归之于罗森茨威格。

3 我主要记得 John McDowell (1996) 和 Robert Brandom (2002)的著作。

4 这个说法来源于晚期 Paul Kristeller 和 Bonnie Kent 的一场对话。

5 Rosenkranz (1844), p. 21.

6 关于威登堡清教 Württemberg Protestantism 对于黑格尔的影响,参见 Dickey (1987) 和 Magee (2001)第 51－83 页上有趣的研究。

7 Rosenkranz (1844), p. 10.

8 参见 Harris (1972), p. 35。

9 Harris (1972), pp. 58, 64.

10 Haering 在 (1929), I, 第 49－51 页上争辩说,黑格尔在神学院并没有那么不快活,神学院比它的名声所允许的要自由得多。尽管 Haering 有一个说法,不去夸大黑格尔在那里的生活的否定性方面是很重要的,但是 Harris (1972), 第 57－95 页, Fuhrmanns (1962), I, 第 9－40 页 和 Pinkard (2000), 第 19－44 页上援引的证据以绝对优势表明,黑格尔不喜欢那种制度。令人信服的是,黑格尔试图离开那里,他的病情和休假也可以被理解为试图逃避它。参见 Harris (1972), pp. 69－70。

11 关于课程的细节,参见 Harris (1972), pp. 73－74。

12 同上, p. 83。

13 同上, p. 89。

14 关于黑格尔在神学院期间的康德研究,参见 Pinkard (2000), pp. 33－38。

15 Rosenkranz (1844), p. 29.

16 GW I/1, 57－72, and Studien, Texts nos. 2－16, GW I, 114.

17 GW I/1, 83－115.

18 Studien, Texts nos. 17 – 26, GW I/1, 115 – 164.

19 Positiviät(Positivity)或译权威性、成文性、天启性等,我们这里依从王玖兴先生的译法。所谓"实证性"宗教,与自然宗教相对而言,在青年黑格尔看来,"实证的基督教是专制和压迫的一种支柱,而非实证的古代宗教则是自由与人类尊严的宗教"(参看王玖兴先生节译的卢卡奇《青年黑格尔》第一章第二节"青年黑格尔的'实证性'是什么意思?",商务印书馆1963年)。——中译者注

20 它以《关于瓦特州对伯尔尼城旧国法关系的密信》【Vertrauliche Briefe über das Vormalige staatrechtliche Verhältnis des Wadtslandes (Paus de Vaud) zur Stadt Bern】(Frankfurt:Jäger, 1798)发表。至于黑格尔的注释和导论的详情,参见 Pelczynski (1964),第 9 – 12 页;Rosenzweig (1920), I,第 47 – 54 页。

21 关于黑格尔早期政治哲学中的张力,参见 Rosenzweig (1920), I, pp. 29, 34, 45。

22 指原书页码,亦即中译本边码。——中译者注

23 关于黑格尔在耶拿时期的讲座,参见 Kimmerle (1967), pp. 53 – 59, 76 – 81。

24 这些讲演现在叫做《耶拿体系草稿》一二三卷(Jenaer Systementwürfe I, II and III),它们(分别)构成了黑格尔全集的第 6、7 和 8 卷。

第一章 文化语境

1 莱茵霍尔德 (1923), I, 24。

2 VI. "精神"部分，B. II，"启蒙"，PG 383 – 413/328 – 355。

3 这段话的中文译文参看康德《纯粹理性批判》，邓晓芒译，人民出版社 2004 年第 1 版，"第一版序"第 3 页注释①。——中译者注

4 关于这场运动，参见 Frank（1997）。

5 恕我不能同意 Forster（1989），他过于狭隘，不能把黑格尔的认识论主要看作对于古代怀疑论的回应。

6 因此，Frank（1997），pp. 502，617，715。

7 关于这场争论的背景，参见 Beiser（1987），第 44 – 75 页。

8 首先在他的《信仰与知识》（*Glauben und Wissen*）中，载于《著作集》第二卷，第 333 – 393 页；其次在他 1817 年关于雅可比的《著作集》的评论中，载《著作集》第四卷，第 429 – 461 页；复次，在《哲学科学百科全书》（*Enzyklopädie der philosophischen Wissenschaften*）的"序言"中，载著作集第八卷，第 148 – 167 页，在这里，雅可比是"客观性思想的态度"的主要代表之一；最后，在他的《哲学史》中，载《著作集》第二十卷，第 315 – 329 页。在所有版本的宗教哲学讲演录中，黑格尔都考察了雅可比，尽管通常没有提到他的名字。

9 尼采，《遗著残篇》，载《全集》第 7 卷，第 125 页。

10 关于这些著述，参见参考文献。

11 参见匿名（1971），第 206 页。其著作权都是属谁，多有

争论。关于其内容的有益的介绍,参见 Blackall（1983）,第 209 - 220 页。

12 关于 Herder 和 Möser 在历史主义过程中的作用,参见 Meinecke（1965 年）第 303 - 444 页上的经典论述。

13 参见 Beiser（1993）,第 270 - 300 页。

14 这些重要的著作还没有英文译本。其中有些是 Henrich（1968）搜集出版的。关于在这次争论中 Rehberg、Gentz 和 Möser 的立场,参见 Beiser（1992）,第 288 - 309 和 317 - 326 页。关于 Rehberg 和 Möser 的更一般的讨论,参见 Epstein（1966）,第 297 - 340 页和第 547 - 594 页。

第二章　早期理想

1 关于德国浪漫派的分期,参见 Kluckhohn（1953）,第 8 - 9 页和 Behler（1992）,第 9 - 29 页。

2 参见 Lukács（1973）,I,第 34 - 35, 37 页；Kaufmann（1972）,第 64 - 65, 77 页；和 Avineri（1972）,第 21 - 22、33、239 页等。这一传统延续到了 Pinkard（2000）这里,第 77 页,他主张黑格尔在法兰克福时期只是"短暂而有意识地调戏了"浪漫主义,一到耶拿,他旋即永远地清除了浪漫主义的每一个痕迹。

3 关于这项事业,参看 Beiser（2003）,第 131 - 152 页。

4 亚里士多德,《尼各马可伦理学》第一卷,第一和第五章,1094a 和 1997b。康德在他自己的概念分析中做了一个类似的区分,参见 KpV,V,第 110 - 113 页。

5 参见洛克,《论文》,第二卷,第二十一章,第 41、53 节；霍布斯,《利维坦》(1968),第 120、160、490 – 491 页。

6 例如,参见施莱尔马赫,《论至善》(*Über das höchste Gut*),和《论生命的价值》(*Über den Wert des Lebens*),载 KGA I/1,第 81 – 125 页和 I/1,第 391 – 471 页。和施莱格尔,《先验哲学》(*Transcendentalphilosophie*),"第二部分:人的理论",参见 KA XII,第 44 – 90 页。"第二部分"是致力于描述"人的规定"(die Bestimmung des Menschen)(第 45 页;亦可参见第 47 页)。黑格尔对这一问题的关心明显体现在在《伯尔尼残篇》(*Berne Fragment*),'Jetzt braucht die Menge...',载 W I,99 – 101/ 70 – 71;以及法兰克福时期残篇,"每个民族都有它自己的对象"('Jedes Volk hatte ihm eigene Gegenstände...'),载 W I, 202 – 215/219 – 229。1831 年的宗教哲学演讲中明确讨论了这个问题,载 W XVII,第 251 – 299 页。

7 Taylor(1975)第 13 – 29 页和(1979)第 1 – 14 页在赫尔德那里,更具体地说在他的"表现主义"概念中发现了这个理想的根源。但是赫尔德只是这一理想的传播者,它最终起源于希腊。尽管有间接的证据证明赫尔德的影响,但是直接的有证据证明是希腊的影响,它来自于对于柏拉图和亚里士多德的原文的阅读。泰勒本人也在(1975)第 15 页注明,表现主义的概念受惠于亚里士多德对于人的行动的分析。

8 Rosenkranz(1844),第 11 页。

9 柏拉图,《蒂迈欧篇》30d – 31a(N. D. P. Lee 的译文)。

10 席勒,《哲学书简》(*Philosophische Briefe*),NA XX,第 119 – 122 页;《秀美与尊严》(*Anmut und Würde*),NA XX, 第 302

－304 页。

11 参见,例如 PR §207A, 252R。关于黑格尔论个体性,参见 Wood (1990), 第 200 － 202 页。

12 在《基督教的精神》中,他已经声明,爱与其说是一个国家的伦理,不如说是一个教派的伦理（W I, 410/336）。在他 1802/3 年的《伦理生活体系》(*System of Ethical Life*) 中,他强调统一性不是在爱中,而是在政治共同体的相互承认中实现（GW V, 第 289 页）。

13 参见上文注释 6 中引用的材料。

14 这句著名的箴言出自诺瓦利斯,《残稿与研究》(*Frag-mente und Studien*) II, no. 562, HKA III, 651。

15 施莱尔马赫,《论宗教》(*Über die Religion*), KGA II/1, 第 213 页。

16 海涅,《作品集》V, 第 571 页。

17 W XX, 165/III 257. Cf. *Vorlesungen über die Philosophie der Religion*, W XVI, 109. ——原注。中文请参看贺麟、王太庆先生翻译的黑格尔《哲学史讲演录》第四卷第 101 － 102 页。——译注。

18 席勒,《审美教育书简》(*Aesthetische Briefe*), XX, 第 323 页。

19 参见 Sheehan (1989), 第 120 － 123 页。

20 参见残篇《这个越来越大的矛盾……》('Der immer sich vergrößernde Widerspruch ...'), 载 W I, 第 457 － 460 页。这个残篇可能写于 1799 年底和 1800 年初法兰克福时期。首次出版

这份手稿的是罗森克朗茨（1844），第 88 – 90 页；海谋在（1857）第 79 – 83 页第一次充分考察了它的意义；Harris（1972）在 440 – 445 页上细致地评述了它的内容。本书第四章（第 87 – 90 页）将会讨论这个残篇。

第三章　绝对观念论

1 这是黑格尔对于经验主义的批判，无论是在物理学还是在伦理学中的一个最基本的方面。经验主义回避形而上学，却完全独立地预设了一种它自己无能对之进行考察的形而上学。参见 EPW §§38R，第 270 页；WBN II，第 434 – 440 页。

2 Haym（1857）、Dilthey（1921）、Haering（1929）、Findlay（1958）和 Taylor（1975）等人的阐释就属于这一类。

3 关于范畴阐释的理论，参见 Hartmann（1972）和 White（1983）；关于新康德主义的阐释，参见 Pippin（1989）；关于原型解释学的阐释，参见 Redding（1996）；关于社会认识论的阐释，参见 Pinkard（1994）；关于人道主义的阐释，参见 Solomon（1983），第 8 – 9 页。我在一篇早年的评论文章中批判过这种紧缩的阐释，参见 Beiser（1995）。

4 参见亚里士多德，《形而上学》第五卷，第十一章 1018b，第 30 – 36 页；第九章，第八卷 1050a，第 3 – 20 页。

5 参见 Friedrich Schlegel 的《哲学年鉴》（*Philosophische Lehrjahre*），载 KA XVIII，33（no. 151），65（no. 449），80（no. 606），85（no. 658），90（no. 736），282（no. 1046），396（no. 908）。

6 参见谢林，《我的哲学体系的进一步表述》（*Fernere*

Darstellung aus dem System der Philosophie），载 Sämtliche Werke IV，第 404 页；《论自然哲学和哲学一般的关系》（'Ueber das Verhältnis der Naturphilosophie zur Philosophie überhaupt'），载 Sämtliche Werke V，第 112 页；《自然哲学的观念》（*Ideen zu einer Philosophie der Natur*）的"导言补充"，载 Sämtliche Werke II，第 67、68 页；和《布鲁诺》（Bruno），载 Sämtliche Werke IV，第 257、322 页。前两篇文章是和黑格尔合写的。

7 EPW §45A，§160Z 和 §337Z.

8 参见 WL I，第 145 页；和 GuW，W II，第 302－303/68 页。

9 黑格尔经常使用这些术语，就好像它们是同义的。例如参见《百科全书》§12 和 §194A。在 1824 年宗教哲学演讲中，黑格尔解释说，上帝和绝对具有同样的内容和逻辑意义。但是上帝具有已经达到自我意识的绝对的更明确的内涵（VPR I，35－36/I，第 118－119 页）。通常，他在宗教哲学的语境中使用"上帝"。

10 参见谢林的《全部哲学的体系》（*System der gesammten Philosophie*），载 Sämtliche Werke VI，148，§7。

11 同上，VI，198，§41。

12 海德格尔在他的《黑格尔的经验概念》（1972）一文中强调，黑格尔的哲学是古典意义上的形而上学。依照海德格尔，黑格尔的哲学概念完全处在亚里士多德的传统之中。哲学的目的就是沉思存在之为存在，或者在它的在场中把握在场者（das Anwesende in seinem Anwesen）。海德格尔的阐释的基础在《存在与时间》(*Sein und Zeit*)(1972)第 171 页就打下了。尽管海德格尔正确地把黑格尔置入了亚里士多德的传统之中,但是他在把黑格尔的经验概念同化于亚里士多德意义上的直观或沉思时走偏了。这实际上是把理智直观归之于黑格尔。关于沿着类似的路线对于海德格尔的批评,参见 Adorno(1969),第 45 – 48 页,69 页。

13 亚里士多德,《形而上学》第三卷,第 2 章,996b14;第四卷,第 1 章,1003a18 – 24;第四卷第 2 章,1003b17 – 21;第 7 卷,第 1 章,1028b3 – 4。

14 谢林,《我的体系的表述》,载 Sämtliche Werke IV,第 115 页,§1。亦可参见《自然哲学导论的格言》(*Aphorismen zur Einleitung in die Naturphilosophie*),载 Werke VII,第 181 页,§199。

15 参见谢林和黑格尔合写的著作《我的体系的进一步表述》,载谢林,Sämtliche Werke IV,第 393 – 394 页。

16 参见《论自然哲学和哲学一般的关系》,载 Sämtliche Werke V, 112;和《理念》(*Ideen*),载 Werke II, 717。

17 例如 Pippin(1989),第 16 – 41 页。

18 这个论证出自两位合作撰写的著作:《我的哲学体系的进一步表述》,载谢林 Werke IV,第 353 – 361 页,和《论自然哲学和哲学一般的关系》,载谢林 Werke V, 第 108 – 115 页。

19 斯宾诺莎,《伦理学》第一部分,命题 15、25。

20 同上书,第二部分,命题 1–7。

21《伦理学》,第一部分,定义 4。它的拉丁文含义并不更加清晰明了:Per attributum intelligo id, quod intellectus de substantia percipit, tanquam ejusdem essentiam constituens.

22 黑格尔，Werke II, 52, 96/119, 156。

23 参见 GuW, Werke II, 345 - 348/107 - 109。

24 例如，参见黑格尔在 EPW §24A 和在 VG 85/72 中的陈述。

25 KU V, 第 192 页。

26 关于这个区分，参见 EPW §§24A1, 24R, 25, 32A, 45A。

27 Wood(1990)第 18、43、45 页上没有看到这一点，他错误地认为黑格尔是在追随费希特。

28 参见黑格尔，《百科全书》§158Z 和《法哲学》§66。在《法哲学》§15，黑格尔论证说古典的自由概念作为选择涉及一个矛盾。

29 例如 Henrich(1971)，第 157 - 186 页；Taylor(1975)，第 94, 266 页；di Giovanni(1993)，第 41 - 59 页；和 Burbidge(1993)，第 60 - 75 页。

30 例如 Stewart(1996)，第 16、306 页。

31 参见谢林的《近代哲学史》(Zur Geschichte der neueren Philosophie)，载 Werke X, 第 126 - 164 页；以及《天启哲学》(Philosophie der Offenbarung)，载 Werke XIII, 第 57 - 93 页中对黑格尔的批判。

32 例如 Taylor(1975)，第 94 页。

33 同上第 206 页；和 di Giovanni(1993)，第 51 - 54 页。

34《普通的人类知性如何从事哲学研究——表现在克鲁格

先生的著作中》(Wie der gemeine Menschenvertand die Philosophie nehme，- dargestellt an den Werken des Herrn Krug's)，参见 GW IV，第 174 - 187 页。

第四章　有机世界观

1 例如，参见皮平（1989 年），第 4、6、39、61 - 62、66、69 页。

2 关于《蒂迈欧篇》Timaeus 对于黑格尔的影响，参见哈里斯（1972 年），第 102 - 103 页，第 126 页注释；关于它对于谢林的影响，参见鲍姆 Baum（2000 年），第 199 - 215 页和 Franz（1996 年），第 237 - 282 页。关于柏拉图对于荷尔德林的影响，参见 Franz（1992 年）。谢林早年关于《蒂迈欧篇》的评论已经由 Buchner（1994）编辑出版。

3 参见《关于爱的残篇》，载 Werke I，第 246、248 - 249 页（N 379，380 - 381）；《基督教的精神及其命运》，载 Werke I，第 370 - 371 页（N 303）；和《体系残篇》，载 Werke I，第 419 - 423 页（N 345 - 351）。

4 参见 Kielmeyer（1930）。尽管生前并未发表，Kielmeyer 的讲座影响深远；讲座笔记在德国许多地方广为传播。他对于青年谢林有重要的影响。参见 Durner（1991），第 95 - 99 页。

5 关于谢林有机自然观的解说，参见 Beiser（2002），第 515 - 519、538 - 550 页。

6 黑格尔的有机主义有着宗教的根源，这一点已经为海林指出，参见 Haering（1929），I，第 510、520 - 521、523、525 和

534 页。

7 参见《基督教的精神及其命运》,载 Werke I,第 373 － 375 页（Nohl,308 － 309）。

8 参见《关于爱的残篇》,载 Werke I,第 246 页（Nohl,379）;《基督教的精神及其命运》,载 Werke I,第 370、372 页（Nohl,302,304 － 305）;和《体系残篇》,载 Werke I,第 421 － 442 页（Nohl,347 － 348）。

9 参见《体系残篇》,载 Werke I,第 422 － 423 页（Nohl,348）。

10 黑格尔,《书信集》(Briefe),I,第 59 － 60 页。

11 参见残篇《这个越来越大的矛盾……》,载《著作集》,I,第 457 － 460 页,它有可能在 1799 年末或 1800 年初写于法兰克福。首次出版这份手稿的是罗森克朗茨(1844),第 88 － 90 页;海谋在(1857)第 79 － 83 页第一次充分考察了它的意义;Harris(1972)在 440 － 445 页上细致地评述了它的内容。

12 Harris(1972),第 98 － 101 页、103 页。

13 在《图宾根论文》中,黑格尔诉诸康德的道德悬设当做理性宗教的基础;他认为,关于上帝和不朽的只是必须建基于"纯粹理性的要求"之上(I 16,17/8,9)。大概作于 1795 年的文本"先验理性……"争辩说,只有实践理性才能充分证明上帝的存在。参见 GW I,第 195 页。亦可参见黑格尔 1795 年 4 月给谢林的信,载《书信集》,I,第 24 页。黑格尔在残篇《一个实证的信仰……》中开始批判这种学说,载 GW I,第 357 － 358 页。

14 参见斯宾诺莎 1663 年 4 月 20 日给 Ludivocus Meyer 的

信,载斯宾诺莎(1966 年),第 118 页。

15 关于黑格尔对谢林的影响,参见杜辛(1969)。

16 根据罗森克朗茨(1844 年)第 188 页,黑格尔在 1804/5 冬季学期具体批判了谢林的下降理论。

17 关于康德的区分,参见 KrV A 438;教授就职论文《论可感世界和可知世界的形式与原则》,第 15 节,推论,II,第 405 页;《反思录》3789,XVII,293 和《反思录》6178,XVIII,第 481 页。

18《论目的论原则在哲学中的使用》,《著作集》,VIII,第 161 – 184 页。

19 参见 KrV Bxviii 上第二版的序言。亦可参见 Axx 上的第一版序言。

20 参见谢林《论世界灵魂》,载《全集》II,第 496 – 505 页,以及他的《自然哲学体系的第一草稿》,载《全集》III,第 74 – 78 页。

21 关于一个简明有用的考察,参见 Roe(1981),第 1 – 20 页;Hankins(1985),第 113 – 157 页;和 Richards(1922),第 5 – 16 页。

22 参见 Roe(1981),第 8 – 30、86 页。

23 这完全是 Larson(1977)用文件证明的。

24 参见 Ameriks(2000),第 118 – 119 页;和 Guyer(2000),第 37 – 56 页。Ameriks 和 Guyer 没能理解到,后康德主义的一元论的渴望来源于对于康德的内在批判,而不是来源于任何先天的形而上学工作。

25 幸运的是,20 世纪 80 年代以来,有一种协调一致的努力在修正对于黑格尔《自然哲学》的各种陈旧的偏见。参见 Cohen

和 Wartofsky（1984）的选集，Horstmann 和 Petry（1986），Houlgate
（1988）和 Petry（1987，1993）。

26 参看谢林，《一个自然哲学体系草稿的导论》，载《全集》
III，第 278 页。

第五章　精神的领域

1 参见伊波利特（1969a），第 3－21 页。

2 相关的著作有《自然哲学体系的第一草稿》（*Erster En-
twurf eines Systems der Naturphilosophie*）（1799），《物理学的动态
过程或者范畴的一般演绎》（*Allgemeine Deduktion des dynamischen
Prozesses oder der Kategorien der Physik*）［1800］，《论自然哲学的
真实概念和解决它的问题的正确方式》（*Ueber den wahren Begriff
der Naturphilosophie und die richtige Art，ihre Probleme aufzulösen*）
［1801］，《论自然哲学和哲学一般的关系》（*Ueber das Verhöltniβ
der Naturphilosophie zur Philosophie überhaupt*）［1802］。

3 这是在耶拿时期五部作品的主要关注点：《我的哲学体系
的阐述》（*Darstellung meines Systems der Philosophie*）［1801］，《布
鲁诺或者论物的神性的和自然的原则》（*Bruno oder über das
göttliche und natürliche Princip der Dinge*）［1802］，《我的哲学体系
的进一步阐述》（*Fernere Darstellungen aus dem System der Philoso-
phie*）［1802］，这是他和黑格尔合作撰写的，《关于学术研究之方
法的讲座》（*Vorlesungen über die Methode des akademischen Studi-
ums*）［1803］，和《全部哲学和特殊哲学的体系》（*System der gesa-
mmten Philosophie und der Naturphilosophie insbesondere*）［1804］。

4 这种变化清晰地表现在谢林 1800 年的《物理学的动态过程或者范畴的一般演绎》(*Allgemeine Deduktion des dynamischen Prozesses*) §63, Sämtliche Werke IV, 76; 和他的《论自然哲学的真实概念和解决它的问题的正确方式》('Über den wahren Begriff derNaturphilosophie und die richtige Art ihre Probleme aufzulösen'), Sämtliche Werke IV, 86 - 87。关于自然哲学在哲学中的优先地位,参见 Beiser (2002 年), 第 488 - 490 页。

5 参见 1803/4 年的演讲稿,《耶拿体系第一草稿》(*Jenaer Systementwürfe I*), GW VI, 第 3 - 265 页; 1804/5 年演讲稿《耶拿体系第二草稿》(*Jenaer Systementwürfe II*), GW VII, 第 179 - 338 页; 和 1805/6 年的演讲稿《耶拿体系第三草稿》(*Jenaer Systementwürfe III*), GW VIII, 第 3 - 184 页.

6 这些作品是《伦理体系》(*System der Sittlichkeit*), 它写于 1803/4 年,GW V, 第 277 - 362 页;《精神哲学》(*Philosophie des Geistes*), 这是 1803/4 年《思辨哲学体系》(*System der spekulativen Philosophie*)的第三部分, GW VI, 第 265 - 326 页; 和 1805/6 年的《精神哲学》(*Philosophie des Geistes*), 是《实在哲学讲座手稿》(*Vorlesungsmanuskript zur Realphilosophie*)的一部分, GW VIII, 第 185 - 288 页。

7 参见《耶拿体系第二草稿》(*Jenaer Systementwürfe* II), GW VII, 第 15 - 16 页。尽管黑格尔没有提到谢林的名字,但在这一段教义当中,他批判的就是谢林。具体而言,谢林的这一观点,在他 1801 年的《我的哲学的阐述》(*Darstellung meines Systems der Philosophie*)中就已经有了概述。

8 Rosenkranz（1844 年），第 177 页。使得 Rosenkranz 的阐述似是而非的是他从黑格尔 1803/4 年冬季学期的讲稿中所引用的另一段话。在那里，黑格尔报怨谢林在自然哲学中没有全力发展出思索性的观点，并且很快地进入了他在自然哲学里的表现形式。（同上，第 189 页）.

9 同上，第 187 页。

10 谢林，《全集》（Sämtliche Werke），第六卷，第 288 页。

11 这些片段包括《一种信仰被实证地命名为……》（'Positiv-wird ein Glaube genannt . . .'），这是在 1797 年 6 月前写的（W I, 239 – 243）（Nohl, 374 – 377）;《正如他们认识了更多类型……》（'. . . so wie sie mehrere Gattungen kennlernen. . .'），W I, 243 – 244（Nohl, 377 – 378），这写于 1797 年夏天;（'. . . welchem Zwecke denn alles Übrige dient . . .'），W I，第 244 – 250 页，它的第一稿写于 1797 年 11 月分左右，第二稿写于 1798 年秋 – 冬之季，W I, 245 – 250（Nohl, 378 – 382）。这最后的片段有时候被称为"爱的片断"，它出现在 Knox, 第 302 – 308 页。（Knox 版次中的日期是错误的。）

12 这些所包含的片断是 'Mit Abraham, dem wahren Stamm-mvater . . .'，W I，第 274 – 277 页（Nohl, 243 – 245; Knox 182 – 185），写于 1798 年的秋季; 'Abraham in Chaldaä geboren hatte schon . . .'，写于 1798 年末或者是 1799 年初，W I, 277 – 297（Nohl, 245 – 261; Knox 185 – 205）; and 'Jesus trat nicht lange . . .'，写于 1799 年夏天，并且，没有在 1800 年初以前完成，W I，第 317 – 418 页（Nohl，第 262 – 342 页; Knox 第 204 – 301

页）。在这里没有作品的大纲，因此叫作 Grundkonzept，写于 1798 年秋天，W I，第 297 – 316 页。(Nohl，第 385 – 398 页；不在 Knox 里）。

13 1798 年秋 / 冬片断 '... welchem Zwecke denn alles Übrige dient ...'，Nohl，第 380 页；W I，第 248 页。黑格尔提到剧本，但是没有引用具体内容。

14 W I，第 367/299 页；W I，第 389 – 390/318 页。

15 'Positiv wird ein Glauben genannt ...'，1797 年 7 月，W I，第 242 页。

16 '... so wie mehrere Gattungen kennenlernen ...'，W I，第 244 页。

17 '... welchem Zwecke denn alles Übrige dient ...'，W I，第 246 页。

18 参见 W I，第 376/308 页。又见《佛系残篇》(*Systemfragment*)，'absolute Entgegensetzung gilt...'，在这里，黑格尔坚持认为，一个人只有在他超出自我成为无限的一的时候，才是一个个体的生命。(W I，第 420/346 页）。

19 参见 '... welchem Zwecke denn alles Übrige dient ...'，W I，第 246 页。

20 参见 W I，第 378/309 – 310 页；W I，第 372/303 – 305 页。

21 GW 第五卷，第 289/110 页。

22 GW 第八卷，第 210/107 页。

第六章　宗教的维度

1 对于这一争论所进行的的有益的考察,请参见 Jaeschke
(1990 年),第 349 – 421 页,以及 Towes(1980 年),第 71 – 140
页。

2 这种类比的始作俑者是克罗纳(1921 年),第二卷,第 259
页。它常常错误地被归之于卡尔·巴特。

3 参见 GP XVIII,94/I,73;黑格尔致 Tholuck,1826 年 7 月 3
日,B IV,28 – 29/520;黑格尔致冯·阿尔滕斯坦,1826 年 3 月 3
日,BS 572 – 574/531 – 532。

4 我们可以把斯特林(1898 年),McTaggart(1901 年),克罗
纳(1921 年),法肯海姆(1967 年),芬德莱(1958 年),霍尔加特
(1991 年)和奥尔森(1992 年)置入这个群体之中。

5 在这个群体中,我们可以发现考夫曼(1966,1972 年),卢
卡奇(1973 年),Garaudy(1966 年),马尔库塞(1967 年),柯耶夫
(1969 年)和所罗门(1983 年)。

6 所罗门(1983 年),第 582 页。

7 所罗门正确地反对法肯海姆把早期著作排除出整个争论
之外的尝试。参见所罗门(1983 年)第 591 页注释 35 以及法肯
海姆(1967 年),第 5 页,7 页,156 页。

8 例如参见罗森克朗茨(1844 年),第 48 页;和海谋(1857
年),第 40 – 41 页,63 页。

9 狄尔泰(1921 年),第 43 – 60 页,138 – 158 页。

10 参见《敌基督者》,全集第六卷,176 页,第 10 节。

11 参见考夫曼(1972 年),第 63 页,66 – 71 页;卢卡奇(1973

年),第一卷,第 34 – 56 页。

12 卢卡奇(1973 年),第一卷,第 7 – 56 页。

13 这一区别不可能是更早地做出的一个理由是,因为对于黑格尔早期手稿定错了日期。罗森克朗茨和海谋都认定《基督教的精神》作于黑格尔伯尔尼时期;因此这个著作的更为宗教的维度似乎也就成了更早时期的基本特征。

14 请原谅无法苟同考夫曼(1972 年),第 63 页。

15 同上。

16 参见穆勒(1959 年),第 52 – 53 页,以及克罗纳(1971 年),第 46 页。

17 参见玻格勒(1990 年),第 70 页,他正确地基于这些理由批判了卢卡奇。

18 参见 Hettner(1979 年),第一卷,第 350 – 351 页。

19 黑林和哈里斯都争论过这种断裂而强调黑格尔发展历程的连续性。参见黑林(1929 年),第一卷,第 306 页,以及哈里斯(1972 年),第 259 页。然而,他们不能充分地解释这里申说的基本紧张。哈里斯试图这样做,但是他的努力徒劳无功,而且矫揉造作,而且似乎更多地证明了它的反面(第 311 页,325 页)。

20 黑格尔派左翼无能解释手稿,这极为明显而又令人发窘。所罗门(1983 年)第 590 页承认,它揭示了和基督教"达成和解的一块新基石",黑格尔尝试着拯救其中理性的东西。但是他在同一段落中又反对这种评价。由于完全忽视了黑格尔对于神秘主义的辩护,他提到他坚守"对于理性的忠诚";由于对于黑格尔挪用约翰福音中的逻各斯、三位一体和道成肉身完全视而不见，他写道，黑格尔现在已经揭穿了"几乎整个基督教神学"的真相。考夫曼(1972年)第90页承认，手稿是"黑格尔发展历程中的转折点"。但是他坚持认为，这个转变是从康德伦理学转向歌德的整体主义的人本主义(第92－94页)。黑格尔谈论信仰时，它只是"在两种自由精神之间的爱与信任"(第93页)。但是这对于黑格尔的宗教语言来说是不公正的，他频频提到无限和基督教的逻各斯。考夫曼正确地指出，黑格尔并没有捍卫对于超验上帝的信仰；但是这一点又几乎不能处理他的内在的上帝。卢卡奇(1973年)第一卷第167－168页，承认法兰克福时期有一个激烈的倒转，它涉及神秘主义和对于基督教的挪用。他通过把它降低到黑格尔发展历程中一个纯粹的过渡阶段来处理这个时期，好像黑格尔后期没有把他在法兰克福时期阐述的爱、生命和辩证法等概念理性化一样。

21 关于这些讨论，请参见亨利希(1971年)，第9－41页和雅姆(1983年)，第141－316页。

22《约翰福音》，第3章第16节；13章35节；15章10－12节。

23 关于耶拿时期的更为详细的阐释，请参见 Jaeschke(1990年)，第123－207页。

24 罗森克朗茨(1844年)，第131－141页；在哈里斯和瑟夫的《伦理体系》的译本中收录了这个段落的翻译，第178－186页。

25《论自然哲学和哲学一般之间的关系》，载谢林《著作全集》第五卷,第 106 – 124 页和《全集》第四卷,265 – 276 页。这篇论文有 George di Giovanni 和哈里斯的译文,载《在康德与黑格尔之间》(Albany,SUNy,1985 年),第 363 – 382 页。这篇论文的著作权仍有争议,因为谢林和黑格尔都宣称这是他们单独撰写的。参见"编者手记",全集,第四卷,543 – 546 页。幸运的是,著作权问题并非一定要解决;二者都宣称有著作权这个事实证明了二者都接受它的内容。

26 W II,432 – 433/190 – 191。罗森克朗茨(1844 年),第 138 页;PG 546/ §787;W XVII,291 – 293,297 页。

27 关于准确的来源,参见 Burbidge(1992 年),第 97,107 页。黑格尔在 W XVII,第 297 页提到赞美诗。

28 海谋(1857 年),第 424 – 427 页。

29 Jaeschke(1990 年),第 357 页。

30 所罗门(1983 年),第 582 页。

31 这也不仅仅是一个策略,因为黑格尔在《基督教的精神》(W I,364 – 369/297 – 301)中已经持有类似于路德的弥散观之类的东西了。

32 黑格尔对于批评的回应在 EPW §573 上 ;在 1831 年关于宗教哲学的讲演中,见 W I,97 – 101;在 1824 年代讲座中,见 VPR I,246 – 247/I,346 – 347;在 1827 年讲座中,见 VPR I,272 – 277/I,374 – 380;在 W XVIII,390 – 466 页的一篇评论中。

33 这一点 Jaeschke(1990 年)第 362 页和所罗门(1983 年)第 633 页都忽视了,他们误解了黑格尔的整个论战。他们认为,黑格尔拒斥泛神论是因为他把它等同于这种观点,神圣者是有

限事物的总体性。但是在 1827 年和 1831 年的讲座中,以及在
《哲学百科全书》第 573 节中,黑格尔毫不含糊而且有所偏重地
论证说,这是对于泛神论的误解。只有在 1824 年讲座的一个段
落中,黑格尔似乎赞成这是关于泛神论的一种解释,VPR I,246
－247/I,246。但是它最终的阐明对于这种阐释是持严厉批判态
度的。总而言之,重要的是要看到,黑格尔所批判的不是坏的泛
神论的概念,而是某种坏的泛神论概念。

34 所罗门(1983 年)第 62 页注意到黑格尔的区分,但是认
为它只是"一个小小的技术性的细节",它并不能证明他是无神
论者(第 633 页)。但是这一点对于黑格尔的全部哲学来说具有
核心意义;它也显示出他不是一个无神论者。

35 有关对立的观点,请参见霍尔加特(1991 年),第 189 –
228 页,和 Burbidge(1992 年),第 93 – 108 页。

36 参见 VBG 第 36 – 41 页。

37 尤其参见 W I,XVII,251 – 299 页;VPR V 45 – 69/III 109
– 133。

38 在有几个地方,黑格尔的确对于不朽的教条阳奉阴违。
参见 W XVII,303 页。但是他似乎是以道德的术语把它阐释为
对于主观性的无限价值的肯定。

39 恕我不能赞同 McTaggart(1901 年),第 5 – 6 页。

40 施莱尔马赫,KGA,I/2,215 – 216,106 – 107。

41 关于黑格尔和施莱尔马赫的争论,参见 Crouter(1980
年)。

第七章　辩证法

1 参见重要而短小的残篇《补充:哲学……》,这个残篇大概写于 1804 年暑假,GW,第七卷,343 - 347 页。

2 伍德(1990 年),第 1 页。

3 参见所罗门(1983 年),第 21 - 22 页;多佛(1974 年)和辛普森(1998 年)。

4 关于这个问题的起源和困难,参见缪勒(1958 年)。

5 这里要对不住考夫曼了(1965 年),第 75 - 76 页。

6 伍德(1990 年),第 4 - 5 页。

7 参见 VSP,第二卷,230/325 页;EPW 第 48 节附释,第 119 节补充 2;WL,58 - 62 页。

8 参见波普尔(1940 年),第 403 - 410 页。

9 这里要对不住罗森(1982 年)了,第 24 页。

10 康德的二律背反在黑格尔的逻辑学的发展中扮演的角色最明显地体现在《纽伦堡手稿》中,W IV,90 - 96 页,184 - 192 页。

11 "……绝对的对立是有效的"(在 1800 年 9 月 14 日以前),W I,第 422 - 423 页。

12 罗森克朗茨(1844 年),第 188 页。

13 尽管黑格尔最初构想《精神现象学》是"一门意识经验的科学",但是在作品付印期间,他用另外一个题目取代了这个题目,"精神现象学的科学"(Wissenschaft der Phaenomenologie des Geist)。关于与黑格尔决定改换书名紧密相关的环境,参见倪克林(1967 年)。

14 参见 PG 558/802；和 EPW §38R，VIII，108。

15 这是克罗纳（1921 年）II，第 374 页上的建议。

16 根据荷夫迈斯特（1955 年）第 209 页上的说法，Paracelsus 是第一个使用"经验"（Erfahrung）这个词的人，它是被用作拉丁语 experimenta 的同义词，一场试验或者试验，或者通过这些方式所获得的知识。

第八章　唯我论和主体间性

1 关于康德的这些早期批判者和批判，参见贝瑟尔（1987 年），第 165 – 188 页，以及贝瑟尔（2002 年），第 48 – 60 页。

2 雅可比，《著作集》第三卷，3 – 57/《主要哲学著作集》，第 497 – 536 页。

3 同上，第二卷，291 – 310/331 – 338。

4 谢林：《著作全集》，第九卷，第 353 – 361 页。

5 费希特：《全部知识学的基础》，《著作全集》，第一卷，第 278 – 285 页。

6 谢林：《对于我的哲学体系的表述》，《著作全集》，第九卷，第 114 – 115 页，§1。

7 可以证明，黑格尔后来在文本中，只有在第四章 B 部分"论怀疑主义"的章节中，对于唯我论或怀疑主义的观念论提出诉讼。尽管在这个阶段，它的确是毫不含糊和自我意识的，但是，在早期的文本中，它仍然是内含着的。对于哲学家来说，唯我论的难题在第四章和第四章 A 部分已经清楚明白了；但是对于自我意识本身，它仍是含糊不清的。怀疑论是一种清楚的哲学,对于世界的一种自我意识的和理论的态度。尽管意识在第四章一开始还没有达到这个水平,但是第四章 B 部分已经把早些阶段一直含糊不清和下意识的东西带给了自我意识。所以最重要的是看到,欲望、斯多葛主义和怀疑主义全部采取了对于它们的对象的同样的态度:它们都是想把世界还原为无、以证明自我只是本质的和独立的对象的失败的策略。

8 正如 Kenneth Westphal(1989 年)第 1 页所论证的。

9 关于伦理的途径,参见威廉姆斯(1997 年),第 46 – 68 页;关于存在主义的阐释,参见伊波利特(1969 年 b),关于人类学的解读,参见柯耶夫(1969 年);关于心理学的解读,参见 Plamenatz(1963 年),第二卷第 188 – 192 页和凯利(1972 年);关于释义学的解读,参见 Redding(1996 年),第 119 – 143 页;关于政治的解读,参见芬德莱(1958 年)第 96 页和 Shklar(1976 年),第 58 – 62 页。认识到形而上学难题的唯一评论家是伽达默尔(1976 年),第 54 – 74 页,尽管他没有就黑格尔是如何解决这个难题的提供一个详细的解读。理查德·诺曼(1976 年)在第 45 – 56 页上意识到唯我论的问题处于成败关头,但是没有讨论它。

10 参见《知识学第一导言》,著作集,第一卷,第 422 – 425 页。

11 这种辩证法的其他版本证实了绝对的独立性是危险的。参见《纽伦堡作品集》,著作集第四卷第 120 页上的版本,以及1830 年《哲学百科全书》。著作集,第十卷,第 226 页,第 536 节中的版本。黑格尔从费希特那里取来这个术语,而费希特在两本著作中描述了这种观念:1794 年的《论学者的使命》,《著作全集》,第六卷,第 293 - 301 页和他 1798 年的《伦理学》,《著作全集》第四卷,第 20 - 24 页。

12 参见 PG 144/¶ 187。亦可参见 EPW § 431A。

13 参见 PG 143 - 4/¶ 186。亦可参见 EPW § 430 - 1。

14 例如索尔(1969 年),第 15 - 16 页,假定黑格尔只是独断地在第四章引进其他心灵,以在第四章 A 部分讨论人际的行动的诸方面。芬德莱(1958 年)第 96 - 97 页也认为,反对唯我论的论证在第四章已经做出了。

15 参见 PG 144/¶ 187。亦可参见 EPW § 431。

16 参见 PG 145/¶ 188 - 9。亦可参见 EPW § 432。

17 参见 PG 145 - 146/¶ 189。亦可参见 EPW § 433 - 435。

18 参见 PG 147/¶ 191。亦可参见 EPW § 435 - 436。

19 参见 PG 146 - 150/¶ 190 - 196。亦可参见 EPW § 435 - 436。

20 这个主题出现在《哲学百科全书》版本的主奴辩证法之中,在那里,黑格尔评论了古人为了获得真正的自由而导致的失败,参见 § 433A。

21 《社会契约论》,第一卷,第 1 章。

第九章　自由与权利的基础

1 例如霍尔加特(1991 年)第 77 页和弗兰克(1999 年),第 1 - 2 页。

2 关于进入黑格尔的社会与政治哲学的非形而上学的路径,参见 Plamenatz(1963 年),第二卷,第 129 - 132 页;Pelczynski

(1971年)第1－2页;斯密(1989年),序言第6页;伍德(1990年),第4－6页;图尼克(1992年),第14、17、86、99页,哈迪蒙(1994年),第8页;帕顿(1999年),第16－27页;弗兰克(1999年),第83－84、126、135－136、140、143、151－152、360－361页,注释4;罗尔斯(2000年),第300页。关于近来对于这条路径的抗议,参见 Yovel(1996年),第26－41页和 Peperzak(2001年),第5－19页。

3 伍德(1990年)第39页论证说,关于自律概念,在康德与黑格尔之间存在着重大的差异,因为康德把自由等同于自律的能力,我可以执行,也可以不执行,而黑格尔则把它等同于道德行动自身。但是康德的文本并不能证实伍德的论点。参看 GMS IV,412,413,447;KpV V,29。

4 恕我不能苟同帕顿(1999年),第47－63页。

5 席勒对于黑格尔的重要性可以从《基督教的精神》和黑格尔1795年4月16日致席勒的信中看出来。席勒对于黑格尔自由概念的影响是决定性的,但是当代英美学者似乎没有理会到这一点,他们可能会承认《审美教育书简》的相关性,但是却忽视了同等重要的《秀美与尊严》和《哲学书简》。考夫曼(1966年)第18－31页正确地强调了席勒对于黑格尔的影响,但是对于它对黑格尔自由概念的重要性语焉而不详。

6 参见柏林(1969年),第118－172页。在这篇论文中,伯林大多是顺便提到黑格尔,第146、150、168页。伯林对于黑格尔的批判最好是在《自由及其背叛》(200年)第74－104页寻找。

7 关于这个区分,参见帕顿(1999 年),第 44－45 页和伍德(1990 年)第 37－40 页。

8 恕我不能苟同伍德(1990 年),第 41 页。

9 参见 Plamenatz(1963 年)第 31－33 页;弗兰克(1999 年)第 178－187 页;和里德尔(1973 年)第 96－120 页。

10 参见佛斯特(1935 年),第 125－141 页,167－179,180－204 页;Riley(1982 年)第 163－199 页;Pelczynski(1964 年)第 29,54 页;皮平(1997 年)第 417－450 页;和帕顿(1999 年),第 63－81 页。

11 参见梅涅克(1924 年),第 427－460 页;海勒尔(1921 年),第 32－131 页;卡西尔(1946 年),第 265－268 页;波普尔(1945 年)第二卷,第 62－63 页;萨拜因(1963 年)第 627,645,648 页;Hallowell(1950 年),第 265,275－276 页;和伯林(2002 年),第 94－95,97－98 页。

12 参见 PR§132R。

13 例如参见他早期斯特加特 1787 年论文"论希腊和罗马的宗教",著作全集,第一卷,第 42－45 页,在该文中,黑格尔论证说,历史向我们显示了关于我们自己的时代和地方的理性原则一般化的危险。在他的 1973 年的《图宾根论文》中,黑格尔提到孟德斯鸠"民族精神"的观念,强调文化是一个统一体,它的宗教、政治和历史形成一个活生生的整体(ＷⅠ,42/27)。然而,黑格尔早期对于历史的兴趣在很大程度上仍然是在启蒙的传统之中。他仍然相信在历史的所有不同的显现背后存在着普遍的人性,他是从一个普遍的人的立场出发批判过去的宗教的。只有到很久以后,黑格尔才意识到在历史主义和他对于启蒙的忠诚之间存在张力;参见他 1800 年对于《实证性论文》的残篇"实证性概念……"的修改,W I,217 – 229/139 – 151。

14 参看黑格尔 1795 年 4 月 16 日致谢林信,《书信集》,第一卷,第 24 页。

15 关于政治的背景,参看平卡德(2000 年),第 72 – 75 页。

16 黑格尔从来没有失去对于马基雅维利的崇拜。参见他 1819/20 年关于《法哲学》的讲座(H 255 – 256);以及他在柏林的历史哲学讲演录(W XII,482 – 483)。他后期关于马基雅维利最长的讨论见于 1805/6 年的《耶拿历史哲学》(著作全集,第八卷,258 – 260 页)。

17 参见梅涅克(1924 年),第 427 – 460 页。亦可参见海勒尔(1921 年),第 32 – 131 页。

18 卡西尔(1946 年)第 265 – 268 页;波普尔(1945 年)第二卷,62 – 63 页;和伯林(2002 年),第 94 – 94,97 – 98 页。

19 参见斯图亚特(1996 年)第 10 – 11 页和 53 – 130 页。

20 伍德(1990 年)没有做到细致深入,没有讨论这个主题。它在考夫曼(1970 年)那里也没有得到讨论。

21 关于这个语境,参见罗森茨威格(1920 年)第一卷,第 104 – 107 页。

22 董特(1968 年 b)第 39 – 41 页。

23 参见黑格尔 1814 年 4 月 29 日和 1816 年 6 月 5 日致尼特汉姆的信,《书信集》,第二卷,28,85 页。亦可参见 PR §§219,258R,在那里,黑格尔攻击哈勒,以及 §§33,211,在那里黑格尔批判了萨维尼。

24 董特(1968b),第90－97页。

25 罗森茨威格(1920年),第二卷,第161－167页。

26 同上,第二卷,第62－67页。

27 例如罗森茨威格(同上),第161－167页论证说,黑格尔学说唯一来自普鲁士实践的方面和军队的宪法相关。

第十章　黑格尔的国家理论

1 关于这样一幅黑格尔的图像,可以参看波普尔(1945年),第二卷,第29页,58页;萨拜因(1961年)第620—668页;普拉梅那茨(1963年),第二卷,第129—268页;和哈罗威尔(1950年),第254—277页。

2 参见诺瓦利斯的论文《信与爱》载,贝瑟尔(1996年b),第33－50页。

3 不可否认,这些一般化都犯有时代错误。自由主义只有在19世纪30年代才变成有意识的和有组织的政治运动。尽管有很多思想家预示了后来的自由主义,并且实际上为它奠定了基础(F.H.雅可比,克里斯蒂安·多姆,弗里德里希·席勒,威尔赫尔姆·冯·洪堡和康德),但是,他们还没有把自己看做是自由主义者。此外,也不存在一个单一的思想家派别,他们会有意识地认为他们自己是社群主义者。在18世纪90年代晚期,社群主义的观点是由三个截然不同的派别阐明的:那些受到古代共和国传统启发的人(浪漫派),那些捍卫启蒙绝对主义的古老的家长制国家的人(柏林的启蒙者),和那些通过等级制支持政府的人(弗里德里希．莫塞尔和汉诺威的辉格党,贾斯图斯·莫塞尔,A. W. 雷伯格,恩斯特·布兰德斯)。关于 1790 年代政治运动的分类,参见拜塞尔(1992 年)第 15 – 22 页,第 222 – 227 页,第 281 – 288 页。

4 参见"现在需要大量的人……",《著作集》第一卷,第 99 – 100 页,以及"每一个民族……",《著作集》,第一卷,第 204 – 208 页/N 第 221 – 223 页。

5 请原谅我和罗尔斯(2000 年)有分歧,第 330 页。

6 参见康德,TP,VIII,297 页/79 页。

7 例如参见第 258 节附释,263 节补充,267 节,269 节,271 节,276 节补充,286 节。

8 VD I,479 页/159 页,I524 页/195 页,和 I535 页/204 页,和 VVL IV,483 – 485 页/263 – 265 页。

9 KA,XVIII,第 1255 则。

10 VD I,536 页/206 页。

11 参见 VD I,516 页/189 页,I,524 页/195 页,I,523 – 524 页/201 – 202 页;和 PR 第 290 节补充。

12 参见 PR 第 206 节,252 节,以及 VVL IV,483 – 485 页/263 – 265 页。

13 参见卢卡奇(1973 年),I,第 273 – 291 页,II,第 495 – 618 页;普兰特(1973 年)第 56 – 76 页;阿维纳瑞(1973 年),第 81 – 114 页,132 – 154 页;迪基(1987 年),第 186 – 204 页;和查穆雷(1963 年)。亦可参见皮蔡因斯基(1984 年)。

14 例如参见阿维纳瑞(1972 年),第 5 页,和迪基(1999 年)

第 291 页,注释 58。

15 参见贝瑟尔(1992 年),第 232－236 页。

16 依据罗森克朗茨(1844 年),第 86 页。黑格尔在 1799 年写过一篇详细的关于斯图亚特的《国家科学》的评论。因为手稿已经佚失,不可能明确确定黑格尔讨论政治经济学的全部范围。

17 参见 1803/4 年的《精神哲学》,GW 第六卷,319－326 页。1805/6 年的《精神的哲学》GW 第八卷,243－5 页。这些残篇的重要性首次是阿维纳瑞强调的(1972 年),第 87－98 页。尽管 1820 年的《法哲学》没有包含对于现代生产形式的详细批判,但是,值得注意的是,在 1817/18 年海德堡讲座和 1819/20 年的《法哲学》讲座(H158－61)当中发现了一个类似的虽然篇幅略短且不够生动的分析。在何托 1922/3 年的《讲座笔记》中对于劳动分工的有害的影响有一个更为详细的论述(VRP III,第 609－613)。

18《伦理体系》,载 GW 第五卷(第 277－362 页),第 354－356 页/170－173 页;和 GW 第八卷,244 页。

19《伦理体系》,载 GW 第五卷,第 351－352/168 页。

20 因此,海谋(1857 年),第 365－368 页;波普尔(1945 年),第二卷,第 27 页,第 53－54 页。

21 参见 VD 第一卷,第 576－577 页/237－238 页;和 ER 第十一卷,第 111－112 页/318 页。

22 PR 第 310 节附释。参见 ER 第十一卷,第 110－111/318 页。

23 PR 第 303 节附释,308 节附释。参见 ERXI,第 110－113

页/317 – 319 页和 VVL 第四卷第 482 – 484 页/263 – 264 页。

24 PR 第 253 节附释。参见《伦理体系》,载 GW 第五卷,第 354/371 页。

25 以强有力的方式提出这个观点的是阿维纳瑞(1972 年),第 98 – 99 页,109 页,148 页,151 – 153 页。

第十一章　历史哲学

1 例如,参见伯林(2002 年),第 99 – 100 页。

2 黑格尔对于创世纪神话的解释主要出现在他的宗教哲学演讲录之中,VPR,V,134 – 139,220 – 229/VPR III,202 – 206, 296 – 305。亦可参见 EPW §24A3 和 PG 775 – 778。

3 詹姆斯(1907 年),第 73 – 74 页。

4 参见法肯海姆(1996 年),第 171 页。

5 加缪(1955 年),第 15 页。

6 在 20 世纪 60 年代,有些学者试图通过把黑格尔的哲学阐释为存在主义的先驱而使黑格尔合法化。参见例如穆勒(1959 年)第 52 – 53 页,伊波利特(1969 年 b);华尔(1951 年),第 7 页。然而,从这一节可以清楚地看到,有很好的理由可以支持传统上把黑格尔阐释为一个反存在主义者。

7 尼采(1980 年),第一卷,第 254 – 255 页。

第十二章　美学

1 关于其接受和影响,参见布普纳(1980),卡布赛尔(Koepsel)(1975),贡布里希(1965)。

2 参见贡布里希(1977)。

3 对这种忽视的反应,参见摩根(Moran)(1981)和戴斯蒙德(2000)。有明显好转的迹象;参见奥托·珀格勒和阿纳马瑞·戈斯曼-西弗特(Annemarie Gethmann-Siefert)编辑的重要作品集(1983,1986)。

4 罗森克朗兹(1844),第347-352页。

5 参见,例如,《法哲学原理》§§3, 211R, 212R。黑格尔没有提到萨维尼的名字。

6 关于与施莱尔马赫的争吵,参见克鲁特(Crouter)(1980),以及平卡德(2000),第445-447页,501页。

7 参见,例如,黑格尔在序言中针对海因里希的恶劣的旁白,《宗教哲学》,著作集十一,第61页。亦参见《美学》中对施莱格尔一些个人性的抨击,著作集十三,第383/296页,十四,第116/508页,十四,第180/423页。

8 对于温克尔曼之于黑格尔重要性的其他评述,参见贡布里希(1977),以及鲍尔(Baur)(1997)。

9 例如,For example,十三,第232/176-177页;十四,第82/481-482,83-84/483,87/486页。

10 参见,例如,黑格尔对温克尔曼热心于《贝尔维德雷的阿波罗》的怀疑性论述,十四,第431/766页。

11 例如,格洛克纳(Glockner)(1965),第438-439页;克罗齐(Croce)(1978),第301-303页;诺克斯(Knox)(1980),第5-6页;邦吉(Bungay)(1984),第83页;以及鲍伊(Bowie)(1990),第131页。

12 布普纳（1980），第31页。

13 鲍伊（1990），第135页。

14 霍尔盖特（Houlgate）（1991），第140页。

15 邦吉（1984），第31页。

16 十三，第143/104页；十四，第127－128/517－518页。

17 参见《宗教哲学讲演录》三，第143－145/I，234－236页。参看著作集十六，135－140页。

18 佩斯·邦吉（Pace Bungay）（1984），第31－32页。

19 邦吉（1984），第83页，没有看到黑格尔给予这种学说的理论说明，因而将之看作其理论中的"一种微妙的不合逻辑的推论（non sequitur）"而打发掉了。

20 例如，库恩（Kuhn）（1931），第34，38－39页。

21 出于这个原因，把黑格尔的债记在新柏拉图主义的传统之上是一种误导，正如布洛克纳（1965）所做的那样（第44，49页）。

22 例如，邦吉（1984），第15页，认为黑格尔"在《美学》中禁止模仿（mimesis）概念"。

23 参见布普纳（1980），第30页。

24 参见拉普（2000）、霍夫施塔特（1974）、丹托（1984）和哈里斯（1974）为黑格尔的理论做的辩护。浪漫派针对黑格尔批判的辩护，参见鲍伊（1990）以及诺曼（2000）。

25 参见朗（1984）主编的有趣的散文集。

26 这个说法的起源似乎是克罗齐，他在其影响力巨大的《美学》中写到黑格尔"宣布了艺术的可朽性（mortality），不仅如此,其死亡",参见克罗齐(1978),第302页。卡特(1980),第94页,提示艺术之死的解释如此流行的一个原因是,《美学》早期的Osmaton译本中把"艺术自我扬弃(Kunst sich selbst aufhebt)"翻译成"艺术自取灭亡(art commits an act of suicide)"。

27 鲍桑葵(1919 – 1920),第280 – 288页;d'Hondt(1972);卡特(1980),第83 – 98页;戴斯蒙德(1986),第13页;埃特(Etter)(2000),第39 – 40页;以及穆勒(1946),第51页。

后记:黑格尔学派的兴衰

1 参见Toews(1980年),第232 – 234页和麦克莱伦(1969年),第15 – 16页,22 – 24页,25页。

2 在卡尔·柯本的小册子《弗里德里希大帝》(莱比锡,1840年)中,这再明显不过了。参见麦克莱伦(1969年),第16页。

3 参见Toews(1980年),第233页;和麦克莱伦(1969年),第15页。

4 Toews(1980年),第95 – 140页,尤其是第84页。

5 关于某些宗教问题的进一步探索,参见Toews(1980年),第141 – 202页,和Brazill,《青年黑格尔派》(1970年),第48 – 70页。

6 D. F. Strauss,《论战文集》(图宾根,1841年),第三卷,第95页。

7 参见Toews(1992年),第387 – 391页。

8 Brazill的看法(1970年),第17 – 18页,在我看来似乎是不正确的,他论证说,在黑格尔学派之间的划分不会导致黑格尔哲学的任何含糊性。这就低估了和黑格尔关于实在的合理性的警句相关的阐释性困难。

9 这个区分在《哲学百科全书》第 6 节中。

10 MEGA,XXI,第 266－268 页。

11 Toews(1980 年),第 223－224 页,234－235 页。

12 同上,第 235 页。

13 麦克莱伦(1969 年),第 3 页,第 6 页;和 Brazill(1970 年),第 7 页,第 53 页。

14 麦克莱伦(1969 年),第 24 页。Stepelvich(1983 年)第 12－15 页对 19 世纪 40 年代这种新的批判性发展做了很好的总结。

15 Toews(1980 年),第 223－224 页。

拓展阅读

这里建议的扩展阅读书目是经过精心选择的,初学者最好牢记心间。由于毋庸赘言的理由,它们以英文文献为主。唯有在知道它们极其重要时,我才提到德文和法文文献。对于全面的参考书目感兴趣的学者应该参考 Steinhauer(1980 年)和 Weiss(1973 年),尽管现在它们已经过时了。

一般性的介绍

英语文献中有几本优秀的黑格尔一般性的导论著作。最好而又最全面的讨论,尽管篇幅极大,当属查尔斯·泰勒的《黑格尔》(1975 年)。卓尔不群而又篇幅稍短的导论是斯蒂芬·霍尔盖特的《自由,真理和历史:黑格尔哲学导论》(1991 年)。雷蒙德·普兰特的《黑格尔》(1973 年)也是一本从黑格尔的社会和政治关怀的视野出发的令人钦佩的总论性导论。伊万·索尔的《黑格尔形而上学导论》(1969 年)对于黑格尔形而上学的某些方面提供了一个简明扼要的导引。

文化和语境

就总体历史背景而言,不可或缺的著作是佘晗(Sheehan)
(1989年),而对于总体的文化语境来说,不可或缺的著作是
Bruford(1935年)。Aris(1936年),爱泼斯坦(1966年),贝瑟尔
(1992年)讨论过这段时期的政治发展。贝瑟尔(1987年)讨论
过泛神论的争论和虚无主义。黑格尔之前的德国观念里的发展
问题,可以参见鲁一士(1919年),克罗纳(1921年),Amriks
(2000年a),贝瑟尔(2002年)和平卡德(2002年)。

思想发展

很遗憾,关于黑格尔思想发展的最好研究是用德语写成的,
还没有译成英文。考夫曼(1966年)有些参差不仅,而且已经过
时了;Nauen(1971年)的著作予人启迪,惜乎过于俭省。较老的
德语的讨论——罗森克朗茨(1844年),海谋(1857年),狄尔泰
(1921年),哈尔林(1929年)和卢卡奇(1973年)——仍然非常
值得一读。罗森克朗茨和海谋尤其有价值,因为他们利用了现
在已经佚失不见的手稿文献;然而,使用它们时要格外小心,因
为他们误判了许多早期著述的时间。黑格尔早期著述的现代年
表,对于所有黑格尔思想发展研究来说不可或缺的,是季思拉·
许勒尔的《黑格尔青年时期著述年表》,载《黑格尔研究》第二卷
(1963年):第111-159页。

英语世界关于黑格尔早期思想发展的经典研究是亨利·哈
里斯的《黑格尔的发展历程:走向阳光(1770-1801)》(1972年)

和《黑格尔的发展历程:夜思(1801 – 1806)》(1982)。由于它们的翔实而紧凑的学术风格,哈里斯的研究最好直接结合黑格尔的文本阅读。它们并不很适合充当黑格尔发展历程的导论。不幸的是,哈里斯往往迷失在细节之中,而不能清晰地确立或者捍卫他自己的总体观点。

最好的黑格尔的传记——无论哪种语言——是特里·平卡德的《黑格尔传》(2000)。它把黑格尔牢牢地置于他的历史语境之中,而且也为他的哲学的所有方面提供了总体性的导论。

现象学

在英语世界有很多关于《精神现象学》的优秀评论。初学者最好是从理查德·诺曼(1976 年)或者哈里斯(1995 年)开始。美罗尔德·威斯特法尔(1979 年)所罗门(1983 年)、劳尔(1993[1976]年)、平卡德(1994 年 b)和斯特恩(2002 年)等人更为详细的研究都含有颇有启发的要点和启人深思的解读。让·伊波利特的评论(1974 年)尽管有时含糊不清,仍然值得花费时间。琼·斯图亚特(2000)和米歇尔·佛斯特(1998)写出了关于这本书的统一性和一般结构的卓越解释。肯尼斯·威斯特法尔(1998 年和 2003 年)细致地考察了《精神现象学》中认识论的理念。由于某一种解读总是会阐明另一种解读所忽视的东西,所以,我建议学生尽可能多地多参考不同著作,而且使用时精挑细选。

柯耶夫的著名研究具有历史的重要性实在是良有以也,它在战后的岁月里对于法国哲学产生了巨大的影响。它对于稍后

20世纪70年代黑格尔的复兴亦起了关键作用。尽管有时候富于启发,但是柯耶夫对于文本的解读成见甚深,也很有限;他对于《现象学》的形而上学维度一点儿也不欣赏。

论述《现象学》的里程碑式的著作是哈里斯两卷本的《黑格尔的梯子》(1997年)。尽管所有的学者都想要参考这本著作,但是它并不是决定性的或者权威性的(这点常常为人所道及)。知道他的解读很容易受到挑战,不会让哈里斯大吃一惊。

逻辑学

在说英语的学者当中,《现象学》现在已经超过《逻辑学》成为首选的文本。好几代人过去了,一直没有一本完整的关于《逻辑学》的评注,尽管我怀疑,很快这种状况就会发生变化,只要对于黑格尔著作的偏见最终暴露于光天化日之下。McTaggart 的老旧的研究(1910年,1912年)仍然有益,尽管使用它们时要小心翼翼,因为它们在很大程度上是通过英国新黑格尔主义的透镜来看待黑格尔的。W. T. 斯塔斯的《黑格尔的哲学》(纽约:多佛,1955年)聚焦于《逻辑学》,仍然是处处有用的。认真的学者必须参考 John Burbidge(1981年,1992年),罗伯特·斯特恩(1990年)和克拉克·巴特勒(1996年)的研究。Di Giovanni 的《选集》包含许多有趣的论文。关于黑格尔的逻辑思想的两篇短小精悍的介绍性论文是由霍尔盖特(1991年)第5–40页和Burbidge(1993年)提供的。霍尔盖特写过一本详尽的关于《大逻辑》的评论,《逻辑学的开端:大逻辑,从存在到无限》(拉法耶特:Purdue 大学出版社,2005年)。

社会和政治哲学

关于黑格尔的政治哲学的最佳著作当属弗朗兹·罗森茨威格的《黑格尔与国家》（两卷本）。不幸的是，它仍然没有被译介到英语世界，而因此为人忽略，令人唏嘘不已。一本非常有用的导论性著作是 Cullen（1979 年）；阿维纳瑞（1972 年）和佛朗克（1999 年）写过一些非常好的一般性考察。诺伊豪塞（2000 年）写过一本极为出色的关于黑格尔伦理生活的解说。伍德（1990年）对于黑格尔的伦理学是必不可少的。Tunike（1992 年）和帕藤（1999 年）讨论黑格尔自由概念的著作令人激赏。关于黑格尔对于自由主义的态度，可以参见斯密斯（1989 年）。Knowles（2002）提供过关于《法哲学》的非常有用的导论。至于详尽无遗的评论，读者们还是要参考 Peperzek（2001 年）。

宗教哲学

关于黑格尔宗教哲学的最佳研究当属法肯海姆（1967 年）。关于黑格尔宗教观点的发展历程，可以参考 Jaeschke（1990 年）和Crites（1998 年）。关于黑格尔的上帝概念，参见劳尔（1962 年）和奥尔森（1992 年）。O'Regan（1994 年），马基（2001 年）和迪基（1987 年）提供了关于黑格尔挪用传统宗教的详尽无遗的研究。这里推荐两本文集：Christensen（1970 年）和 Kolb（1992 年）。

历史哲学

考虑到它的历史重要性以及它常常被用作黑格尔哲学的导

论,关于黑格尔的《历史哲学》的可靠的二手文献的匮乏是触目惊心的。这本书的形成。语境和内容仍旧有待探索。奥布廉（1975 年）和威尔金斯（1974 年）的两篇论文,尽管仍然有所帮助,但是几乎完全聚焦于黑格尔的方法论和对于历史必然性的信念。就初学者而言,读者还是应该读读 Forbes（1975 年）和 Walsch（1971 年）的论文,伊波利特（1996 年）的导论,以及 Mc-Carnet（2000 年）的总体性研究。

美学

想要某些指导的第一次的读者最好是阅读霍尔盖特（1991年）第 126 – 175 页关于美学的那一章,Wicks（1993 年）的论文,以及 Moran（1981 年）的论文。

不幸的是,英语写就的关于黑格尔美学的书寥寥无几。卡明斯基（1962 年）的早期研究早就已经过时了,而且覆盖内容极其有限。Bungay（1984 年）的研究更加全面,但是由于不能理解黑格尔的形而上学而多有瑕疵。戴斯蒙德（1986 年）的研究是一次恢复黑格尔美学的形而上学维度的著名而高贵的尝试,这个维度是昔日卡明斯基、Bungay 和贡布里希（1965 年）曾经读出过的。Steinkraus（1980）的选集包含一些有用的文献,梅克（2000年）的选集里有些有用的文章。对黑格尔的"艺术终结论"感兴趣的学生应该读一读 Bungay（1984 年）第 71 – 89 页,和哈里斯（1974 年）与 Rapp（2000 年）的论文。Lang（1984 年）的文集包含几篇令人兴奋的论文。

参考文献

Anonymous (1971) *Die Nachtwachen des Bonaventura*, trans. Gerald Gillespie. Austin: University of Texas Press; Edinburgh: Bilingual Library, no. 6.

—— (1972) *Nachtwachen – Von Bonaventura*, ed. Wolfgang Paulsen. Stuttgart: Reclam.

Arnauld, Antoine (1964) *The Art of Thinking*, trans. James Dickoff and Patricia James.

Indianapolis: Bobbs – Merrill.

Fichte, J. G. (1845 – 6) *Sämtliche Werke*, ed. I. H. Fichte. Berlin: Veit, 8 vols.

Heidegger, Martin (1972) *Sein und Zeit*. Tübingen: Niemeyer.

Heine, Heinrich (1981) *Sämtliche Schriften*, ed. Klaus Briegleb. Frankfurt: Ullstein, 12 vols.

Herder, J. G. (1881 – 1913) *Sämtliche Werke*, ed. B. Suphan. Berlin: Weidmann, 33 vols.

Hobbes, Thomas (1968) *Leviathan*, ed. C. B. Macpherson. Harmondsworth: Penguin.

Hölderlin, Friedrich (1943 - 85) *Sämtliche Werke. Grosse Stutgarter Ausgabe*, ed. Friedrich Beißner et al. Stuttgart: Cotta Nachfolger.

Hume, David (1958) *A Treatise of Human Nature*, ed. L. A. Selby - Bigge. Oxford: Oxford University Press.

Jacobi, F. H. (1812) *Werke*. Leipzig: Fleischer, 6 vols.

—— (1994) *The Main Philosophical Writings and the Novel Allwill*, trans. George di Giovanni. Montreal: McGill - Queen's University Press.

Kant, Immanuel (1902 et seq.) *Gesammelte Schriften*, ed. Preußischen Akademie der Wissenschaften. Berlin: de Gruyter.

Kielmeyer, C. F. (1930) ' *Über die Verhältnisse der organischen Kräfte untereinander in der Reihe der verschiedenen Organization, die Gesetze und Folgen dieser Verh? ltnisse* ', *Sudhoffs Archiv für Geschichte der Medizin* 23: 247 - 267.

Kierkegaard, Søren (1992) *Concluding Unscientific Postscript to Philosophical Fragments*, ed. and trans. H. V. and E. H. Hong. Princeton, NJ: Princeton University Press.

Locke, John (1959) *An Essay concerning Human Understanding*, ed. A. C. Fraser. New York: Dover.

Maimon, Solomon (1965) *Gesammelte Werke*, ed. Valerio Verra. Hildesheim: Olms.

Marx, Karl (1982) *Marx – Engels Gesamtausgabe*, ed. Institut für Marxismus – Leninismus. Berlin: Dietz.

Nietzsche, Friedrich (1980) *Sämtliche Werke*, ed. G. Colli and M. Montinari. Berlin: de Gruyter.

Obereit, J. H. (1787a) *Die verzweifelte Metaphysik zwischen Kant und Wizenmann*. [No place of publication given]

—— (1787b) *Die wiederkommenete Lebensgeist der verzweifelten Metaphysik, Ein kritisches Drama zur neuen Grundkritik vom Geist des Cebes*. Berlin: Decker & Sohn.

—— (1791) *Beobachtungen über die Quelle der Metaphysik vom alten Zuschauern, veranlasst durch Kants Kritik der reinen Vernunft*. Meiningen: Hanisch.

Reinhold, Karl Leonhard (1923) *Briefe über die kantische Philosophie*, ed. Raymond Schmidt. Leipzig: Meiner.

Rink, F. T. (1800) *Mancherley zur Geschichte der metacritischen Invasion*. Königsberg: Nicolovius.

Schelling, F. W. J. (1856 - 61) *Sämtliche Werke*, ed. K. F. A. Schelling. Stuttgart: Cotta, 14 vols.

Schiller, Friedrich (1943) *Werke. Nationalausgabe*, ed. Benno von Wiese et al. Weimar: Böhlaus Nachfolger, 42 vols.

Schlegel, Friedrich (1958 et seq.) *Kritische Friedrich Schlegel Augabe*, ed. Ernst Behler et al. Paderborn: Schöningh.

Schleiermacher, Friedrich (1980 et seq.) *Kritische Gesamtaus-*

gabe, ed. H. Birkner et al. Berlin: de Gruyter.

Schopenhauer, Arthur (1968) *Sämtliche Werke*. Darmstadt: Wissenschaftliche Buchgesellschaft.

Spinoza, Benedict (1924) *Opera*, ed. C. Gebhardt. Heidelberg: Winter, 4 vols.

—— (1966) *The Correspondence of Spinoza*, ed. A. Wolf. London: Frank Cass.

二手资源

Adorno, Theodor (1969) *Drei Studien zu Hegel*. Frankfurt: Suhrkamp.

Ameriks, Karl, ed. (2000a) *The Cambridge Companion to German Idealism*. Cambridge: Cambridge University Press.

—— (2000b) 'The Practical Foundation of Philosophy in Kant, Fichte, and After', in *The Reception of Kant's Critical Philosophy*, ed. Sally Sedgwick. Cambridge: Cambridge University Press, pp. 109 - 29.

Aris, Reinhold (1936) *History of Political Thought in Germany, From* 1789 *to* 1815. London: Frank Cass.

Avineri, Shlomo (1972) *Hegel's Theory of the Modern State*. Cambridge: Cambridge University Press.

Baum, Manfred (2000) 'The Beginnings of Schelling's Philosophy of Nature', in *The Reception of Kant's Critical Philosophy*, ed. Sally Sedgwick. Cambridge: Cambridge University Press, pp. 199 - 215.

Baur, Michael (1997) 'Winckelmann and Hegel on the Imitation of the Greeks', in *Hegel and the Tradition*, ed. Michael Baur and John Russon. Toronto: University of Toronto Press, pp. 93 – 110.

Behler, Ernst (1992) *Fruetomantik*. Berlin: de Gruyetr.

Beiser, Frederick (1987) *The Fate of Reason: German Philosophy from Kant to Fichte*. Cambridge, MA: Harvard University Press.

—— (1992) *Enlightenment, Revolution & Romanticism: The Genesis of Modern German Political Thought*, 1790 – 1800. Cambridge, MA: Harvard University Press.

—— (1993) 'Hegel's Historicism', in *The Cambridge Companion to Hegel*. Cambridge: Cambridge University Press, pp. 270 – 300.

—— (1995) 'Hegel, a Non – Metaphysician! A Polemic', *Bulletin of the Hegel Society of Great Britain* 32: 1 – 13.

—— (1996a) *The Sovereignty of Reason: The Defense of Rationality in the Early English Enlightenment*. Princeton, NJ: Princeton University Press.

—— (1996b) *The Early Political Writings of the German Romantics*. Cambridge: Cambridge University Press.

—— (2002) *German Idealism: The Struggle Against Subjectivism*, 1781 – 1801. Cambridge, MA: Harvard University Press.

—— (2003) *The Romantic Imperative: The Concept of Early German Romanticism*. Cambridge, MA: Harvard University Press.

Berlin, Isaiah (1969) *Four Essays on Liberty*. Oxford: Oxford University Press.

—— (2002) *Freedom and its Betrayal*. Princeton, NJ: Princeton University Press.

Blackall, Eric (1983) *The Novels of the German Romantics*. Ithaca, NY: Cornell University Press.

Bosanquet, Bernard (1919 - 20) 'Appendix on Croce's Conception of the "Death of Art" in Hegel', *Proceedings of the British Academy* IX: 280 - 8.

Bowie, Andrew (1990) *Aesthetics and Subjectivity*. Manchester: University of Manchester Press.

Brandom, Robert (2002) *Tales of the Mighty Dead*. Cambridge, MA: Harvard University Press.

Brazill, William (1970) *The Young Hegelians*. New Haven, CT: Yale University Press.

Brocker, Walter (1965) *Auseinandersetzungen mit Hegel*. Frankfurt: Klostermann.

Bruford, W. H. (1935) *Germany in the Eighteenth Century*. Cambridge, MA: Cambridge University Press.

Bubner, Rüdiger (1980) 'Hegel's Aesthetics - Yesterday and Today', in *Art and Logic in Hegel's Philosophy*, ed W. Steinkraus and K. Schmitz. Atlantic Highlands, NJ: Humanities Press, pp. 15 - 30.

Büchner, Hartmut (1965) 'Hegel und das Kritische Journal

der Philosophie', *Hegel – Studien* 3: 98 – 115.

—— (1994) *Friedrich Wilhelm Joseph Schelling. Timaeus* (1794). Stuttgart: Frommann – Holzboog.

Bungay, Stephen (1984) *Beauty and Truth: A Study of Hegel' s Aesthetics.* Oxford: Oxford University Press.

Burbidge, John (1981) *On Hegel' s Logic: Fragments of a Commentary.* Atlantic Highlands, NJ: Humanities Press.

—— (1992) *Hegel on Logic and Religion.* Albany, NY: SU-NY Press.

—— (1993) 'The Necessity of Contingency: An Analysis of Hegel' s Chapter on "Actuality" in the *Science of Logic*', in Lawrence Stepelvich (ed.) *Selected Essays on G. W. F. Hegel.* Atlantic Highlands, NJ: Humanities Press, pp. 60 – 75.

Butler, Clark (1996) *Hegel' s Logic: Between Dialectic and History.* Evanston, IL: Northwestern University Press.

Camus, Albert (1955) *The Myth of Sisyphus*, trans. Justin O' Brian. London: Hamish Hamilton.

Carter, Curtius (1980) 'A Re – examination of the "Death of Art" Interpretation of Hegel' s Aesthetics', in *Art and Logic in Hegel' s Philosophy*, ed. Warren Steinkraus and Kenneth Schmitz. Atlantic Highlands, NJ: Humanities Press.

Cassirer, Ernst (1946) *The Myth of the State.* New Haven, CT: Yale University Press.

Chamley, Paul (1963) *Economie politique chez Stuart et Hegel.*

Paris: Dalloz.

Christensen, Darrel, ed. (1970) *Hegel and the Philosophy of Religion*. The Hague: Martinus Nijhoff.

Cohen, Robert and Wartofsky, Marx, eds (1984) *Hegel and the Sciences*, Dordrecht: Reidel. Volume 64 in Boston Studies in the Philosophy of Science.

Collingwood, R. G. (1993) *The Idea of History*, rev. edn. Oxford: Clarendon Press.

Crites, Stephen (1998) *Dialectic and Gospel in the Development of Hegel's Thinking*. University Park: Penn State Press.

Croce, Benedetto (1915) *What is Living and What is Dead in the Philosophy of Hegel*, trans.

Douglas Ainslee. New York: Russell & Russell.

—— (1978) *Aesthetic*. Boston, MA: Nonpareil.

Crouter, Richard (1980) 'Hegel and Schleiermacher at Berlin: A Many – Sided Debate', *Journal of the American Academy of Religion* 48: 19 – 43.

Cullen, Bernard (1979) *Hegel's Social and Political Thought*. New York: St Martin's Press.

Danto, Arthur (1984) 'The Death of Art', in *The Death of Art*, ed. Berel Lang. New York: Haven, pp. 5 – 38.

Desmond, William (1986) *Art and the Absolute: A Study of Hegel's Aesthetics*. Albany: SUNY Press.

—— (2000) 'Art and the Absolute Revisited: The Neglect of

Hegel's Aesthetics', in *Hegel and Aesthetics*, ed. William Maker. Albany: SUNY Press, pp. 1 – 13.

D'Hondt, Jacques (1968a) *Hegel secret*. Paris: Presses Universitaires de France.

—— (1968b) *Hegel en son temps* (*Berlin* 1818 – 1831). Paris: Éditions Sociales.

—— (1972) 'La Mort de l'Art', *Bulletin International d' Esthetique*, 17.

—— (1988) *Hegel in his Time*, trans. John Burbidge. Lewiston: Broadview.

Dickey, Laurence (1987) *Hegel: Religion, Economics, and Politics of Spirit*, 1770 – 1807. Cambridge: Cambridge University Press.

—— (1999) *Hegel, Political Writings*. Cambridge, MA: Cambridge University Press.

Di Giovanni, George (1983) 'On the Impotence of Spirit', in Robert Perkins (ed.) *History and System: Hegel's Philosophy of History*. Albany: SUNY Press, pp. 195 – 212.

—— ed. (1990) *Essays on Hegel's Logic*. Albany: SUNY Press.

—— (1993) 'The Category of Contingency in the Hegelian Logic', in Lawrence Stepelvich (ed.) *Selected Essays on G. W. F. Hegel*. Atlantic Highlands, NJ: Humanities Press, pp. 60 – 75.

Dilthey, Wilhelm (1921) *Die Jugendgeschichte Hegels*. Leipzig: Tuebner. Volume 4 of *Wilhelm Diltheys Gesammelte Schriften.*

Dove, Kenley Royce (1974) ' Hegel ' s Phenomenological Method ', in *New Studies in Hegel ' s Philosophy*, ed. Warren Steinkraus. New York: Holt, Rinehart & Winston, pp. 34 - 56.

Durner, Manfred (1991) ' Die Naturphilosophie im 18. Jahrhundert und der naturwissenschaftlichen Unterricht in Tübingen ', *Archiv für Geschichte der Philosophie* LXXVIII: 72 - 103.

Düsing, Klaus (1969) ' Spekulation und Reflexion: Zur Zusammenarbeit Schellings und Hegels in Jena ', *Hegel – Studien* 5: 95 - 128.

—— (1973) ' Die Rezeption der kantischen Postulaten lehre in den frühen philosophischen Entwürfe Schellings und Hegels ', *Hegel – Studien* 9: 53 - 90.

—— (1999) ' *The Reception of Kant' s Doctrine of Postulates in Schelling' s and Hegel' s Early Philosophical Projects* ', *trans. Daniel Dahlstrom*, *in* The Emergence of German Idealism, *ed. Michael Baur and Daniel Dahlstrom. Washington: Catholic University of American Press. Volume* 34 *in Studies in Philosophy and the History of Philosophy*, *pp.* 201 - 41.

Epstein, *Klaus* (1966) The Genesis of German Conservatism. *Princeton*, *NJ: Princeton University Press.*

Etter, *Brian* (2000) ' *Hegel' s Aesthetic and the Possibility of Art Criticism* ', *in* Hegel and Aesthetics, *ed. William Maker. Albany: SUNY Press*, *pp.* 13 - 30.

Fackenheim, *Emil* (1967) The Religious Dimension in Hegel's Thought. *Chicago*: *University of Chicago Press*.

—— (1989) To Mend the World. *New York*: *Schocken*.

—— (1996) The God Within: Kant, Schelling and Historicity. *Toronto*: *University of Toronto Press*.

Ferrarin, *Alfredo* (2001) Hegel and Aristotle. *Cambridge*: *Cambridge University Press*.

Findlay, *John* (1958) Hegel: A Re – Examination. *London*: *Allen & Unwin*.

Forbes, *Duncan* (1975) '*Introduction*', *in* Lectures on the Philosophy of World History. *Cambridge*: *Cambridge University Press*, *pp. vii – xxxv*.

Forster, *Michael* (1989) Hegel and Skepticism. *Cambridge*, *MA*: *Harvard University Press*.

—— (1993) '*Hegel's Dialectical Method*', *in* The Cambridge Companion to Hegel. *Cambridge*: *Cambridge University Press*, *pp.* 130 – 70.

—— (1998) Hegel's Idea of a Phenomenology of Spirit. *Chicago*: *University of Chicago Press*.

Foster, *Michael* (1935) The Political Philosophies of Plato and Hegel. *Oxford*: *Clarendon Press*.

Franco, *Paul* (1999) Hegel's Philosophy of Freedom. *New Haven*, *CT*: *Yale University Press*.

Frank, *Manfred* (1997) Unendliche Annäherung: Die Anfänge der philosophischen Frühromantik. *Frankfurt*: *Suhrkamp.*

Franz, Michael (1992) ' " *Platons frommer Garten* ". *Hölderlins Platonlektüre von Tübingen bis Jena*' , Hölderlin Jahrbuch 28: 111 - 27.

—— (1996) Schellings Tübinger Platon – Studien. *Göttingen*: *Vandenhoeck & Ruprecht.*

Fuhrmanns, Horst (1962 - 75) '*Schelling in Tuebinger Stift Herbst* 1790 - 95' , *in* Briefe und Dokumente. *Bonn*: *Bouvier*, 2 *vols.*

Gadamer, Hans – Georg (1976) Hegel's Dialectic: Five Hermeneutical Studies, *trans. Christopher Smith. New Haven*, *CT*: *Yale University Press.*

—— (1990) Wahrheit und Methode. *Tübingen*: *J. C. B. Mohr. Volume* 1 *of* Gesammelte Werke.

Garaudy, Roger (1966) Pour connaûtre la pensée de Hegel. *Paris*: *Bordas.*

Glockner, Hermann (1965) '*Die Ästhetik in Hegels System*' , Hegel – Studien, Beiheft 2: 443 - 53.

Gombrich, Ernst (1965) In Search of Cultural History. *Oxford*: *Clarendon Press.*

—— (1977) '*Hegel und die Kunstgeschichte*' , Die Neue Rundschau 88: 202 - 19.

Guyer, Paul (2000) '*Absolute Idealism and the Rejection of Kantian Dualism*' , *in* The Cambridge Companion to German Idealism, *ed. Karl Ameriks. Cambridge: Cambridge University Press*, pp. 37 – 56.

Haakonssen, *Knud* (1996) Natural Law and Moral Philosophy: From Grotius to the Scottish Enlightenment. *Cambridge: Cambridge University Press.*

Haering, *Theodor* (1929) Hegel, sein Wollen und sein Werk. *Leipzig: Teubner*, 1929, 2 *vols.*

Hallowell, *John* (1950) Main Currents in Political Thought. *New York: Henry Holt.*

Hankins, *Thomas* (1985) Science and the Enlightenment. *Cambridge: Cambridge University Press.*

Hardimon, *Michael* (1994) Hegel's Social Philosophy. *Cambridge: Cambridge University Press.*

Harries, *Kartsen* (1974) '*Hegel on the Future of Art*', Review of Metaphysics 27: 677 – 96.

Harris, *H. S.* (1972) Hegel's Development: Toward the Sunlight, 1770 – 1801. *Oxford: Clarendon Press.*

—— (1983) Hegel's Development: Night Thoughts (Jena 1801 – 1806). *Oxford: Clarendon Press.*

—— (1995) Hegel: Phenomenology and System. *Indianapolis: Hackett.*

—— (1997) Hegel's Ladder I: The Pilgrimage of Reason. *Indianapolis: Hackett.*

—— (1997) Hegel's Ladder II: The Odyssey of Spirit. *Indi-*

anapolis: *Hackett*.

Hartmann, *Klaus* (1972) ' Hegel: A Non – Metaphysical View' , *in* Hegel, *ed. A. MacIntyre. New York*: *Doubleday* , *pp*. 101 – 24.

Haym, *Rudolf* (1857) Hegel und seine Zeit. *Berlin*: *Gaertner*.

Heidegger, *Martin* (1972) ' Hegels Begriff der Erfahrung' *in* Holzwege. *Frankfurt*: *Klostermann* , *pp*. 105 – 92.

Heller, *Hermann* (1921) Hegel und der nationale Machtstaats-gedanke in Deutschland. *Leipzig*: *Tuebner*.

Henrich, *Dieter* (1968) Kant, Gentz, Rehberg: Über Theorie und Praxis. *Frankfurt*: *Suhrkamp*.

—— (1969) ' *Kunst und Natur in der Idealistischen Ästhetik*' , *in* Nachahmung und Illusion, *ed. H. R. Jauß. Munich*: *Fink*.

—— (1971) Hegel im Kontext. *Frankfurt*: *Suhrkamp*.

—— (1979) ' *Art and Philosophy Today*: Reflections with Reference to Hegel' , *in* New Perspectives in German Literary Criticism, *ed. Richard Amcher and Victor Lange. Princeton* , *NJ*: *Princeton University Press* , *pp*. 107 – 33.

—— (1985) ' *The Contemporary Relevance of Hegel's Aesthetics*' , *in* Hegel, *ed. Michael Inwood. Oxford*: *Oxford University Press*.

Hettner, *Hermann* (1979) Geschichte der deutschen Literatur im Achtzehnten Jahrhundert. *Berlin*: *Aufbau* , *2 vols*.

Hirsch, *Emmanuel* (1973) ' *Die Beisetzung der Romantiker in Hegels Phänomenologie*' , *in* Materialien zu Hegels Phänomenologie des Geistes, *ed. Hans Friedrich Fulda and Dieter Henrich. Frankfurt*: *Suhrkamp*, pp. 245 – 75.

Hochstrasser, *Timothy* (2000) Natural Law Theories in the Early Enlightenment. *Cambridge*: *Cambridge University Press*.

Hoffmeister, *Johannes* (1955) Wörterbuch der philosophischen Begriffe. *Hamburg*: *Meiner*.

Hofstadter, *Albert* (1974) ' *Die Kunst*: *Tod und Verklärung*. *Überlegungen zu Hegels Lehre von dem Romantik*' , Hegel – Studien, Beiheft 11: 271 – 85.

Horstmann, *Rolf – Peter and Petry*, *Michael John*, *eds* (1986) Hegels Philosophie der Natur: Beziehungen zwischen empirischer und spekulativer Naturerkenntnis. *Stuttgart*: *Klett – Cotta*. *Volume 15 in Veröffentlichungen der Internationalen Hegel – Vereinigung*.

Houlgate, *Stephen* (1991) Freedom, Truth and History: An Introduction to Hegel's Philosophy.

London: *Routledge 2nd edn*, *Oxford*: *Blackwell*, 1994.

—— (1998) Hegel and the Philosophy of Nature. *Albany*: *SUNY Press*.

Hyppolite, *Jean* (1969a) ' *The Concept of Life and Consciousness of Life in Hegel's Jena Philosophy*' , *in* Studies on Marx and Hegel, *trans. John O'Neill. London*: *Heinemann*, pp. 3 – 21.

—— (1969b) ' *The Concept of Existence in the Hegelian Phenomenology*' , *in* Studies on Marx and Hegel, *trans. John O'Neill. London*: *Heinemann*, pp. 22 – 32.

—— (1974) Genesis and Structure of Hegel's Phenomenology of Spirit, trans. Samuel Cherniak and John Heckman. Evanston, IL: Northwestern University Press.

—— (1996) Introduction to Hegel's Philosophy of History, trans. Bond Harris and Jacqueline Spurlock. Gainesville: University of Florida Press.

Jaeschke, Walter (1990) Reason in Religion: The Foundations of Hegel's Philosophy of Religion, trans. J. M. Stewart and Peter Hodgson. Berkeley: University of California Press.

James, William (1907) Pragmatism. New York: Longmans.

—— (1909) A Pluralistic Universe. New York: Longmans, Green.

Jamme, Christoph (1983) ' "Ein Ungelehrtes Buch", Die philosophische Gemeinschaft zwischen Hölderlin und Hegel in Frankfurt 1797 - 1800', in Hegel – Studien, Beiheft 23. Bonn: Bouvier.

Kaminsky, Jack (1962) Hegel on Art. New York: SUNY Press.

Kaufmann, Walter (1965) Hegel: Texts and Commentary. Garden City: Doubleday.

—— (1966) Hegel: A Re – interpretation. Garden City: Doubleday.

—— ed. (1970) Hegel's Political Philosophy. New York: Atherton Press.

—— (1972) ' The Young Hegel and Religion', in Hegel, ed. Alasdair MacIntyre. Garden City: Doubleday, pp. 61 - 100.

Kelly, George (1972) ' Notes on "*Hegel's Lordship and Bondage*" ', *in* Hegel: A Collection of Critical Essays, *ed. Alasdair MacIntyre. New York: Anchor, pp.* 189 – 218.

Kimmerle, Heinz (1967) ' *Dokumente zu Hegels Jenaet DozenentatigKeit* 1801 – 1807 ', Hegel – Studien 4: 21 – 100.

Kluckhohn, Paul (1953) Das Ideengut der deutschen Romantik, 3*rd edn. Tübingen: Niemeyet.*

Knowles, Dudley (2002) Hegel and the Philosophy of Right. *London: Routledge.*

Knox, T. M. (1980) ' *The Puzzle of Hegel's Aesthetics* ', *in* Art and Logic in Hegel's Philosophy, *ed. W. Steinkraus and K. Schmitz. Atlantic Highlands, NJ: Humanities Press, pp.* 1 – 10.

Koepsel, Werner (1975) Die Rezeption der Hegelschen Ästhetik im 20. Jahrhundert. *Bonn: Bouvier.*

Kojève, Alexandre (1969) Introduction to the Reading of Hegel, *trans. James Nichols. New York: Basic Books.*

Kolb, David (1986) The Critique of Pure Modernity: Hegel, Heidegger and After. *Chicago: University of Chicago Press.*

—— *ed.* (1992) New Perspectives on Hegel's Philosophy of Religion. *Albany: SUNY Press.*

Koselleck, Reinhart (1992) Kritik und Krise. *Frankfurt: Suhrkamp.*

Kroner, Richard (1921) Von Kant bis Hegel. *Tübingen: Mohr,* 2 *vols.*

—— (1971) 'Introduction: Hegel's Philosophical Development', in Hegel's Early Theological Writings, trans. T. M. Knox. Philadelphia: University of Pennsylvania Press.

Kuhn, Helmut (1931) Die Vollendung der klassischen deutschen Ästhetik durch Hegel. Berlin: Junker & Dünnhaupt.

—— (1974) 'Die Gegenwärtigkeit der Kunst nach Hegels Vorlesungen über Ästhetik', Hegel – Studien, Beiheft 11: 251 – 69.

Lang, Berol, ed. (1984) The Death of Art. New York: Haven.

Larson, James (1979) 'Vital Forces: Regulative Principles of Constitutive Agents? A Strategy in German Physiology, 1786 – 1802', Isis 70: 235 – 49.

Lauer, Quentin (1962) Hegel's Concept of God. Albany: SUNY Press.

—— (1993[1976]) A Reading of Hegel's Phenomenology of Spirit. New York: Fordham University Press.

L? with, Karl (1949) Von Hegel zu Nietzsche: Der revolution? re Bruch im Denken des 19. Jahrhunderts. Zurich: Europa Verlag.

Lukács, Georg (1973) Der junge Hegel. Frankfurt: Suhrkamp, 2 vols.

Magee, Glenn (2001) Hegel and the Hermetic Tradition. Ithaca, NY: Cornell University Press.

Maker, William, ed. (2000) Hegel and Aesthetics. Albany: SUNY Press.

Marcuse, *Herbert* (1967) Reason and Revolution: Hegel and the Rise of Social Theory, *2nd edn. London: Routledge & Kegan Paul.*

McCarney, *Joseph* (2000) Hegel on History. *London: Routledge.*

McDowell, *John* (1996[1994]) Mind and World, *Cambridge, MA: Harvard University Press.*

McLellan, *David* (1969) The Young Hegelians and Karl Marx. *London: Macmillan.*

McTaggart, *John* (1901) Studies in Hegelian Cosmology. *Cambridge: Cambridge University Press.*

—— (1910) A Commentary on Hegel's Logic. *New York: Russell & Russell.*

—— (1912) Studies in the Hegelian Dialectic, *2nd edn. New York: Russell & Russell.*

Meinecke, *Friedrich* (1924) Die Idee der Staatsräson in der neueren Geschichte. *Munich: Oldenbourg.*

—— (1965) Die Entstehung des Historismus. *Munich: Oldenbourg.*

Moran, *Michael* (1981) '*On the Continuing Significance of Hegel's* Aesthetics', British Journal of Aesthetics 21: 214 – 39.

Müller, *Gustav* (1958) '*The Hegel Legend of "Thesis – Antithesis – Synthesis"* ', Journal of the History of Ideas *XIX*: 411 – 14.

—— (1959) Hegel: Denkgeschichte eines Lebendigen.

Berne: Francke.

—— (1946) 'The Function of Aesthetics in Hegel's Philosophy', Journal of Aesthetics and Art Criticism V: 49 - 53.

Nauen, Franz (1971) Revolution, Idealism and Human Freedom: Schelling, Hölderlin and Hegel and the Crisis of Early German Idealism. The Hague: Nijhoff. Internationales Archives of the History of Ideas, no. 45.

Neuhouset, Frederick (2000) Foundations of Hegel's Social Theory. Cambridge, MA: Harvard University Press.

Nicolin, Friedrich (1967) 'Zum Titelproblem der Ph? nomenologie des Geistes', Hegel - Studien 4: 113 - 23.

Norman, Judith (2000), 'Squaring the Romantic Circle: Hegel's Critique of Romantic Theories of Art', in Hegel and Aesthetics, ed. William Maker. Albany: SUNY Press, pp. 131 - 44.

Norman, Richard (1976) Hegel's Phenomenology. London: Chatto & Windus.

O'Brian, George (1975) Hegel on Reason and History. Chicago: University of Chicago Press.

Olson, Alan (1992) Hegel and the Spirit. Princeton, NJ: Princeton University Press.

O'Regan, Cyril (1994) The Heterodox Hegel. Albany: SUNY Press.

Patten, Alan (1999) Hegel's Idea of Freedom. Oxford: Oxford University Press.

Pelczynski, *Z. A.* (1964) 'An Introductory Essay', *in* Hegel's Political Writings, *trans. T. M. Knox. Oxford: Clarendon Press.*

—— (1971) '*The Hegelian Conception of the State*', *in his* Hegel's Political Philosophy: Problems & Perspectives. *Cambridge: Cambridge University Press.*

—— (1984) Hegel and Civil Society. *Cambridge: Cambridge University Press.*

Peperzak, *Adrian* (1969) La jeune Hegel et la vision morale du monde. *The Hague: Nijhoff.*

—— (2001) Modern Freedom: Hegel's Legal, Moral, and Political Philosophy. *Dordrecht: Kluwer.*

Petry, *Michael*, *ed.* (1987) Hegel und die Naturwissenschaften. *Stuttgart Bad – Cannstatt: Frommann. Volume 2 in Texte und Untersuchungen zum Deutschen Idealismus, Abteilung II: Untersuchungen.*

—— (1993) Hegel and Newtonianism. *Dordrecht: Kluwer. Volume 136 in International Archives of the History of Ideas.*

Pinkard, *Terry* (1988) Hegel's Dialectic. *Philadelphia, PA: Temple University Press.*

—— (1994a) Hegel Reconsidered. *Dordrecht: Kluwer.*

—— (1994b) Hegel's Phenomenology: The Sociality of Reason. *Cambridge: Cambridge University Press.*

—— (2000) Hegel: A Biography. *Cambridge: Cambridge University Press.*

—— (2002) German Philosophy 1760 - 1860: The Legacy of Idealism. *Cambridge: Cambridge University Press.*

Pippin, Robert (1989) Hegel's Idealism. *Cambridge: Cambridge University Press.*

—— (1997), '*Hegel's Ethical Rationalism*', *in* Idealism as Modernism. *Cambridge: Cambridge University Press, pp.* 417 - 50.

Plamenatz, John (1963) Man and Society. *London: Longman,* 2 *vols.*

Plant, Raymond (1973) Hegel. *London: Allen & Unwin.*

Pöggeler, Otto (1990) '*Hegels philosophische Anfänge*', *in* Der Weg zum System, *ed. hristoph Jamme and Helmut Schneider.* *Frankfurt: Suhrkamp.*

—— (1999) Hegels Kritik der Romantik. *Munich: Fink.*

Pöggeler, Otto and Gethmann - Siefert, Annemarie, eds (1983) Kunsterfahrung und Kulturpolitik im Berlin Hegels, Hegel - Studien, Beiheft 22. *Bonn: Bouvier.*

—— (1986) Welt und Wirkung von Hegels Ästhetik. Hegel - Studien Beiheft 27. *Bonn: Bouvier.*

Popper, Karl (1940) '*What is Dialectic*', Mind 49: 403 - 10.

—— (1945) The Open Society and its Enemies. *London: Routledge,* 2 *vols.*

Rapp, Carl (2000) '*Hegel's Concept of the Dissolution of Art*', *in* Hegel and Aesthetics, *ed. William Maker. Albany: SUNY*

Press, *pp.* 13 – 30.

Rawls, *John* (2000) Lectures on the History of Moral Philosophy. *Cambridge*, *MA*: *Harvard University Press*.

Redding, *Paul* (1996) Hegel's Hermeneutics. *Ithaca*, *NY*: *Cornell University Press*.

Richards, *Robert* (1992) The Meaning of Evolution. *Chicago*: *University of Chicago Press*.

—— (2002) The Romantic Conception of Life: Science and Philosophy in the Age of Goethe. *Chicago*: *University of Chicago Press*.

Riedel, *Manfred* (1973) System und Geschichte: Studien zum historischen Standort von Hegels Philosophie. *Frankfurt*: *Suhrkamp*.

Riley, *Patrick* (1982) Will and Political Legitimacy. *Cambridge*, *MA*: *Harvard University Press*.

Ritter, *Joachim* (1965) Hegel und die franzöische Revolution. *Frankfurt*: *Suhrkamp*.

Roe, *Shirley* (1981) Matter, Life and Generation: 18th Century Embryology and the Haller – Wolff Debate. *Cambridge*: *Cambridge University Press*.

Rosen, *Michael* (1982) Hegel's Dialectic and its Criticism. *Cambridge*: *Cambridge University Press*.

Rosenkranz, *Karl* (1844) G. W. F. Hegels Leben. *Berlin*: *Duncker & Humboldt. New edn*, *Darmstadt*: *Wissenschaftlicher Buchgesellschaft*, 1972.

—— (1870) Hegel als deutscher Nationalphilosoph. *Leipzig:* *Duncker & Humblot.*

Rosenzweig, Franz (1920) Hegel und der Staat. *Munich: Old-* *enbourg Verlag, 2 vols. New edn, Aalen: Scientia Verlag,* 1982.

Royce, Josiah (1919) Lectures on Modern Idealism. *New Ha-* *ven, CT: Yale University Press.*

Sabine, George (1963) A History of Political Theory, 3rd edn. *London: Harrap.*

Schmidt, James, ed. (1996) What is Enlightenment? Eigh- teenth – Century Answers and Twentieth – Century Questions. *Berke-* *ley: University of California Press.*

Sheehan, James (1989) German History, 1770 – 1866. *Ox-* *ford: Oxford University Press.*

Shklar, Judith (1976) Freedom & Independence. A Study of the Political Ideas of Hegel's Phenomenology of Mind. *Cambridge:* *Cambridge University Press.*

Simpson, Peter (1998) Hegel's Transcendental Induction. *Al-* *bany: SUNY Press.*

Smith, Steven (1989) Hegel's Critique of Liberalism. *Chica-* *go: University of Chicago Press.*

Soll, Ivan (1969) An Introduction to Hegel's Metaphysics. *Chicago: University of Chicago Press.*

Solomon, Robert (1983) In the Spirit of Hegel. *Oxford: Oxford* *University Press.*

Steinhauer, Kurt (1980) Hegel Bibliographie. *Munich: Sauer.*

Steinkraus, Warren, ed. (1980) Art and Logic in Hegel's Philosophy. *Atlantic Highlands, NJ: Humanities Press.*

Stepelevich, Lawrence (1983) The Young Hegelians. *Cambridge: Cambridge University Press.*

Stern, Robert (1990) Hegel, Kant and the Structure of the Object. *London: Routledge.*

—— (2002) Hegel and the Phenomenology of Spirit. *London: Routledge.*

Stewart, Jon (1996) *'Hegel and the Myth of Reason'*, in Jon Stewart (ed.) The Hegel Myths and Legends. *Evanston, IL: Northwestern University Press, pp.* 306 – 18.

—— (2000) The Unity of Hegel's Phenomenology of Spirit. *Evanston, IL: Northwestern University Press.*

Stirling, James (1898) The Secret of Hegel. *Edinburgh: Oliver & Boyd.*

Taylor, Charles (1975), Hegel. *Cambridge: Cambridge University Press.*

—— (1979) Hegel and Modern Society. *Cambridge: Cambridge University Press.*

Timm, Hermann (1974) Gott und die Freiheit. Studien zur Religionsphilosophie der Goethezeit. *Frankfurt: Klostermann. Volume 22 in Studien zur Philosophie und Literatur des neunzehnten Jahrhunderts.*

Toews, *John* (1980) Hegelianism: The Path toward Dialectical Humanism, 1805 - 1841. *Cambridge*: *Cambridge University Press.*

—— (1992) '*Transformations of Hegelianism*', *in* The Cambridge Companion to Hegel, *ed. Frederick C. Beiset. Cambridge*: *Cambridge University Press*, *pp.* 378 - 413.

Tuck, *Richard* (1979) Natural Rights Theories: Their Origin and Development. *Cambridge*: *Cambridge University Press.*

Tunick, *Mark* (1992) Hegel's Political Philosophy. *Princeton*, *NJ*: *Princeton University Press.*

Wahl, *Jean* (1951) La Malheur de la conscience dans la philosophie de Hegel. *Paris*: *Presses Universitaires de France.*

Walsh, *W. H.* (1971) '*Principle and Prejudice in Hegel's Philosophy of History*', *in Z. A. Pelczynski*, Hegel's Political Philosophy: Problems & Perspectives. *Cambridge*: *Cambridge University Press*, *pp.* 181 - 98.

Weil, *Eric* (1950) Hegel et l'État. *Paris*: *Vrin.*

Weiss, *Frederick* (1973) '*A Bibliography of Books on Hegel in English*', *in J. O'Malley*, (*ed.*) The Legacy of Hegel. *The Hague*: *Nijhoff*, *pp.* 298 - 308.

Westphal, *Kenneth* (1989) Hegel's Epistemological Realism. *Dordrecht*: *Kluwer.*

—— (2003) Hegel's Epistemology. *Indianapolis*: *Hackett.*

Westphal, *Merold* (1979) History and Truth in Hegel's Phenomenology. *Atlantic Highlands*, *NJ*: *Humanities Press.*

—— (1992) Hegel, Freedom, and Modernity. *Albany: SUNY Press.*

White, Alan (1983) Absolute Knowledge: Hegel and the Problem of Metaphysics. *Athens: Ohio University Press.*

Wicks, Robert (1993) ' *Hegel's Aesthetics: An Overview* ', *in* The Cambridge Companion to Hegel, *ed. Frederick C. Beiser. Cambridge: Cambridge University Press, pp.* 348 – 78.

Williams, Robert (1997) Hegel's Ethic of Recognition. *Berkeley: University of California Press.*

——(1987) ' *Hegel's Concept of Geist* ', *in Peter Stillman* (*ed.*) Hegel's Philosophy of Spirit. *Albany: SUNY Press, pp.* 1 – 20.

Wilkins, Burleigh (1974) Hegel's Philosophy of History. *Ithaca, NY: Cornell University Press.*

Winfield, Richard (1988) Reason and Justice. *Albany: SUNY Press.*

—— (1991) Freedom and Modernity. *Albany: SUNY Press.*

Wood, Allen (1990) Hegel's Ethical Thought. *Cambridge: Cambridge University Press.*

Wolff, Hans (1949) Die Weltanschauung der deutschen Aufklärung. *Berne: Francke.*

Yerkes, James (1983) The Christology of Hegel. *Albany: SUNY Press.*

Yovel, Yirmiahu (1996) ' *Hegel's Dictum that the Rational is* the Actual and the Actual is the Rational: Its Ontological Content and its Function in Discourse', in The Hegel Myths and Legends, ed. Jon Stewart. Evanston, IL: Northwestern University Press, pp. 26 – 41.

索　引

图书在版编目（CIP）数据

黑格尔 / （美）弗雷德里克·拜塞尔（Frederick Beiser）著；王志宏，姜佑福译. --北京：华夏出版社，2019.06（2023.6 重印）
书名原文：Hegel
ISBN 978-7-5080-9716-9

Ⅰ.①黑… Ⅱ.①弗… ②王… ③姜… Ⅲ.①黑格尔（Hegel, Georg Wehelm 1770-1831）－哲学思想－研究 Ⅳ.①B516.35

中国版本图书馆 CIP 数据核字（2019）第 048289 号

黑格尔

作 者	[美] 弗雷德里克·拜塞尔	
译 者	王志宏 姜佑福	
责任编辑	田红梅 罗 庆	
出版发行	华夏出版社有限公司	
经 销	新华书店	
印 装	三河市少明印务有限公司	
版 次	2019 年 6 月北京第 1 版	
	2023 年 6 月北京第 3 次印刷	
开 本	880×1230 1/32 开	
印 张	15.5	
字 数	322 千字	
定 价	79.00 元	

华夏出版社有限公司 地址：北京市东直门外香河园北里 4 号
邮编：100028 网址：www.hxph.com.cn
电话：（010）64663331（转）
若发现本版图书有印装质量问题，请与我社营销中心联系调换。